本书是浙江省高校重大招标课题（2013GH016）的研究成果

浙江师范大学语言学书系

城镇语言生态现状研究

CHENGZHEN YUYAN SHENGTAI XIANZHUANG YANJIU

张先亮 等著

中国社会科学出版社

图书在版编目（CIP）数据

城镇语言生态现状研究 / 张先亮等著 . —北京：中国社会科学出版社，2017. 12
ISBN 978-7-5203-1935-5

Ⅰ.①城⋯　Ⅱ.①张⋯　Ⅲ.①汉语–语言表达–研究–中国　Ⅳ.①H193.2

中国版本图书馆 CIP 数据核字（2018）第 005053 号

出　版　人	赵剑英
责任编辑	任　明
责任校对	朱妍洁
责任印制	李寡寡

出　　　版	中国社会科学出版社
社　　　址	北京鼓楼西大街甲 158 号
邮　　　编	100720
网　　　址	http：//www.csspw.cn
发 行 部	010–84083685
门 市 部	010–84029450
经　　　销	新华书店及其他书店

印刷装订	北京君升印刷有限公司
版　　　次	2017 年 12 月第 1 版
印　　　次	2017 年 12 月第 1 次印刷

开　　　本	710×1000　1/16
印　　　张	23
插　　　页	2
字　　　数	381 千字
定　　　价	98.00 元

凡购买中国社会科学出版社图书，如有质量问题请与本社营销中心联系调换
电话：010–84083683

撰写者（按音序排列）

陈青松　程　展　胡敏烺　贾晓蕾

杨依希　张先亮　张　杨　赵思思

目　录

第一章

新型城镇化与语言生态

第一节　新型城镇化

人类社会的发展过程是一个不断从农村走向城市，再走向城乡一体化的过程，这是社会发展的一种基本模式。

Urbanization 这一单词，一般译为"城市化"或"城镇化"，这一概念是 1867 年由西班牙工程师 A. Serda 最先提出，此后这一概念风靡全球。不同学科对这一概念的理解和界定也各有不同，"人口学认为城市化是农村人口转变为城市人口的现象和过程，经济学认为城市化是各种非农产业发展的经济要素向城市集聚的过程，地理学认为城市化是居民聚落和经济布局的空间区位再分布，社会学则认为城市化是一个城市性的生活方式的发展过程"（刘亚臣、常春光、孔凡文，2010）。我们可以把各学科的观点综合起来，将其视为一个人口、经济、空间、生活方式等不断城镇化的过程。

城镇化最早起源于 18 世纪与 19 世纪之交的英国，并伴随着工业革命的浪潮逐渐扩展到世界各地，成为一个全球性的现象。而这一近现代工业化的产物在我国的起步较晚，真正意义上的城镇化进程直到中华人民共和国成立及随之而来的社会主义工业化建设之时才开始启动。李嘉岩（2003）将我国的城镇化发展划分为两个阶段：1978 年以前为城镇化的徘徊起伏阶段，1978 年以后为城镇化的迅速推进阶段，而 1978 年的改革开放则作为两个阶段的一个重要"分水岭"。的确如此，改革开放前我国城镇化进程发展速度很慢，据徐承红、张超（2010）统计，我国城市化率 1950 年为 11.2%，1978 年为 17.92%，近 30 年只增加了不到 7 个百分点。而改革开放后的近 40 年，城市化进程很快，从 1978 年的 17.92%，到 2009 年的 46.6%，增加了 28.68 个百分点。这种趋势随着中央经济工作会议对户籍改革的出台而进一步提速，如 2011 年中国社会科学院社会学研究所发布的 2012 年社会蓝皮书《2012 年中国社会形势分析与预测》称，2011 年是中国城市化发展史上具有里程碑意义的一年，城镇人口占总人口的比重将首次超过 50%。这标志着中国发展进入了一个新的成长阶段，城市化成为继工业化之后推动经济社会发展的新引擎①，城镇化的快速发展的背后隐含着不少问题，诸如"人口膨胀""环境恶化""交通拥堵""生活质量下降"等诸多城市生态问题。因此，人们提出新型城镇化概念，所谓新型城镇化，按照"百度"的解释，就是坚持以人为本，以新型工业化为动力，以统筹兼顾为原则，推动城市现代化、城市集群化、城市生态化、农村城镇化，全面提升城镇化质量和水平，走科学发展、集约高效、功能完善、环境友好、社会和谐、个性鲜明、城乡一体、大中小城市和小城镇协调发展的城镇化建设路子。新型城镇化的"新"字就是要由过去片面注重追求城市规模扩大、空间扩张，改变为以提升城市的文化、公共服务等内涵为中心，真正使城镇成为具有较高品质的适宜人居之所。

　　新型城镇化概念正式提出于 2006 年，来自中国现代化战略研究课题组针对社会转型时期所面临的一系列问题和促进我国社会现代化进程所提出的《促进我国社会现代化建设的 3 个战略重点和 10 条建议》，其中包含了"实施新型城市化战略，实现人口空间结构的两次转变，建设城乡平衡社会"。② 随着我国部分省市城镇化进程的加快，以及城市进程中所带来的一系列问题的凸显，新型城镇化的概念引起广泛重视，特别是城市化水平较为发达的上海、浙江、广东等省（市）率先着手探索新型城镇化之路，取得了显著成效。

　　党和国家高度重视新型城镇化的建设，尤其是党的十八大首次将"生态文明"纳入社会主义现代化建设目标，这对于突破传统城镇化模式，协调人类社会与自然生态，发展新型城镇化具有重大的指导意义。此后，更是出台了一系列政策措施，深入推进新型城镇化建设。2016 年习近平主席对深入推进新型城镇化建设作出重要指示，强调城镇化是现代化的必由之路。党的十八大以来，党中央就深入推进新型城镇化建设作出了

---

①　参见《经济参考报》2011 年 12 月 20 日报道。

②　《促进中国社会现代化有关课题组提十条建议》，新华网，http://news.xinhuanet.com/fortune/2006-02/07/content_ 4149100. htm。

一系列重大决策部署。下一步，关键是要凝心聚力抓落实，蹄疾步稳往前走。新型城镇化建设一定要站在新起点、取得新进展。要坚持以创新、协调、绿色、开放、共享的发展理念为引领，以人的城镇化为核心，更加注重提高户籍人口城镇化率，更加注重城乡基本公共服务均等化，更加注重环境宜居和历史文脉传承，更加注重提升人民群众获得感和幸福感。要遵循科学规律，加强顶层设计，统筹推进相关配套改革，鼓励各地因地制宜、突出特色、大胆创新，积极引导社会资本参与，促进中国特色新型城镇化持续健康发展。李克强总理也作出批示，指出城镇化是现代化的必由之路，是我国最大的内需潜力和发展动能所在。各地区、各部门要牢固树立五大发展理念，按照统筹城乡发展的要求，围绕稳增长、调结构、惠民生，紧紧抓住人的城镇化这个核心和提高质量这个关键，用改革的办法和创新的精神，全面推进新型城镇化建设，着力推动农业转移人口市民化，着力增加适应居民需求的公共产品和公共服务供给，着力构建与农业现代化相辅相成、相互促进的体制机制，惠及更多城乡群众，为促进经济中高速增长、迈向中高端水平注入强劲动力。国家高层领导的重视及政策措施配套为今后新型城镇化建设指明了方向，我们有理由相信我国的新型城镇化一定会朝着特色、健康的方向发展。

第二节 语言生态

"语言生态"（language ecology）的概念最早是由斯坦福大学豪根（Haugen）于 20 世纪 70 年代提出的一个隐喻类比。他提出要"研究任何特定语言与环境之间的相互作用关系"，由此将语言环境与生物生态环境作了隐喻类比。此后这个隐喻衍化为一种语言观，为语言研究者所接受并进一步应用于语言研究。生态语言学将语言及其赖以生存的环境看作一个开放的生态系统，把语言视为其中不可分割的组成部分，主张从语言与外部环境的关系出发分析研究语言。语言与所在族群、社会、文化及地理环境相互依存、相互作用的生存发展状态，就好像自然界特定生物和非生物的生态。多样化程度高的生态系统具有更高的稳定性与和谐性，语言文化多样化的社会也更趋于和谐稳定，因此人类必须像保护自然生态一样来保护语言生态。

我国的生态语言学研究是从西方引进的。在 20 世纪 80 年代，就有个别语言学者，如李国正（1987，1991）将生态学的理论和方法用于汉语研究，但遗憾的是并未引起学界应有的关注。直到近20年，我国学者才开始关注从生态语言学角度探讨语言的生态问题。

陈章太（2016）认为当下中国的语言生态具有多样性和层级性特点，既包括语言本身，也包括语言使用。多样性具体体现为：各民族语言文字、方言土语并存分用、和谐发展，现实生活语言使用功能得到充分发挥，虚拟世界语言使用非常活跃，可谓百花齐放、异彩纷呈。层级性是我国语言生态的重要特点，表现在以下四个方面。

1. 宏观层级的语言生态。即国家层面的语言及其使用状态，其特点是：主体性与多样性相结合。国家通用语言处于主体地位，在国家、社会生活中发挥主导作用，各民族语言平等并存，各自发挥其作用，这符合我国国情，也符合法理和学理，是合理、平衡、健康的语言生态。但有的弱势语言、弱势方言的语言活力有所减退，有的处于萎缩、濒危状态，语言接触、语言情感不够协调，语言规范化、标准化建设发展不太平衡。

2. 中观层级的语言生态。即各地区、各领域、各群体的语言及其使用状态。包括台、港、澳地区语言状态，海外各地华人使用的大华语语言状态，总体上是健康、和谐的，但有的地区、领域、社群的语言生态发展乏力，有的社会语言生活不够和谐，语言使用出现某些低俗、混乱现象，局部个案的语言矛盾、冲突偶有发生。

3. 微观层级的语言生态。当下的微观语言生态建设比较薄弱，存在的问题也较多，如普通话的普及度差别较大，语言文字使用不太规范，语言粗俗乃至语言暴力时有发生。

4. 虚拟世界的语言生态。中国的互联网发展很快，其语言生态也是当下中国语言生态的构成部分。互联网已进入千家万户，网络语言影响着数以亿计人的语言生活，并形成一个庞大群体的独具特色的语言生态。网络语言既有丰富性、鲜活性、生动性，也存在低俗化、粗俗化、不规范现象。语言生态系统是自然语言生活的基础，建设和谐语言生态是研究、制定语言政策、语言战略和语言规划的重要而紧迫的任务。

由此可知：一方面语言生态研究领域非常广泛，涉及各个方面，与人们工作、生活息息相关；另一方面在各领域的语言使用中仍存在着语言生态问题，有的还很严重。比如语言"污染"就是一个典型的非生态问题。

《现代汉语词典》对"污染"的解释是：有害物质混入空气、土壤、水源等而造成危害。《百度百科》的解释是：指环境中混入了污染物，其数量或程度达到或超出了环境的承载力，导致环境产生不良效应，危害人们的健康和生命。这些对"污染"的定义，都是就自然环境污染而言的。

语言污染与自然环境污染既有区别又有联系。它是一种社会污染，并不像自然环境污染那样可以简单直观察觉，或有具体的测量指标，这是语言污染的特殊性，也是复杂性所在；但也有相似点，比如污染的方式、造成的后果等。

语言污染是指一些有害要素混入语言中，超出了语言环境的自净能力，侵害到了原本"真、善、美"的语言及其所承载的文化，甚至腐蚀人们的精神、伦理和道德，在社会生活中产生公害的语言现象。语言污染与自然环境污染一样，具有"公害性、潜伏性、长久性"的特点，有时甚至比自然环境污染的危害性还大，危害到人们的精神、伦理和道德。比如当前诚信危机、道德滑坡、食品不安全、人文关怀冷漠等问题的出现归根结底都是由于文化的缺失所造成，而文化的缺失从某种意义上看又是语言的缺失所造成，与语言污染有着直接或间接的关系。

张先亮、王敏（2013）认为语言污染的范围包括两大类：一是"三俗"的语言；一是"假大空"的语言。

"三俗"的语言，特指"媚俗、庸俗、低俗"。

崇洋媚外，轻贱母语。崇洋媚外、盲目追求洋化与文化交流引进外来词不同，后者是对汉语有益的发展，而前者是不加选择地硬搬和滥用，是文化交汇产生的"杂质"。如今，只要在大街上随意逛逛便会发现，曾几何时，我们身边的洋家具、洋服装、洋化妆品变得如此之多，进入商场仿佛有种身在外国的错觉，买到手的商品除了价格以外从店名到商标再到说明都完全看不懂，这并不是耸人听闻。我们曾对浙江某大型商场做了一项有关店名语言使用的调查。从二楼女装区和三楼男装区共92家商家的招牌来看，使用汉字作为招牌名的仅13家，占了总数的14.13%，其余的商家均使用外文（多为英语和法语）招牌，其中有23.9%的外文招牌无明显汉语译名，认读困难的招牌也屡见不鲜，如 CIELBLELL、CHCUM、K. A. K. O、RYNA、S. R. GdF、G'RSΛGA 等。吹捧洋化，滥用外文缩略词，在言语中夹杂不必要的外文，其实质是"殖民文化"的复辟，助长了社会上崇洋媚外、轻贱母语的心理，破坏了民族语言的纯洁性，这是语文小国、心态小国的表现，不符合我们文化大国的形象。

庸俗——封建迷信，奢华腐朽。社会主义道德建设虽然取得了巨大成就，但几千年封建文化形成的尊卑观念和人性深处潜藏的物欲意识仍未清除。象征着封建迷信、奢华腐朽的陈词旧词受到一些利欲熏心的人利用，为个人主义、拜金主义、享乐主义推波助澜。如今，借着一股炫富的潮流，这些词更是大行其道。其中就有邀人享受"宫廷感觉""稀有尊贵生活"的楼盘广告。什么"豪宅典范""富贵花园""皇家至尊""正统龙脉"，丝毫不顾那些还为房价居高不下而愁眉深锁的大众。苦心孤诣地炫耀高消费，硬是傍上皇族、领袖、总统，宣称"领袖级规划，彰显至尊豪情；为你奉上总统级护卫；湿地公园、碧落湖、花博会主会场共同拱卫皇城"。而新闻媒体竟也热衷于报道奢华消费和炫富行为，满眼尽是"船王之子掷5亿为同性恋女儿招夫""浙江某地富豪斥资500万操办豪华葬礼""开发商儿子豪华婚礼，加长悍马领队百辆奔驰"……这些象征着封建迷信、奢华腐朽的刺眼词语不仅引导了不良的消费倾向，助长了社会靡费风气，更是刺激了一些人仇富的心理，极易造成国民是非观、道德观的混乱，审美取向、价值取向的畸变。

粗俗丑恶，下流不堪。"良言一句三冬暖，恶语伤人六月寒"，语言污染还常常表现在言语粗俗、脏话连篇，甚至使用一些不堪入耳、难以启齿的词语。斥责别人"有病"尚不足以泄愤，还要呼之"傻×"才甘心，用多了又觉得不够新颖，近来又大肆用起来自方言的"二"，进而发展成"2B"一词，使得如今的"2B"已非单纯的铅笔。"他妈的"已经泛滥，为了标新立异用起了"你妹""坑爹"，大有全家都要遭殃的势头。汉语词汇系统中的感叹词仿佛已经不足以表达内心情感，开口闭口换成了"操""擦""靠"，生生地破坏了这些词原有的感情色彩。这些粗俗丑恶、下流不堪的语言混淆美丑、颠倒是非，污染了人们的精神世界，腐蚀了人们的心灵，与社会主义精神文明建设格格不入。

"假大空"的语言，就是"假话、大话、空话"。

虚假浮夸，脱离实际。要说虚假浮夸，最为明显的便是如今的电视购物节目。其经典台词更是让观众被迫"如雷贯耳"。男主持人手拿手表大声地说："真钻、真金，而我们今天只要998，您没有听错，不是三四千，不是一两千，真的只要998！"旁边女主持人一脸幸福地帮腔。还有内衣广告："穿了某某内衣，一切都不一样了！大家的目光都聚集在我身上，工作升迁，顺利交到男友，生活从未如此美好过。青春，让我一次丰个够!"更有无时无刻不在的手机广告:"99 大主流功能,上网不要钱,打电话不要钱!不要犹豫了,马上拿起电话订购吧!"商店里"买一送一"常常是买大送小,买贵送贱,更有甚者打着"买一送十六"的幌子,其实是买一瓶某化妆水送十六个压缩面膜纸。"白发转黑,告别化学染发危害,还我国人健康黑发"的塑年堂百家门店一夜关门。使得"多年的老便秘好了,省里更省心"的碧生源常润茶还在叫嚷着"给你的肠子洗洗澡吧",却被专家指出可能诱发结肠癌。瘦肉精、地沟油、毒奶粉、黑心月饼……信赖几十年的名牌老字号转眼间成了有毒食品。人与人之间的信任就在一片假言假语中摧毁殆尽。

套话空话,空洞无物。"虚而不实即为空,空而有序即为套,空话、套话即使正确也是废话",这是从不经济、效率低的角度污染了简洁的汉语。现在有不少文章虽然形式优美,但内容空洞,连篇大话、套话、空话。目前这种文风有蔓延的趋势,甚至包括一些联欢活动、学术活动、团聚活动等,也都把讲话稿、主持词写出来,到处是秘书腔调、公文风格,或不伦不类的媒体腔调、港台腔调,应引起我们足够重视,因为它不仅破坏了良好的文风,而且毒化了社会风气。

语言污染不仅会侵害我们"真、善、美"的母语及母语所承载的文化,更会腐蚀国民的精神、伦理和道德,导致道德堕落。人类道德的底线是诚实,语言污染本质上是不诚实。就人类本性而言,说假话比干坏事在道德上更具挑战性。法院判决书经常有"罪犯对所犯罪行供认不讳"这样的话,说明即使一个人敢于做坏事,我们也相信他在事实面前不敢说假话。西方法庭上证人出庭作证,如果对方律师能证明证人是经常说谎的人,他的证词就不会被采纳。我们的祖先一直认为人是最讲诚信的,所以造字时用人言为信,可现在恰恰要做到这一点很难,而诚信的缺失,污染了人们的精神,腐蚀了人们的心灵,破坏了正常的人际关系,直接影响到社会的和谐稳定。

美国政治家布罗茨基曾经说过:"是语言的堕落导致人的堕落。"著名语文教育家于漪(2016)也指出:"语言品质的下降,继而带来的是文品的下降,文品下降带来的是人品的下降。这种连锁反应式的品质下降是在无意识中发生的,而我们还可能不自知,不自觉,不自省。"环境污染侵害了我们的物质世界,而语言污染腐蚀的既是我们的精神世界,也是物质世界。比如近些年食品安全危机,毒奶粉、"绝育"黄瓜、"爆炸"西瓜、染色馒头、牛肉膏、瘦肉精、地沟油、毒豆芽、硫磺姜、黄曲霉毒素食用油等时有发生，分析其原因，与语言不无关系。因为一切向"钱"看的观点通过各种语言渠道慢慢渗透到人们的头脑，"悠悠万事，唯钱为大"，"赚钱（财）是硬道理"。这种语言的传播带来文化的变化：有些人一边慢慢淡忘了"君子爱财，取之有道""诚者，天之道，诚之者，人之道""君子喻于义，小人喻于利"的传统优秀文化，一边又慢慢地滋生了"一切为了赚钱，为了赚钱可以不顾一切"的极端利己理念。于是，不讲诚信、唯利是图、见利忘义、制假售假、坑人害民的事就出现了。

因此，语言污染的危害性应引起我们足够的重视，清除语言污染，净化语言环境，还必须从源头抓起，从语言入手，发扬传统优秀文化，弘扬当代主流文化，摈弃一切消极文化，只有这样，语言生态才能形成，和谐社会才能建构。

第三节　新型城镇化与语言生态

语言与社会存在共变关系，语言和社会的"共变"关系决定了语言随着社会的发展而不断发展变化，因此城市语言生态是城市建设与发展的基本条件，是构建和谐城市的基础。生态的语言在城市中所发挥的作用不仅仅是交际工具和信息载体，是城市文化的重要构成元素，更是衡量城市文明的重要标志。城市语言引导着城市价值观的走向，生态的城市语言有利于倡导健康、文明、科学的价值观，有助于城市的精神文明建设。

新型城镇化与城市语言生态之间存在着相互制约、相互影响、相互促进的紧密关系，新型城镇化为城市语言生态提供了良好的城市语境，城市语言生态是新型城镇化建设的题中之义，因此要努力促成新型城镇化建设与城市语言生态构建之间的良性互动，这种良性互动有助于构建健康生态的城市语言环境，有助于提升城市的文化水平和人文素养，更有助于加快新型城镇化建设的步伐。

新型城镇化为城市语言生态提供了良好的语境。首先，新型城镇化要求城市在政治、经济、文化、社会上进行"四位一体"的全面发展，党的十八大更是将生态文明建设纳入城市的建设目标之中，形成"经济建设、政治建设、文化建设、社会建设、生态文明建设"的"五位一体"，且特别突出了生态文明建设的重要性。语言生态是城市生态文明建设的重要组成部分，语言依存于社会，随着社会的产生而产生，随着社会的发展而发展；语言也是社会的一面镜子，反映着社会面貌，冯广艺（2008）指出：“语言的生态面貌反映社会的生态面貌，语言的生态文明对社会的生态文明具有一定的影响作用。”因此在新型城镇化建设中要求我们充分重视城市语言生态，构建生态的城市语言环境，促进城市生态文明的多维度发展。

其次，新型城镇化要求城市朝集约、统筹、和谐的方向发展，其中和谐是最为突出的特点，新型城镇化建设下的城市环境必须是安定、有序的，城市中的政治制度、经济面貌、文化事业和社会关系等都能够趋于和谐共生，因此新型城镇化建设下的城市语境也必须是健康和谐的。在健康和谐的城市语境下，应排除各种语言不和谐因素，规范城市语言，净化城市语言环境，构建生态的城市语言生活。

最后，新型城镇化是坚持以人为本的城镇化，人文精神是新型城镇化建设中不可或缺的因素。城市是由“人”所构成的城市，城市的兴衰与城市中的“人”息息相关，城市中的人际关系，人的思想道德修养，人的行为和价值观等都关系着城市的安定与和谐。语言与人有着“共生”关系，语言无时无刻不存在于人们的生活之中，也无时无刻不为人们所用，人类的发展促进了语言的发展，语言也反过来影响着人类的进步。同时语言也代表着人的伦理道德修养，影响着人际关系的和谐。在“以人为本”的城市语境之下，应发挥城市语言对城市中“人”的积极作用，构建生态的城市语言生活，通过生态的城市语言来构筑生态的城市人际关系，提高城市“人”的伦理道德修养，从而全面提升城市的人文精神和人文素养。

语言生态是新型城镇化建设的题中之义。首先，新型城镇化的软环境建设决定了构建生态的城市语言。城市软环境是相对于硬环境而言，马美英、易春（2009）认为“所谓软环境是指城市社会经济运行过程中发挥作用的一切非物质形态的事物的总和，包括政治与文化、法规与政策、思想与观念、体制与机制、管理与服务等多方面的内容，具有系统性和整体性，是一种无形的、而人们又随时随地身处其中的环境”。推进新型城镇化是城市不断扩展、城市基础设施不断完善和城市环境不断优化的过程，城市环境的优化不仅意味着城市硬件设施与物质外观的优化，还意味着城市中的政治管理体制、公共服务、文化环境等软环境的优化，城市软环境的建设有利于提升城市的"软"实力,进一步增强城市的综合实力,从而推进新型城镇化的进程。语言和文化环境是城市建设与发展的人文基础,是城市个性与独特魅力的最终体现,生态的城市语言环境与生态的城市文化环境相辅相成,是城市软环境建设的重要组成部分。语言是城市的一面镜子,它可以折射出一座城市的风土人情和历史文化底蕴,也能反映出这座城市的文明程度和人文素养。

其次,新型城镇化进程中社会和谐的总体目标决定了构建和谐的城市语言。习近平对走新型城镇化道路作过全面深刻的阐述,他指出走新型城镇化道路的基本内涵是"资源节约、环境友好、经济高效、社会和谐、大中小城市和小城镇协调发展、城乡互促共进"(王永昌,2007)。新型城镇化的基本内涵提出要将新型城镇化与构建社会主义和谐社会结合起来,走社会和谐的城镇化道路,因此在新型城镇化进程中必须充分考虑构建和谐社会的诉求。冯广艺、张春泉(2006)认为构建和谐社会的总体目标是:"努力改善社会关系和劳动关系,正确处理新形势下的各种社会矛盾,建立一个更加幸福、公正、和谐、节约和充满活力的全面小康社会",其中改善社会关系和劳动关系,正确处理社会矛盾,都与构建和谐语言具有密切关系,和谐的语言有助于人际沟通、人际交往的顺利进行,有利于缓和紧张的社会关系和劳动关系,从而改善并解决各种社会矛盾,促进社会的和谐与稳定,推进新型城镇化的进程。

综上所述,要构建和谐、生态的社会,就需要有和谐、生态的语言,在新型城镇化进程中,还有不少语言生态问题。城镇的外观语言、市民的语言能力、语言态度、语言行为、语言认同、双言双语等,都存在语言生态的问题。本书将围绕这些问题,以语言学及语言生态等理论为指导,通过典型城镇的调查,[①] 获取第一手翔实的材料,并通过详细描写、分析研究,提出相应的对策,这对于生态文明建设以及新型城镇化发展,乃至为国家制定有关政策都具有积极的意义。

参考文献

陈章太:《构建和谐语言生态》,《语言战略研究》2016 年第 2 期。

---

① 本书所说的各类城镇与通常所说的一线、二线城市不同,我们对城镇的划分是以行政管辖为依据,即一类城镇为省会城市,二类城镇为地市级所在城市,三类城镇为县或县级市所在地,四类城镇为"镇级市"。

冯广艺：《生态文明建设中的语言生态问题》，《贵州社会科学》2008 年第 4 期。

冯广艺、张春泉：《和谐社会与和谐语言建构》，《湖北社会科学》2006 年第 4 期。

李国正：《生态语言系统说略》，《语文导报》1987 年第 10 期。

李国正：《生态汉语学》，吉林教育出版社 1991 年版。

李嘉岩：《我国城市化发展的历史、现状与未来》，《当代中国史研究》2003 年第 5 期。

刘亚臣、常春光、孔凡文：《城市化与中国城镇安全》，东北大学出版社 2010 年版。

马美英、易春：《新型城市化进程中的软环境建设》，《科技创业月刊》2009 年第 3 期。

王永昌：《坚持走新型城市化道路　合力提升城市综合竞争力》，《中国发展》2007 年第 3 期。

徐承红、张超：《中国城市化发展道路及其新趋势》，《城市观察》2010 年第 5 期。

于漪：《语文教学现状的思考》，《中国教育报》2016 年 10 月 30 日。

张先亮、王敏：《试论语言污染的性质与范围》，《浙江师范大学学报》2013 年第 6 期。

第二章

城市外观语言生态考察
——以二类城镇衢州市为例

第一节　概述

衢州市位于浙江省西部，钱塘江上游，金衢盆地西端，南接福建南平，西连江西上饶、景德镇，北邻安徽黄山，东与省内金华、丽水相交，是闽浙赣皖四省边际二类城市，素有"四省通衢"之称，占地 8841.12 平方公里，拥有人口 250 余万，辖区内共有 2 个市辖区、3 个县、1 个县级市。衢州是浙江省后起的二类城市，1985 年从金华市分离出来建立地级市，至今只有 30 多年，但凭借其独特的地理位置、优美的自然风光、丰富的矿产资源与深厚的历史文化底蕴，衢州在其建市过程中取得了累累硕果，连续获得国家历史文化名城、国家级生态示范区、中国优秀旅游城市、国家园林城市、国家卫生城市、中国投资环境百佳城市、国家森林城市、中国十佳宜居城市等称号，并被列入全国文明城市的验收行列。为进一步推动衢州市的经济发展与城市建设，优化产业结构，打响城市品牌，衢州市委适时提出了加快新型城市化，建设经济发达、环境优美、富有魅力、幸福和谐的四省边际中心城市的目标。

推进新型城市化是为了进一步增强城市的综合实力。城市的综合实力包括了硬实力和软实力，而语言和文化是城市建设与发展的人文基础，是城市个性与独特魅力的最终体现，是城市软实力的重要组成部分。

城市外观语言指的是出现和存在于城市户外环境中的语言，是对城市形象的塑造具有直接作用和影响的语言形式总和，包括城市交通指示牌和路牌语言、城市户外标语、城市店名、城市户外广告语等，城市外观语言也是城市人文景观的一部分，能够直观展现一座城市的文化底蕴，城市外观语言更是城市语言环境和城市语言生活的重要组成部分，对城市语言生态的构建具有十分重要的意义。

为了配合衢州市新型城镇化的总目标，增强城市文化软实力，提升城市形象，改善城市投资环境，构建一个和谐的城市人文环境，打造一个健康和谐的城市语言生活，本章将对城市形象塑造具有特殊意义的城市外观语言进行较为全面的考察，从语言生态角度加以研究和考量，旨在发现其中的优点和不足，并深入思考城市外观语言与城市文化的内在关系，促进二者有机融合、相辅相成，共同推进新型城镇化的步伐。

现阶段从语言应用角度探讨语言与城市关系的学术成果主要集中在以下几方面。

一是着眼于语言文字规范化角度。如王玉（2009）提出了"语言文字的规范与否，关乎城市形象，是城市发展与竞争中不容忽视的'软件实力'"，"文字是城市的'立体名片'"，"语言文字是城市经济发展的软环境"；周丽萍（2001、2002）"通过抽样调查的方法，对嘉兴市秀城区和秀洲区的主要机关、学校、街道和公共场所的社会用字进行了调查，得到了嘉兴市区社会用字的总体概况，分析了社会用字混乱现象产生的原因，并提出了改变这种现象的相应的建议"，"结合嘉兴市城市发展规划和21世纪对国民素质的要求，对嘉兴市语言文字规范化问题进行研究，旨在引起有关领导部门的重视，强化政府行为，并在此基础上调动广大群众的积极性，形成一种人人崇尚汉民族标准语的社会风气，提高城市文化品位，使语言文字这个工具更好地为嘉兴的物质文明和精神文明建设服务，加快嘉兴走向全国、走向世界的步伐"；王韬（2007）"通过对成都市公共场所语言文字应用状况的实地调查，从语言学的角度分析了语言文字应用中不规范现象的特点及规律，探索其成因，以期引起学术界和相关政府部门更多的关注和重视，并针对这些现象制定相应的措施和办法，使成都市的语言文字应用规范化工作向前推进"。

二是着眼于城市外观语言的各个部分。如顾静芳（2008）"从地名文化遗产的概念入手，深入分析地名文化的特征，研究探讨了国内外地名文化遗产保护的现状，提出城市地名文化遗产的保护体系构想。并以此对宁波市地名文化遗产保护进行了实证研究，通过对宁波街巷地名形成和现状、文化内涵的阐述，特别是对宁波地名文化保护存在的主要问题的分析，就如何保护宁波地名文化遗产提出了自己的思考"；赵爱英（2011）提出"店名语言研究不但有语言学意义，而且有重要的经济学、社会学、文化学、心理学意义"；王晓男（2011）"就沈阳市十一条主要商业街道的商业牌匾用语的使用情况做了一个较为系统的抽样调查统计，分析并总结了沈阳市街道商业牌匾用语的使用情况、语言风格类型以及存在的主要问题"；张佳、陈瑶（2004）"以上海市普陀区曹杨地块的众多社区作为样本，调查了这些地区中公益标语口号的内容、数量、发布者、发布形式、发布地点等，并从语用预设的角度分析了发布地点不合适、标语数量过多、角色预设混乱等方面存在的问题，提出了社区无标语化的建设"。此外，高锐（2008）的《从自我类化出发浅谈苏州地区房地产户外广告语言特点》、饶文瀚（2007）的《户外广告与上海的城市软实力》、周慧玲（2011）的《试论户外广告对城市形象塑造的意义》等都从城市外观语言的各个角度分别进行了论述。

三是着眼于语言生态与语言和谐角度。张先亮、陈菲艳（2012）"从《国家通用语言文字法》与城市语言和谐、语言认同与城市语言和谐、语言生态与城市语言和谐三个方面论述了在城市化进程中如何做到语言和谐的问题"。另外还有张先亮、谢枝文（2010）的《生态观视野中的汉语言和谐》等。

本章将以语言学理论为指导，从语音、词汇、语法、修辞、语用等角度，结合城市外观语言实际，努力构建一个和谐的衢州城区外观的语言生态体系。

从城市外观语言这个一般性概念出发，抓住其中的重点方向，主要考察四大方面，即城市交通指示牌与路牌、城市户外标语、城市店名和城市户外广告语。在实例收集方面也采取点与面相结合，从城市全局出发，选定具有代表性且目标相对集中的主要街道、商业区和生活区进行样本采集。

从新型城镇化建设和构建城市语言生态两个宏观角度，论证了城市语言生态与新型城镇化建设的关系，并结合衢州城区的城市外观语言进行微观研究，从构建和谐的城市外观语言生态延伸到和谐城市生态的构建。

本章主要通过采集图片、实地取样的调查方法，采集区域主要集中在衢州主城区的街道，包括：上下街、新桥街、北门街、府东街、中河沿、西河沿、县西街、坊门街、蛟池街、长竿街、五圣街、西安路、三衢路、荷一路、荷二路、荷三路等，共采集衢州城区外观语言实例 893 条，其中城市交通指示牌与路牌 120 条、城市户外标语 305 条、城市店名 350 条和城市户外广告语 118 条，通过整理与筛选，剔除重复与不完整的，共获取研究所需有效实例 672 条，其中城市交通指示牌与路牌 107 条、城市户外标语 120 条、城市店名 350 条和城市户外广告语 95 条。

第二节　城市路牌和交通指示牌语言生态考察

城市路牌、交通指示牌语言是城市外观语言生态的有机组成部分，反映了一座城市在城市规划和语言文字工作上的能力和成效；城市路牌、交通指示牌也是城市生活的重要构成，其在语言建构上的规范情况直接影响了城市居民、外来游客、外来投资者以及外籍人士的出行，影响了一座城市在人们心中的形象；城市路牌、交通指示牌中各式各样的路名与地名，更是直接展现了一座城市的风貌与文化底蕴。

新型城镇化建设的顺利开展必须要具备完善的城市硬件设施，保证城市硬性功能的正常运作，与此同时，还应打造良好的城市软环境，构建和谐的城市语言环境，营造具有地方特色的城市人文氛围，提升城市的整体形象，改善投资环境。因此，作为兼具硬性功能和软性价值的城市路牌、交通指示牌对于城市发展以及新型城镇化建设具有十分重要的意义。

一　衢州城市路牌、交通指示牌的现状

随着衢州城镇化进程和城市建设的不断推进，城区内的各方面硬件设施逐步完善，譬如衢州城区内的路牌、交通指示牌已经实现了各路段的全覆盖，为城市居民和外来人员的出行提供了便利。不仅如此，路牌、交通指示牌还展现了衢州古城深厚的地名文化。地名是一座城市宝贵的文化遗产，它延续着城市的历史文化脉络，保留了城市的记忆，代表了城市的特色，形成了城市的独特魅力。"一个古老地名，往往又是一片地方甚至一个城市来龙去脉的断面，在这个断面背后，是一座城市个性特征的写照。它所熏陶出来的城市的历史情结和文化心态，是最有生命力的，蕴含着城市的历史和文化内涵，闪耀着一个城市独特的内在品格和气质。"（顾静芳，2008）作为一座拥有千年历史和深厚文化底蕴的城市，衢州一直保留和沿用其同样拥有悠久历史的路名和地名，这些路名和地名的背后都承载着深厚的历史文化内涵，讲述着一个个生动有趣的历史人文典故。如今这些路名和地名不仅存在于衢州市民的脑海中，随着衢州城市的建设和发

展，这些路名和地名也被书写成文字，被制作成城市路牌和交通指示牌，或竖立于街道两侧，或横挂在马路上方，成为构建和装点现代化城市不可或缺的一部分。

然而路牌、交通指示牌在构建的过程中也出现了许多语言文字的问题，如书写系统不统一、汉语拼音运用不规范、中英文对照不正确等，产生了城市语言的不和谐因素，需要引起城市语言工作者和城市建设相关部门的关注和高度重视，采取积极有效的措施，为进一步提高路牌、交通指示牌规范化水平，为构建城市外观语言生态作出应有的贡献。

二　衢州城市路牌、交通指示牌的语言文字问题

（一）书写系统

1. 路牌和交通指示牌的书写系统不一致

衢州城区内的路牌全部使用汉字对应汉语拼音的书写形式，通名与专名以空格符分开，且不论通名与专名一律使用大写字母书写，如衢化路（QUHUA LU）、府东街（FUDONG JIE）、北门街（BEIMEN JIE）。而衢州城区内的大部分交通指示牌则采用汉字对应英文的书写形式，如"南湖西路"在路牌中书写为"NANHUXI LU"，在交通指示牌中书写为"NAN-HU WEST ROAD"；"坊门街"在路牌中书写为"FANGMEN JIE"，而在交通指示牌中却书写为"FANGMEN STREET"。（见图 2.1）

图 2.1　路牌、交通指示牌书写系统的不一致

2. 交通指示牌书写系统内部不统一

调查结果显示，单就城市交通指示牌的书写系统而言并不止一种，且系统内部书写形式也不统一，使城市路牌、交通指示牌的书写系统显得纷繁混乱。

（1）不同的交通指示牌的书写系统不一致

据调查与统计，衢州城内不同路段或同一路段不同交通指示牌的书写系统呈现出不同，大致存在五种不同的书写系统：第一种采用汉字对应汉

语拼音专名+英文翻译通名的书写形式，通名与专名以空格分隔开且通名与专名全部使用大写字母，如府东街（FUDONG STREET），西安路（XI'AN ROAD）；第二种采用汉字对应英文翻译的书写形式，通名与专名以空格分隔开，采用首字母大写的书写形式，且专名采用缩写形式，如百汇路（Baihui Rd），荷花二路（Second Hehua Rd）；第三种采用汉字对应汉语拼音的书写形式，不以通名和专名为单位分隔而以汉字为单位分隔，通名与专名一律使用大写字母，如衢江北路（QU JIANG BEI LU），西安门大桥（XI AN MEN DA QIAO）；第四种也采用汉字对应汉语拼音的书写形式，采用通名首字母大写的书写形式，如五圣街（Wusheng jie），上街（Shang jie）；第五种同样采用汉字对应汉语拼音的书写形式，以汉字为单位分隔，除首字母大写外其余全部小写，如三衢路（San qu lu），下张立交（Xia zhang li jiao）。（见图2.2）

（a）汉字对应汉语拼音专名+英文翻译通名　　　　（b）汉字对应英文翻译

（c）汉字对应汉语拼音大写　　　　（d）汉字对应汉语拼音首字母大写

（e）汉字对应汉语拼音以汉字为单位分隔

图2.2　不同交通指示牌的书写系统不一致

（2）同一交通指示牌中路名书写系统不一致

衢州城区内的交通指示牌还存在同一块中不同路名的书写系统不一致的问题，主要是体现在汉字对应全汉语拼音形式还是对应汉语拼音通名+英文翻译专名形式不明确上，如在同一块交通指示牌上，"斗潭路"和"蛟池街"书写为"Dou tan lu"和"Jiao chi jie"，而"府山公园"和"停车场"则书写为"Fushan Park"和"Parking"（见图 2.3）；还有同一块交通指示牌上，"三衢路"与"荷花中路"分别书写为"Sanqu Rd"和"Mid Hehua Rd"，而"农贸城"则书写为"Nongmao Cheng"。

图 2.3　同一交通指示牌中路名书写系统不一致

由此可见，衢州城市内路牌、交通指示牌无论是在书写系统，还是书写形式上都存在着较大的不统一性，纷繁混乱的书写系统不仅令本地居民摸不着头脑，更是影响了城市外来人员与外籍人士的顺利出行，破坏了衢州城市在外来人员心中的形象。

（二）汉语拼音运用

我国对于城市路牌、交通指示牌中路名与地名的汉语拼音书写标准颁布了很多权威性的文件，其中包括 1955 年至 1957 年中国文字改革委员会制订的《汉语拼音方案》；1984 年中国地名委员会、中国文字改革委员会和国家测绘局等部门颁发的《中国地名汉语拼音字母拼写规则（汉语部分）》；1988 年国家教育委员会、国家语言文字工作委员会公布的《汉语拼音正词法基本规则》（下文中均简称为《规则》）等。上述文件对路名与地名的汉语拼音的规范书写都作出明确的规定，然而通过调查所得衢州城区内的路牌、交通指示牌在语言建构中存在不少由于汉语拼音运用不规范所导致的不和谐现象。

1. 汉语拼音大小写不规范

1984 年的《规则》第 10 条规定："地名中的第一个字母大写，分段书写的，每段第一个字母大写，其余字母小写。特殊情况可全部大写。如李庄 Lǐ Zhuāng 珠江 Zhū Jiāng。"本次所采集的路牌中的汉语拼音采用全部大写的形式，如南街（NAN JIE）、新马路（XINMA LU）等；部分交通指示牌中的汉语拼音采用全部大写的形式，如府东街（FU DONG JIE）、通荷路（TONG HE LU）等；还有部分交通指示牌，除首字母大写外其余全部小写，如下街（Xia jie）、斗潭路（Dou tan lu）、荷花中路（He hua zhong lu）、双港大桥（Shuang gang da qiao）等。上述几种书写方式都不符合汉语拼音大小写书写的相关标准。据统计，本次采集的路牌、交通指示牌中完全符合汉语拼音大小写书写标准的只有 12 条，约占总数的 10%，如通荷路（Tonghe Lu）、衢江大桥（Qujiang Daqiao）、新桥街（Xinqiao Jie）。

2. 汉语拼音分写与连写不规范

1984 年的《规则》第 1 条规定："由专名和通名构成的地名，原则上专名与通名分写。"本次所采集的路牌与交通指示牌的汉语拼音书写大部分遵循了专名与通名分写的原则，但也有一些不规范的现象，如衢江大桥（QU JIANG DA QIAO）、双港大桥（Shuang gang da qiao）等采用以汉字为单位分写的形式，另有一小部分则采用全部连写的方式，如马站底（Mazhandi）、依锦坊（Yijinfang）。此外，专名与通名中修饰成分的书写方式存在不统一，如"荷花中路"这一路牌的汉语拼音书写方式有"HE-HUA ZHONGLU"和"HEHUAZHONG LU"两种（见图 2.4），同样情况的还有"南湖中路、南湖西路、紫荆西路、衢江中路、迎合中路"等路名。1984 年的《规则》第 2 条规定："专名或通名中的修饰、限定成分，单音节的与其相关部分连写，双音节和多音节的与其相关部分分写。"1988 年的《规则》中也提道："专名和通名的附加成分，单音节的与其相关部分连写，如 Jǐngshān Hòujiē（景山后街）。"因此，以上路名应该统一书写为荷花中路（Hehua Zhonglu）、南湖西路（Nanhu Xilu）、紫荆西路（Zijing Xilu）。

3. 隔音符号使用不规范

1984 年的《规则》第 11 条规定："凡以 a、o、e 开头的非第一音节，

图 2.4　专名与通名中修饰成分的书写方式不统一

在 a、o、e 前用隔音符号 " ' " 隔开。如西安 Xī'ān 建瓯 Jiān'ōu。"本次采集的路牌、交通指示牌中一共有两个路名和一个桥梁名的汉语拼音书写需要使用隔音符号,第一个是"西安路",第二个是"新安路",第三个是"西安门大桥"。据观察统计,"西安路"一共在路牌、交通指示牌中出现 10 次,只有 4 处使用了隔音符号书写为"Xi'an Lu"或"XI'AN ROAD",其他几处则不规范地书写为"XIAN LU""XI AN LU"或"XIAN ROAD";"新安路"一共出现 3 次,也有 1 处不规范地书写为"Xinan Lu";"西安门大桥"出现 1 次,不规范地书写为"XIAN MEN DA QIAO"。(见图 2.5)

图 2.5　隔音符合使用不规范

4. 汉语拼音拼写错误

在本次采集的路牌、交通指示牌中一共发现两处汉语拼音的拼写错误,第一个是书院东路的路牌,"书院东路"错拼为"SHUYAUN DONGLU",应该是"SHUYUAN DONGLU";第二个是中河沿的路牌,"中河沿"错拼为"ZHONHE YAN",应该是"ZHONGHE YAN"。(见图 2.6)

图 2.6　汉语拼音拼写错误

（三）中英文对照

在衢州新型城镇化建设的背景下，为了加快城市经济与城市旅游业发展的步伐，并快速向国内一线城市看齐，与国际接轨，衢州城区不少路牌、交通指示牌中加入了英文的书写形式。我国对于路名与地名的中英文对照有过一些权威性的指示和标准，"1977 年 9 月的联合国第三届地名标准化会议上我国提出的采用汉语拼音拼写中国地名作为罗马字母拼写法的国际标准的提案获得通过……1979 年 6 月 15 日联合国秘书处发出关于采用汉语拼音的通知，要求从即日起采用汉语拼音作为各种拉丁字母文字转写中国人名和地名的标准。1982 年 8 月 1 日，国际标准化组织（ISO）文献工作技术委员会决议采用汉语拼音作为世界文献工作中拼写中国专有名词的国际标准"（黄玉明，2008）。上述标准在路名与地名专名的中英对照上都作出了明确的规定，然而衢州城区内的路牌、交通指示牌在中英文对照的规范性方面仍存在较多的问题。

1. 英文缩写与全写不统一

英文缩写与全写不统一主要指的是交通指示牌中地名通名的英文翻译有缩写和全写两种书写方式，如"三衢路"的通名"路"在书写上有"Rd"和"ROAD"两种形式。在采集到的 32 个中英文对照的交通指示牌调查样本中，有 28 个交通指示牌中地名通名的英文翻译采用全写的方式，如西安路（XI'AN ROAD）、北门街（BEIMEN STREET）；3 个交通指示牌中地名通名的英文翻译采用缩写的方式，如蝴蝶路（Hudie Rd）、荷花中路（Mid Hehua Rd）；1 个交通指示牌中地名通名的英文翻译采用了缩写和全写两种方式，如新桥街（Xinqiao Street）、劳动路（Laodong Rd）。可见在交通指示牌地名通名的英文书写上，尚未作统一的规范，显得较为混乱。

2. 英文翻译不规范

本次调查中发现了几处由于英文翻译不规范所造成的路牌、交通指示牌语言不和谐。首先是同一名称不同翻译，如"衢州民航"出现三种不同的翻译形式，分别是"Quzhou Civil Aviation""Quzhou Airport""QUZHOU CIVIL AIRPORT"。其次是"方位或数字+路"翻译的不统一，如"荷花中路"翻译为"Mid Hehua Rd"，"衢江中路"则翻译为"QUJIANG CENTRAL ROAD"，"书院东路"和"荷花东路"分别翻译为"SHUYUAN EAST ROAD"和"East Hehua Rd"。再次是一些路名与地名翻译不够准确，很多出现了逐字翻译的"中式英语"现象，如"花园东大道"的"大道"翻译成"BIG ROAD"，准确的翻译应该是"Avenue"；"双港口大桥"的"大桥"翻译为"BIG BRIDGE"，正确的翻译不需要加"BIG"；"衢州二中"翻译为"Quzhou No. 2 Senior High School"，其中的"Senior"与"High"是语义相近的词，出现了重复；"衢州农贸城"的"城"不应翻译为表示城市的"City"，而应是表示商城的"Market"；"交警柯城大队"的"大队"不应翻译成表示生产大队的"Production Brigade"，而应是"Brigade"。

3. 英文拼写错误

在本次所采集的路牌、交通指示牌中还发现了两处英文拼写错误，第一处是"衢州民航"的翻译"Quzhou Civil Gviation"，"Gviation"应该是"Aviation"；第二处是"交警柯城大队"的翻译"Productior Brigade"，"Productior"应该是"Production"。（见图2.7）

图 2.7   英文拼写错误

三   衢州城市路牌和交通指示牌语言的文化性

衢州是一座历史悠久具有深厚文化底蕴的城市，至今已拥有1800多年的建城史，是孔氏南宗所在地，被誉为"东南阙里、南孔圣地"，是儒文化在江南的传播中心，已于1994年被列入国家历史文化名城。在这样一座历史与人文气息浓厚的城市中，承载着富有历史人文气息的路名与地名的路牌、交通指示牌不仅从语言文字的直观层面反映了这座城市的历史风貌与文化底蕴，还为整座城市营造出一个良好的历史文化氛围，使得人们在日常出行中通过识记不同的路名与地名来熟悉和感受城市的历史与文化。因此对城市路牌、交通指示牌语言文字考察还应从路名与地名所体现的文化内涵与时代价值上进行考量。

（一）反映了城市的悠久历史

作为一座历史名城，衢州在加快现代化城市建设的同时仍然保存着古时候的城墙、城门、牌坊、寺庙等历史文化遗迹，这些历史遗迹不仅反映出了这座城市的悠久历史，也成为现代化城市中一道独特的风景线。衢州城中很多路名与地名也因历史遗迹而得名，如因古城门得名的"大南门、北门街、东门街、小西门（街）、水亭街"等。"水亭街"据《衢州市地名志》记载，"因古城门外水坪上建有卷雪亭，衢江水从亭下流过，俗称城门为水亭门，街名以此"。（见图2.8）"衣锦坊、百岁坊、坊门街、仁德路"等路名则因古时牌坊得名，据《衢州市地名志》记载，"衢州坊门衣锦坊，为寺丞留公梦发立"，"百岁坊"则"以百岁老人牌坊得名"，"仁德路"曾名仁德坊，仁德坊为宋忠简公叶义向之裔所立，据德、依仁之意。"天宁巷、忠烈庙前、府东街、府山公园"等因寺庙得名，"天宁巷"得名于天宁寺；"忠烈庙前"因忠烈庙得名；"府东街"和"府山公园"都得名于孔氏南宗家庙，以孔府而命名。

图2.8　历史悠久的路名

此外，还有一些路名与地名保留了古时的提法，沿用至今，如因古代桥梁得名的，"新桥街、狮桥街、三桥街"等。据《衢州市地名志》记载，"清末南街至东武街口古城河上筑有石桥，俗称新桥，街名以此"；

"狮桥街"，"朝真坊有朝真桥，次为狮桥"，街以此得名。还有因古代护城河得名的，如"中河沿、西河沿、东河沿、新河沿"等。因古代行政区域得名的，如"县学街、道前街、南街"等。据《衢州市地名志》记载，"县学街"，"为旧县学所在地，又是生员来县应试歇宿之处"；"道前街"是"清时金衢严道设此，故名"；"南街"则是"清时街处县衙之南，故名"。

上述具有历史厚重感的路名和地名使得整个城市在新型城镇化的建设中仍然透着浓厚的历史气息，令城中居民能够时刻领略到千年古城的古风古韵。

（二）彰显了城市的人文风貌

作为一座文化名城，衢州城内的路名和地名也在讲述着一个个人文典故，彰显着城市的人文风貌。"浮石路、讲舍街、蛟池街、礼贤街、书院路、马站底、新马路、杨家巷、旗杆巷"等都因人文典故而得名。据《衢州市地名志》记载，"浮石路"，"民间相传，朱元璋率兵进攻衢州，被元兵追至江边，滔滔江水挡住了退路，情况十分危急，突然江面上浮起两块巨石，渡朱元璋于岸北脱险"，民间百姓以"浮石"为路名来纪念这段佳话；"讲舍街"，"以李遂讲舍得名"；"蛟池街"则因民间传说得名，"塘里有条作恶多端的蛟龙常伤害人命，柴童王子得知，深入塘中，斩掉了这条蛟龙"；"书院路"，"因宋资政殿学士谥清献赵抃之故里——孝悌里，并建有书院，故名"；"马站底"，"相传宋留梦炎状元之马栈在此"；"杨家巷"，"以御医杨济时（字继洲）居此得名"；"旗杆巷"，"巷中旧时出过进士，进士家门竖立旗杆，故名"。这些路名和地名为衢州城赋予了深厚的人文气息，那些至今仍传诵在这座城市中的富有传奇色彩的人文典故时刻熏陶着在城中生活的人们，令衢州作为一座"文化名城"而名副其实。（见图2.9）

（三）凸显了城市的生态文化

衢州不仅是一座历史文化名城，更是一座绿色生态之城，独特的地理位置赋予了这座城市特有的优美自然风光，城市四周群山林立，城内江河环绕，因此衢州城内的路名和地名以自然景观与地理风貌命名的不少。如以江河命名的有"衢江中路、衢江北路、江源路、亭川东路、盈川东路、三江东路"等。上述路名皆得名于衢江，衢江是衢州城内的主要河流，也是钱塘江的主要支流，上承徽州，下接金华八婺，孕育了衢州人民和别

图 2.9　蕴含文化底蕴的地名

具特色的三衢文化。以湖命名的有"斗潭路、南湖中路、南湖西路、南湖东路"等。以山命名的有"仙霞路、应家路、芙蓉路、鹿鸣路、九华大道、白云大道"等，分别得名于衢州城四周的仙霞山、应家山、芙蓉山、鹿鸣山、九华山、白云山。这些路名和地名都体现了衢州的名山秀水，符合打造绿色生态之城的目标，也令在衢城中生活的人们透过名字感受到衢州的神奇山水。

四　思考与对策

（一）明确现阶段衢州的城市定位

衢州市是浙江省的二类城市，经济上在省内属于欠发达地区，但是以其秀美独特的自然风光和浓厚的历史文化气息吸引了不少国内外游客的观光，同时凭借其四省通衢的地理位置也吸引了部分外来投资者。近年来衢州市提出的新型城镇化建设的发展目标，为城市建设提出了更高的要求，而衢州现阶段的城市定位也出现了过渡阶段的迷茫：一方面，要为城市居民打造一个和谐幸福的城市氛围，加强历史文化名城的保护；另一方面，又要加快发展城市经济，吸引外资，向国际接轨。由于现阶段城市发展定位不明确，导致了城市语言使用状况不和谐，城市路牌、交通指示牌中汉语拼音与英语混用，没有统一标准。考虑到现阶段城市规模和城市经济的发展程度，以及城市居民的语言文字接受能力，目前衢州城市的发展应循序渐进，实事求是地把握住浙江省二类城市的发展定位，主打历史文化名城和幸福和谐之城的品牌，为城市居民打造一个和谐的语言环境，在此基础上融入必要的英文，为城市的进一步发展奠定基础。

（二）重视城市路牌、交通指示牌语言建构方面法规的实施

我国在关于城市路牌、交通指示牌的语言建构方面有过许多相关的法律法规，包括上文已提及的《汉语拼音方案》《中国地名汉语拼音字母拼写规则（汉语部分）》《汉语拼音正词法基本规则》，以及1978年的《关于改用汉语拼音方案作为中国人名、地名罗马字母拼写的统一规范的报告》，1986年的《地名管理条例》，1987年《关于地名标志不得采用"威妥玛"等旧拼法和外文的通知》，1998年的《关于重申地名标志不得采用外文拼写的通知》，1999年的《城乡地名标牌国家标准》，2000年的《国家通用语言文字法》等。然而负责制定城市路牌、交通指示牌的相关部门却未能严格遵循，或知之甚少，这是导致城市路牌、交通指示牌的语言存在不和谐现象的一个重要原因。因此需要加强城市路牌、交通指示牌语言建构方面法律法规的进一步宣传和普及，由城市语言文字办公室组织负责制定路牌、交通指示牌的工作人员对于相关法律法规的学习，令其在日后的工作中严格遵循有关条例与标准，同时做好监督与监管的工作，组织权威机构和专业人员形成评价机制，将相关法律法规的掌握与实施情况与工作绩效相联接，对于实际存在的错误严格采取追责制度，从而实现城市路牌、交通指示牌语言建构的秩序化和规范化。

（三）加强相关部门之间的统一和协调

据了解，城市路牌的制定部门是市地名办，而交通指示牌的制定部门是市交警部门，两个部门对于路牌、交通指示牌上路名与地名的书写形式并没有统一的标准，从而导致了城市中路牌、交通指示牌语言书写系统混乱，产生了不和谐现象。为改善目前不理想的状况，城市地名办公室和交警部门要加强沟通和协调，在路牌、交通指示牌的制作上达成统一的标准，同时不断向国内一类城市借鉴在路牌、交通指示牌制作和执行上的经验，加强对路牌、交通指示牌在具体制作与执行上的监管，尽量使城市中所有标注路名与地名的路牌、交通指示牌在语言书写形式上达到规范与统一，打造良好的城市语言环境，更好地发挥路牌、交通指示牌的向导

功能。

（四）提高相关人员的语言文字能力

导致城市路牌、交通指示牌语言不和谐现象的产生还与相关制作人员和城市居民的汉语拼音与英文使用能力相对薄弱有关。首先，要提高路牌、交通指示牌的具体制作人员的汉语拼音和英文使用能力，加强其语言和谐与规范意识，在具体制作过程中应该做到严格要求、准确无误，遇到问题应及时参考专业工具书籍，或咨询相关专业人员。其次，城市居民应提高自身的语言和谐与规范的意识，要善于发现路牌、交通指示牌中存在的语言文字问题，及时反映给相关部门并提出合理的意见和建议。最后，城市语言文字办公室的专家和工作人员应及时纠正城市路牌、交通指示牌在语言文字建构上的不规范现象，并为城市路牌、交通指示牌的语言文字建构提供相应的咨询和指导服务。

第三节　城市户外标语生态考察

城市户外标语是城市外观语言文字不可或缺的一部分，也是城市语言生活和城市语言环境的重要组成，主要用于宣传城市的发展理念，弘扬社会主义道德体系，普及社会主义法律法规，并向城市居民传达正确的人生观和价值观等。各种形式、各样内容的标语出现在城市的每一个角落，不仅直接体现了一个城市整体的人文风貌，也时刻影响着城市居民的思想和作风。由于城市居民是城市建设与发展的主体，城市发展理念需要得到城市居民的认可与响应，因此衢州市政府相关部门需要做好与新型城镇化建设相关的宣传工作，设计恰当的城市户外标语向城市居民传达市委市政府的城市发展理念，促使全市居民积极参与和投入到新型城镇化建设的大潮之中。和谐的城市户外标语不仅能够推动衢州新型城镇化建设的进程与步伐，还有利于衢州城市的语言和文化建设，彰显城市的文化底蕴，打造和谐的城市语言环境。

一　衢州城市户外标语的现状

（一）数量可观

为了宣传新型城镇化建设的相关理念，近年来衢州市委宣传部门对衢州城区内的围墙做了高密度城市户外标语规划，以城区内新改造的东立交路段为例，全长约 1000 米，两侧围墙全部喷印了统一样式的户外标语，共计 80 余条，形成了一道独特的城市风景线。还有，自从国家出台酒后驾车处罚条例以来，交通安全成为万众瞩目的焦点，为打造和谐平安之城，衢州市交警部门对衢州城区进行了交通法律法规的大范围宣传，以主城区内的上下街为例，全长约 2000 米，共有交通安全宣传横幅标语 20 余条，平均百米就有一个醒目的红色横幅来警示行车的市民遵守交通法规并注意交通安全。

（二）形式多样

目前衢州城区内的主要户外标语形式有围墙标语、横幅标语以及标牌标语三种，另有少数如充气装置、LED 灯、电子显示屏等新型标语载体，呈现出形式多样、载体丰富的特点。围墙标语具有经济、美观的优点，不仅能够充分有效地利用城市的空白围墙，且操作简单、成本低廉，经过美术设计的标语版式还能装点城市的外观容貌，达到美化城市的效果；横幅标语则有视觉醒目、活动性强的优点，一般横幅标语都采用红底白字，在视觉上分外醒目突出，能够引起人们的注意，达到良好的宣传效果，且可以自由拆装，活动性强，但是制作成本相对较高；标牌标语一般出现在交通指示牌的背面，充分利用了交通指示牌背面的空缺，具有经济性且长效性的特点。（见图 2.10）

（a）围墙标语

（b）横幅标语

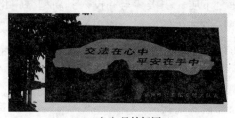
（c）悬挂标语

图 2.10　形式多样的城市标语

（三）内容丰富

衢州市新型城镇化建设具有多重目标，包括打造"实力之城、文明之城、宜居之城、魅力之城、幸福之城"五大方面，为配合衢州新型城镇化建设理念的宣传，衢州城市户外标语的宣传内容也呈现出多样性的特点，涉及了经济建设、生态环境、历史文化、文明礼让、幸福和谐等方方面面。此外交通安全方面的宣传标语内容也呈现出同样的特点，不仅包括对交通安全和禁止酒后驾车等相关交通法规的宣传，还包括了对文明行车、平安礼让、和谐交通等理念的倡导。

（四）良莠不齐

良莠不齐指的是衢州城市户外标语在语言表现水平上呈现出的差异性，主要包括句式、措辞、修辞以及户外标语在语言整体艺术性与和谐性把握等方面的差异。但总体而言，衢州城市户外标语在语言表现水平上达到了一个较好的标准，多数标语语言简练、优美、新颖且具有亲和力，并在语言的艺术性与和谐性上有一个恰当的呈现，少数标语在语言表现上仍有所欠缺，需要相关部门加以关注和改进。

二　衢州城市户外标语的语言特点

（一）语言简练，措辞精准

随着城市生活节奏的加快，城市居民对于城市户外标语常常是擦身而过，无法仔细阅读，因此城市户外标语应尽可能追求简明扼要，切忌冗长与烦琐。古人云"文贵简，神远而含藏不尽则简，故简为文章尽境"，做到语言的简练是城市户外标语语言和谐的首要前提。本次所收集的衢州城市户外标语大多不超过20个字，且分段分层，令语言更加简练，例如：

（1）呵护一草一木　共建绿色衢州

（2）保护一片绿地　撑起一片蓝天

（3）讲文明　讲卫生　树新风

（4）南孔圣地　浙江绿源　森林衢州

（5）文明上路　一路和谐　平安回家　一家幸福

（6）开车不超载　平安时刻在　开车不超速　安全伴一路

例（1）、（2）为两段式标语，在语言上表现为和谐对称；例（3）、

（4）为三段式标语，语言表现为短促且有节奏；例（5）、（6）为四段式标语，语言表现为连贯大气。

城市户外标语的语言简练除了在形式和字数上达到简短明朗之外，在语言措辞上更要准确精练，既要做到简明易懂、无歧义，也要避免文辞晦涩、词不达意，例如：

（7）绿化美化家园　构建和谐衢州
（8）共建文明交通　共享交通文明
（9）争做文明市民　共创美好家园

例（7）、（8）、（9）中的"绿化""美化""构建""共建""共享""争做""共创"等词都是城市户外标语中常见的词语，既简明易懂又具有鼓动性，符合标语用词的基本要求。又如：

（10）乱穿马路　失道无助
（11）你让我让　心畅路畅　你抢我抢　心堵路堵

例（10）、（11）中的"道"与"畅""堵"在用词上一语双关，"道"既表示了"道路"的"道"，又表示了"道义""道德"的"道"；"畅"和"堵"既表示了道路的"畅"与"堵"，也表示了人心的"畅"与"堵"，此类标语用词准确明了。

（二）语言优美，富有节奏

城市户外标语要达到良好的宣传效果还需要使人印象深刻、过目不忘，要做到朗朗上口、便于传诵，这就需要城市户外标语在语言上优美并具有音乐性。优美动听、悦耳和谐的标语既能令城市居民更易于接受，还能陶冶情操，使人们感受到语言所带来的巨大魅力。城市户外标语的语言优美与否很大程度上取决于修辞手法的运用，通过调查，衢州城市户外标语最常使用的修辞手法是对偶和排比，约占总数的70%，例如：

（12）带十分小心上路　携一份平安回家
（13）开车不喝酒　喝酒不开车
（14）文明在您心中　安全在您手中

（15）开文明车　行平安路　回幸福家

（16）保增长　抓转型　重民生　促稳定

（17）迈文明步子　行安全车子　做谦让君子　享平安日子

例（12）、（13）、（14）中都运用了对偶的修辞手法，使得标语在句式上整齐匀称，在语言上富有对称美；例（15）、（16）、（17）中则运用了排比的修辞手法，使得标语在句式上既有一气呵成的连贯性又有间歇停顿的跳跃感，在语言上富有动态美。除对偶与排比之外，衢州城市户外标语还运用了拟人、双关、对比、象征等修辞手法，例如：

（18）让森林走进城市　让城市拥抱生活

（19）礼让平安行　冲撞祸根生

（20）抢行痛快一阵子　出事悔恨一辈子

（21）握好方向盘　合家大团圆

上文提到的例（10）、（11）中的"道"与"畅""堵"在用词上一词双关，使得标语的语言简练、精妙；例（18）则运用了拟人的修辞手法，使得标语的语言更加生动形象；例（19）、（20）运用了对比的修辞手法，前后对比鲜明，使得标语更具有感染力和鼓动性；例（21）则是运用了象征的修辞手法，圆形的"方向盘"象征为合家"团圆"，"方向盘"被握在手中，合家的"团圆"也与之息息相关，使得标语能赢得人们在情感上的共鸣，更具有说服力。

除了修辞手法的运用外，要使城市户外标语语言优美且具有音乐性，标语语言在韵律上也有所要求。首先要做到音节对称。音节对称就如上文所述，在句式上须做到字数相等，最好运用对偶、排比等手法。

当然，在本次所采集的标语中，也有几例违反了音节对称的要求，例如：

（22）安全用药　健康生活　谨防网络欺诈、销售假药

（23）保护电力设施　人人有责

（24）交通肇事祸及自身　危及他人

例（22）、（23）、（24）中由于在句式上无法达到字数对等，因此在朗读上缺乏音节的匀称性，也失去了语言的对称美。

其次是韵脚和谐。要使城市户外标语语言富有音乐美最重要的是押韵，而押韵的关键就在于语句的韵脚和谐，例如：

(25) 心头常亮红绿灯　安全行驶伴人生

(26) 爱国爱乡　自尊自强

(27) 一路礼让一路安　一人安全一家欢

例（25）的两个分句都押-eng 韵，例（26）的两个分句都押-iang 韵，例（27）则都押-an 韵。城市户外标语如果做到韵脚和谐，便能使标语朗朗上口，富有韵律美。

(三) 语言新颖，不落俗套

随着时代的变迁、城市的发展，以及城市居民文化素养的提高，城市户外标语在承担宣传作用的同时还应折射出时代的光辉。创新是 21 世纪最重要的诉求，建设新型城镇化的过程中也处处需要创新精神，在这个多元化的时代，新颖的事物总是更能吸引人们的眼球，同样城市户外标语要达到更为理想的宣传效果，必须在语言的形式和内容上有所突破和创新。因此，考察城市户外标语语言还应注重语言的新颖性、独特性，例如：

(28) "抢"出事故　"让"出平安

(29) 酒后驾车　生命打折

(30) 遵守交法　储蓄安全

例（28）用引号标出了"抢"和"让"字，警示司机一味抢先占道终究会酿成"事故"，只有文明礼让才能确保一路"平安"，鲜明的对比又在内容上增强了标语的说服力；例（29）和例（30）这两则标语在词语的搭配上有所创新，例（29）将平日里用于形容商品的"打折"用于形容"生命"，更好地警示了人们，如果不珍惜生命，酒后驾车，那么生命也能如商品一般随时"打折"；例（30）将平日里用于形容金钱的"储蓄"用于形容"安全"，更好地突出了安全的重要性，告知人们"安全"也需要像金钱一样得到重视，要时时"储蓄"，不可置之不理，任意挥霍。

（四）文雅温馨，彰显人性

标语是精神文明建设的一个重要渠道和窗口，城市户外标语代表着一座城市的精神风貌，措辞温馨文雅的城市户外标语可以令城市居民时刻享受如沐春风般的语言熏陶，也使整个城市呈现出温暖和谐的氛围，而措辞冰冷严苛的标语则成效相反，因此当前全国各地都在倡导具有"人性化"的城市标语，这也是构建和谐社会与建设新型城镇化的必要之举。

在本次采集的城市户外标语中几乎没有发现以往经常出现在标语中的"罚款""违者必究"等苛责性词语和"严禁""禁止""不准"等禁令性字眼，更不存在"禁止随地大小便""禁止随地吐痰""禁止乱扔垃圾"等不文雅标语形式。曾经的"不准践踏草坪"或"禁止随手摘花"换成了如今的"呵护一草一木，共建绿色衢州"，"保护一片绿地，撑起一片蓝天"；曾经的"不准随手乱扔垃圾"或"禁止随地吐痰"改成如今的"改善人居环境，构建和谐衢州"，"打造绿色社区，享受文明生活"；曾经的"不准横穿马路"或"禁止闯红灯"也被表述为"红绿灯前现修养，斑马线间显文明"，"宁绕百步远，不抢一步险"等。

同时，如今的城市户外标语也处处体现着"以人为本"和"人性化"的理念，"共建""共创""共享"取代"严禁""禁止""不准"已成为经常出现的标语词汇，例如：

（31）处处都是旅游环境　人人都是旅游形象

（32）森林城市人人参与　生态衢州人人受益

（33）一人安危系全家　全家幸福系一人

（34）违法驾驶危害大　交通安全系万家

例（31）、（32）中的标语直接体现了"人人"都是城市中的一分子，城市的建设需要"人人"参与的观点；而例（33）、（34）等宣传行车安全的标语则以人们内心最向往与渴望的"家庭"为出发点，处处充满着人情味。

三　衢州城市户外标语的文化性

城市户外标语不仅要做到语言建构层面的规范和谐，还应富有积极的思想内涵，倡导正确的价值观。衢州城市户外标语在宣传内容上大致可以分为生态之城、文化之城、发展之城、文明之城、和谐幸福之城五类，既反映出衢州城市所宣扬的价值观，也体现了衢州市委市政府建设衢州的主导理念。

（一）生态之城

衢州市位于浙江省西部，地处钱塘江源头，是浙江省首个国家级生态示范区城市，同时属于全国生态保护纲要确定的9个全国性生态良好的地区之一和全国12个具有国际意义的生物多样性分布中心之一。境内有1个国家级自然保护区、2个国家级和3个省级森林公园、34个省级自然保护区，全市森林覆盖率71%，空气质量常年保持在优良级以上，有"森林氧吧"之称；水资源总量近100亿立方米，占全省10%，地表水常年保持一级水质，有"浙江绿源"之称，是浙江省的生态屏障。绿色生态之城是衢州城市发展的首要定位，是衢州新型城镇化建设"宜居之城""魅力之城"目标的一项重要内容。衢州城市户外标语在宣传与打造绿色生态之城上发挥了有效作用，例如：

（35）生态森林城　人居新衢州

（36）共建森林城市　共享绿色生活

（37）巩固国家园林城市　打造优美人居环境

随着城镇化进程的加快，城市规模逐步扩大，人们日夜生活在现代化的城市之中，离大自然越来越远，因此新型城镇化的目的在于为城市居民打造一个充满绿色与生机的城市环境，让城市居民能够在城市之中感受到大自然的拥抱。例（35）、（36）、（37）在内容上突出了"森林"与"城市"的密切联系，强调了建造"生态""园林""森林"之城的发展理念，展现了为城市居民创造一个"绿色""优美"生活环境的城市愿景。

（二）文化之城

衢州不仅是一座绿色生态之城，还是一座名副其实的历史文化之城。衢州距今已有1800多年建城史，是孔氏南宗所在地，被誉为"东南阙里、南孔圣地"，是儒文化在江南的传播中心；衢州还是中国围棋的发祥地，有中国"围棋仙地"之美称，早在东晋时期就有文献记载衢州樵夫王质在烂柯山遇神仙下围棋的故事，这是关于我国围棋起源最早的文字记载。

早在1994年衢州就被列入国家历史文化名城的行列，因此历史文化之城也是衢州城市发展的重要定位，也是衢州新型城镇化打造"宜居之城""魅力之城"的一项重要内容。衢州城市户外标语对衢州"历史文化名城"这一称号做了广泛和深入的宣传，不仅能够增强城市居民的自豪感，也对提升城市知名度和美誉度有着重要的作用，例如：

（38）南孔圣地　围棋仙地

（39）百里生态长廊　千年人文衢州

（40）儒雅衢州　宜居之城

　　一个城市的灵魂在于这座城市的历史文化底蕴，历史文化底蕴也是城市保留自身特色的关键所在。快速的城镇化进程中往往一味追求城市的硬件设施和物质外观建设，而用钢筋水泥所建造的建筑物让城市与城市之间变得相似，也令城市渐渐失去其原有的特色，因此新型城镇化不能一味追求城市硬件的建设，更应重视对城市历史文化底蕴的保护，突出城市的特色，发挥城市的魅力。例（38）、（39）、（40）宣扬了衢州"南孔圣地"和"围棋仙地"的美誉，彰显了衢州作为历史文化名城的独特魅力，明确了衢州主打"儒雅""人文"的城市文化定位。

（三）发展之城

　　衢州相对于浙江省其他地区而言经济发展起步较晚，工业化、城镇化程度相对滞后，经济总量较小，综合实力不强，属于浙江省欠发达地区，但是衢州地处福建、浙江、江西、安徽四省交界，素有"四省通衢"之称，拥有丰富的物产资源，此外还坐拥得天独厚的绿色资源，可以大力开发绿色产业，在经济发展上尚存较大的空间和潜力。衢州在建设新型城镇化总体目标中摆在首位的就是"实力之城"，将经济相对滞后的衢州打造成为经济快速发展的实力之城刻不容缓。衢州城市户外标语在宣传发展之城中主打"绿色发展""生态富民""科学创新"等理念，旨在推动衢州产业结构优化升级，促进衢州向"实力之城"迈进，例如：

（41）深化山海协作　携手共促发展

（42）绿色发展同行　生态富民共进

（43）创业富民新天地　创新创业创未来

新型城镇化建设需要强大的经济实力作为城市发展的后盾，因此必须将经济发展作为新型城镇化建设的首要任务，与传统城镇化不同的是，新型城镇化的经济发展依靠更为先进、科学的理念，引导产业结构走向优化升级。例（41）、（42）、（43）明确了衢州新型城镇化建设中的经济发展需通过"山海协作"，倡导发展"绿色""生态"产业，并鼓励城市居民通过自身"创新""创业"来开创富裕的未来。

（四）文明之城

我国是文明礼仪之邦，中华民族的传统美德影响着世世代代的炎黄子孙，衢州作为一个深受孔子儒家思想和儒学文化熏陶的城市，文明礼让的优良品质也应体现在每一个城市居民身上。在这个经济高速发展的时代，人心在利益的驱使下日渐浮躁不安，坚守文明礼让的传统美德显得尤为重要，因此建设新型城镇化的过程中必须做到物质文明建设和精神文明建设并行，衢州新型城镇化就提出了"文明之城"的建设目标。衢州城市户外标语在宣传文明礼让的传统美德方面也发挥了重要的作用，例如：

（44）文明彰显风采　礼让造就和谐

（45）文明从脚下起步　礼让自小事开始

（46）遵守社会公德　争做文明市民

考量一个城市的发展程度不能只关注城市物质上的先进性，更应关注城市居民在思想道德和文明素养上的先进性，进步的思想和高尚的道德才能真正体现一个城市的发达程度。因此衢州新型城镇化建设大力提倡构建"文明之城"，在城市中大力弘扬爱国主义、集体主义等无私奉献的精神，向城市居民提倡社会公德、职业道德与家庭美德。例（44）、（45）、（46）凸显了"文明""礼让""公德"在新型城镇化建设中的重要作用，倡导城市居民争做"文明市民"，共同创建和谐美好的城市家园。

（五）和谐之城

有关数据统计显示，衢州是浙江省内生态环境最好（森林覆盖率71%），贫富差距最小（基尼系数0.3），幸福指数最高（恩格尔系数37.8）以及群众安全满意度最高（98%）的城市。一座城市的幸福感来自城市居民最真实的情感体验，因此幸福感是评价一座城市是否遵循"以人为本"理念的重要标准。衢州将打造"幸福之城"作为新型城镇化建设的另一大目标，衢州城市户外标语也围绕这一目标而展开，例如：

（47）家庭多一份温馨　社会多一份安宁
（48）巩固全国双拥模范城市　建设和谐美好幸福家园
（49）改善人居环境　构建和谐衢州
（50）时刻想安全　平安永相伴
（51）创建平安衢州　构建和谐社会

一座城市的幸福感归根到底源于城市的和谐，和谐城市具体表现为城市整体安定有序，城市环境良好，城市人文气息浓厚，城市居民和睦相处、文明礼让等，城市的和谐是新型城镇化的基本特征与根本目标，因此新型城镇化建设必须致力于打造"和谐幸福之城"，例（47）、（48）、（49）倡导了对"和谐""幸福"之城的构建。此外，一座和谐幸福的城市必须使城市居民具有安全感，只有安全才能造就幸福与和谐，例（50）、（51）则宣传构建"平安之城"。

四　思考与对策

虽然衢州城市户外标语在总体上达到了生态和谐的标准，但是其中存在的一些非生态问题仍然值得重视。主要包括：城市户外标语在字数上需要进一步精简，避免繁杂冗长；在措辞上需要更加准确精练，避免出现错别字与歧义；在语法和逻辑上需要更加严谨清晰，避免出现语法上的错误和逻辑上的混乱；在音韵上需要更加完美，避免在听觉感官上平淡无味；在修辞手法上需要进一步深思熟虑，力求城市户外标语在语言上的艺术化；在语言形式和表现手法上需要做更多的尝试与创新，避免千篇一律和庸俗守旧；城市户外标语应该加入更多人性化的元素，避免刻板生硬，更要防止出现语言暴力。

在对城市户外标语所存在的问题进行关注的同时，还应采取积极的举措来解决问题。首先，应发挥宣传部门的监管职能。对城市户外标语的选用样本进行严格的筛选，对城市户外标语的制作过程进行有效的监督，不断获取新鲜优良的候选标语，随时更换城市中不理想的标语。其次，发挥城市语言文字办公室等权威性机构与专业人员的监管功能。对城市户外标语进行适时的评估与纠错，及时发现问题与总结问题，积极配合城市宣传部门的相关工作，并充当城市户外标语建构过程中的指导角色。最后，发挥城市主流媒体与城市居民的参与作用。如通过城市主流媒体向城市居民征集丰富新颖的城市户外标语候选样本等，发挥城市居民的集体智慧，为城市户外标语注入新鲜血液，调动城市居民语言学习的积极性。

第四节　城市店名语言生态考察

店名就是商店名称，具体指的是商店招牌、牌匾上所直接体现出的文字或符号，具有标识作用。城市店名是数量最多、分布最广也最为密集的城市外观语言，与城市发展具有十分密切的关系：城市店名与城市商业经济发展息息相关，店名具有重要的商业价值，构思精巧且吸引目光的店名不仅有利于商店本身的经营和发展，也有助于增强城市商业经济的活力；城市店名是城市语言生活的重要组成部分，与城市居民的日常生活紧密联系，能够折射出城市居民的社会心理、文化品位以及审美态度；城市店名也影响着城市形象的打造，五花八门的店名是一道独特的城市语言风景线，也是一种特殊的文化现象，能够反映出一座城市的时代风貌、潮流趋势和人文气息。

衢州虽是后起的二类城市，但随着近几年衢州市委、市政府对于衢州城市经济发展的高度重视，开展了一系列如招商引资、"山海合作"、绿色生态产业发展的举措，并提出了新型城镇化建设的总体目标，衢州城市经济的发展有明显强劲的势头，各类商铺、酒店、商厦林立，使衢州城市店名得到空前的丰富与创新。

一　衢州城市店名的现状

(一) 命名要素多元化

赵世举 (1999) 认为店名的构成要素主要有三个部分：一是表明所属和个性的区别性名号；二是从业类型名称；三是商业单位的通用称呼。一个标准的店名组合与构成一般是"属名+业名+通名"，如"汇鑫烟酒商行"，"汇鑫"是属名，"烟酒"是业名，"商行"是通名。衢州城市店名的命名要素多元化体现在组合形式多样化和构成要素多元化上。

组合形式多样化指的是店名的组合不再遵循传统"属名+业名+通名"三位一体形式，而是有了大胆的突破与创新：①只采用属名的形式，如

"聚一聚""盛世豪门""从头做起";②"属名+业名"的形式,如"川衢烤鱼""百变发艺""明牌首饰";③"属名+通名"的形式,如"滋福堂""游牧屋""潮玩宫";④"业名+属名"的形式,如"衣可欣""丝情袜意""衣之恋";⑤"业名+通名"的形式,如"牛仔圈""板鞋专门店";⑥"业名+属名+通名"的形式,如"衣品轩""衣依布舍"。其中只采用属名和"属名+业名"的形式最为普及,分别约占店名总数的25%和23%,由此可见,衢州城市店名追求个性化和随性化的趋势十分明显。

构成要素的多元化指的是店名构成要素中的业名、通名在表达方式上的多元化:业名的表达方式精细化,如表达菜品的"开化农家菜""好兄弟私房菜""山里人家野菜馆""龙游粗菜馆""余记土菜馆";通名的表达方式丰富多彩,如表示理发店的"嘉年华理容中心""异度空间美发会所""古田发艺交流所""首创美发工作室",又如表示饭馆的"开化真味馆""开化风味馆""花木兰鲜味馆"等。

(二) 创新性与同构性并存

衢州城市店名体现出较为明显的创新性,特别体现在服装类和饮食类的店名上。为了迎合年轻消费群体追求时尚、个性的消费心理,也为了在同行业的激烈竞争中脱颖而出,各家店铺在店名的设计上都费了一番功夫,在店名的组合形式和构成要素上展现出了无限创意。如以味觉器官属名来代替餐饮业名的"嘴尖舌头快";以调味料属名代替餐饮业名的"油盐酱醋";以中英文的音译为构思的店名"密友 miss you""NEED. 你的";以汉字的有趣组合为创意的店名"木果果木""火炎焱";以数字和符号代替通名的店名"鞋8""开化佬9+""5678 酒食"等。

然而衢州城市店名也反映出明显的同构性,相同的店名组合形式,类似的店名构成要素,使得一部分店名显得雷同而无特色。如组合形式相似的"乡村香味""乡里乡味""乡里乡亲","女人心""女人味""女人家";构成要素雷同的"开化风味馆""开化真味馆","航埠人饭店""山里人饭店","唛浪 KTV""金唛 KTV"等。

(三) 定位清晰针对性强

定位清晰且具有明确针对目标是衢州城市店名的另一大特点。首先是针对不同年龄段的定位,如针对儿童的"小木马童装""丑丑成长脚印童鞋店""爱你·宝贝儿童摄影会馆",针对时尚青年的"MC²""80 90""卡卡 KAKA",针对中老年人的"中老年服饰";其次是针对不同性别的定位，如针对女士的"小妇人私衣坊""淑女坊""百色丽人"和针对男士的"男人帮""男仕先锋""男人装"；再次是针对不同社会阶层和不同消费人群的定位，如针对普通老百姓的"大众饭店""家常便饭""平价超市"，针对商务人士的"英皇娱乐会所""海阔天空国际俱乐部""万豪大酒店"；最后是针对不同消费诉求的定位，如针对不同种类、不同功效的休闲养生馆"韩式汗蒸""煌家泰式足道""桃花源中医养生会所""女人空间美容美体生活馆"等。

二　衢州城市店名的语言文字特点

（一）书写形式

衢州城市店名的书写形式十分多样，除了采用简体汉字外还有其他几种形式：①采用全英文书写形式，如"BABI BOY""JASONWOOD""COCO"；②采用中文与英文相对应的形式，如"US 我们……""都市丽人 CITY BEAUTY WIND""JWOS 景文百货"；③采用汉语拼音与汉字对应的形式，如"WEIWOTIANQI［唯我天琦］""SQSM 饰全饰美""DU-BIANZI 独辫子"；④采用数字和数学符号形式，如"1+2＝3 童装""0570龙虾馆""MC²"；⑤采用繁体字形式，如"蔓延视覺""佰嘉樂　量販KTV""萬家燈火　KTV 商務俱樂部"。

衢州城市店名十分热衷于英文的书写形式，英文形式的店名有的是自有品牌，如"TEDELON 太子龍""Rubin 如缤""乐玛视觉 LEMO"，有的是由中文意译或音译而来，如"名門婚紗攝影 NOBLE WEDDING""韩国风暴 Korea Storm""密友 Miss You"。城市店名的英文使用程度以及中英文对应的规范性都是政府相关部门以及城市语言工作应予以高度重视的，英文的过度使用会造成汉语地位的下降，且易导致崇洋媚外的心理，而中英文对应的不规范则会造成城市语言不和谐。同样，店名中汉字繁体字和汉语拼音的书写也应遵循汉语规则，否则也会导致城市语言不和谐因素的产生。因此，城市店名形式的多样性要建立在书写规范的基础之上。

（二）用词状况

衢州城市店名的用词较为丰富，除基本词汇之外还有方言词、外语词、古语词以及仿造词、生造词等。

首先是代表地方特色的方言词店名，如"长子兔头店""小老王饭店""鄉裏儂"。"长 chang35 子"在衢州方言里是"高个儿"的意思；

"小+老+姓氏"也是衢州方言里特有的称谓语表达方式，用于表示对被称呼人的喜爱或尊重（见图2.11）；"鄉裏儂"则是衢州方言里对"乡里人"的发音。用方言词做店名对本地人来说更具亲切感，对外地人来说则觉得新鲜有趣，但不可使用太过冷僻的方言词以免令外来人员困惑不解。

图2.11　方言词店名

其次是代表时尚化与国际化的外语词店名，如"缪斯化妆名品连锁""茱丽安""卡萨布兰卡乡村酒吧"。"缪斯"音译自英语Muses，是古希腊神话里代表着艺术与灵感的女神，用"缪斯"作为化妆品店名能给人一种向往美丽与灵感的美好幻想；"茱丽安"音译自英文名Julian的时尚大咖，"卡萨布兰卡"则由著名的"北非巴黎"Casablanca英译而来。用外语词做店名能使店铺更具时尚感，也反映出经济全球化的时代趋势，但外语词不可滥用，不可以次代主取代汉语词的主导地位。

再次是代表传统文化的古语词店名，如"圆格格零食总动员""俏格格""金太子发型设计"。"格格""太子"都是古代封建皇室成员的称呼语，这些本已被时代摒弃的古语词的回潮与近几年清宫戏等古装剧热有一定的关联，也反映了人们崇尚复古的心态。用古语词做店名也能突出店铺的个性，但是古语词也不可滥用，在崇尚复古的同时更要与时俱进，突显时代特征。

最后是代表创意与个性的仿造词和生造词店名，如"饰全饰美""千辮萬發""水晶雨风味小吃""唛浪KTV"。"饰全饰美"和"千辮萬發"分别从"十全十美"和"千变万化"仿造过来，用代表行业特征的语素替换成语语素，达到一种令人耳目一新却又似曾相识的效果；有"流星雨"但没有"水晶雨","水晶雨"能带给人们浪漫视觉的想象,有"海浪""热浪"而没有"唉浪","唉浪"作为 KTV 的名字能带给人们震撼听觉的想象。用仿造词和生造词做店名更能彰显店铺个性,但仿造词和生造词必须慎用,过于频繁或随意使用极有可能造成语言污染,不利于城市语言生态建设。

（三）语法结构

衢州城市店名的语法结构大致可以分成复合式与单纯词式,其中以复合式的偏正结构为主,偏正结构中又以属名+业名（+通名）的形式为主,如"凯悦酒店""燕燕土特产商行""迪欧咖啡"等。下文列举讨论的是仅以属名形式出现的店名。

1. 复合结构

偏正式:偏正式结构的店名能突出商品的特征与定位,便于消费者识别,如"邻家女孩""都市丽人""花花世界"等。"邻家"和"都市"区分了不同的商品风格,"女孩"和"丽人"区分了不同的顾客群体;"花花"则标明了鲜花的商品类别。

并列式:并列式结构的店名在字数上以四字格为主,在语音上呈现出对称性,有易读易记的优点,如"美食美客""名人名家""筷人筷渔"等。

动宾式:动宾式结构的店名具有动态美,给人以与众不同的新鲜感,并被赋予了动态的想象,令人印象深刻,如"浪漫一身""出位""醉美"等。

主谓式:主谓结构的店名更具有表现力,既可以突出商品的特征也可以追求个性化的表达方式,如"口福亿家""格格出架""石點頭"等。

2. 单纯词结构

单纯词结构的店名一般以音译词和生造词为主,没有具体的含义,单纯追求个性与时尚,如"香特莉""莎禧弥""韩菲"等,这类店名占少数,一般以追求新潮的个体服装店为主。

3. 歧义结构

衢州城市有个别店名在语法结构上有歧义,因此单独列出加以讨论,如"龙游老城西饭店""无假烟店""山地车行"等。"龙游老城西饭店"可以理解为"龙游老　城西饭店",也可以理解为"龙游　老城西饭店",由于前一种的"龙游老"应该书写为"龙游佬",因而理解为后一种意思更为合适；"无假烟店"可以分为"无假烟 店"和"无假 烟店"，两者都以"烟"为业名，"店"为通名，而前者表示该店铺除了香烟之外还有其他商品，而后者则表示该店铺只出售香烟；"山地车行"可以理解为"山地 车行"和"山地车 行"，与"无假烟店"一样，前者表示车行中有多种车款，而后者则表示该车行只出售山地车。

可见店名的语法结构直接影响着店名的含义、店名的定位和店名的标识效果，进而影响了店铺的经营和业绩，因此店铺命名时必须重视店名的语法结构，在遵循语法规则的前提下发挥创意，避免出现歧义结构。

（四）修辞手法

衢州城市店名的修辞手法主要有引用、仿拟、谐音和双关。

引用的修辞手法主要体现在店名中引用人名、影视作品名、歌曲名等，以此提升店名的知名度和亲切感。如引用人名的"喜来乐足浴""花木兰鲜味馆"，引用影视名称的"异度空间美发会所""玫瑰之约国际婚典"以及引用流行歌曲名的"神话国际娱乐会所"等。

仿拟的修辞手法主要表现为店名仿造固定格式、固定表达，如仿造星期格式的"星期8宾馆"，仿造韩剧《咖啡王子1号店》的"风格王子2号店"，仿造电影《韩城攻略》的"韩城宫摄"以及仿造周杰伦的歌曲《3年2班》的"3年6班"等。

谐音的修辞手法主要体现为店名以成语或固定词语为范本进行谐音改造，如谐音"诗情画意"的"丝情袜意"，谐音"依依不舍"的"衣依布舍"，谐音"今生有约"的"晶生有约"，谐音"战国策"的"战锅策"，谐音"唐人街"的"糖仁街"以及谐音"和谐生活"的"和鞋生活"等。

双关的修辞手法表现为店名在表达自身含义的同时与所售商品紧密相关。如"成双成对精品女鞋"，"成双成对"是鞋子的特征，也寄托了人们成双成对的期许；"从头做起"理发店，意为一切从"头"上的发型开始做起，也蕴含了每行每业的成功都要脚踏实地从头做起。

认知心理学认为人类在认识世界的过程中建立的各种范畴大多是"典型范畴"，而且人总是通过"典型范畴"来认识新事物的。"人们把旧有的词语、已知的名称、知名度高的事物看成是'典型范畴'，而典型成员或无标记成员具有认知上的'显著性'（salience），他们最容易引起人们的注意，在信息处理中最容易被储存和提取，这一点恰恰是店主所期待的店名效果。"（王玉华，2005）衢州城市店名使用引用、仿拟、谐音与双关的修辞手法正是利用了人们这样的认知心理，以此使店名达到更好的识记效果。

（五）语用效果

衢州城市店名的语用效果主要从属名与业名的搭配是否符合店名存在的特定语境方面加以考察。

属名符合业名的特征。如"喔喔鸡煲"，"喔喔"形象地体现了活鸡的特征；"指手画脚（美甲店）"，符合美甲店画手画脚的特征；"成双成对精品女鞋"，"成双成对"符合鞋子的特征；"天籁音像"，"天籁"符合音乐的特性；"北大仓超市"，"北大仓"用了夸张的手法但也符合超市应有尽有的特点。

属名达到业名的预期效果。如"醉美（酒吧）"，达到去酒吧追求"醉"的预期效果；"神逸足浴推拿"，达到通过按摩推拿而达到的"安逸"的预期效果；"求知教育书店"，达到去书店"求知"的预期结果；"佳偶良缘婚庆"，达到婚礼造就"佳偶良缘"的预期结果。

属名体现业名的心理期盼。如体现"鞋"行"万里"美好期盼的"万里行鞋城"；体现佩戴"眼镜"而达到视野"明亮"期盼的"明亮眼镜""康明眼镜""大光明眼镜""明昌眼镜"；体现身体健康、健康长寿美好愿望的"天天好大药房""延寿堂（药店）""江南益寿堂（药店）""真心健康养生会所"等。

三 衢州城市店名的文化性

城市店名不单纯是具有标识作用且附有商业价值的语言符号，也是一种特殊的社会文化现象。城市店名犹如一面多棱镜，折射出城市中经济、社会、文化、时代、心理、审美等各个层面的丰富内涵。

（一）属于城市人文景观

城市店名是一道特殊的城市人文景观，它不仅是城市语言环境的构成元素之一，也是城市文化环境的一部分。城市店名在语言层面上突破了旧有的单一模式，打破了传统的条条框框，运用了丰富的语言元素和巧妙的修辞手法，在小小店名上展现了无限的智慧与创意，令城市店名呈现出多姿多彩的景象，使得城市语言生活富有乐趣与美感。与此同时，城市店名承载了丰富的文化内涵，寄托了人们美好的期许与愿景，在传播外来文化和传承传统文化上都发挥了巨大的作用，发挥了其无可替代的文化功能。创意巧妙、格调高雅的店名，犹如一件件艺术品，给城市带去美的感受、美的启迪和美的熏陶，使得城市的大街小巷成为独具风格的文化景观。

（二）反映城市审美态度

城市店名可以反映出一座城市总体的审美态度，就衢州城市店名的总体特征来看，大致体现出以下几类。

1. 崇大与尚小

崇大主要体现在属名与通名的命名上，属名一般采用"百分百""万""亿""国际""世界"等意义绝对或范围广阔的字眼，如"百分百美疗养生馆""萬家燈火 KTV 商務俱樂部""口福亿家""花都国际娱乐会所""玫瑰之约国际婚典""金芙蓉国际摄影""红星美凯龙世博家居"；通名一般采用"城""宫""大"等字眼，如"晚寐家纺城""潮玩宫""老百姓大药房""冠发君悦大酒店""宏泰电影大世界""豪门大浴场"。店名的崇大"目的在于给消费者一个较大的选择空间，以心理的舒适感来增强消费欲望"（李首鹏，黄洁萍，2006）。

尚小也体现在属名与通名的命名上，属名一般采用"小"的字眼，如"小木马""小贵族""小妇人私衣坊"；通名则采用表示小空间的字眼，如"游牧屋""精致衣橱""酷衣格""淑女坊""张三疯欧式奶茶铺"。店名的尚小目的在于追求精致、可爱的表达效果，特别迎合女性和儿童群体的消费心理。

2. 求奢与求简

追求奢华体现在店名以奢华、尊贵的字眼为属名，如"盛世豪门""铭豪大酒店""红贵族茶楼""金夫人时尚女子会所""贵豪足浴推拿"等。追求奢华感的店名迎合了部分消费者的虚荣心和优越感，但也容易给普通消费者造成较大的心理差距。

追求简朴体现在店名以产地、商品、人名等毫无修饰的字眼为属名，如"广州嘉宝服饰""扬州修脚""正宗福建沙县小吃""中老年服饰""板鞋专门店""大姐饭店""小徐饭店""老三饭店"等。追求简朴感的店名虽然比较单调且缺乏特色，但更贴近生活，没有消费等级之分，能够拉近商家与消费者之间的心理距离。

3. 求雅与求俗

追求高雅体现在店名以成语和典故等作为属名，如"海纳川酒庄"

"风华酒楼""桃花源中医养生会所",分别寓意着"海纳百川"的开阔胸怀,"风华绝代"的卓越风姿以及陶渊明《桃花源记》中的超然心态,给人以文化和文学的熏陶。随着衢州城市居民文化素养的逐渐提高,追求高雅审美态度的产生是一种必然趋势,高雅精致的店名正是迎合了人们追求雅致生活的消费心理。

求俗体现在店名以方言、俗语等作为属名,如"长子兔头店""开化佬9+""嘴尖舌头快""好吃点"。店名的求俗并不意味着追求粗俗、庸俗、陋俗,只是相对于高雅的店名而言在语言内涵上更直白,更具有地方色彩,更贴近大众,更有亲切感。虽然衢州市的推普工作已经完成得较为圆满,几乎达到人人会说普通话的基本目标,然而衢州方言仍然具有其不可动摇的地位,它是衢州地方文化的代表,也是衢州人心目中无可取代的情感纽带,因此带有方言、俗语的店名反映了衢州城市居民追求地方化、本土化的审美态度。

4. 求新与求奇

追求新与奇也体现在属名与通名的命名上。属名上采用外文、数字、繁体字等形式,如"My...""漂亮100分""石點頭";通名采用不同于传统的表达方式,如从日文中借鉴的"会所""会馆",从英文中音译过来的"吧""俱乐部",以及新创的"工作室""生活馆""概念馆"等。随着衢州经济的发展和城市规模的扩建,越来越多的年轻人愿意在外省市接受完高等教育之后回到家乡,加入建设衢州的队伍中,大量年轻人的加入为城市注入了新鲜的血液,也使得城市的整体氛围更为活跃,因此以年轻人作为目标对象的商店店名体现出了明显的新、奇特点,迎合了年轻人追求个性与创新的审美心理。

(三) 体现城市文化内涵

城市店名也能体现出一座城市的文化内涵,是城市文化的镜像。

首先,城市店名体现了城市中崇尚仁德、重视信义的传统文化品德。店名中往往会运用表示"诚信""仁爱"的字眼,同时传递出"仁、义、礼、信"的传统观念,如"嘉诚超市""永信商务宾馆""荣信超市""信安慈恩堂大药房""真心健康养生会所"等。现如今随着物质的充沛,人们的欲望开始膨胀,利益为大、金钱至上的扭曲价值观逐渐蔓延,特别是一些不法商家为了追逐利润不惜违背良心与道德,导致了一系列食品、药品安全问题,不利于社会的和谐与稳定。在具有商业功能的城市店名中彰显仁德和信义，不仅能传递优良的传统文化，还能引导正确的价值观。

其次，城市店名体现了城市中以和为贵的传统文化精神。店名中突显了"和谐""友好"的字眼，如"和谐超市""友好饭店""和茶馆"等。和谐是我国传统文化中所追求的最高境界，在构建和谐社会的今天，"和"字的重要地位越发凸显，因此在城市店名中传递以和为贵的文化精神具有十分重要的意义。

最后，城市店名体现了城市中企盼吉祥、幸福、昌盛的传统文化心理。店名中展现了"福""旺""顺"等表示吉利、兴隆的字眼，如"来福珠宝""天福珠宝行""幸福宾馆""旺顺超市""大润发""昌隆银玉楼""家裕宾馆"等。追求幸福美好生活是人们的共同愿景，企盼兴隆昌盛更是商人们的夙愿，早在清朝就流行一首"吉字店名歌"："顺裕兴隆瑞永昌，元亨万利复丰祥。泰和茂盛同乾德，廉吉公仁协鼎光。聚益中通全信义，久恒大美庆安康。新春正合生成广，润发洪源厚福长"（郭先珍，1996），可见在店名中加入吉祥的字眼符合国民传统文化心理。

四　问题与思考

（一）城市店名存在的非生态因素

1. 部分店名的中英文对照不规范

为了迎合国际化的趋势和经济全球化的时代特征，衢州城区内的不少店名采用了中英文对照的形式，除了自有英文品牌的店名之外，其他店名的英文是对中文名的直接翻译，但是在英文翻译上存在极大的随意性与不规范：①中英文店名含义不相符。如"都市丽人"的英文名"CITY BEAUTY WIND"，英文名的含义是"都市丽人风"；"名門婚紗攝影"的英文名"NOBLE WEDDING"，英文名的含义是"尊贵婚礼"；"帝京大酒店"的英文名"ROYAL PLAZA HOTEL"，英文名的含义是"皇家广场酒店"。②中英文对照不统一。如"思恩堂大药房""广生大药房""天天好大药房"，三个"大药房"的英文翻译都不相同，分别翻译为"SIENTANG PHARM CHAIN STORE""guang sheng pharmacy"和"DAILY HEALTH DRUGSTORE"，虽然英文翻译的不同不影响店铺的正常运营，但是同样的业名与通名应采用规范、统一的英文书写形式。

2. 部分店名的繁体字、生僻字运用不恰当

衢州城市店名中繁体字和生僻字运用不当也是一大问题，如理发店店

名"千辮萬發"和"萬事發"中繁体字的"發"应该书写为"髮",第一个"發"并没有头发的意思,不符合理发店的业名,因而用"髮"更为恰当;"唛浪KTV"和"金唛KTV"中的"唛"字属于生僻字,商家意在用"唛"代替"麦克风"的"麦",然而"唛"字发 ma51 音,且为音译字并无实际含义,因此运用不恰当。此外还有一些店名运用生僻字体或古字体,令普通消费者无法识认。(见图 2.12)

(a) 生僻字店名

(b) 古体字店名

图 2.12   生僻字和古体字店名

3. 部分店名的构成元素不符合语境

衢州城市店名中还有一部分不符合语境,如"野人部落自助涮烤吧",以"野人"命名,不符合现今文明、开化的城市语境;"乌苏里江野生大渔坊","乌苏里江"位于中俄边境,不符合衢州的地域语境;"大浪淘沙浴场",“大浪淘沙"用于比喻做事情要经过重重考验,不符合休闲洗浴的情景语境;“异度空间美发会所",“异度空间"源于一部恐怖片,不符合美容美发的行业语境;“勇猛法律服务所",“勇猛"不适用于形容倡导公平、公正的法律领域,因此不符合领域语境;“挂羊头卖狗肉家常小炒",“挂羊头卖狗肉"的内涵是表里不一、狡诈欺骗,而店铺命名者望文生义将其用作餐饮店名,完全不符合实际语境。

4. 部分店名的标新立异引起语言污染

衢州城市店名中有一个特殊的店名“妈的厨房",这个店名从语法和语义上并无异常,但以“妈的"这一国骂为噱头,达到博人眼球和易于识记的效果,虽然在命名上有一语双关的创意,但是也同时产生了城市语言污染,有碍于城市和谐语言的构建。(见图 2.13)

图 2.13 博眼球的国骂店名

5. 部分店名反映出不健康的社会心理

衢州城市店名的部分洋化、港化、贵族化、金钱化反映出了城市中存在不健康的社会心理。店名的过度洋化、港化,会加深崇洋媚外的心理,易导致传统文化的淡化与缺失;而店名中充斥大量“至尊"“豪门"“皇家"等贵族化的字眼会加深人们的封建等级观念和虚荣心;金钱化的店名如“星空錢柜 KTV",过于赤裸地输入金钱观念,易滋长拜金主义的消极价值观,不利于城市的精神文明建设。

(二) 思考与对策

1. 提高店名命名者的语言能力和语言规范意识

店名命名者语言能力的参差不齐,导致了部分店名在语言建构上的不规范,产生了如繁体字和生僻字滥用、语法格式存在歧义、中英文对照不合理、语用效果不恰当等不和谐因素。因此改善城市店名语言不和谐现状的首要举措就是提高城市居民，特别是店铺从业人员的语言素质和语言能力。城市语言文字办公室等机构要继续推广汉语拼音方案、汉字简化方案等语言文字运用标准，加强城市居民的语言规范意识。中小学校要将语言文字的基础性教育摆在更为重要的位置，为每一个学生打下扎实的语言文字功底，从而全面提升城市居民的语言素质和语言能力。

2. 加强对城市店名的监管和整治

工商等职能部门在店名的注册登记上把关不严也是导致城市店名语言文字混乱的重要原因，因此适时的规约和整治显得十分重要。城市有关职能部门要给予高度的重视，对城市店铺名称的注册申请予以严格的审核，并开展专项整治行动，对不规范、不健康、不文明的店名加以取缔；充分利用城市语言文字工作者的专业指导作用，做好城市店名语言文字规范性的评估工作；发挥城市大众媒体的舆论监督和城市居民的公众监督作用，拓宽举报渠道和反馈平台。

3. 在城市中传递和弘扬传统文化

当前社会思想的空前解放和多元性文化的冲击导致了部分城市店名标新立异和过度洋化，易滋生崇洋媚外的社会心理而致使传统文化在城市中的衰落。现如今文化建设的地位日益提高，作为城市人文景观和文化生活组成部分的城市店名也必须得以规范和引导，最根本的途径就是在城市中弘扬优秀的传统文化。就衢州城市而言可以将具有地方特色的南孔文化和围棋文化作为切入点，大力弘扬"仁义礼智信"的儒家思想和历史悠久的三衢文化，在充分尊重传统文化的同时适当借鉴优秀的外来文化，不盲从不跟风，在体现时代特征的同时传递璀璨的传统文化。

4. 在城市中倡导健康文明的价值观

城市中日渐浮躁的心态和日益滋长的享乐主义导致了部分城市店名呈现出过度贵族化和金钱化的现象，迎合了部分城市居民的虚荣心态和拜金心理，助长了城市中的不良风气，容易致使城市主流审美观和价值观的扭曲。审美观和价值观是城市文化建设的重要组成部分，因此要发挥城市精神文明办公室和城市主流媒体等机构的作用与职能，加强精神文明建设的宣传，树立道德楷模和先进人物，同时在城市中输入健康、文明、高雅的审美观和价值观，以此净化当前城市中日渐凸显的浮躁、虚华之风。

第五节　城市户外广告语生态考察

广告是商品经济的产物，是为了某种特定的需要，通过一定形式的媒体，公开而广泛地向公众传递信息的宣传手段。在商品经济发达的现代化城市中，广告是不可或缺的元素，它已渗透进人们的生活，引导着人们的消费观和价值观。

户外广告是城市中常见的广告形式，指的是"利用公共或自有场地的建筑物、空间、交通工具等形式设置、悬挂、张贴广告，如路牌广告和霓虹灯广告、灯箱广告等。其基本职能是传播信息、加速流通、激励竞争、引导消费及美化环境"（郑玉梅，2008）。户外广告的公共属性决定了它在功能上的双重性，"它不能仅考虑企业经济效益，而应该在实现企业理念、塑造企业形象的同时，承担社会责任、创造社会效益，实现对城市形象的塑造"（周慧玲，2011）。日本建筑学家芦原义信（1989）认为城市中的本来外观形态是"第一轮廓线"，户外广告媒介以及其他的附属物则可以称之为"第二轮廓线"。可见，户外广告对于城市空间扩展、城市色彩重组以及城市文化内涵提升等方面都有着积极的作用。

随着城市中户外广告形式的不断丰富和覆盖面的不断扩大，广告语言的影响力不容小觑，日渐成为城市语言生活的有机组成部分。"作为一种语言艺术，广告又会构成一种语言环境、语言氛围，对我们的语言生活产生种种潜移默化的影响"（周建民，2007），因此健康和谐的户外广告语能够点缀城市的语言环境，而不文明、不规范的广告语则会破坏城市的语言和谐。

一　衢州城市户外广告的现状

（一）载体多样

衢州城市户外广告的载体有牌匾广告、公交站点广告、大型海报广告、墙体广告、LED广告以及滚动式灯箱广告等。丰富的载体使得衢州城市户外广告呈现出更为活跃的态势：广告表现形式更为多样，广告的创意更易得到发挥，广告受众的指向也更具有针对性。

（二）　内容丰富

衢州城市户外广告的内容丰富，涵盖地方特产食品、酒类、家居、理财商品、数码商品、房地产、汽车等，其中房产和金融类占较大份额。（见图2.14）据粗略统计，在实地采集的广告样本中，房产和金融广告共占总数的48%，其中房产广告占32%，银行、证券、投资、理财、保险等广告占16%。房产和金融广告的活跃反映了衢州房产业和金融业的兴盛，充分体现出衢州正处于经济快速发展阶段。

图2.14　各式各样的广告语

（三）　语言生动活泼

衢州城市户外广告在语言上呈现出生动活泼的特点：语言特征丰富多彩，有的简洁明朗，有的新奇有趣，有的富有创意和智慧，有的富有文学色彩，有的高雅，有的通俗，有的语义准确真实，有的语义模糊具有想象空间；修辞上运用双关、仿拟、对偶、排比、设问、夸张、比喻等手法，使得广告语言更为生动形象且富有吸引力；语用上把握受众的消费心理，符合广告的情境意旨，达到良好的宣传效果。

（四）　富有文化价值

衢州城市户外广告具有宝贵的文化价值，是城市文化的有机组成部分，引导了城市的文化趋向，反映了城市的文化心理和传统价值观，促进了城市的文化创新，对城市总体的文化建设具有十分积极的意义。

二 衢州城市户外广告的语言特点

（一）语言特征

1. 简明性和生动性

广告是高效率的商业投资行为，相关研究结果显示，人们对一则广告所产生最大兴趣的时间不会超过 45 秒，如果超过这个时间，人们对这则广告的兴趣就会下降，而在生活节奏快速的城市中，人们往往对于形成文字的户外广告只是匆匆一瞥，因此商家必须用最少的文字向受众传递最大的商品信息，并成功获取受众的购买欲，可见简明性是城市户外广告所应具备的基本特征。广告语言的简明性主要体现为主题突出、词语精练、句式简洁，例如：

（1）选 3G 就选沃（联通沃 3G）
（2）桃源居专业生产铜门（桃源居门业）

例（1）、（2）用短短几个字就将商品名称和商品信息包含在内，句式简洁的同时突出了广告的主旨，令受众在短时间内就能完全接收来自商家的信息，达到了广告的目的和效果。

城市户外广告语做到简明性的同时还需要巧妙运用语言和文字，使得广告语言生动有趣、饱含智慧，给受众留下深刻印象，例如：

（3）全"芯"上市（起亚 K5 汽车）
（4）时尚生活 立马开始（立马电动车）

例（3）用"芯"字突出了汽车的核心部分——发动机，且"全芯"谐音"全新"，既强调了商品的卖点也强调了商品的新颖；例（4）将商品名称"立马"融合进广告语中，一语双关，意为拥有"立马"时尚生活就会立马开始。

广告语言的简明性和生动性提高了城市户外广告的宣传效率和效果，在为商家创造收益的同时也能为城市居民打造一个简洁生动的城市语言环境。

2. 创新性和艺术性

在当前商品经济日益发达的城市之中，广告业也随之蓬勃发展，同类型的商品广告层出不穷，竞争异常激烈。因此，一则广告要从同类广告中脱颖而出，必须打破常规的创作思维，要独具匠心、出奇制胜，才能吸引受众的注意和兴趣，引发他们的好奇心和购买欲。

创新性体现为广告语的设计和措辞不拘泥于传统模式，与时俱进，彰显创意和个性，例如：

(5) 面部动态精雕术（整形美容医院）

(6) 手机？平板电脑？It's Galaxy Note！（三星手机）

例（5）用"面部动态精雕术"来代替传统意义的"面部整容"，将整形美容定位为艺术创作，能将脸庞精雕细琢为一件完美的艺术品，令爱美女士更为心动；例（6）用设问句给人耳目一新的感觉，又用英文介绍来引起年轻受众的青睐。

艺术性体现为广告语在设计和措辞上具有文学性，富有文学色彩，特别体现在一些房产广告上，例如：

(7) 闻涛揽胜　再领风骚（楼盘　阳光水岸）

(8) 贵隐市心　瞰尽繁华（楼盘　城市之星）

例（7）用"闻涛揽胜"四字描绘出江景房的魅力所在，令人有一种身临其境的感觉；例（8）的"瞰尽繁华"简洁有力地描绘出楼盘位于城市繁华地段的特色，同时"瞰"字突显出了高层的楼盘特点。

广告语言的创新性和艺术性使得城市户外广告更具有欣赏性，使其成为城市文化景观的有机组成部分。

3. 准确性和模糊性

广告在传递商品信息和履行商业价值的同时也是在向受众作出承诺，因此广告语言必须实事求是，不能以假乱真。营造诚实守信的城市氛围要从保证城市广告语言的真实性和准确性开始，例如：

(9) 解放 J6 荣膺国家科学技术进步奖一等奖（一汽解放 J6 重型卡车）

(10) 骨折可以不开刀（衢州骨伤科医院）

（11）国酒老店　手工造化（赊店青花瓷）

　　例（9）用国家权威认证的事实说话，不吹捧、不虚夸，直接让受众看到商品的真实品质；例（10）用医学技术说话，不用过多的言语修饰，简单明了告诉受众一个事实；例（11）则向受众许诺酒源于手工制作。

　　广告是一种说服人的艺术，除了用直白的事实语言说话，多数时候商家更倾向于选择模糊且具有想象空间的语言去表达，例如：

（12）所得，超乎想象（楼盘　天和家园）
（13）一省到底（苏宁电器）

　　例（12）"超乎想象"是个很模糊的概念，不同受众的想象程度不同，因此"超乎想象"针对不同的受众也有不同的答案，没有统一明确的评定标准；例（13）"一省到底"的"底"也是一个不明确的概念，"底"是站在商家的角度去评定还是站在消费者的角度去评定尚不得知，什么程度是"底"也无从考证。

　　广告语言的模糊性是商家说服和吸引消费者的一种语言艺术，适当的模糊可以产生朦胧美，而过度的隐瞒所引起的欺诈行为是绝不可取的。

　　4. 雅俗共赏

　　广告的"雅"体现在"广告语言匠心独到，别出心裁，语言优美，意境蕴藉深远，读后就像喝了一杯淡淡的甘醇，令人回味无穷，使精神和心灵都得到美的净化"（赵晓庄，2003）。例如：

（14）善建者行（建设银行）
（15）以进取超越期待（威志 V5 汽车）

　　例（14）将"建行"二字融于一句格言之中，既别出心裁又意蕴深远；例（15）中"进取"和"超越"都体现了汽车的特质，一语双关融合成一句意味深远的话。

　　广告的"俗"主要体现在语言的通俗化上，"广告是面向大众的艺术，它的宗旨是要消费者一看就懂，一听就明"（赵晓庄，2003）。例如：

（16）生活就在家楼下（楼盘　书香郡）

（17）养人的还是手工黄酒（塔牌黄酒）

（18）看妇科　治不孕　到玛莉亚（玛莉亚医院）

（19）男人的医院（五洲泌尿医院）

例（16）亲切自然，就如一个街坊邻居的口吻；例（17）通俗易懂，就如一位知己好友的口吻；例（18）和例（19）内容直截了当，受众指向明确。

"雅是为了使语言更美，俗是为了让受众更能了解商品的特点"（赵晓庄，2003），广告语言雅俗共赏满足了城市中不同社会阶层和不同受众群体的需求，也使得城市广告语言呈现出开放包容的特点。

（二）修辞手法

广告是一门语言艺术，因此运用恰当的修辞手法可以提高广告的表达效果，令广告语言优美动人、立意深远、引人入胜，给受众留下深刻的印象。衢州城市户外广告语主要有以下几种修辞手法。

1. 双关

双关是利用语言中同音和多义的条件，一语含二义，有意使语句具有双重意义。双关的修辞手法可以使语言简洁生动又富有智慧巧思，深受广告创意者的喜爱，例如：

（20）用爱圈住最爱的你（甜甜圈）

（21）酷劲难挡（哈尔滨啤酒）

（22）当别人在追逐性价比时　我们已驾驭它很久了（马自达汽车）

例（20）中的"圈"字既作名词突出了商品"甜甜圈"的性质与形状，又作动词用于动态的表达，令这则广告语生动形象，能够引起年轻受众的共鸣；例（21）中的"酷"既用于表示"酷帅有型"的"酷"，又突出了喝下啤酒后清凉畅爽的"cool"（音译为"酷"），十分符合啤酒的特性；例（22）中的"驾驭"既用于表达"驾驭"性价比之意，又形象地表现"驾驭"该款汽车之意，一词双关，令整则广告充满创意。

2. 仿拟

仿拟是临时创新，仿照人们熟知的现成的语言材料，达到一种语言

"陌生化"的效果，是一种巧妙、机智、有趣的修辞手法。使用仿拟的手法可以使广告语既生动活泼充满新意，又能唤起人们的熟悉感，从而加深人们对广告的印象，例如：

> （23）约惠五一（东方家私）
>
> （24）稀世臻品　"实"无前例（楼盘　中央郡）
>
> （25）将超值进行到底（江铃汽车）

例（23）中的"约惠"仿造时下热门词语"约会"，此"惠"非彼"会"，但同样令人心动不已；例（24）中的"'实'无前例"仿造"史无前例"，突出"实"字，强调了商品品质的实实在在；例（25）仿造知名电视剧名称"将爱情进行到底"，改为"将超值进行到底"，突出了"超值"二字。

3. 对偶

对偶是将字数相等，结构相同，意义密切关联的短语或句子，两两对称组织在一起的修辞手法。运用对偶手法可以使广告语言简洁匀称，朗朗上口，具有和谐对称之美，例如：

> （26）分担风雨　共享阳光（阳光保险）
>
> （27）一湾江景　满城书香（楼盘　书香郡）

例（26）中"分担"和"共享"相对，"风雨"和"阳光"相对，令整则广告语言和谐对称，情感诚恳真挚；例（27）中"一湾"和"满城"相对，"江景"和"书香"相对，符合楼盘名称"书香郡"的意境。

4. 比喻

比喻是通过联系不同事物的相似点，用另一事物来描绘所要表现事物的修辞手法。在广告语言中使用比喻手法能够使广告生动形象，更为具体地表现商品特征，例如：

> （28）市中心商业财富聚宝盆（楼盘　城市之星）
>
> （29）衢西门户　城市客厅（楼盘　鑫港尚城）

例（28）中用"聚宝盆"生动形象地比喻该楼盘的商铺，迎合广大投资者增值致富的心态，使商品更具吸引力；例（29）中用"门户""客厅"形象地比喻楼盘的地理位置和功能，能令受众更好领略到商品的价值所在。

5. 夸张

夸张是为了强调某种事物的性质和特征或突出某种主观感受，故意把客观事物加以"言过其实"的夸大或缩小的修辞手法，运用夸张的手法能够使广告语言富有感染力，例如：

（30）一座衢州城　半城烤饼香（余记烤饼）

例（30）夸大了烤饼香味的蔓延范围，但增强了广告的感染力，令受众看到广告语便仿佛闻到了烤饼的香味。

6. 排比

排比是利用三个或三个以上意义相关或相近，结构相同或相似以及语气相同的词组或句子并排，达到一种加强语势的效果。在广告语言中运用排比手法能够增强广告的说服力，例如：

（31）坐旺地　拥繁华　淘财富（凯升广场）

例（31）中连用"坐""拥""淘"三个动词，紧跟"旺地""繁华""财富"三个象征财富的宾语，连贯流畅，一气呵成，使得整则广告极具鼓动性和说服力。

（三）语用手段

广告是一种说服性的言语行为，"几乎所有广告都可以看作一种说服性言语行为，其目的在于说服交际对象（消费者）接受其商品、服务等"（陈新仁，1999），因此广告要达到理想的说服和宣传效果，必须采取恰当的言语策略，同时掌握和利用受众的认知与消费心理，其中利用语用预设就是一种良好的策略和手段。"语用预设（pragmatic presupposition），或称语用前提，是指那些对语境敏感的，与说话人（有时还包括说话对象）的信念、态度、意图有关的前提关系。"（陈新仁，1999）语用预设利用大众心理，使得广告符合情境意旨，获取良好的说服和宣传效果。衢州城市户外广告的语用预设可分为六种模式，分别为事实预设、信念预设、状态预设、行为预设、情感预设以及文化预设。

1. 事实预设

所谓"事实胜于雄辩"，一则广告说服受众的最好方法就是摆出令人信服的客观事实，例如：

（32）全球超过80%3G用户的共同选择（中国联通WCDMA）

例（32）用数据说明了商品的普及性，巧妙地抓住了消费者的从众心理，"被大多数人所认可的一定是好的"，因此用数据事实说话更能够赢得消费者的青睐；再如例（9）的"解放J6荣膺国家科学技术进步奖一等奖"，这则广告利用权威性的科学事实作为预设，能够获取受众的信赖，增强了广告的说服力。

2. 信念预设

广告往往能影响和引导受众的消费观和价值观，改变他们对于某种事物的态度和信念，广告商也正是抓住了这一点，利用信念预设，通过转变受众的态度和信念来进行宣传和说服，例如：

（33）好米源自百泽坊（百泽坊）
（34）技术成就生活（罗曼迪卡家居）

例（33）中的预设是"百泽坊的米是好米"，言外之意"其他地方的米不一定是好米"，为健康着想，消费者一定会购买好的米，而广告商将"好米源自百泽坊"的观念灌输给了受众，自然能够得到受众的认可，达到了预期的宣传效果；例（34）中的预设是"生活是由技术所成就的"，抓住了现阶段人们追求生活品质的消费心理，将"技术与生活密切相关"的观念传递给受众，引导他们购买主打"技术"的商品。

3. 状态预设

广告中的状态预设抓住了受众希望改变不好现状而进入理想状态的心理，从而达到良好的说服效果，例如：

（35）重现170年前的纯香（威龙有机葡萄酒）

（36）拥抱财富　拥有未来（天盛贵金属）

例（35）的预设是"使如今的葡萄酒重现170年前的味道"，酒是愈久弥香的，因此"重现170年前的纯香"对于爱酒人士而言是十分具有吸引力的；例（36）的预设是"购买贵金属就能拥有富裕的未来"，对于想要致富改变现状的受众而言也具有巨大的说服力。

4. 行为预设

广告中的行为预设主要目的在于鼓动受众采取某种行为，例如：

（37）冬天来了　吃火锅去吧（海底捞火锅）
（38）不玩2G玩3G　换3G用天翼（中国电信　天翼）

例（37）将"冬天来了"作为"吃火锅"的充分条件，令受众感觉到合理性，使受众在合理性的引导下采取商家所期许的行为；例（38）否定了"2G"，引导受众迈入"3G"时代，并且将"换3G"和"用天翼"自然联系，预设为"用天翼才能玩3G"。

5. 情感预设

有时候在广告中淡化商业气息而添加情感元素往往能获取受众的好感，从而增强广告的说服和宣传效果，例如：

（39）连结你我　四海一家（ICBC 金融@家）
（40）信用一生　合作相伴（信用联社）

例（39）和例（40）是金融商品，金融业的高风险性令不少人对其望而却步，然而通过情感预设，将"你我"视为"一家"，意为"不离不弃、共同承担"，或者以"一生相伴"作为承诺，能够在情感上感动受众，并赢得受众的信任，达到良好的宣传效果。

6. 文化预设

广告中的文化预设指商家通过利用与受众所共有的文化背景知识来赢得受众的好感与共鸣，从而达到预期的宣传效果，例如：

（41）家乡的味道（刘家香山茶油）

（42）四百年传承　一道食补美味（不老神鸡）

例（41）迎合了传统文化中的"思乡情怀"，在传统文化中"家乡"永远是人们内心最纯净美好的地方，因此用"家乡的味道"能够唤起受众的"思乡情怀"；例（42）迎合了传统文化中崇尚"历史传承"和"食补"的观念，既是"四百年传承"又是"食补美味"，对于追求传统美食和养生食品的受众来说具有良好的说服力。

三　衢州城市户外广告的文化性

崔梅（2009）认为"广告是商业行为和人文精神的融合"。广告首先是一种极具功利性的语言，它的根本目的在于销售商品从而获得商业利润，然而随着广告业竞争的日渐激烈以及广告受众欣赏品位的日趋提高，广告在发挥其商业价值的同时也逐渐融入了创意与文化元素，甚至出现淡化商业概念而主打商品文化和企业精神的趋势，以此来引起受众在情感和文化上的共鸣，因此从另一方面来说，广告具有非功利性的文化价值。"广告融入社会生活中，深入人们的思想，通过与社会的互动，正成为一种新的文化形式"（周慧玲，2011），语言优美且富有创意和内涵的城市户外广告能够陶冶人们的思想情操，传播城市文化，彰显城市的人文精神，妆点城市的语言环境。

（一）引导城市的文化趋向

城市户外广告是城市文化的有机组成部分，它凭借极强的传播力和影响力引导着城市中人们的思维方式、消费观、价值观和行为习惯等。就现阶段衢州城市户外广告而言，房产广告占了很大的比例，在房产广告的引导下，城市中的"房产文化"也日渐盛行。如今的房产广告打破了人们以往对于房子"家""温馨""避风港"的观念，而将房子定位为"身份"与"品位"的象征，例如：

（43）尊贵　与生俱来（楼盘　铂金府邸）
（44）两万精英　理想之城（楼盘　新湖景城）
（45）臻品只为少数人典藏（楼盘　九润公馆）

例（43）将楼盘定位为"尊贵"身份的象征，例（44）则将楼盘定位为"精英之城",而例 (45) 将楼盘定位为只有"少数人"才可入住的"臻品"。随着人们物质条件的充沛,购买房产的初衷不再停留在遮风避雨的原始目的,而是朝着更高的层面迈进,开始追求居住的品质。优良的地段、优美的景观、精致的外观等都成为人们购买房产所考量的因素,而城市房产广告进一步将"身份"和"品位"的消费观念植入人们的脑海之中,潜移默化使人们在购置房产时将楼盘所能体现的"身份"和"品位"列入考量范围中,使得买房不仅仅是一种单纯的购买行为,也成为一种自我价值实现的方式。

此外,一些金融投资广告也将"投资文化""财富文化"逐渐植入城市文化中,例如:

(46) 人气商机无限　财富几何倍增 (城市之星)

(47) 坐拥繁华　永享财富 (凯升广场)

(48) "金"品传承　价值永恒 (农行　金钥匙)

例 (46)、(47)、(48) 强化了受众对于追求"财富"和"价值"的观念,增强了受众的投资理财意识,改变了人们"储蓄存钱"的传统理念。

无论是"房产文化"还是"投资文化",城市广告的适当引导有助于刺激消费、扩大内需、循环资金,增强城市经济的活力,促进城市经济的发展,但是过度的灌输容易滋长"拜金主义""金钱至上"的不良风气,不利于城市的精神文明建设,因此要注意度的把握。

(二) 反映城市的文化心理和传统价值观

崔梅 (2009) 主张"广告传播虽然是一种以营销为目的的商业行为,但它同时也是一种复杂的文化行为。它与人们的思维定式、价值取向、意识观念等都有着密切的关系"。因此城市广告在履行商业价值的同时,也能够体现城市的文化心理并弘扬城市的传统价值观。

曹志耘 (1992) 指出:"每个民族都拥有一些深植于本民族传统文化的心理特征。这些心理特征影响着人的日常生活和风俗习惯,也制约着人们的语言活动。"城市中人们的文化心理会影响城市广告语言,反之城市广告语言也能反映城市中人们普遍的文化心理,如从众心理、面子心理和实惠心理等。上文列举过的一些例子如"全球超过 80%3G 用户的共同选择"便反映了人们的从众心理，暗示受众购买此商品便可成为80%用户中的一员，不再是20%的少数分子，体现了多数人随大流的文化心理；"尊贵　与生俱来"则反映了人们的面子心理，暗示受众购买此商品便可获得尊贵的身份，体现了多数人重视面子的文化心理；"将超值进行到底"反映了人们的实惠心理，暗示受众可以买到物超所值的商品，体现了多数人追求性价比的文化心理。

近年来随着衢州城市的不断发展和经济实力的不断提升，衢州城市居民的物质生活得到了巨大的改善，无论是在商品购买力还是商品选择性上都有了很大的提高。特别是2002—2012年，大润发、沃尔玛、世纪联华等大型连锁超市陆续在衢州城区开业，东方商厦、中百商厦、景文百货等老牌百货公司也逐一扩建并引进大量国内外知名品牌，新开发的楼盘林立于城中，汽车等高消费商品的需求量和选择余地也逐渐增多。面对各式各样的选择，人们自然会倾向于购买被多数人所认可并具有良好口碑的品牌和商品，此外花最少的钱买到最值得的商品符合勤俭节约的传统美德，因此追求性价比往往是人们所热衷的。衢州经济的快速发展也令一部分衢州居民富了起来，他们在消费观念和消费层次上都有了一定的变化，以往追求温饱，现在追求身份，而城市广告语主打"尊贵"牌正好迎合了他们的面子心理。

曹志耘（1992）认为："各个民族都有其独特的对世界的认识和表达，有自己的传统观念。传统观念深刻地影响着有关语言的结构和运用，当然也影响着广告语言的应用。"同样，城市中盛行的传统价值观念也会影响城市广告语言，而城市广告语言也能弘扬城市中优良的传统价值观，如人本观念、诚信观念、孝亲观念、养生观念等。"进步与您同步"和"邮储贴现更贴心"体现了人本观念，从受众的角度出发，全心全意为顾客服务，弘扬了"以人为本"的传统精神；"信用一生　合作相伴"和"分担风雨　共享阳光"体现了诚信观念，"诚信"是社会主义道德体系中所不可或缺的部分，以"不离不弃"的诚信态度对待消费者才能赢得受众的信赖，彰显了"礼仁忠信"的传统美德；"家乡的味道"和"连结你我　四海一家"则体现了人们重视"家""亲情"的孝亲观念，传承了传统文化中的人伦精神，取代西方文化所宣扬的"个人本位"和"自我中心"；"养人的还是手工黄酒"和"四百年传承　一道食补美味"体现了"食补"的养生观念，"养生"是中医所倡导的一大理念，也是传统文化的精髓之一，能够在洋快餐和垃圾食品泛滥的现代化城市中重新唤醒人们的养生意识。

衢州是一座饱受儒家思想和儒学文化洗礼的千年古城，孔子主张的"仁"的首要解释就是"爱人"，《论语》中的名句"己所不欲，勿施于人"以及"己欲立而立人，己欲达而达人"，主张的就是人本观念；诚信是儒家所推崇的一个重要伦理道德范畴，《论语》中也有诸多主张诚信的句子："人而无信，不知其可也"，"言必信，行必果"，"与朋友交，言而有信"。此外《论语》中的"入则孝，出则悌"，"父母在，不远游，游必有方"宣扬了孝亲观念；"肉虽多，不使胜食气"，"唯酒无量，不及乱"则宣扬了养生之道。

文化心理和传统价值观都是驻扎在人们内心深处并主导人们思想和行为的重要因素，若城市广告语言在设计上能充分利用这一点，不仅能够符合广大受众的文化心理、思维方式和行为方法，还有利于城市中诸如孝亲感情、人本精神、诚信、养生等优良传统观念的传承与弘扬。

（三）促进城市文化的创新

广告是城市文化的有机组成部分，广告也是城市文化中最为活跃的部分，为了推陈出新，广告必须捕捉时代精神，紧跟潮流的步伐，走在时尚的前端，因此广告能够把握城市的流行脉络，引导城市的消费趋向。同时广告又是城市文化中最有创意性的部分，在受众欣赏品位日渐提升以及广告业竞争日趋激烈的背景下，广告语以及广告文案的撰写不仅仅是单纯的文字组合，而逐渐演化为一种艺术创作，只有新奇有趣或优美高雅的广告语才能吸引受众的目光，引起受众的共鸣，从而达到良好的宣传效果。广告还是城市文化中最为多元化的部分，随着城市文化向多元化趋势发展，广告为了保持商业敏感性，必须将多元的文化元素整合进入广告语之中，无论是迎合人们的传统文化心理，还是利用年轻人崇尚自我、彰显自我的消费心态，各种各样的文化元素都能够在城市广告语中得以显现。

城市文化不是一成不变的，需要随着时代的发展不断丰富与更新，不仅要弘扬优良的传统文化，还要吸收进优秀的外来文化，并顺应时代和潮流进行创新。作为城市文化中最为活跃且最具创意的广告，在丰富城市文化的同时也极大促进了城市文化的创新，为城市文化注入了新鲜血液，令城市文化富有活力与生命力，使得城市文化紧跟时代步伐，彰显了城市的时代精神。

四　问题与思考

（一）城市户外广告存在的非生态因素

1. "三俗"化

衢州城市户外广告语的"三俗"化又可细分为低俗化、庸俗化、媚外化，例如：

　　（49）性感的呐喊（kappa 服装）
　　（50）祖传秘方　勾魂美味（胖子烧烤）

　　例（49）和（50）以"性感""勾魂"带有性暗示的词语作为广告语的噱头，以"色"诱导，使得广告有低级趣味之嫌。

　　（51）高贵优雅　尊贵奢华（朱恩莎卫浴）
　　（52）礼送燕窝　至尊豪礼（燕之屋）

　　例（51）和（52）强调了"尊贵""至尊""豪华""奢华"的概念，容易引导虚荣、奢靡的消费观，滋生拜金主义、金钱至上的不良之风。

　　（53）ABD 总裁商务行宫（卢森堡写字楼）
　　（54）皇家典藏　世纪瓷砖（威尔斯陶瓷）

　　例（53）、（54）则将"皇家""行宫"具有封建色彩的词语运用在广告语中，容易引导封建皇权观念，使封建腐朽思想沉渣泛起。

　　（55）城市贵脉　英伦观邸（楼盘　中央郡）
　　（56）法式多层电梯洋房（楼盘　枫丹白露）
　　（57）欧风商街　钻石商铺（楼盘　城市之星）

　　例（55）、（56）、（57）将"英伦""法式""欧风"作为商品的卖点，容易引导崇洋媚外的消费心理，不利于传统文化的传承与保护。

2. 暴力化

衢州城市户外广告语言的暴力化也是阻碍城市语言生态的一大因素，例如：

（58）砍掉所有价格水分　砍掉所有的经销商　明码实价只赚8元（见图2.15）

图2.15　暴力化的广告语

例（58）的广告内容是为了表明商家站在消费者的角度，只赚良心钱，在语言上却使用"砍"这样暴力化的词语，令受众心生胆怯，也令其他竞争者心生怨恨，不但使广告效果适得其反还有碍于城市的安定团结。

3. 欺诈性

广告语言的欺诈性是衢州城市户外广告存在的另一大不和谐因素，例如：

（59）购家居　实打实　天天送金砖（红星美凯龙）

（60）您请客吃饭　我买单一半（海底捞火锅）

例（59）和（60）中以"天天送金砖"和"我买单一半"这样极具引诱性的话语诱导受众，其中却隐含了商家解释权的巨大空间，"送金砖"并不是人人都有，"买单一半"却不包含酒水饮料等，这样的广告看似言之凿凿，实际却是一个话语陷阱，往往令消费者欣然而至却失落而归。带有欺诈性的广告虽然不是具有诈骗性的虚假广告，但也伤害了消费者的感情，破坏了商家信誉，不符合诚信精神。

（二）思考与对策

1. 提高城市广告业者的广告道德与守法意识

广告业者须遵循"广告道德"，追求广告语言的"真善美"。广告语言的"真"指的是广告的内容必须真实可信，广告业者不可以片面、模糊、欺诈性的语言作为广告用语，必须给予受众真实可靠的信息与承诺；广告语言的"善"指的是广告用语必须积极、健康，不可一味引导崇洋媚外、奢侈糜烂的消费观和生活方式，要倡导健康、文明、科学的消费观和价值观；广告语言的"美"指的是广告用语要富有文学性和艺术性，追求语言上的美感，广告业者在广告创作时要做到语法通顺、逻辑正确、措辞精练，还要正确使用修辞手法和语用手段，使得广告语言达到良好的艺术效果。

广告业者还要树立广告守法意识，严格遵守国家颁布的《中华人民共和国广告法》《广告管理条例》《化妆品广告管理办法》《医疗广告管理办法》《酒类广告管理办法》《烟草广告管理暂行办法》《印刷品广告管理暂行办法》《店堂广告管理暂行办法》《广告语言文字管理暂行规定》等相关法律法规。

2. 建立完善的多元化城市户外广告监管体系

要建立"政府负责、社会协同、公众参与"的多元化城市户外广告监管体系。确立城市户外广告的行政监管主体，以市政府牵头，形成由包括市容管理、规划和工商等多部门为主的行政监管主体，共同监管、分工合作。建立城市户外广告的公共管理机制，包括行业监管与公众监管，通过广告协会等行业组织对衢州户外广告进行监督管理，实现广告行业的自我约束和自我协调；同时发挥大众媒体的舆论导向作用，对衢州城市户外广告的失范现象予以披露和曝光；发挥城市居民的公众力量，抵制不规范、不文明的城市户外广告。

3. 倡导科学健康的城市消费观和广告观

首先，相关职能部门要在城市中积极倡导科学的消费文化观念，如绿色消费、环保消费等，杜绝庸俗消费文化，强化节约意识，努力形成健康文明、节约资源的消费模式。其次，城市户外广告的设计要考虑公益性因素，不仅用于实现商业目的，也要宣传公益性内容，体现城市的人文关怀，营造和谐友爱的城市氛围。最后，在城市户外广告的设计上多融入宗教、历史、道德和艺术等文化元素，丰富城市的人文风貌，加强城市的软实力，并鼓励广告在语言和内容上发挥创意，促进城市文化的创新。

第六节　余论

前文中我们从不同角度对衢州城市外观语言生态进行了较为全面的考察，探究城市外观语言在城市建设中所发挥积极作用的同时也发现了一些问题，并针对每一部分提出了相应的思考和对策。总体而言，衢州的城市外观语言呈现出较为规范和谐的一面，符合衢州新型城镇化的目标和要求，但仍存在部分不和谐的现象，值得引起学术界和城市管理者的关注和重视。

一　衢州城市外观语言生态的总体特征

在新型城镇化建设过程中，衢州的城市外观语言生态主要体现出以下几个特点：（1）载体形式多样。衢州城市外观语言的载体形式多样，体现了传统与现代的结合，在城市的大街小巷发挥引导、指示作用的同时也装点着城市的各个角落。在具体呈现形式上有较为传统的形式，如利用围墙和横幅来承载城市户外标语和广告语，运用牌匾来承载城市户外标语、广告语、店名等；也有较为现代化的形式，如运用 LED 跑马灯、电子显示屏、滚动灯箱等来承载城市户外标语和广告语等。（2）内容覆盖面广。衢州作为浙江省二类城市，也作为闽浙赣皖四省交界处，具有一定规模的人口流动量，因此城市外观语言的受众数量大，涉及内容也较广，如城市户外标语宣传的内容有绿色生态、历史文化、经济建设、道德文明、平安和谐等方面，城市户外广告语涉及的有地方特产、家居、金融理财、数码、房产、汽车等。（3）文化性突出。衢州作为南孔圣地和历史文化名城，具有较为浓郁的文化氛围，这点在城市外观语言上也有所体现，特别是反映衢州人文风貌的各式地名，还有展现城市文化底蕴、宣传城市形象的城市标语，此外城市户外广告语和店名也反映了城市整体的消费观和价值观，具有丰富的文化性。（4）语言手法丰富。衢州城市外观语言运用了丰富的语言表现手法，如在城市户外标语、店名和户外广告语的表现上运用了声韵调的和谐，仿拟、双关、谐音、对偶、排比等修辞格以及语用预设等手段，使城市外观语言在整体上呈现出多样、协调、创新的特点，营造了一个丰富多彩的城市语言生态环境。

二　衢州城市外观语言生态存在的不和谐现象

（一）语言层面的不和谐

近年来我国城镇化进程不断加快，截至 2011 年我国的城镇化率从 1978 年的 17.8%提高到 51.27%，首次超过 50%，这意味着我国已经迈入了城市主导的时代。在高速的城镇化进程中，不少城市都患上了"城市病"，城市环境恶化、交通拥挤、生活成本高、社会管理难度增大、文化观念冲突日益加剧……这一系列问题都反映出传统城镇化的隐忧。语言是社会的一面镜子，因此传统城镇化进程中所带来的一系列问题直接或间接地投射到了城市语言中，产生了一些城市语言的不和谐因素，导致了城市的语言污染。作为浙江省二线城市的衢州，在城镇化进程中也产生了诸多语言生态问题，且部分直观地体现在城市的外观语言上。不和谐的城市外观语言，不但与衢州历史文化名城的形象格格不入，也不利于衢州新型城镇化的建设。

衢州城市外观语言生态问题主要体现在以下几方面：①语言不规范化。随着经济的发展、社会的进步、全球化进程的加快、信息产业的崛起，城市语言生活也发生了深刻的变化，如新词新语的大量涌现、外来词和字母词的不断冲击、网络语言的泛化、繁体字的回潮等，为城市语言规范化带来了巨大的挑战。衢州城市外观语言的不规范现象主要有汉语拼音使用不规范，中英文对照不规范，网络词、外来词、仿拟词、生造词使用不规范，繁体字、古体字、生僻字使用不规范以及语用效果不适当等。②语言"三俗"化。城镇化进程伴随着大量西方文化和价值观涌入，"洋节日""洋文""洋名"受到年轻人的追捧，使传统文化遭受了不小的冲击。与此同时，城市日益丰富的物质资源容易导致拜金主义思想的滋生，金钱至上甚至成为不少人奉行的宗旨。衢州城市外观语言的"三俗"化，主要体现在城市户外广告语和店名中使用低俗化带有性暗示的字眼作为噱头，使用媚俗化的洋文或具有洋化色彩的词汇来标新立异，使用庸俗化的带有金钱色彩和封建色彩的词汇来自抬身价等。③语言暴力化。传统城镇化带来了一系列社会问题如社会分配不公、贫富差距、贪污腐败、违法犯罪、道德缺失等，社会矛盾的凸显导致了人们心态的浮躁，暴力化的语言成为人们宣泄情绪的出口，进而产生了语言暴力。衢州城市外观语言中就出现几例带有暴力化语言的标语和广告语，造成了城市外观语言污染。

④语言欺诈化。城镇化进程中也伴随着资本主义思想的大量渗透，个人主义、利己主义、利益至上等不良价值观开始在城市中蔓延，对传统道德观念造成巨大冲击，也致使大量失范和越轨行为出现。不良商家为牟取暴利，利用消费者和大众的心理弱点进行语言上的引诱和欺诈，或夸大其词或模糊概念，发布含有欺诈性质的虚假广告。衢州城市外观语言中也不乏存在语言欺诈的户外广告，往往运用极具诱惑性的语言诱导受众，其中却暗藏商家的巨大解释空间。

（二）语言载体的不和谐

城市外观语言不应只在语言建构和内涵上为新型城镇化建设锦上添花，更要在载体的设计风格、造型、色调、数量、体量、形式、位置、朝向、高度、材质等因素上实现与城市整体环境相和谐，与城市建筑物、城市景观、城市绿化等相协调，令其达到美化城市环境的效果，不可出现杂、乱、脏的现象。然而，有部分衢州城市外观语言的载体形式与城市整体环境格格不入，甚至影响了市容市貌，造成了一定程度的视觉污染，不利于良好城市形象的打造，更不利于新型城镇化的建设。

1. 形式落后档次不高

衢州城市外观语言的载体主要是以灯箱、墙体、牌匾为主，在形式上采取的是较为传统的布幔、横幅、喷绘等形式，而像 LED 灯、液晶显示屏等高科技、高档次的载体形式运用得相对较少。传统的载体形式虽有经济高效的优点，但不能体现城市的现代化气息和时代特点，而且大量的布幔和牌匾存在着一定的安全隐患。（见图 2.16）

图 2.16　档次较低的布幔横幅

2. 维护更新不及时

衢州城市外观语言的载体部分存在陈旧、破损、字迹模糊等问题，没

有得到及时的维护与更新，不仅不能良好展现城市外观语言，也造成了一定的视觉污染。（见图 2.17）

图 2.17　破旧的广告牌和残损的标语墙

3. 缺乏统一规划

衢州城市外观语言载体在大小尺寸、高低标准上没有得到统一的规划，一些广告灯箱和牌匾随意安放，凌乱不堪，与城市环境格格不入，毫无美感。（见图 2.18）

图 2.18　随意悬挂的广告牌和占据整面墙体的巨幅广告

4. 违章现象时有发生

衢州城市外观语言载体遭到污染和破坏的情形屡见不鲜，非法小广告肆意出现，部分市民也不懂得爱惜城市外观语言载体，甚至有将标语牌作为拖把架的现象。（见图2.19、图2.20）

图2.19　被非法小广告遮盖的路牌

图2.20　被非法小广告遮盖的标语牌和被市民当作拖把架的标语牌

三　构建和谐的城市外观语言生态

构建和谐的城市外观语言生态，实现城市外观语言生态与城市生态的和谐共赢，需要全社会的共同努力，不光要提高人们的语言生态意识，还要加强城市语言的规范化工作，整治城市语言污染和语言载体的视觉污染，更要跟进城市文化建设，形成良好的城市精神文明风尚，弘扬积极健康的城市价值观，在城市中形成语言生态的良好局面，实现城市语言生态和城市生态的相辅相成，共同促进新型城镇化建设的跨越发展。

（一）提高语言使用者的语言生态意识

所谓"言为心声""诚于中而形于外""慧于心而秀于言"，语言是人们思想的外化，戴昭铭（1996）认为"语言使用必然体现着个人或社会的道德意识、道德标准以及道德价值的取向"。语言文明是人们的道德文化修养在语言上的一种表露，反之，语言上的不文明则是人们粗俗化的价值观在语言上的体现。可见，作为语言的创造者和使用者，"人"对于语言文明化具有主导性的作用，因此语言文明化也必须从"人"的文明化开始，不断提高"人"的思想品德修养和科学文化素养。

首先要加强对"人"的爱国主义教育，增强人们的普通话主权意识。语言是一个国家和民族的重要标志，更是一个国家和民族文化生生不息的源泉，而近年来"洋化"语言不断侵蚀着我们的母语，特别是一些青少年为了追求个性和时髦，在日常言语交际中夹杂大量的洋文，甚至给自己取洋名，城市中更有为数不少的商店招牌和商品商标使用洋化的名称，容易在社会上引导崇洋媚外的思想观念。因此必须强化人们的民族自尊意识和自强观念，维护普通语的主权地位，倡导中华民族的优良传统文化和传统美德。

其次要增强"人"的法律意识和法制观念。当前是法治社会而非个人强权的时代，增强人们的法律意识和法制观念有利于制止官僚主义和封建主义，整治假、大、空的官场语言和带有侮辱性、攻击性的暴力语言，净化社会风气，倡导公平正义。与此同时，法制教育从根本上而言是一种品德培养，"法纪是文明社会得以存在和发展的保障，遵纪守法是现代社会文明人应有的社会公德，也是个人良好的思想修养的表现"（戴昭铭，1996），增强人们的法律意识和法制观念可以有效避免语言欺诈等违法犯罪行为，有利于城市的和谐与稳定。

再次要提升"人"的道德情操。人们的思想道德是语言文明的内在基础，因此要提倡文明礼让、平等友爱、诚实守信的道德观念，宣传"真、善、美"的积极思想观，反对封建迷信、崇洋媚外、功利拜金、享乐主义等消极价值观，消除语言歧视、语言暴力、语言欺诈等非生态现象，营造诚、敬、谦的良好城市氛围。

最后要提高"人"的科学文化素养。提升"人"的审美情趣，引导人们追求健康高雅的语言艺术，抵制"粗、野、脏"的低俗化语言；提高"人"的科学文化素质，加强人们分辨是非真伪的能力，认清语言圈套，抵制语言侵略，坚定语言立场，培养"语言羞耻心"；增强人们合理使用语言的能力，使得语言适境应情、恰当有效，达到语用得体的效果。

(二) 加强城市语言文字的规范化工作

语言规范化是语言生态的基础和前提，因此要做好语言规范工作，使城市语言生活朝着丰富、规范、有序的方向发展。王玉（2009）认为"城市是一个地区政治、经济、文化的中心，因而对语言文字有着更高的要求。规范城市的用语用字，对提高市民文化素质、树立城市形象、营造扩大开放和加快城市现代化进程都具有积极意义"。因此新型城镇化建设中应进一步加强对城市语言规范化的重视。

1. 进一步落实《国家通用语言文字法》

当今社会是法治社会，语言文字规范化工作也应上升到法律高度，通过法律法规来保障汉语和汉字的权威地位，并通过法律法规来加强语言文字应用方面的管理。2000 年的第九届全国人大常委会第十八次会议通过了《中华人民共和国国家通用语言文字法》，标志着我国语言文字法制建设取得突破性进展，对我国语言文字规范化具有划时代的意义。而在物质文化生活日新月异，各类社会矛盾日益凸显的城市中，城市语言也伴随着城市环境的复杂多样而显现出其混乱、多变、不规范的一面，因此面对城市语言中的各类新问题，语言规范化工作也必须与时俱进。"《国家通用语言文字法》的颁行，不是语言文字规范化工作的终结，而是新的开始，新的起点"（王铁琨，2001），城市语言文字工作者与相关职能部门在充分发挥现行《国家通用语言文字法》对城市语言管理与规约的同时，还要结合城市语言发展变化的实际情况，不断完善语言文字规范化的相关法律法规，重在引导、实事求是、刚柔相济，形成以学校教育为基础，党政机关为龙头，新闻媒体为榜样的格局，带动整个社会认真贯彻《国家通用语言文字法》，全面提高城市语言文字规范化水平，营造与新型城镇化建设相适应的和谐城市语言。

2. 跟进城市语言文字的标准化工作

语言文字规范化除了要制定相关法律法规之外还需要修订一系列规范

标准，因此语言文字的标准化工作也是必不可少的。"自1956年国务院发布《汉字简化方案》至今，汉语言文字标准化工作在老一代语言文字工作者和有关专家学者的共同努力下，取得了很大的成绩，先后制定并发布了一系列的规范和标准，对我国汉语言文字应用的规范化、标准化起到了巨大的促进作用。"（王翠叶，2005）在此之后，国家语言文字机构还颁布了一批语言文字的规范标准，如《第一批异体字整理表》《汉语拼音方案》《普通话异读词审音表》《简化字总表》《现代汉语常用字表》《现代汉语通用字表》《标点符号用法》以及信息交换用汉字编码字符集等，这些规范标准对语言文字的规范化起到了不容忽视的积极作用。同样在当前语言环境日趋复杂的城市中，语言文字的标准化工作也需要根据实际情况而有所调整和改进，"根据需要予以维护、修订或废止"（王翠叶，2005），同时要伴随大量不间断的科研过程，广泛征求社会各界的建议和意见，发挥城市舆论媒体的向导作用并做好深入细致的宣传工作，共同推动城市语言规范化的进程。

3. 重视城市语言本体的规范化

语言文字规范化工作距离20世纪50年代以来已历经了半个世纪，虽然取得了不少成绩，但是仍是语言文字工作的重中之重。在城市语言文字规范化的过程中要顺应城市语境复杂多变的实情，更多地采取柔性原则，"就汉语规范化而言，柔性就是指灵活性、相对性，对语言现象不搞一刀切，承认中间状态、过渡状态。柔性是相对于刚性而言的。刚性就是果断性、绝对性，对错分明、不含糊。在汉语规范化工作中柔性和刚性都是必不可少的，有时以刚为主，有时以柔为主，有时刚柔结合，当根据实际情况灵活运用。"（张先亮，1993）

首先是语音的规范化。虽然《汉语拼音方案》于20世纪50年代就进行了全国性的推行，但就目前而言，人们对于《汉语拼音方案》的实际应用仍存在较为明显的不规范性：在日常言语交际中出现声母、韵母、声调的混淆和误用，如受方言影响，江浙地区的人容易出现平、卷舌不分和前后鼻音不分的现象；在汉语拼音运用和书写上的不规范，如城市交通指示牌和路牌上汉语拼音隔音符号的错漏，以及地名、人名的汉语拼音形式在分写和连写上的不规范；习惯性误读和讹读的现象时有发生，如"纤纤玉手"念成"qiānqiān玉手"；在港台文化的影响下广播电视节目主持人使用"港台腔"等。语音规范化的工作要采用刚柔相济的原则：

柔性原则体现在推广普通话和推行《汉语拼音方案》时有所侧重、有所变通，针对不同的方言区城市制定不同的推行方案，尽量摆脱方言对于普通话标准音的干扰；刚性原则体现在语音的规范化必须做到对错分明，不可模糊其音。此外，还要规范城市大众媒体的语音，严格要求主持人和播音员做到字正腔圆，避免因讹读而造成的"以讹传讹"效应；增强人们的语音规范意识和汉语拼音规范书写意识。

其次是词语的规范化。语言是动态发展的，而词汇往往是语言中最为活跃的部分，也最贴近人们的日常生活。当前随着社会的发展各类新词新语大量涌现，如网络词语、外来词语、字母词语等，这些新词新语在开放的城市中显得更为活跃，丰富着城市的语言生活。新词新语中隐藏着许多突破汉语语法规则的用法，如"被下岗""伤不起"等；新词新语中还出现了一些冷僻字与生造词，如"囧""裸婚""高富帅"等。对新词新语的规范"我们就不能像对待语音那样，而只能用柔性观点去处理"（张先亮，1993），这种规范应该以引导为主、规约为辅，并带有适度的柔性和宽容，不轻易否定，取其精华、去其糟粕，在充分肯定新词新语积极性的同时对其中不符合语言发展规律和语言使用需求的部分加以规范和调整。

最后是文字的规范化。20世纪50年代我国颁布和推行了《汉字简化方案》，简化字成为人们工作、学习、生活中的标准字体，而近年来在港台文化和复古风潮的影响下，繁体字出现了"回温"热，在城市的广告语、招牌语中频繁出现，"但全写繁体字，也并非易事，于是自作仓颉，将'理发'写成'理發'"（朱茂汉，1995），或是繁简体混用，如"華聯集团""開關总厂"等，繁体字的高密度或不规范使用对简化字的推行造成了不利影响。除此之外，异体字、错别字等不规范现象也时有发生，如"螺蛳"写成"螺丝""停车"写成"仃车"。因此要在推行和巩固简化字的基础上保护并合理使用繁体字，做到识繁用简，尽量消除异体字，杜绝错别字。

4. 处理好语言规范与语言变异的关系

"语言不是单一的、一成不变的"，语言是一种社会现象，也是人类最重要的交际工具，随着社会的发展、科技的进步以及人们思想观念和思维方式的不断改变，语言为更好地满足人们的交际需要也会不断地发展变化，产生种种变异，出现许多新的语言现象。语言需要规范，但"语言规范只是对'现存'语言行为的评价，具有一定的滞后性"（李清福，

2007），而语言变异总是在不断冲击着现存的规范，语言规范与语言变异间的这种矛盾为语言规范工作带去了新的挑战，因此必须正确面对并处理好语言规范与语言变异间的关系。首先，语言规范工作不能停滞不前，要充分认识到语言的发展、变异趋势，并顺应这一趋势不断跟进语言规范工作，因此语言规范不是一劳永逸的，必须循环往复波浪式地向前推进。其次，语言规范工作要以语言交际为目的，"语言规范的目的是便于人们使用语言来交际、思维、认知，如果说交际不符合某些所谓的标准或者规定，那么就应该修改某些标准或者规定"（李清福，2007），因此语言规范要服从语言的交际功能，如果语言变异符合人们实际的交际需求那么语言规范就要有所让步并顺应语言变异的趋势进行调整。正确处理好语言规范与语言变异间的关系有利于城市语言规范工作的更好开展，进一步促成城市语言和谐。

（三）重视城市语言污染的整治

语言问题是城市内部各种社会问题的折射，同时语言又影响着城市的发展，因此打造一个健康、文明的城市语言生态环境不仅能缓和城市中隐藏着的各种问题与矛盾，有助于城市的安定团结，还能引导积极的社会价值观，有利于城市生态建设。

1. 整顿语言暴力

整治暴力化的城市公共用语，以文雅温馨的语句如"保护一片绿地，撑起一片蓝天""呵护一草一木"代替"禁止随手摘花""不准践踏草坪"等生硬冷漠的城市标语，清理和整治如"放火烧山，牢底坐穿""谁在此倒垃圾，全家死光光"等暴力化的城市公共用语，体现以人为本的理念，营造温馨和谐的城市氛围。

倡导文明礼貌的城市交际用语，在称谓语的使用上做到长幼有序，对长者和尊者使用表示尊敬的称呼，对幼者使用表示爱怜的昵称，同时对于残障人士的称谓也要有所更正，用"视障""听障""智障"代替传统的"瞎子""聋子""傻子"，杜绝具有人身攻击性或侮辱性的外号和称呼；在话语句式的选择上避免使用过于直接的祈使句和否定句；在话语语气上尽量以请求和商量的口吻来代替命令与指责的语气，打造恭谦友爱的城市风气。

避免语言伤害，所谓"良言一句三冬暖，恶语伤人六月寒"，所以城市舆论媒体要在城市中引导人们发扬相互尊重、相互体谅、设身处地为他人着想的精神，抵制语言暴力，避免语言伤害，减少人际冲突，以此增进人与人之间的和睦关系，促进城市的安定和谐。

2. 整治欺诈性语言

严惩语言诈骗，对城市中各种语言诈骗行径予以管制和惩处。有关职能部门要加强对通信、传媒等市场的监管，对涉嫌语言诈骗的虚假信息予以清理，对虚假信息的发布者予以惩处，并通过媒体对城市居民加以提醒和告诫，增强人们的警戒心和防骗意识；立法部门要制定相关的法律法规，从法律的角度对语言诈骗案件予以严惩，同时完善法律语言体系，避免不法分子通过钻法律语言上的漏洞而进行违法乱纪行为，在法律语言修订上做到滴水不漏，令不法分子无机可乘。

整顿虚假广告，规范广告语言。慎用"强力、奇效、顶级、超凡、第一"等绝对化词语，在对"纳米""太空""转基因"等高科技词汇的使用上要实事求是，摒弃"神仙、仙丹、长生不老"等封建迷信词语；加强对城市广告的监管，广告运营商要对广告进行严格审核和筛选，对涉嫌虚假的广告及时摒弃，城市管理部门更要对路口街边的不法小广告予以整顿和清理。

倡导真诚务实的文风，扭转如今"官话""套话""八股文"盛行的不良之风，提倡真诚务实、实事求是、贴近群众的新文风。城市媒体应第一时间带给大众真实可靠的新闻消息，对新闻事件作出客观评论，不可一味报喜不报忧，隐瞒事实真相，更不可混淆视听，欺蒙大众；各级领导人和官方权威话语应以身作则，在运用语言技能和语言艺术的同时更要说实话，说老百姓听得懂的大白话，而不是说长篇大论的"官话""套话"；各路明星名人等社会公众人物应起表率作用，面对媒体说真话，不可因炒作个人知名度而制造假新闻、假绯闻，以此欺骗公众的感情。

3. 清理"三俗"化语言

遏制封建化语言的回潮。受宫廷、古装、穿越等题材的影视文学作品影响，城市中刮起了一小股复古风，"俏格格""皇家足浴""王子一号店"等带有皇家字样的店名在城市中屡见不鲜，不少商品也冠上了"皇室"名称，如"越式太子鸡""至尊虾球""皇家圣诞杯"等。封建化语言的回潮不仅不符合语言发展的规律，还容易引导封建等级观念，因此要遏制。广电管理部门和广播电视媒体要起表率作用，审核和限定古装剧的播放数量和播放密度，而影视文学作品的创作者在语言运用上不可一味追求复古，要在尊重历史的同时倡导符合时代精神的新语言。

制止洋化语言的过度扩张。面对全球化趋势下外来语言和文化的冲击，要提高大众的普通话主权意识，在充分尊重和掌握普通话的前提下学习和使用外语；加强对传统语言和传统文化的保护与传承，申请非物质文化遗产，开设国学讲坛，让大众充分领略到祖国灿烂语言和文化的博大精深；将"中国风"发扬光大并推向国际，倡导并引领汉语新风尚。

清理情调不健康的语言。有关职能部门要加强对出版业、媒体、通信业、网络的监管，及时清理色情广告、淫秽信息、黄色文学等低俗语言并抑制其增生，依法严惩恶意传播色情淫秽信息的犯罪分子，查处淫秽色情信息投放的服务商和运营商，进一步建立健全色情淫秽信息的防范机制，保护城市语言的生态。

整顿拜金言论。加强对种种赤裸拜金言论的整顿，适时纠正如"宁可在宝马上哭也不愿在自行车上笑"等误导大众价值观的荒谬言论并抑制其扩散，城市主流媒体要积极引导大众遵循勤俭务实的价值观和世界观，树立高尚的道德情操和积极向上的人生态度。

（四）消除城市外观语言的视觉污染

对于城市管理部门而言，要合理规划城市外观语言的载体设置，确保合理布局、规范设置、档次提高、整体美化；加强对城市外观语言载体的维护，定时对其进行修整和翻新，及时消除其中存在的安全隐患和视觉污染；加大监管力度，严格取缔非法恶意损坏城市外观语言载体的行为，追究其法律责任；开设相关的反映和举报平台，以便及时了解与处理城市外观语言载体所存在的视觉污染。

对于媒体而言，要引导公众认识到城市外观语言及其载体对于打造城市形象，促进城市建设的重要性，令公众树立起保护城市外观语言的意识；承担起披露和曝光的责任，开设相关板块进行专题报道，曝光损害、污染城市外观语言载体的不文明行为，使其他城市居民引以为戒。

对于普通市民而言，要培养保护和爱惜城市外观语言的责任心，从自身做起，不做有损城市外观语言载体美观度的行为；发挥城市主人公精神，及时遏止和举报损害城市外观语言载体的行为和现象。

对于相关从业者而言，要形成城市外观语言与城市相协调的意识和自觉，严格遵守城市管理部门所制定的相关标准和规章，在载体的设计和布局上充分考虑周边环境，使其在风格、造型、色调、位置、朝向、高度、材质等因素上与城市整体环境达到和谐统一。

（五）跟进城市文化建设

随着城镇化进程的加快，城市的建设和发展逐步走向了产业化和模式化，城市建设者往往一味追求城市规模的扩大与城市硬件的提高，而忽略了城市的历史文化底蕴，导致现如今各地城市在外观上显得千篇一律，缺乏人文特征和地方特色。语言与文化具有十分紧密的关系，加强城市文化建设不仅能为城市语言生态提供良好的文化环境，而且能为城市语言生态的构建提供丰富的文化内涵。

1. 全面提升城市精神文明建设水平

着力开展主题教育和实践活动，开设人文讲坛、百姓论坛等，紧密结合城市经济社会发展的实际，运用理论阐述、案例剖析、事实说明等方式，深入解答社会热点难点问题，将社会主义核心价值体系贯穿于城市文化建设和精神文明建设全过程，在城市中形成统一指导思想、共同理想信念、强大精神力量和基本道德规范。

弘扬以爱国主义为核心的民族精神和以改革开放为核心的时代精神，倡导"坚忍不拔，开放兼容，求真务实，自强争先"的衢州精神，深入推进创业创新文化建设，传播创业创新理念，营造全民创业、全面创新的城市氛围，充分激发创业创新活力，动员各方面力量加入新型城镇化建设。

重点推进市民的道德建设，实施道德养成计划，加强城市居民的社会公德、职业道德、家庭美德和个人品德建设，组织开展诸如"最美衢州人"等主题实践活动，以先进典型为榜样，在城市中形成大爱、责任、奉献的良好风尚。

2. 推动区域特色文化建设

打造城市特色文化品牌，以"两子文化"为核心，加强衢州特色文化建设，进一步扩大"孔氏南宗""围棋仙地""浙江绿源""名城衢州"等的国际国内影响，打响城市文化品牌，提升城市形象和知名度。

加强文化遗产保护和传承，加强历史文化名城保护。推进古城墙的保护修复工作，推进历史文化街区的规划保护，加大文化遗产保护宣传，推进非物质文化遗产的抢救性保护，建设衢州文物、"非遗"数据库。

加大对外文化交流，统筹整合城市文化资源，面向国际，加强与国内外及四省边际地区的文化交流与合作，拍摄相关城市形象宣传片，编辑对外宣传丛书，创建对外宣传示范基地，打造代表衢州形象的城市标志和城市形象宣传语，提高衢州城市知名度、美誉度和影响力。

3. 营造健康向上的社会舆论氛围

构建科学有效的舆论引导机制和技术先进、覆盖广泛、影响力强的城市传媒体系，提高舆论引导能力，弘扬积极健康向上的主流舆论，强化新闻媒体的社会责任，充分发挥党报党刊、广播电视、新闻网站等城市主流媒体在舆论引导中的核心作用，同时利用网络媒体、手机媒体等新兴媒体的影响力，把握舆论主导权，形成有利于社会主义核心价值体系建设的舆论态势。

加强城市主流媒体建设，加强网络文化建设和管理，充分发挥互联网的文化传播作用，促进传统媒体和新兴媒体的融合发展。加强完善行政监管与行业自律相结合的互联网管理体系，强化网络监管技术手段，加强网上信息监管，开展网络净化行动。

构建和谐的城市外观语言生态要从语言层面和文化内涵两方面着手，不仅要保证城市外观语言在语言建构上的规范，还要保证城市外观语言在文化内涵上的丰富。城市外观语言文字的规范化是城市语言工作者的首要任务，提高城市外观语言的文化内涵是城市文化建设与精神文明建设的重要组成部分，与此同时还应促进城市外观语言与城市的和谐共赢，消除城市外观语言载体的视觉污染。在此基础上，进一步加强城市文化建设，为城市语言生态的构建提供良好的文化环境，全面提升城市的人文风貌和精神文明水平，提高城市形象与知名度，推动新型城镇化建设的步伐，并实现城市文化的大繁荣、大发展。

参考文献

曹志耘：《广告语言艺术》，湖南师范大学出版社 1992 年版。

陈建民：《中国语言与中国社会》，广东教育出版社 1999 年版。

陈妹金：《标语用语与社会文明》，《汉语学习》1990 年第 1 期。

陈新仁：《论广告用语中的语用预设》，《修辞学习》1999 年第 1 期。

陈原：《语言和社会生活》，生活·读书·新知三联书店 1982 年版。

陈原：《社会语言学》，学林出版社 1983 年版。

崔梅：《广告语言诉求方式对维护民族文化安全的影响》，《当代文坛》2009 年第 3 期。

戴昭铭：《语言文明和道德建设》，《语文建设》1996 年第 7 期。

戴世富、王颖：《房地产广告中的消费主义倾向研究》，《当代传播》2011年第2期。

丁萍：《关于构建和谐语言生活的思考》，《西北民族大学学报》（哲学社会科学版）2007年第3期。

杜永道：《语言文明建设刍议》，《语文建设》1996年第7期。

冯广艺：《语言和谐论》，《修辞学习》2006年第2期。

冯广艺：《影响语言和谐的几个重要因素》，《湖北师范学院学报》（哲学社会科学版）2007年第3期。

冯广艺、张春泉：《和谐社会与和谐语言建构》，《湖北社会科学》2006年第4期。

傅炎康：《推进衢州新型城市化建设》，《浙江经济》2010年第3期。

甘长银：《广告语言的伦理性分析》，《贵州民族学院学报》（哲学社会科学版）2004年第1期。

高凤霞：《社会文化与广告语言》，《商丘职业技术学院学报》2007年第4期。

高锐：《从自我类化出发浅谈苏州地区房地产户外广告语言特点》，《科技风》2008年第21期。

顾静芳：《城市化进程中的地名文化遗产保护研究——以宁波街巷地名为例》，硕士学位论文，同济大学，2008年。

顾平：《试论实现和谐语言的对策》，《江苏教育学院学报》（社会科学版）2008年第1期。

顾平：《构建和谐语言的伦理原则》，《重庆工学院学报》（社会科学版）2008年第4期。

国家教育委员会和国家语言文字工作委员会：《汉语拼音正词法基本规则》1988年。

郭建中：《关于路名标识的拼写问题》，《中国翻译》2003年第5期。

郭建中：《再谈街道名称的书写法》，《中国翻译》2005年第6期。

郭建中：《街道路牌书写的国家标准与国际标准》，《中国翻译》2007年第5期。

郭先珍：《店名的社会文化属性》，《语文建设》1996年第4期。

胡范铸：《中国户外标语口号研究的问题、目标与方法》，《修辞学习》2004年第6期。

黄伯荣、廖序东：《现代汉语（增订二版）》，高等教育出版社1997年版。

黄芳：《杭州市街道路牌、交通导向牌等的书写问题》，《浙江树人大学学报》2009年第5期。

黄玉明：《从语言规划的角度看我国城市街道交通指示牌的翻译问题》，《江西师范大学学报》（哲学社会科学版）2008年第3期。

姜德军：《语言文明建设与精神文明建设》，《前沿》2002 年第 11 期。

金楠：《语用预设在广告语言中的应用》，《现代语文》2010 年第 5 期。

［美］凯文·林奇：《城市的印象》，项秉仁译，中国建筑工业出版社 1990 年版。

况新华、曾剑平：《语言与文化的关系述要》，《南昌航空工业学院学报》（哲学社会科学版）1999 年第 1 期。

李健：《广告语言与文化认同》，《社会科学战线》2008 年第 1 期。

李清福：《语言规范化与反规范化》，《现代语文》2007 年第 7 期。

李首鹏、黄洁萍：《商店店名的类型管窥》，《重庆邮电学院学报》（社会科学版）2006 年第 3 期。

李英姿：《论中国和谐语言社会的构建》，《北华大学学报》（社会科学版）2009 年第 4 期。

李宇明：《构建健康和谐的语言生活——序〈中国语言生活状况报告〉(2005)》，《长江学术》2007 年第 1 期。

刘道锋、刘瑾：《和谐语言观的理念与语言工作者的使命》，《湖南人文科技学院学报》2008 年第 1 期。

刘凤玲：《标语、口号语言刍议》，《修辞学习》1999 年第 1 期。

［日］芦原义信：《街道的美学》，尹培桐译，华中理工大学出版社 1989 年版。

罗常培：《语言与文化》，语文出版社 1996 版。

罗天法：《从标语文本的文体特征评述城市标语文本的创作》，《内蒙古电大学刊》2009 年第 2 期。

马美英、易春：《新型城市化进程中的软环境建设》，《科技创业月刊》2009 年第 3 期。

孟昭泉：《当代店名文化概览》，《天中学刊》1998 年第 3 期。

孟昭泉：《郑州市（区、县）店名文化调查报告》，《中州大学学报》1999 年第 4 期。

潘松：《广告语言中"失范"现象分析》，《铜陵学院学报》2008 年第 4 期。

潘松：《广告语言中修辞格的运用》，《长春理工大学学报》（高教版）2009 年第 8 期。

衢州市地名委员会办公室：《衢州市地名志》，《浙江地名丛书》1988 年。

饶文瀚：《户外广告与上海的城市软实力》，《中国广告》2007 年第 3 期。

阮卫、肖芳：《论书面广告语言对审美心理的适应》，《江汉大学学报》（人文科学版）年 2005 第 4 期。

唐淑华：《运用言语行为理论阐释广告语言语用失误》，《哈尔滨学院学报》2009 年第 4 期。

陶恒：《房地产广告标题中的语用预设》，《现代语文》2007年第11期。

王翠叶：《汉语言文字标准化工作的回顾及思考》，《语言文字应用》2005年第1期。

王丽梅：《中国店名的文化特征》，《北华大学学报》（社会科学版）2004年第1期。

王韬：《成都市公共场所语言文字应用状况调查》，硕士学位论文，四川大学，2007年。

王铁琨：《试论〈国家通用语言文字法〉颁行的意义及其特色》，《语文研究》2001年第4期。

王晓男：《沈阳市商业牌匾用语的社会语言学考察》，硕士学位论文，沈阳师范大学，2011年。

王寅：《认知语言学探索》，重庆出版社2005年版。

王银泉：《街道名称书写：拼音还是中英结合——南京苏州两地街道名称书写现状对比分析》，《广告大观》2007年第6期。

王银泉、陈新仁：《城市标识用语英译失败及其实例剖析》，《中国翻译》2004年第2期。

王永昌：《坚持走新型城市化道路　合力提升城市综合竞争力》，《中国发展》2007年第3期。

王永刚：《浅谈交通标语的语用特点及其人性化》，《文学教育》2011年第8期。

王玉：《漫谈规范语言文字与提高城市形象》，《咸宁学院学报》2009年第5期。

王玉华：《试论店名中的引用、仿拟与双关》，《语文学刊》2005年第10期。

王玉华：《店名修辞及其审美取向》，《天津大学学报》（社会科学版）2006年第5期。

韦克难：《消费心理学》，四川大学出版社1995年版。

肖文金：《城市品牌战略与我国新型城市化进程》，《求索》2011年第6期。

谢加封、沈文星：《城市户外广告监管的多元互动》，《城市问题》2011年第8期。

谢俊英：《北京奥运语言环境建设研究——北京市双语交通指示牌调查分析》，《山东体育科技》2007年第2期。

邢福义：《文化语言学》，湖北教育出版社2000年版。

邢福义：《现代汉语》，高等教育出版社2003年版。

邢欣：《都市语言研究新视角》，北京广播学院出版社2003年版。

徐大明：《当代社会语言学》，社会科学文献出版社1997年版。

徐大明、王玲：《城市语言调查》，《浙江大学学报》（人文社会科学版）2010年第6期。

徐协：《房地产广告语言的艺术化情感化趋向》，《修辞学习》2002 年第 5 期。

宣勤：《户外广告与城市和谐共赢》，《广告人》2007 年第 9 期。

尹蔚：《多棱镜折射下的都市语言——浅析商业步行街店名招牌》，《湖南工业职业技术学院学报》2004 年第 2 期。

游汝杰：《中国文化语言学引论》，上海辞书出版社 2003 年版。

于根元等：《广告、标语、招贴……用语评析 400 例》，中国社会科学出版社 1992 年版。

袁蕾：《论和谐社会构建中的语用和谐》，《河南师范大学学报》（哲学社会科学版）2007 年第 5 期。

张富翠：《广告用语中的欺诈性语言》，《西南民族大学学报》（人文社会科学版）2010 年第 7 期。

张国华：《和谐社会构建进程中的语言和谐支撑》，《河南师范大学学报》（哲学社会科学版）2006 年第 5 期。

张鸿雁：《城市形象与城市文化资本论：中外城市形象比较的社会学研究》，东南大学出版社 2004 年版。

张鸿雁：《"合法化危机"：中国城市化社会问题论》，《探索与争鸣》2007 年第 8 期。

张佳、陈瑶：《如何"让社区更美好"——上海曹杨地区标语口号调研》，《修辞学习》2004 年第 6 期。

张先亮：《汉语规范化的柔性原则》，《语文建设》1993 年第 9 期。

张先亮、谢枝文：《生态观视野中的汉语言和谐》，《语言文字应用》2010 年第 2 期。

张先亮、陈菲艳：《城市化进程中的语言和谐》，《浙江社会科学》2012 年第 3 期。

赵爱英：《店名的语言特征及其历史文化心理分析》，硕士学位论文，华中师范大学，2011 年。

郑梦娟：《当代商业店名的社会语言学分析》，《语言文字应用》2006 年第 3 期。

赵秋荣、刘心全、杜小平：《模糊语言在广告中的运用》，《广东工业大学学报》（社会科学版）2003 年第 4 期。

赵世举：《当代商业店名的构成类析及文化透视》，《云梦学刊》1999 年第 1 期。

赵晓庄：《论广告语言的雅俗关系》，《西南民族学院学报》（哲学社会科学版）2003 年第 2 期。

赵艳君：《从视觉语言上浅析城市中的户外广告》，《魅力中国》2009 年第 12 期。

郑玉梅：《户外广告设计中对城市环境的考虑》，《咸宁学院学报》2008 年第 4 期。

中国地名委员会、中国文字改革委员会、国家测绘局发布：《中国地名汉语拼音字母拼写规则（汉语地名部分）》，1984 年。

中国社会科学院语言研究所词典编辑室：《现代汉语词典（第 5 版）》，商务印书馆 2005 年版。

周慧玲：《试论户外广告对城市形象塑造的意义》，《新闻界》2011 年第 3 期。

周建民：《广告修辞学》，武汉出版社 1998 年版。

周建民：《广告语言对语言生活的影响》，《江汉大学学报》（人文科学版）2007 年第 4 期。

周丽萍：《嘉兴市社会用字抽样调查分析》，《绍兴文理学院学报》2001 年第 6 期。

周丽萍：《促进语言文字规范化提高城市文化品位》，《温州大学学报》2002 年第 2 期。

周明强：《广告语言文明与守法意识》，《浙江教育学院学报》2005 年第 5 期。

朱茂汉：《试谈广告语言的真善美》，《赣南师范学院学报》1995 年第 4 期。

朱原等译：《朗文当代高级英文辞典》，商务印书馆 2000 年版。

第三章

城镇居民语言生态现状考察

—— 以四类城镇白龙桥镇为例

第一节 概述

小城镇建设是我国经济发展的一大特色和优势，尤其是"十一五"以来，各省市都将中心镇的培育工作摆上了重要位置。所谓"中心镇"，就是那些区位较优，人口较多，规模较大，经济实力较强，一方面受周围大中城市的辐射影响，另一方面又能有效带动周围其他乡镇发展的建制镇。他们在人口聚集、产业结构、基础设施等方面高于一般的建制镇。"中心镇培育工程"的提出和开展既是小城镇自身不断壮大的内在要求，又是促进乡镇经济增长方式转变，加快新农村建设，统筹城乡发展，推进新型城镇化的必然选择。

以浙江省为例，2007 年 8 月浙江省人民政府出台了《关于加快推进中心镇培育工程的若干意见》，公布了第一批中心镇名单。2010 年 10 月 11 日，中共浙江省委办公厅、浙江省人民政府办公室出台了《关于进一步加快中心镇发展和改革的若干意见》，肯定了"中心镇培育工程"取得的明显阶段性成效，同时增补了第二批中心镇名单，浙江省的省级中心镇达到了 200 个。2010 年 12 月 21 日，浙江省政府办公厅又出台了《关于开展小城市培育试点的通知》，旨在破除在"中心镇培育工程"中涌现出来的一些特大镇受现行管理体制等因素制约而面临的困难和问题。其他各省市也积极开展中心镇的培育工作，探索拓宽发展新农村的道路，其中涌现出了一批优秀小城镇。

中心镇向小城市发展，已成为新型城镇化建设的重要工作。2016 年 7 月 20 日，住建部等三部委发布《关于开展特色小镇培育工作的通知》，决定在全国范围开展特色小镇培育工作，计划到 2020 年，培育 1000 个左右各具特色、富有活力的休闲旅游、商贸物流、现代制造、教育科技、传统文化、美丽宜居等特色小镇，引领带动全国小城镇建设。

在小城镇建设中，语言生态建设是一项重要的内容，小城镇的居民大多由农民向新市民转变，在这一过程中，面临诸多语言生态问题。原国家语言文字工作委员会副主任、教育部语言文字信息管理司司长李宇明指出"农民转变为市民（可称为'新市民'），不仅是身份的转变，其语言生活也需要相应转变，如对城市主体语言的学习与适应、词汇系统的更新、信息获取方式的更新、聊天习惯的变化等等。这些变化常常需要专门指导，需要纳入城市建设规划"①。可见，在中心镇的培育建设过程中，对当地居民的语言生态现状进行调查研究是十分必要的，这不仅关系到居民本身，更是城镇化进程中软实力建设不可或缺的一部分。

"江南有座金华城，城边有座白龙桥。桥下外婆在讲着那故事，坐在桥上看到星星掉进了那条小河"，金华籍音乐人陈越在《江南有座金华城》中如此描绘自己的故乡和故乡的那座小桥。白龙桥镇在金华久负盛名，因桥而得名的白龙桥镇自古以来就是金华的繁盛之地。处于金华市区西郊的白龙桥镇地理位置优越，历来是连接金华、兰溪、汤溪三县的交通枢纽，享有"浙中重镇"的美誉。1986 年经批准成为建制镇，1992 年撤区扩镇并乡将原白龙桥镇、让长乡、临江乡、古方乡合并为现在的白龙桥镇。1998 年白龙桥镇被列入浙江省小城镇综合改革试点镇，2003 年跻身全国千强镇行列，2007 年名列首批省级中心镇名单。据《金华市婺城区志》（2011）记载，现今的白龙桥镇面积 86.9 平方千米，辖 48 个村委会，3 个居委会，132 个自然村，26369 户，61058 人。

作为省级中心镇的白龙桥镇，经济实力强劲，产业优势明显。传统的农林渔牧业一直保持良好的发展势头：花卉苗木种植面积持续增长；奶牛饲养量大，成为婺城区重要的奶制品供应基地；淡水鱼、珍珠、贝壳类的养殖量也随着新兴技术的普及而不断提高。2005 年，农林渔牧业总产值达到 20677 万元。除此之外，工业门类众多，发展迅速。全镇以汽摩配、五金工量具、医药化工为三大支柱产业。

白龙桥镇历史文化底蕴深厚。建于明万历二十三年的洞山塔是金华市

---

① 参见宋晖《关注中国城市化进程中的语言问题——访国家语言文字工作委员会副主任、教育部语言文字信息管理司司长李宇明》，《中国社会科学报》2011 年 4 月 12 日。

境内仅存的古塔，距今已有四百多年的历史。白沙溪两岸百姓为了纪念东汉辅国大将军卢文台而建的白沙庙也是金华最早的庙宇，至今仍香火鼎盛，朝拜者如云。丰富的民俗活动、悠久的文教传统使白龙桥镇继往开来，科教文卫事业全面发展。

作为经济文化等各项事业蓬勃发展的省级中心镇，白龙桥镇居民的语言生态状况值得人们的关注。目前针对农村、小镇居民的语言研究还比较少，而金华市白龙桥镇的语言研究更是学术界的一个空白。因而对其居民进行语言生态状况的调查，了解他们的语言态度、语言使用、语言能力等方面的现状，是对金华地区语言生活研究的补充，同时也能为其他省级中心镇的语言调查提供借鉴。

城镇化进程中产生的语言问题引起了研究者的关注，其中有关农民工语言问题的研究最多。农民工是城镇化进程中出现的一个特殊群体，他们离乡背井来到城市谋求生活，身份由"农民"变为"农民工"和"新市民"，他们与土地的联系越来越少而又很难真正融入城市生活。农民工进城首先面临的是语言环境的变化，他们对新语言的接受和使用，对母方言的态度以及方言背后不同文化的碰撞等，都成为研究者的重要课题。除此之外，"农民"向"新市民"转化还有一个途径，即小城镇的发展壮大继而向小城市转变。这一途径相对于前一种来说较为缓慢，这种转变不是骤然的，农民与本乡本土的联系依然存在。但在城镇的发展过程中，一方面受到外来文化的冲击影响，另一方面出于城镇自身发展的需要，农民的语言生活自然会发生变化，他们的语言观念、语言使用、语言能力等都会受到不同程度的影响。

本章以白龙桥镇居民为重点调查对象，同时选取金华市区以及白龙桥下属虹路村进行横向的三地比较。主要采取问卷调查的方式，选择了三地的三所小学，抽取三年级某几个班级的学生，通过"小手拉大手"滚雪球式的调查方式对学生家长进行调查。问卷主要针对青年群体，通过青年人填写问卷侧面了解他们的上一代老年群体，以及下一代少年群体这两类人的语言现状。因此调查对象涵盖了少年、青年、老年三个群体。调查完成后，在数据分析时进行三代人语言现状的纵向对比。涉及的语言包括三类语言及语言变体，即金华方言、普通话和英语。调查横跨三地，因此"金华方言"是一个整体概念，涵盖了三地居民使用的存在差异的母方言。由于我们的调查是从整体上考察居民对家乡方言的态度、使用情况和能力等问题，不同方言点在语音、词汇等方面的差异性对调查并无影响，文章统一使用"金华方言"这一概念。语言生态现状的考察包括语言态度、语言能力、语言使用三个部分。在完成三地的问卷调查和数据统计分析工作后，针对问卷中一些较特殊的问题，如无法从选项的分布上看出某种趋势的或无法了解选项背后成因的，我们再返回学校，对部分学生家长进行访谈，从而将问卷调查法与实地调查法相结合，力求得出较真实的语言状况并分析其产生的原因。

本次调查在三地共发放问卷 390 份，在白龙桥实验小学发放问卷 200 份，回收 190 份，其中有效问卷 188 份；在虹路小学发放问卷 100 份，回收 100 份，其中有效问卷 96 份；在金华市江滨小学发放问卷 90 份，回收 82 份，其中有效问卷 70 份。

本章的主要调查对象为白龙桥集镇的青年人群体，调查所得的另两地数据，以及三地的少年、老年群体数据主要用于对比研究，对这些人群会在相应小节中具体描述，在此主要对白龙桥集镇的青年群体这类调查对象在年龄、性别、职业、文化程度等方面呈现出的特点作一说明。

1. 年龄分布与性别比例

调查对象的年龄以 35—40 岁为主，年龄最小的为 30 岁，最大的为 52 岁。1991 年世界卫生组织划分 44 岁以下的为青年，45—59 岁为中年人，我们的调查对象以青年人为主，仅有三人在中年人范围，并不影响调查结果。这类人群是社会活动的积极参与者，正处在事业、家庭等各方面的上升时期，语言活动最为纷繁复杂。他们的语言态度既有长期社会生活的影响，也有上一代人潜移默化的塑造，同时他们的语言选择和使用也会影响到下一代人的语言习得。因此，我们以青年人为基点构筑起一张社会生活的大网，重点考察这一类人的语言态度、语言能力和语言使用，同时涉及他们上、下两代人的语言情况。

调查对象的男女性别比例基本平衡，男性 93 人，女性 95 人。

2. 职业分布与文化程度

在职业分布方面，以农民和工人居多。考虑到性别因素的差异，在女性调查对象中有 27 人为家庭主妇。对学历要求较高的职业如工程师、教师的人数较少，工程师有 6 人，而教师仅有 4 人。具体的职业分布情况，可参见以下图表。

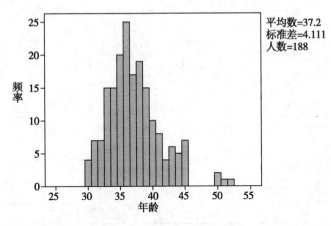

图 3.1　调查对象年龄分布

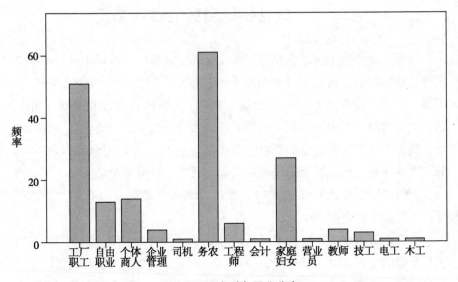

图 3.2　调查对象职业分布

调查对象的文化程度主要分布在初中水平，占总人数的 54.8%，中专以上文化水平的人很少。从性别与文化程度的交叉列表中，我们可以看出，女性的文化程度略高于男性。在"小学"这一变量上，男性占 72.7%，女性只占 27.3%。而在"初中"这一调查对象分布最大的变量上，男性占 44.7%，女性占 55.3%。

表3.1　　　　　　　　　　性别 * 文化程度交叉列　　　　　　　　　（%）

		文化程度						总数
		小学	初中	高中	中专	大专	本科	
性别	**男** 人数	24	46	17	4	1	1	93
	% within 性别	25.8	49.5	18.3	4.3	1.1	1.1	100.0
	% within 文化程度	72.7	44.7	53.1	36.4	12.5	100.0	49.5
	% of Total	12.8	24.5	9.0	2.1	0.5	0.5	49.5
	女 人数	9	57	15	7	7	0	95
	% within 性别	9.5	60.0	15.8	7.4	7.4	0.0	100.0
	% within 文化程度	27.3	55.3	46.9	63.6	87.5	0.0	50.5
	% of Total	4.8	30.0	8.0	3.7	3.7	0.0	50.5

第二节　白龙桥镇居民的语言态度

语言是在劳动中为了满足人们的交际需要而生的，本质上并没有高低贵贱之分，但从语言使用者的角度来看，难免会产生一些对语言的评价。正如"一千个读者就有一千个哈姆雷特"，人的语言态度也是各不相同的，既有对语言的理性认识，也带有相当大成分的主观感情色彩。这些评价有些深受社会价值观念的影响，有些则与使用者本身的身份特征密不可分，有些还与使用者社会网络关系的疏密有关。我们平时常听到关于某些语言或者语言变体的评价，诸如某种语言难听、难学或者有用之类的论断，这就是语言态度。

有关语言态度的研究最早可以追溯到 20 世纪 50 年代，但在当时没有引起足够的重视。后来，奥斯古德（Osgood et al. 1957）等人首创语义区分量表的态度测量法，兰伯特（Lambert et al. 1960）等人又在前人的基础上利用"配对语装技术"（matched-guise technique）对口语测评反应进行了研究（徐大明，2006），至此，语言态度的研究才逐渐成为社会语言学研究的焦点。在语言态度研究领域比较著名的研究者有兰伯特（Lambert）、普雷斯顿（Preston）等。

西方社会语言学家对语言态度大致持有两种观点：一是心智主义，认为语言态度是对语言人产生影响的一种刺激和语言人作出反应之间的一个中介变量，分为认知、情感和意向三个构成因子。认知就是对语言的理解和相对理性的评价，情感即对语言的主观情绪体验，意向则是指语言态度有完成某种行为的倾向即行为的准备状态。二是行为主义，认为语言态度只能来自人们对社会环境作出的反应，只可以对观察到的行为进行调查，而并不要求调查对象的自我报告和调查者作出的间接判断。体现在研究方法上，分为直接法和间接法。直接法就是通过问卷调查或访谈的方式向被试提出一系列基于研究目的所设计的题目来直接考察被试的语言态度。间接法则一般采用兰伯特创立的"变语配对法"诱导出被试对同一说话人说两种不同的语言变体时的评价。其实，这些争论和分歧并非无法调和，在研究方法上我们可以相互补充和借鉴，既可以参考心智主义关于语言态度三个构成因子的观点设计科学的问卷进行直接调查，也可以深入到调查对象中隐秘观察他们的言语行为进行间接调查，将两种调查方法相结合，以便得出较为科学的结论。

语言态度在国内也是一个热门的研究课题，许多学者都先后对其进行定义。戴庆厦（1993）指出："语言态度又称语言观念，是指人们对语言的使用价值的看法，其中包括对语言的地位、功能以及发展前途等的看法。"高一虹、苏新春、周雷（1998）认为："语言态度是社会心理的反映。人们对于某种语言变体（语言或方言）的态度，反映了该语言变体的社会地位，以及与其相关的社群成员在人们心中的'刻板印象'。"王远新（1999）则是这样定义的："在双语或多语社会中，由于社会或民族认同、情感、目的和动机、行为倾向等因素的影响，人们会对一种语言或文字的社会价值形成一定的认识或作出一定的评价，这种认识和评价通常称为语言态度。"目前学术界对语言态度的定义很多，普遍认为语言态度是社会心理的反映，基本上包括两个部分，一是价值评价，二是行为倾向。在研究方法上，有人采用变语配对法的实验方式，更多的人采用问卷调查和访谈观察相结合的方式。

在前人研究的基础上，我们将语言态度分为三个部分：一是对语言的价值评价，包括对语言的社会地位、实用功能、发展前景等的看法；二是对语言的情感体验，包括听觉感受、内心喜恶等；三是语言使用者的行为倾向，主要是对某种语言或者语言变体的选择倾向。问卷就是围绕这三方面，各有侧重地考察人们对金华方言、普通话及英语的态度。

一　方言语言态度分析

在对集镇居民进行金华方言态度调查之前，我们预先设计了一个方言总体评价的题目。结果显示，人们的方言保护意识普遍比较强，在调查的188人中共有145人认为方言是一种重要的资源，需要加以保护，占到总人数的77.1%。认为方言虽然"很亲切，但是没有什么用"的人数比例为19.7%。而表示"方言存在或者消失都无所谓"的仅有6人。

1. 金华方言价值评价

大多数人对金华方言社会地位的评价是理性的，认为它"和其他地方的方言一样，仅在本地有一定的影响力"的有145人，占77.1%。具体比例可见下表。

表3.2　　　　　　　　　　　　金华方言社会地位　　　　　　　　　（%）

	人数	比例
在社会上很有影响力	34	18.1
和其他地方的方言一样，仅在本地有一定的影响力	145	77.1
金华是个小城市，因此金华话完全没有影响力	9	4.8

对于金华方言发展前景的预测，持以下两种观点的人占了绝大多数，即38.3%的人认为其能"在一定范围内发展"，另有23.9%的人则采取了顺其自然的态度"任其自由发展"。

另有一题通过考察调查对象对外地人学习金华方言的态度从侧面来判定金华方言在他们心目中地位的高低。认为应该"视个人情况而定"的人占了大多数，为73.4%，说明本地居民并没有方言上的优越感，语言的使用完全是为了满足交际的需要。仅有27人主张外地人应该学习金华话，且这27人中有11人为定居在白龙桥镇的外来务工者，他们在日常生活中体会到使用金华方言能更好地融入当地人，因而产生了学习金华方言的需求和愿望。

2. 金华方言情感体验

语言不仅是一种沟通工具，更多的时候也充当着人们情感上的纽带。方言是语言的地域变体，不同的方言蕴含着特有的地域文化，不同的使用者也对方言有着迥异的情感体验。

表 3.3	金华方言情感体验	（%）
	人数	比例
好听	29	15.4
亲切	135	71.8
土气	8	4.3
没感觉	16	8.5

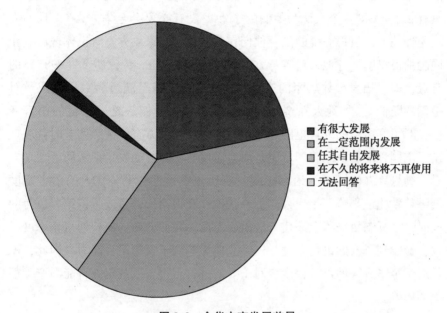

图 3.3　金华方言发展前景

　　受访者中认为金华话好听、亲切的共占了 87.2%，在这部分人中，80.2%的人最初学会的语言是金华方言。对人类来说，语言记载传承的是文化，对个体而言，语言与其成长经历、生活体验相生相伴。幼时最先习得的语言往往能对人产生长久深远的影响，即使在日后学校的系统教育中逐渐接触到其他语言或语言变体，甚至放弃原来的母方言而改用社会标准语，但对于这种在家庭最初的启蒙教育中发挥过至关重要作用的方言，人们在情感评价上会趋于认同。

　　在问及"您说金华话的理由"时，有 20.2%的人认为"金华话好听"，有26.1%的人选择了"是金华人就应该说金华话"这一选项，均表现出了身为金华人强烈的自豪感和对金华方言情感上的认同。

3. 金华方言行为倾向

行为倾向即行为的准备状态，考虑到家长对孩子的语言习得和能力有较大影响，我们设置了两个问题，一为家长对孩子方言能力的期待，二为假设孩子丧失方言能力时家长的态度。有 59.6% 的家长希望孩子能"熟练运用方言"，38.3% 的退而求其次，觉得"听得懂就可以了"。而当假设子女丧失了金华方言能力时，受访者普遍表示"很可惜，希望他（她）能学习"，占 61.2%。人们对待方言习得和传承的态度总体上是积极的。只有 2.1%，即 4 个人认为他们的子女"没有必要会金华方言"，且四人均为外地人，值得一提的是，他们在对待自己的家乡方言时也体现出了相同的消极态度。外地人对自身方言的否定契合了 F. 劳伦斯金（1987）的观点，即"语言少数集团的成员对自己的贬低甚至超过多数集团成员对他们的贬低"。外地人在金华属于少数群体，他们缺乏母方言的语言环境，对于客居地的方言也感到陌生，虽然在对母方言的情感调查时都表现出了不同程度的认同心理，但是语言态度与实际行动发生了矛盾。

劲松（2009）认为语言态度具有历史继承性，上一代人的语言态度会潜移默化地影响下一代人，下一代人在获得第一语言或习得第二语言的同时，也耳濡目染了上一代人的语言态度。我们认为，家长的语言态度不仅会影响到子女的语言态度，还会直接影响到子女的语言能力。因此，家长对于金华方言的重视程度会对子女的方言习得态度甚至方言能力产生很大的影响。

二 普通话语言态度分析

1986 年，我国把推广普通话列为新时期语言文字工作的首要任务，1992 年又确定了推普工作的方针为"大力推进、积极普及、逐步提高"。随着推普政策的提出和落实，广大农村甚至是偏远地区的普通话水平明显呈现上升趋势。而要推广一种语言，必须要了解使用者对这种语言持何种态度，才能在推普工作中因地制宜，适度适量。

1. 普通话价值评价

表 3.4　　　　　　　　　　普通话社会地位　　　　　　　　　（%）

	人数	比例
是国家标准语言，政治地位高	108	57.4

续表

	人数	比例
各类经济活动的交流用语，经济地位高	59	31.4
和各种方言地位是平等的	21	11.2

　　由于受到国家推普政策的影响，普通话作为学校教育、公务事务、服务窗口等的标准用语，大部分调查对象对普通话的政治地位认同较高。只有部分人意识到普通话作为沟通不同方言地区的民族共同语，扫除了经济交往中的语言障碍。而能认识到普通话与其他方言地位平等，均为一种重要语言资源的为数不多。虽然在调查中，对于推广普通话的支持率高达99.5%，但是人们对于普通话的本质、功能等问题缺乏理性的认识，不利于推普工作的深入。

　　基于对普通话重要性的认识，人们对其发展前景也多采取乐观态度，有144人认为普通话"有很大发展"，占76.6%。(见图3.4)

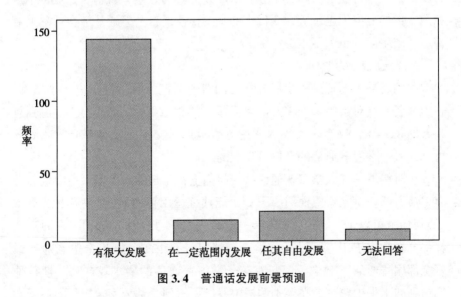

图 3.4 普通话发展前景预测

　　马静文(2011)主张来自上层的语言态度称为上加语言态度，而没有政府干涉的语言态度称为下加语言态度。很明显，调查对象对普通话社会地位以及重要性的认识很大程度上是受到了上加语言态度的影响，而非自身形成的下加语言态度。

2. 普通话情感体验

绝大部分调查对象幼年首先习得的语言为金华方言，那么对普通话这种在后期学校教育或者走入社会后才接触到的语言来说，他们在情感上有什么特殊的表现呢？（见表 3.5）

表 3.5	普通话情感体验	（%）
	人数	比例
好听	117	62.2
亲切	57	30.3
土气	2	1.1
没感觉	12	6.4

与金华方言相比，"亲切"这一项的人数明显下降，大部分人对普通话的情感体验停留在"好听"这一项上。以北京语音为标准音的普通话相较于平翘舌音、前后鼻音不分，缺乏儿化音的金华方言来说，显得字正腔圆。再加上电视电影等大众传媒的主要传播语言为普通话，在听感上对普通话产生偏好也就不难理解了。

3. 普通话行为倾向

我们对是否愿意进一步提升自己的普通话能力这一问题进行了调查，在 188 名调查对象中有 155 人认为普通话"很重要，需要学习"，占到总人数的 82.4%，仅有两人表示"用方言也可以交流，没必要会普通话"。可见，人们学习普通话的意愿是强烈的。

在对待下一代人学习普通话这一问题上，家长的态度呈现一致性，即有 179 名调查对象希望他们的子女"能熟练运用普通话"，只有 9 名表示"听得懂就可以了"，而无人选择"没有必要学习"这一选项。在面对学校部分教师偶尔用方言进行教学这一情况，有 129 名家长希望老师"最好全部用普通话"教学。家长对孩子学习普通话的要求较严格，期待他们达到的水平也较高。在个别访谈中我们了解到，部分家长出于今后子女进城就读初高中甚至大学的考虑，认为一口标准的普通话能缩短与城里孩子的距离。

三　英语语言态度分析

英语是世界上使用范围最广的语言，在学校教育中占有一席之地，许多国家都将之列为最重要的第二外语。随着我国改革开放的深入，全球一体化趋势的加快，英语的重要性日益体现出来。升学考试、职业发展、就业竞争、对外贸易等都对英语水平提出了相应的要求，全国掀起了一阵英语学习的热潮。身处在城镇化进展较快的集镇中心，青年人群体对于英语学习的态度如何，以及他们在下一代人的教育问题上将英语教育摆在何等位置都值得深究。

1. 英语价值评价

大多数人出于社会竞争的考虑，认为英语人才在当今的国际化背景下占有优势。86.2%的人认为英语"在社会竞争中很重要"，只有5.3%的人认为英语"和汉语一样，没什么特别的"（见表3.6）。

表 3.6　　　　　　　英语价值评价表　　　　　　（%）

	人数	比例
在社会竞争中很重要	162	86.2
对自我修养来说很重要	10	5.3
出于兴趣学习就好	6	3.2
和汉语一样，没什么特别的	10	5.3

人们不仅意识到了英语的重要社会地位，而且对其发展前景也很看好。有79.8%的人认为英语在将来有"很大发展"，在这一选项上，人们对于英语的认同甚至略高于普通话。

对英语的价值评价多出于功利目的，认为英语在升学、就业等竞争中能发挥重要作用。这种语言态度的形成一方面受到社会风气的影响，同时也反过来更进一步推动了这股英语学习的风潮。大学普遍设立英语等级考试，部分工作岗位对英语水平提出要求，而双语幼儿园的出现更是英语学习年龄不断提前的明证。对于英语的重视态度与普通话的上加语言态度相反，并没有国家政策法规的促进推动，是人们自觉形成的下加语言态度，具有更强烈的主观能动性。

2. 英语情感体验

相对于价值评价，人们对于英语的情感体验则显得比较淡漠。对于一种后天学习的外语而言，语法的陌生、发音方法的迥异都给学习造成了困难，对汉语声调的适应也很难使人在听觉上对英语产生好感。在对英语进行听感评价时，只有12.3%的人认为英语"好听"，剩下88.7%的人均表示"没感觉"，在"亲切"和"土气"这两个选项上无人分布。

3. 英语行为倾向

虽然对英语的情感评价不高，但是考虑到其重要的价值地位，人们在行为上表现出了不同程度的倾向性。当问及他们自身学习英语的态度时，虽然都表示英语很重要，但是只有41人认为自己"需要学习"，剩余的147人均认为自己"没有必要学习"。而当涉及下一代的英语学习时，他们的要求普遍较高，对于子女英语能力的期待也较高。(见表3.7)

表 3.7　　　　　　　　　　　　对子女英语能力期望　　　　　　　　　　(％)

	人数	比例
能熟练运用	162	86.2
会基本日常交流	26	13.8

大部分人希望子女能熟练运用英语，而"无所谓"和"没必要学习"均无人选择。

对于学校老师的授课语言，大部分人希望"最好用普通话"，此外也有23.9%的人对老师提出了用英语辅助教学的要求。(见图3.5)

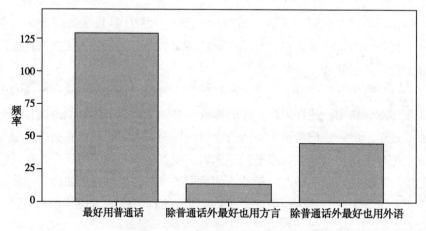

图 3.5　对教师授课语言期待

对于子女参加英语辅导班的态度，绝大多数的家长表示"经济条件允许的话，会参加"，有19.1%的家长甚至表示"即使经济条件不允许，也会参加"，认为"没有必要，不会参加"的仅有4人。(见表3.8)

表 3.8	对子女参加英语辅导班态度	（%）
	人数	比例
经济条件允许的话，会参加	148	78.7
即使经济条件不允许，也会参加	36	19.1
觉得没必要，不会参加	4	2.1

　　集镇居民对自身以及对下一代英语学习的态度明显不同。虽然意识到英语的重要性，但是他们的工作岗位对英语一般没有要求，再加上自身英语基础薄弱、语言接受能力较差等主观因素的影响，他们普遍表示自己"不需要学习"。而他们对待子女英语学习的热情则较高，不仅对学校老师提出了英语授课的要求，而且对课外的英语辅导普遍持赞成态度，有些甚至不计经济成本。

四　社会特征与语言态度

　　语言使用者的社会特征，诸如性别、年龄、文化程度、职业等因素有时会对语言态度产生影响。我们列出相应社会特征与语言态度的交叉列表，利用 spss 软件做卡方检验求出 P 值，即显著值，当 P<0.05 时，说明相应的社会特征与语言态度相关，社会特征的变化对语言态度产生了影响。

　　1. 性别与语言态度

　　语言使用的性别差异早已为研究者所察觉，已有的研究表明男女在语音、语法、词汇甚至文字上都有很大不同。我们的调查发现，性别也是语言态度的一个重要影响因素。

　　（1）男女劳动分工不同，对普通话的社会地位认识也不同

　　杨永林（2004）认为"劳动分工"的解释来源于 20 世纪 50 年代社会学领域，现在已经成为社会语言学性别差异研究的一种经典解释理论。男性在家庭中一般承担着养家糊口的重担，社会交往比较频繁。女性则不同，我们的调查对象中有 28.4% 的女性为家庭妇女，剩下的女性一般在家庭附近的工厂打些零工或在家中辅助丈夫务农，社会交往相对单一。如此不同的劳动分工，使他们对普通话的社会地位有了不同的认识。假设性别差异会影响人们对普通话社会地位的评价，我们列出了性别与相应语言态度的交叉列表，并作了卡方检验，结果见表 3.9、表 3.10。

表 3.9　　　　　　　　　　性别 * 普通话的社会地位交叉　　　　　　　　（%）

			普通话的社会地位			总计
			是国家标准语言，政治地位高	用于各类经济活动的交流，经济地位高	和各种方言地位是平等的	
性别	男	人数	38	45	10	93
		% within 性别	40.9	48.4	10.8	100.0
		% within 普通话的社会地位	35.2	76.3	47.6	49.5
	女	人数	70	14	11	95
		% within 性别	73.7	14.7	11.6	100.0
		% within 普通话的社会地位	64.8	23.7	52.4	50.5
总计		人数	108	59	21	188
		% within 性别	57.4	31.4	11.2	100.0
		% within 普通话的社会地位	100.0	100.0	100.0	100.0

表 3.10　　　　　　　　　　卡方检验

	值	自由度	双侧近似概率
卡方检验	25.799[a]	2	0.000
似然比检验	26.787	2	0.000
线性间联合检验	10.139	1	0.001
有效案例	188		

　　通过卡方检验，P<0.05，说明在这一项评价上男女差异显著。在性别与普通话社会地位评价的交叉列表上，我们可以看出，男性对普通话的评价偏向于经济方面，而女性则更多从政治角度来评价普通话的社会地位。这与他们的社会角色定位不无关联，男性的生产劳动成果是家庭经济的主要来源，他们对经济因素比较敏感，在社会实践交往中意识到了普通话沟通经济往来的重要作用。女性的角色则较多地被框定在家庭内部，社会交往不多，对于普通话的认识局限于政策宣传，他们更认同普通话的政治地位。

　　（2）女性对标准语的学习意愿更强烈

　　男女性在对待普通话学习这个问题上也呈现出了差异，女性的学习意愿明显更加强烈，认为"很重要，需要学习"的女性有 94 人，男性有 61 人。而认为"能听懂就可以了，说得不好没关系的"男性有 30 人，女性只有 1 人。

我们同样可以做卡方检验来看看性别差异在这一项评价上是否显著，见表 3.11。

表 3.11　　　　　　　　　　　　　　卡方检验

	值	自由度	双侧近似概率
卡方检验	36.138[a]	2	0.000
似然比检验	43.971	2	0.000
线性间联合检验	34.106	1	0.000
有效案例	188		

通过卡方检验，得出 $P<0.05$，差异显著。彼得·特鲁杰曾指出拉波夫、勒文、克罗克特等对美国英语的调查都有一个显著的特点，即妇女使用的语言形式通常比男子更接近标准语。而他本人在对英国英语进行研究后，也发现了这种性别差异。究其原因，他认为是妇女的社会地位低于男子，因此需要从语言上得到补充和保障，而没有参加工作的妇女更甚（祝畹瑾，1985）。随着社会的发展，男女间的不平等现象已经逐渐改善，但在白龙桥这样的集镇，妇女即使经济相对独立，仍然缺乏像男性那样稳固的社会经济地位。为了求得心理上的依靠感，他们往往对标准语即普通话有更强烈的认同感和学习意识。

（3）男性对方言的态度较积极

在对待方言的态度上，男性较女性来说更积极。如"评价金华话的社会地位"这一题，选择"在社会上很有影响力"这一选项的共有 34 人，其中男性 25 人，女性只有 9 人。再如"预测金华话的发展前景"这一题，认为"有很大发展"的有 41 人，其中男性 27 人，女性 14 人。为了证明性别差异在这两项评价上是否显著，我们分别做了卡方检验。

表 3.12　　　　　　　　　　　　　　卡方检验

	值	自由度	双侧近似概率
卡方检验	9.613[a]	2	0.008
似然比检验	9.923	2	0.007

续表

	值	自由度	双侧近似概率
线性间联合检验	7.475	1	0.006
有效案例	188		

表 3.13 卡方检验

	值	自由度	双侧近似概率
卡方检验	16.641[a]	4	0.002
似然比检验	17.033	4	0.002
线性间联合检验	13.498	1	0.000
有效案例	188		

两题的 P 值均小于 0.05, 差异显著。男性对待方言的态度较为积极, 他们更承认方言的社会地位, 且对金华方言的发展前景较为看好。彼得·特鲁杰在解释为何男性倾向于使用非标准语言时, 认为男性作为工人阶级的代表, 其文化生活常与粗鲁、顽强等特点联系起来, 因此在语言上也偏离标准形式而追求非标准语言以此来彰显这种男子气概 (祝婉瑾, 1985)。我们的调查对象中, 男性职业以工厂职员和农民居多, 工农阶层对体现男子气概的非标准语的崇尚使男性对于金华方言的总体态度都较为积极。

2. 文化程度与语言态度

文化程度与语言态度的关系也很密切, 程刚 (2003) 在其硕士学位论文《广西语言态度研究》中讨论了两者的关系, 他认为 "文化程度高的人语言态度更趋理性化或理想化成分较多, 更多地从大局和本民族利益的角度考虑问题; 文化程度低的人更多地考虑本人、本地实际以及客观条件的可能性"。

(1) 文化程度高的人能理性看待语言

在对金华话的社会地位进行评价时, 我们发现在 "很有影响力" 和 "完全没有影响力" 这两个极端的选项上, 文化程度为大专和本科的均未分布。说明文化程度高的人对待语言的态度更加理性, 能透过现象看到语言的本质, 而文化程度低的人则多从自身实际出发, 对语言的认识较肤浅, 容易形成强烈的自满或自卑情绪。

　　对于英语的认识，大多数人是从自身利益出发的，认为"在社会竞争中很重要"。而在这一选项上，小学和初中文化水平的人共占了80.6%。能认识到语言作为沟通交流的工具本质上本无高低贵贱之分的人只占8%即15人，小学和初中文化程度的各有2人，其余均为高中以上文化水平。我们做了卡方检验，P<0.05，可见文化程度的差异会影响到人们对英语的认识，见表3.14。

表3.14　　　　　　　　文化程度＊英语评价交叉列　　　　　　　（%）

| | | | 英语评价 | | | | |
			在社会竞争中很重要	对自我修养来说很重要	出于兴趣学习就好	和汉语一样，没什么特别的	总计
文化程度	小学	人数	30	1	0	2	33
		% within 文化程度	90.9	3.0	0.0	6.1	100.0
		% within 英语评价	20.3	8.3	0.0	13.3	17.6
	初中	人数	89	8	4	2	103
		% within 文化程度	86.4	7.8	3.9	1.9	100.0
		% within 英语评价	60.1	66.7	30.8	13.3	54.8
	高中	人数	26	3	2	1	32
		% within 文化程度	81.3	9.4	6.3	3.1	100.0
		% within 英语评价	17.6	25.0	15.4	6.7	17.0
	中专	人数	1	0	5	5	11
		% within 文化程度	9.1	0.0	45.5	45.5	100.0
		% within 英语评价	0.7	0.0	38.5	33.3	5.9
	大专	人数	1	0	2	5	8
		% within 文化程度	12.5	0.0	25.0	62.5	100.0
		% within 英语评价	0.7	0.0	15.4	33.3	4.3
	本科	人数	1	0	0	0	1
		% within 文化程度	100.0	0.0	0.0	0.0	100.0
		% within 英语评价	0.7	0.0	0.0	0.0	0.5
总计		人数	148	12	13	15	188
		% within 文化程度	78.7	6.4	6.9	8.0	100.0
		% within 英语评价	100.0	100.0	100.0	100.0	100.0

　　除此之外，我们还调查了人们对汉字的认识和评价，发现文化程度的

不同在这一项目上也产生了明显差异。"博大精深，体现中国文化"是调查对象对汉字的普遍认识，有 154 人选择了该选项，政府的宣传使得汉字的这一印象深入人心，但是我们进一步追问汉字是如何体现中国文化的，很多受调查对象则无法言明。认为汉字"难写难认，应该简化"的有 12人，小学文化的 4 人，初中文化的 6 人，高中文化的 2 人，进一步证实了文化程度低的人多从自身角度出发，只考虑到了自己书写的便利而没有顾全到汉字创制发展的历史，没有从长远角度出发而一味要求简化汉字。另有 8 人认为汉字"笔画复杂，不如英语字母简单易学"，他们对汉字的历史以及汉字记录汉语的不可替代性认识不足，在这一选项上高中以上文化程度的人没有分布。能认识到汉字"与世界上的其他文字一样，是一种历史沿袭的书写符号"的只有 14 人，且基本上分布在中专和大专这两个文化程度上，只有 1 人是初中文化水平。文化程度高的人在看待汉字这个问题时的态度更加理性，能认识到汉字本质上和其他文字无异。以下卡方检验的结果也能证明对汉字的不同评价与文化程度的高低有关见表 3.15。

表 3.15　　　　　　　　　　　　卡方检验

	值	自由度	双侧近似概率
卡方检验	117.334[a]	15	0.000
似然比检验	68.397	15	0.000
线性间联合检验	35.305	1	0.000
有效案例	188		

（2）文化程度低的人容易对英语盲目推崇

目前中国英语学习存在一种态度上的误区，即"全民普及英语，不再把英语当作一种交际工具，而是作为一项生存技能"（叶君，2008）。对英语的这种盲目推崇心理在文化程度低的人群中体现得尤为明显，他们大多英语基础较薄弱，在社会的剧变中目睹了英语这种强势语言的影响力，从而对英语产生了偏颇的认识。

我们让调查对象根据"普通话、英语、本地方言、外地方言"这几种语言及语言变体在当今社会中的重要性进行排序，虽然大多数人将普通话排在第一位，但仍有 25 人认为英语的地位超越了普通话，我们具体考察了这 25 人在文化程度上的分布，得到以下结果。

表 3. 16　　　　　　　　　**英语 * 文化程度交叉列**　　　　　　（%）

语言	排序位置		文化程度					总人数
			小学	初中	高中	中专	大专	
英语	1	人数	9	9	5	1	1	25
		百分比	36.0	36.0	20.0	4.0	4.0	100.0

小学和初中文化水平的占了大多数，中专、大专的则较少。文化水平低的人容易过高评价英语的地位而忽视母语的重要作用，文化水平高的人则能理性地看待英语的地位。

在对待子女参加英语辅导班的问题上，我们上文曾提到过有 36 人表示"即使经济条件不允许，也会参加"。这 36 人中同样也是文化程度低的人占了大多数，小学文化 15 人，初中文化 14 人，高中文化 8 人。小学文化程度的人最倾向于这个选项，我们的调查对象中小学文化程度的共有 33 人，其中就有 15 人即 45.5% 的人会不计经济成本让孩子参加英语辅导班。而中专以上文化水平的人相对理性，他们或者在经济条件允许的情况下有选择地参加，或者认为没有这个必要。究其原因，文化程度高的人自身接受过英语教育，也就揭开了英语的神秘面纱，他们熟悉语言学习的方法，能更清楚地评价英语的价值，不会盲目跟从"英语热"的风潮。

3. 职业与语言态度

不同的职业对各种语言及语言变体提出了不同程度的要求，不同的工作环境、工作性质也会影响人们的语言使用和语言能力，因此职业也是影响人们语言态度的一个重要因素。龙慧珠（1999）曾以香港为例研究了职业背景下语言态度的分层，她将调查对象分为在职、在学、主妇及退休人士四类，并且将在职在学者称为"动态社会群组"，将主妇及退休人士称为"静态社会群组"。我们的调查对象在年龄分布上有限制，并不能涵盖在学和退休人士这两类人。因此在现有的在职和主妇这两类人中，我们对在职这一类人群的不同职业进行了细化，发现了其中的共性和差异。

（1）服务类、技术类行业人员在语言学习态度上存在鲜明特点

我们将营业员 1 人、出租车司机 1 人以及个体商人 14 人，共 16 人归入服务类行业，其中个体商人基本上在镇上或城区从事零售生意。从事服务类行业的人在工作中与顾客的语言交流较多，他们无论是对普通话还是英语，学习的态度都比较积极。16 人均认为普通话"很重要，需要学

习"，虽然有 14 人表示自己并不会英语，但是 16 人中有 12 人认为英语"很重要，需要学习"。我们将技工 3 人、电工 1 人、木工 1 人归入技术类行业，这些行业的工作特点是以个人的技术劳动为主，相比较服务行业来说与人的语言交流显得不太重要，这样的工作性质对他们语言态度的形成有一定的影响。在对待普通话学习这一问题时，有 3 人表示"能听懂就可以了，说得不好没关系"，另有 1 人表示"用方言也可以交流，没必要会普通话"，只有 1 人认为普通话"很重要，需要学习"。他们对待英语学习的态度同样显示出了消极的一面，5 人均表示自己不会英语，其中有 4 人认为英语"很重要，但是自己没必要学习"，另有 1 人认为英语"不重要"。这两类人群对于语言学习的态度表现出了如此鲜明的对比，究其原因是语言在他们工作中的使用频率和重要性不同。服务类行业以语言为依托来销售他们的产品，对于个体商人和营业员来说，语言交流显得尤为重要。技术类行业虽然也提供服务且不乏语言的交流，但主要是以技术为依托的。

（2）农民对方言的情感依赖较强

之前我们提到过，工农阶层对方言的态度较积极，这当中又以农民的方言情感较为强烈。他们一般以传统的种植、养殖业为生，与土地的关系较密切，对有着乡土气息的方言感情较深。我们对调查对象说金华话的理由进行调查时，有一个选项为"是金华人就应该说金华话"，共有 49 人选择了该选项，其中以务农为生的共 32 人，体现出了强烈的家乡自豪感以及对于方言保持的坚定态度。他们不仅自身是金华方言的积极使用和拥护者，而且对于子女学习方言也普遍持赞成态度。在我们的调查对象中，共有 55 人为农民，当问及他们对于子女方言能力的期望时，有 54 人希望子女"能熟练运用方言"。当假设子女丧失了方言能力时，他们也表现得较为惋惜，有 52 人觉得"很可惜，希望他（她）能学习"。而深究农民对于方言情感依赖强烈的原因，可以归结为以下三点。

一是金华方言基本满足了农民乡村生活的交际需求。农民由于受到职业的影响，交际对象较为单一，多为家人邻里，活动范围也相对狭窄，一般都依托乡村这个交际场合，他们虽然都具备一定的普通话交际能力，但还是更习惯使用幼时习得的金华方言来进行日常交际。金华方言不仅是他们掌握程度最高的语言，而且乡音亲切，既满足了乡村这个交际语域的需求，又能拉近乡民之间的距离，长此以往的语言使用习惯逐渐加深了农民对金华方言的情感依赖。

二是金华方言特殊的农业词汇、农谚俗语构筑起了农民与土地的联系。方言既满足了人们社会交际的需要，又带有浓烈的地方色彩。人类社会是由农耕时代延续发展而来的，各地百姓在与自然的共处和斗争中创生出了不少带有地方特色的农业词汇、农谚俗语，在语言这种交际工具上留下了深深的乡土烙印。时代变迁，方言中的这部分词汇、农谚俗语保存并流传下来，成为农民与土地联系的纽带。在金华方言中，这样的语言现象也不少。就耕种方法来说，把耖过的水田里的土碾平叫作"躺田"，用水泡耕过的田使田里的杂草腐烂叫作"案田"。农具方面，同样是从井里提水用的桶，大的叫"井桶"，小的叫"出桶"。农谚俗语也是生动形象，充分表现了劳动人民的智慧，如"八成熟，十成收；十成熟，两成丢"，"大旱不过七月半；五月西风大水叫，六月西风石板翘；日晕三更雨，月晕午时风"等。这些特殊的方言表达是普通话无法替代的，在如今的乡村生活中仍然占据了重要的地位。

三是金华方言特殊的语法形式满足了农民的情感表达。金华方言中有一些特殊的表达方式，能表现说话人强烈的爱憎感情，这些在普通话中并不能找到相对应的成分，而在金华市区这些表达也都渐渐弱化，在我们的调查乡镇中却还保留着这些形式，说明这些语法形式很好地满足了农民宣泄情感的需要。金华话中的程度副词很有特色，"十库"相当于"十分"的意思，修饰形容词时，前面要有否定词或者不用否定词时也表示不如人意，如"格个饼才好十库铁硬箇"（这个饼这么硬的啊）。和"十库"类似，也表示"十分、非常"的程度副词还有"光人"，使用范围非常广，可褒可贬，如"夜里的菜光人好"（晚上的菜很好）。以上我们提到的"十库"和"光人"两个程度副词在金华市区使用得较少，而其作为地方文化的结晶在乡村地区仍然流传了下来。

第三节　白龙桥镇居民的语言能力

关于"语言能力"的定义，学术界历来存在争议，理论语言学界和应用语言学界基于所研究对象的差异和构建自己理论框架的需要不断对其进行定义，使得目前"语言能力"已不再具有精确的意义了。戴曼纯（2002）将能力分解为知识和技能，他指出构成语言能力知识体系的有语音知识、语法知识、语篇知识、语用知识、交际策略知识等，构成语言能力的技能部分（包括听说读写等）是融语法（及词汇）、语篇、语用、交际策略等知识于一体的实际操作技能。一般人都缺乏对语言的理性认识，只有语言学或者相关专业的人才会具备我们所说的语音、语法等知识，而普通人对语言都只局限于感性的认识。因此要考察一个人的语言能力，一般从语言的实际操作技能，即听说读写等能力入手。

一　金华方言能力

对于我们的调查对象青年人来说，除去外来务工者，幼时首先习得的语言一般都为金华方言，因此金华方言能力普遍较高。调查对象对于自己金华方言能力的自报情况见表3-17。

表 3. 17　　　　　　　　　　金华方言能力　　　　　　　　　　（%）

	人数	百分比
听和说都很熟练	135	76.1
听得懂，会说一点	28	10.6
听得懂，但是不会说	8	4.3
听不懂，不会说	17	9.0

对金华方言比较生疏的大部分为外地来金华的打工者，他们金华话的能力与他们来金华时间的长短以及自身学习的意愿有关。表示"听得懂，会说一点"和"听得懂，但是不会说"的28人来金华定居的时间都在10年以上，其中女性有19人，她们中有15人嫁给了金华本地人，在与丈夫及家人的日常交往中学会了部分金华方言，在听的方面障碍不大，说的方面也学会了简单的日常用语。另外17人来金华的时间较短，为1—5年不等，融入金华当地人生活圈子的程度不深，配偶也均为自己家乡人，或者一同来金打工，或者留守在老家。因此他们学习金华方言的动机不强，在金华生活期间一般使用普通话与金华本地人或者其他地方的打工者进行交际。

对于青年这个群体来说，他们最熟悉的还是他们幼年时习得的母方言，这在两类人群身上都表现得较为明显，金华本地人的金华方言水平基本在熟练程度，而外来人员的金华话能力普遍较弱，他们即使在外出务工期间接触到了其他语言形式甚至与其他强势方言的人群共同生活，他们的母方言能力仍然较强，而对其他方言的接受和掌握能力较弱，大多停留在日常简单交际的水平上。

二　普通话能力

除了普通话的听说能力外，我们将汉字的读写能力也纳入调查范围。调查结果显示，人们的听说能力普遍高于读写能力。54.8%的人对自己普通话能力的自报情况是"听和说都很熟练"，42%的人认为自己的普通话水平为"听得懂，会说，但是发音不好"，只有6人自报为"听得懂，但是只会说一点"。另外两个选项，即"听得懂，但是不会说"和"听不懂，也不会说"均无人分布。金华地区居民的普通话较好，即使在白龙桥这样的乡镇，也是人人会说普通话，基本上不存在交际上的困难。赵则玲（1996）分析了金华人普通话程度高的原因，她认为有三点，一为金华自古存在的"官话"意识和其作为交通枢纽的有利地位，二为广播电视等有声媒体的影响，三为外来移民留居金华后与本地人相处交流的结果。

而在实际访谈中我们发现，大部分调查对象的普通话发音都带有明显的方言色彩，也就是所谓的"金华普通话"。如平翘舌音不分，前后鼻音不分，"l"和"r"不分等，这都与金华方言的发音特点有很大关系。说明方言的"乡土根性"或者说"故习性"对于标准语的影响首先体现在发音上，而说话者由于方言环境的影响和浸染，自身并不能清晰地意识到这个问题。也就出现了大部分调查对象认为自身普通话听说水平都很熟练的情况。在说这个层次上，虽然带有方音的普通话并不影响日常交际，但是就标准程度来说，仍然有提高的空间。

读写能力相对来说较差，只有44人认为自己读和写"都很熟练"；大部分人自报为"能读书报，会写，但是不常写"，共有131人，占到总人数的69.7%；有12人表示自己"认识一些简单的字，但是不会写"；另有1人在他人的协助下完成问卷，表示自己"不会读，也不会写"。

这样的调查结果与调查对象的文化程度以及职业分布有很大的关系。调查对象大多是初中文化水平，且大多数以务农或者工厂的手工劳动为主。他们平时通过电视、广播等大众媒体接触到了普通话，且在日常交往中通过实践进一步巩固了普通话的听说能力，因此大部分人认为自己的普通话听说能力都很熟练。但他们的工作对文字处理、读写能力没有要求，再加上自身文化程度的限制，读写能力普遍较弱，读仅局限于一般的报纸杂志，写则更少涉及。

三　英语能力

调查对象的英语水平普遍偏低，这也与他们的受教育程度有关。在188 个调查对象中，会英语的仅有 70 人。且这 70 人中大部分停留在较低的水平上，有 29 人表示他们只 "认识简单的单词"，有 39 人 "会简单的会话"，只有 2 人的英语水平达到了熟练运用的程度。70 人中，文化程度基本在高中以上，初中文化水平的仅有 18 人。绝大部分人在小学教育阶段没有接触过英语，在初高中阶段虽然设有英语课，但受到师资以及自身因素的影响，英语学习热情不高，效果不佳。只有两位学历水平较高的调查对象（一位为本科、另一位为大专）由于在大学期间继续学习了英语，且受到自身工作的影响（一位在初中担任英语教师，一位在外贸公司从事企业管理工作），英语水平较高。

青年群体的英语水平较低，所受的英语教育较少，一方面与过去学校的课程设置有关，另一方面也受到他们自身职业的影响，调查对象在脱离学校教育后没有再接受其他形式的英语学习和培训。且在文章有关英语语言态度的论述部分，我们提到调查对象对于自身英语学习的期待值不高，学习热情较低，这也直接导致了他们英语能力的低下。

第四节　白龙桥镇居民的语言使用

双语（bilingualism）或多语（multilingualism）指某一语言社团或个人同时使用两种或两种以上不同的语言，如汉语与英语、汉语与壮语等；双言（diglossia）指某一言语社区或个人同时使用两种或两种以上的语言变体，如普通话与汉语各方言。可以看出，"双语" 和 "双言" 是两个不同的概念，但在实际使用中，除了需要特别说明外，人们为方便往往不加区分，通常就用双语。

白龙桥镇是一个典型的双语社区，这里的居民普遍使用金华方言和普通话，而一些外地来此打工或定居的人群还兼用自己的家乡方言。既然具备了两种或两种以上语码，就自然产生了语码转换的问题。学术界有关语码转换的研究有两个比较重要的理论。一种是甘柏兹的社会网络理论，他将挪威某小镇分出三个社会层次，进而区分出封闭网络（closed network）和开放网络（open network），认为封闭网络与本地话相联系，开放网络与标准语相联系。除此之外，他还从交际类型的角度来研究语码转换现象。另一种是费希曼的语域理论，每一个语域都包含了身份关系、地点和话题三个因素，他区分出了五个语域，即家庭域、朋友域、宗教域、教育域和工作域（徐大明，2006）。在现实生活中，根据谈话的对象、场合、话题的不同，语码转换时时刻刻都在发生，我们将根据以上理论对白龙桥镇居民的语言使用现状进行考察。

一　家庭语言使用

在家庭内部，根据交际对象的不同，分为配偶、子女和父母这三类最主要的亲属关系。我们考察了人们在与这三类对象进行言语交际时最常使用的语言，备选的语言有普通话、金华方言和家乡方言（为外地人设置的选项）三种，调查结果见表 3.18。

表 3.18　　　　　　　　　　　家庭语码选择　　　　　　　　　　　（%）

	普通话		金华方言		家乡方言	
	人数	百分比	人数	百分比	人数	百分比
配偶	27	14.4	142	75.5	19	10.1
子女	157	83.5	28	14.9	3	1.6
父母	4	2.1	141	75.0	43	22.9

在与父母进行交谈时，人们更倾向于选择自己的母方言，对金华本地人来说是金华方言，而对外地人来说则是自己的家乡方言，选择使用普通话的人极少，只有 4 人。与配偶交谈时，使用普通话的人数有所上升，但仍然以方言交谈为主。这里我们需要考虑一个特殊情况，即调查对象中的外地人群体。部分外地人在与金华本地人结婚后，由于方言不能互通而选择了普通话，这就导致了普通话这一选项人数上升的结果。对于夫妻双方都是金华本地人的调查对象来说，金华方言在家庭交际语言中还是占优势的。而当与子女交谈时，使用普通话的人数大幅度上升，这一倾向在外地来金华打工者的身上体现得尤为明显。他们自身金华方言的掌握程度较差，而自己的家乡方言在金华又无立足之地，因此教授子女家乡方言的意愿比较弱。无论是本地人还是外地人，在家庭语言的使用上都体现出了代

际性差异。对于长辈的父母和平辈的配偶来说，方言是主要交际语言，而对于晚辈的子女而言，主要的交际语言则是普通话。因此，在家庭内部，交际对象之间的亲疏关系并不能影响语码的选择，而能决定语码选择的除了自身语言能力外的一个重要因素是交际对象之间的辈分关系。

费希曼在研究家庭域时存在着"非一致性"（incongruent）的情况，如父亲在家里和孩子谈论政治或宗教问题时，域的三个构成成分中有一个与其他构成成分不协调（徐大明，2006）。也就是说，对象和场合一致，是发生在家庭环境中与家人的对话，但是话题却与政治域、宗教域相联系，由此产生了矛盾。这种"非一致性"在我们的调查中也有所体现。从以上的调查中，我们可知共有31人（28人为金华本地人，3人为外地人）在家庭中选择方言为与子女进行交际的最主要语言。但是当谈论特定话题时，这些人的语言选择发生了改变，出现费希曼研究中的"非一致性"现象。比如，同样是在家庭交际环境中，当调查对象辅导孩子功课时，原先在家庭域中的首选语言方言的使用率就明显下降了。在31人中有24人选择了普通话，只有7人仍然坚持使用方言。辅导孩子功课这一话题来自费希曼研究中的教育域，而教育域是与标准语相联系的，当出现这种不一致性时，大部分人的语码选择还是受制于交际话题的。

二　社区语言使用

1. 交际对象

根据交际对象的亲疏远近关系，我们划分出了七类交际对象，具体的语码选择见表3.19。

表 3.19　　　　　　　　　　基于交际对象的语码选择　　　　　　　　（人）

	邻居	多年朋友	普通同事	上级领导	学校老师	政府官员	路上陌生人
普通话	36	39	36	59	183	171	178
金华方言	145	129	64	27	5	17	10
家乡方言	7	20	0	0	0	0	0

注：由于职业的影响，部分人在某几题上未做回答。其中，农民55人，家庭妇女27人，共82人在"普通同事"和"上级领导"这两题上未做回答。农民55人，家庭妇女27人，个体商人14人，共96人在"上级领导"这一题上未做回答。

甘柏兹曾经从交际类型的角度来解释语码转换，他将交际分为两种，一种是"个人交际"（personal interaction），另一种是"办事交际"

（transactional interaction）（徐大明，2006）。"个人交际"一般发生在较为亲近的人之间，比如我们调查中的邻居、多年朋友、普通同事之间的交际都可以视为"个人交际"。而"办事交际"则发生在较疏远关系的人之间，比如上级领导、学校老师、政府官员、路上陌生人。"个人交际"常与非正式语言形式相联系，人们在这种交际中地位是平等的，多感情的交流，在语码的选择上更倾向于方言这种非标准语言。我们发现，在外地人群体中，与邻居交往时有 7 人选择了家乡方言，这也从侧面反映出了外地人小范围聚居的居住模式。"办事交际"常与正式语言形式相联系，在这种交往中交际对象的地位一般是不平等的，相互之间存在着乞求关系。如员工向上级领导汇报工作，家长向学校老师询问孩子的学习情况，去政府部门办事，向路上的陌生人问路等，都属于办事交际的范畴。在"办事交际"中，说话人暂时摆脱了自己的个性而选择标准的语言形式即普通话，以达成自己的办事目的。我们特意区分了普通同事和上级领导这两类人群，虽然同属于在工作场合发生的交际行为，但是由于交际对象地位的不同，人们在语码选择上呈现出了不同的倾向。与普通同事之间除了工作事务的交流外，有更多的情感联系，而与上级领导之间虽然不排除情感上的交流，但出于身份地位的考虑，办事交际的成分比较大，我们的调查结果也正好印证了这一点。

2. 交际场合

我们主要调查了两大类场合，其中每一类下又根据场合的正式程度区分出了不同的小类。在商业场合下，我们分为路边小摊、本地农贸市场、市内超市三类。在医疗场合下，我们分为附近诊所、市内大医院两类。具体的语言使用情况见表 3.20。

表 3.20　　　　　　　　　基于交际场合的语码选择

	路边小摊	本地农贸市场	市内超市	附近诊所	市内大医院
普通话	54	91	160	90	180
金华方言	134	97	28	98	8

同样是在商业场合，路边小摊使用金华方言的人数最多，且有不少外地人表示他们在跟路边卖菜的小贩交谈时会使用简单的金华话。就交际场合来说，路边小摊是最不正式的，而且是流动的，在商业规范上比较欠缺。在买卖心理的作用下，部分消费者认为如果不说金华方言就容易被认

为是外地人或是有钱人而在交易过程中吃亏。在本地农贸市场，使用普通话和金华方言的人数不相上下，从场合的正式度考虑，部分人选择使用普通话，而部分人又出于销售产品为农产品的考虑选择使用金华方言。在市内超市，大部分人选择使用普通话。从乡镇环境转换到了城市，且这一交际场合在这三类商业场合中最为正式，商品明码标价，省去了讨价还价的步骤，在语言的选择上人们也就更偏向于标准语。

医疗场合中的医用业术语常与标准的语言形式相联系。但是我们发现，在乡镇的诊所中，金华方言的使用频率较高，甚至略微超出了普通话的使用频率。这是一种语言的妥协和适应现象，为了迎合乡镇居民这样的消费群体，诊所的工作人员在语言的使用上作出了调整。使用居民熟悉的金华方言，尽可能简单的病情说明等，都是乡镇诊所因地制宜的表现。而在市内的大医院，金华方言的使用人数明显下降，仅有 8 人，医疗用语的专业性和严谨性得到了保障。

3. 交际话题

交际话题的不同也会影响到人们的语码选择，我们在调查中提供了四个话题，其正式性依次递增，分别为日常琐事、体育比赛、工作事务、国家政治。日常琐事是在交际中最为随意的话题，而竞技类的体育比赛虽然存在一定程度的专业性，但对于普通大众来说是娱乐性质的，因此我们将这两个话题视为非正式性话题。工作事务和国家政治这两个话题相对来说比较正式，我们视为正式性话题。在谈论这四个话题时，人们的具体选择见表 3.21。

表 3.21　　　　　　　基于交际话题的语码选择

	日常琐事	体育比赛	工作事务	国家政治
普通话	28	82	91	153
方言	160	106	70	35

注：方言包括金华方言和家乡方言这两种语言变体，在这一题中未对两种方言进行区分。其中，家庭妇女 27 人由于没有"工作事务"这一话题的经历，所以该题未作答。

调查结果显示，非正式性话题一般与方言相联系，而正式性话题一般与普通话相联系。视交际话题正式性的不同，两种语言使用的频率有所不同。同属于非正式性话题，人们在观看体育比赛时使用普通话的频率就比谈论日常琐事时要高。虽然是娱乐性的话题，体育比赛具有规则性这一特点又与正式性话题有一定的牵连。而同属于正式性话题的工作事务，与国家政治这一话题相比，使用方言的人数有所上升。工作事务这一话题虽然与各工作领域相联系，但是其专业性以及严肃性都不及国家政治这一话题。而且具体考察调查对象的职业分布，务农以及工厂职工占了大多数，他们的工作性质对于普通话的要求不高，因此大多数人仍然选择他们所惯用的方言。

第五节　语言现状的比较研究

在前几个章节中，我们对于白龙桥集镇人口的语言态度、语言能力以及语言使用等方面进行了调查和分析。为了更清楚地呈现在城镇化进程中中心镇人口的语言现状，我们采取了对比研究的方法。既包括纵向的对比研究，即对白龙桥集镇人口上下三代人的语言状况进行对比分析；又包括横向的对比研究，即对金华市区、白龙桥集镇、白龙桥镇下属虹路村三地人口语言现状的对比，而这三地正代表了城镇化进程的三个不同阶段。

一　纵向三代对比

笔者的主要调查对象是青年人群体，同时也通过问卷了解他们的上一代父母以及下一代子女的语言能力和语言使用情况，因此我们在纵向的对比研究中分为老年、青年和少年三个组别。

1. 语言能力差异

在语言能力方面，对于普通话、金华方言、家乡方言的掌握情况，三代人存在明显差异。少年组的普通话能力最好，金华方言的掌握情况不理想，尤其是一些外地来金华务工人群的子女不仅不会金华方言，而且对自己的家乡方言也感到陌生。青年组的方言能力保持较好，且普通话水平也相比较他们的父母来说有很大进步。老年组的普通话能力最差，他们还是比较习惯自己的母方言环境。具体的语言能力见表3.22、表3.23、表3.24。

表 3.22　　　　　　　　　　普通话语言能力

	听和说都很熟练	听得懂，会说，发音不好	听得懂，只会说一点	听得懂，不会说	听不懂，也不会说
少年	134	54	0	0	0
青年	103	79	6	0	0
老年	18	98	49	19	4

表 3. 23   **金华方言语言能力**   (%)

	听和说都很熟练		听得懂，会说一点		听得懂，但是不会说		听不懂，不会说	
	人数	百分比	人数	百分比	人数	百分比	人数	百分比
少年	57	39.9	76	53.1	8	5.6	2	1.4
青年	135	94.4	8	5.6	0	0	0	0
老年	143	100	0	0	0	0	0	0

注：该表的样本数为 143 人，由于外地来此打工者的上下两代人均缺乏金华方言的能力，无比较意义，故排除 45 位外地人。

表 3. 24   **家乡方言语言能力**   (%)

	听和说都很熟练		听得懂，会说一点		听得懂，但是不会说		听不懂，不会说	
	人数	百分比	人数	百分比	人数	百分比	人数	百分比
少年	14	31.1	16	35.6	9	20	6	13.3
青年	32	71.1	10	22.2	3	6.7	0	0
老年	40	88.9	5	11.1	0	0	0	0

注：该表是针对外地人群的，样本数为 45 人。

乡镇环境中方言的使用率比较高，少年受到成长环境的影响，普通话的发音存在一定问题。有部分家长意识到了这个问题，在调查中 54 名家长表示他们的孩子普通话发音不好。青年组的普通话水平也较好，大多数人的听说都很熟练，虽然部分人的发音与他们自己心目中的标准普通话有一定差距。老年组的普通话水平能基本满足交际需求，表示听说有困难的人比较少，大部分人的水平都停留在"听得懂，发音不好"的程度上。在方言能力上，不仅存在着代际差异，而且本地组和外地组之间也有所不同。从上表中我们可以看出，老年组的方言能力最为熟练，在金华方言能力的调查中，老年组"听和说都很熟练"的比例达到了 100%，而在家乡方言能力的调查中，老年组的这一比率也达到了 88.9%。本地青年组在方言保持上相比于外地青年组要好，大部分人的听说能力是熟练的。而外地青年由于在金华生活，缺乏自己母方言的环境，平时使用家乡方言的机会也不多，因此家乡方言能力退化。表示"听得懂，但是不会说"的有 3 人，"听得懂，会说一点"有 10 人。在他们的下一代人即少年组身上，家乡方言能力的退化体现得更为明显。共有 33.3% 的人在听说上有障碍，或者"不会说"，或者"听不懂，也不会说"。而本地少年组在听说上有障碍的人数只占到了 7%。外地孩子相对于他们的父母辈来说，习得和保持自己家乡方言的困难更大，他们不仅缺乏母方言环境，而且父母对于方言的消极态度也会影响他们的学习和使用效果。

2. 语言使用差异

语言的使用情况会影响语言能力的养成，因此我们考察了三代人在家庭环境下的语言使用情况，对少年组除了考察家庭常用语言外，还考察了学校的语言使用情况。具体情况见表 3.25。

表 3.25　　　　　　　　　　三代人语言使用状况　　　　　　（%）

			全部说方言		全部说普通话		主要说方言，有时说普通话		主要说普通话，有时说方言	
			人数	百分比	人数	百分比	人数	百分比	人数	百分比
少年	本地	家庭	2	1.4	51	35.7	32	22.4	58	40.6
		学校	1	0.7	118	82.5	0	0	24	16.8
	外地	家庭	0	0	21	46.7	8	17.8	16	35.6
		学校	0	0	41	91.1	0	0	1	8.9
青年	本地		16	11.2	1	0.7	108	75.5	18	12.6
	外地		8	17.8	11	24.4	18	40.0	8	17.8
老年	本地		98	68.5	1	0.7	44	30.8	0	0
	外地		31	68.9	2	4.4	11	24.4	1	2.2

青年人在家庭环境中是典型的双语使用者，他们中只选择一种语码进行交际的人很少，本地人有 11.2% 的人"全部说方言"，只有 0.7% 的人"全部说普通话"；外地人有 17.8% 的人"全部说方言"，有 24.4% 的人"全部说普通话"。剩余的人有选择地使用普通话和方言，在这两种甚至三种语言变体之间转换。相比较而言，少年组和老年组的语言选择比较单一。无论是本地人还是外地人，老年组在语言选择上呈现出了一致性，大部分人"全部说方言"，其次是方言和普通话并用但是更偏向于方言，只有少数人"全部说普通话"，"主要说普通话，有时说方言"的情况很少。少年组的调查对象在不同的交际场合呈现出了不同的语言使用倾向。在学校域中，本地学生和外地学生"全部说普通话"的人数最多，分别占到了 82.5% 和 91.1%。而转换到家庭域时，说方言的人数有所上升，有 63% 的本地孩子和 53.4% 的外地孩子同时使用普通话和方言，使用单个语码的人数相对较少。因此，我们可以说青年人是熟练的双语使用者，而老

年人和少年是不熟练的双语使用者。其中，老年人中大部分为方言这一语言变体的单语使用者。而少年在学校域中成为普通话的单语使用者，当回归家庭域时，虽然是普通话和方言的双语使用者，但是普通话的使用率和熟练度都要高于方言。特别是对于外地少年这一群体来说，使用普通话的比率更高，他们即使在家庭这一环境中仍有 46.7% 的人"全部说普通话"，成为普通话的单语使用者。

二　横向三地对比

除了白龙桥实验小学外，我们另外选取了两所学校的家长进行了问卷调查，分别是位于金华市区的江滨小学和白龙桥镇下属村虹路村的虹路小学。在进行纵向三地对比时，我们的调查对象为青年人，这里不涉及三代人的差异问题。

1. 调查对象特征差异

（1）本地人口与外地人口比例差异

这三地中，虹路村的外地人口最多，在 96 名调查对象中有 37 名为外地人，占到总人数的 38.5%。白龙桥集镇其次，外地人口占到调查人数的 23.9%。金华市区调查对象中外地人口最少，总人数 70 人中只有 9 人为外地人，占到 12.9%。外地人口在文化程度和职业分布上呈现了地区差异。虹路村的外地人大部分为小学、初中文化水平，最高文化程度为高中，且仅有 3 人。他们的职业对文化程度要求不高，其中 51.4% 的人为工厂职工。白龙桥集镇的外来人口文化程度有了一定的提高，以初中文化水平为主，占到总人数的 64.4%。但也不乏文化程度较高的从业者，高中、中专以及大专文化程度的各有三人。他们在职业分布上体现了多样性，虽然仍以工厂职工为主（占 46.7%），但是部分对文化程度要求较高的职业同样有所分布，如企业管理者 2 人，工程师 4 人，会计 1 人，教师 1 人等。三地中，金华市区的外地人口素质最高，9 人中有 3 人为本科，1 人为大专，1 人为中专，剩下的也均为高中文化水平，且多为工程师、医生、教师、国企员工这类社会地位较高的从业者。

（2）文化程度与职业分布差异

我们上述提到三地的外地人口在文化程度和职业分布上有明显差异，这一差异不只体现在外地人口身上，在所有的调查对象中这种地区差异都体现得很明显。

表 3.26　　　　　　　　　　三地人口文化程度对比　　　　　　　　　（%）

		小学	初中	高中	中专	大专	本科	研究生	总数
虹路村	人数	25	57	13	1	0	0	0	96
	百分比	26	59.4	13.5	1.0	0	0	0	100.0
白龙桥镇	人数	33	103	32	11	8	1	0	188
	百分比	17.6	54.8	17.0	5.9	4.3	0.5	0	100.0
金华市区	人数	1	13	26	4	13	12	1	70
	百分比	1.4	18.6	37.1	5.7	18.6	17.1	1.4	100.0

　　虽然白龙桥集镇和虹路村居民的文化程度有相似点，即大多都集中在初中水平，但是相比较而言，白龙桥集镇居民在小学文化水平的人数有所下降，而在高中及以上文化水平的人数有所上升。金华市区居民的文化水平集中在高中程度，小学水平的很少，中专及以上文化水平的人也占了不小的比例。文化水平的高低会关系到人们的职业选择，因此相应的，虹路村居民的职业分布比较单一，白龙桥集镇居民的职业分布虽然更多样化，但是与金华市区的调查对象相比，仍然是不足的。三地的职业分布情况见表 3.27。

表 3.27　　　　　　　　　三地人口职业分布对比　　　　　　　　　（%）

	虹路村		白龙桥镇		金华市区	
	人数	百分比	人数	百分比	人数	百分比
工厂职工	33	34.4	51	27.1	8	11.4
自由职业	8	8.3	13	6.9	16	22.9
个体商人	5	5.2	14	7.4	13	18.6
企业管理	0	0	4	2.1	5	7.1
司机	6	6.3	1	0.5	1	1.4
务农	35	36.5	55	29.3	1	1.4
公务员	0	0	6	3.2	1	1.4
银行职员	0	0	0	0	2	2.9
工程师	0	0	6	3.2	3	4.3
医生	0	0	0	0	2	2.9
会计	0	0	1	0.5	3	4.3
家庭妇女	5	5.2	27	14.4	8	11.4

	虹路村		白龙桥镇		金华市区	
	人数	百分比	人数	百分比	人数	百分比
营业员	0	0	1	0.5	3	4.3
教师	2	2.1	4	2.1	1	1.4
房产	0	0	0	0	1	1.4
外贸	0	0	0	0	1	1.4
国企员工	0	0	0	0	1	1.4
技工	1	1.0	3	1.6	0	0
电工	0	0	1	0.5	0	0
木工	1	1.0	1	0.5	0	0
总数	96	100.0	188	100.0	70	100.0

　　白龙桥镇和虹路村的居民大多从事农业生产，除此之外分布较多的是村镇附近的各类工厂。这类工厂一般提供手工类或简单技术类的岗位，针对乡镇居民文化水平普遍较低的特点，这类岗位只需进行短期的培训即可上岗，既满足了企业的生产需要，又转移了农村的剩余劳动力，是乡镇工厂企业的主要存在形式。与乡镇居民就业形式较单一相比，城市居民则分布在各行各业。

　　（3）家庭居住方式差异

　　家庭的居住方式也会影响到人们的语言使用和语言能力，在几代人共同居住的情况下，代与代之间为了尊重或适应彼此的语言习惯，会作出语言使用上的妥协。现代家庭的一般居住模式为夫妻双方与子女共同生活，当然也不乏三世同堂的情况。在后一种情况下，家庭中对方言即非标准语的接受度比较大，且老一辈的人对新的语言情况，如普通话、外语等的态度也会比较开明，语言能力也会有所提升。在我们的调查中，白龙桥镇三世同堂的情况最多，在188名调查对象中有45人表示他们的家庭居住模式为"夫妻、父母、子女"三代人，占到23.9%。其次是虹路村，96人中有17人为三代共居的模式，占了17.7%。金华市区普遍的家庭居住模式为"夫妻、子女"两代人，在70人中只有8人表示与自己的父母和子女共同居住，占了11.4%。

　　2. 普通话学习途径差异

　　我们设置了一道多项选择题，对三地人的普通话学习途径进行调查。

结果显示，人们学习普通话的途径是多样的，除了正规的学校学习外，广播、电视等传媒在推广普通话方面的力量不容小视。语言在交流中得到认可，语言水平也随之提高，人们在与说普通话的人群进行交流时会对自己的普通话进行修正，因此这也是一种不错的学习途径。以上我们提到的无论是学校教育、广播电视还是与人交流，普通话都是作为交际工具或是信息承载媒介出现的，而普通话培训班是旨在提高人们的普通话水平而开设的针对性较强的活动，和前几种学习途径相比，学习效果更好，提高更快。但是，在我们的调查中，通过普通话培训班学习的人数很少，说明这一形式在金华还不是很普遍，相关活动组织得较少。在三地中，人们在学习途径的选择上存在一定差异，具体情况见表3.28。

表 3.28		普通话学习途径对比			（%）
		学校教育	普通话培训班	听广播、看电视自学	与说普通话的人交流
虹路村	人数	51	3	42	38
	百分比	53.1	3.1	43.8	39.6
白龙桥集镇	人数	123	2	41	75
	百分比	65.4	1.1	21.8	39.9
金华市区	人数	60	1	13	24
	百分比	85.7	1.4	18.6	34.3

注：该题为多项选择题。

人们学习普通话最主要是通过学校教育这种正规途径，但是由于受到自身文化程度和当地教育水平的影响，三地之间存在着差异。金华市区的调查对象绝大部分选择了"学校教育"这一选项，占到总人数的85.7%，这一比例远远高于另两个调查地点。与此相对，在"听广播、看电视自学"这一选项上，虹路村又高于另两地，而白龙桥集镇略高于金华市区。这说明当"学校教育"这一正规的学习途径无法实现时，人们会借助广播电视等媒介潜移默化的影响来弥补。有声媒体具有这种正面力量，其不仅作为人们了解外界的窗口，而且充当了语言学习和模仿的范本，因此也更要求这一行业规范自己的语言。同时也反映出过去农村基础教育薄弱、教学语言不规范等现象。如今，随着义务教育的普及，农村的教育水平有了很大的提高，在重视发展和扶持农村教育的过程中，我们要特别注意农村师资的培养，重视教师教学语言的规范。

3. 对语言干扰的认识差异

我们的调查对象多为双语人，他们对不同的语言或语言变体掌握程度不同，选择偏好也不同，而这些不同的语言接触后会对他们的语言产生一个重要的影响即语言干扰。乐希斯特（Ilse Lehiste）对语言干扰的定义为"由于双语者熟悉一种以上的语言而造成的在他们的言语中偏离任何一种语言规范的现象"（祝畹瑾，2003）。这种干扰会发生在语音、语法、词汇等各个方面。而在我们的调查中，双语或多语指的是不同方言和标准语之间的区别，这些语言变体在语法和词汇层面上的差异不大，一般不会发生偏离，最容易发生偏离的是语音。在这里，我们不打算讨论方言与标准语语音之间的相互干扰。我们认为存在另一种语言干扰的形式，即由于某种语言的过多使用而对其他语言产生影响，如造成其他语言使用频率的下降，甚至是语言能力的退化等。这种情况也应该视作语言接触带来的语言干扰，干扰的是整体的语言使用和语言能力。由于同时掌握几种方言的情况较少，我们排除了方言接触的情况，主要考察普通话对方言的影响。我们认为普通话的普及和大范围应用或多或少会对人们的方言使用和方言能力产生干扰，只是有部分人敏感地发现了这种变化，而部分人则没有察觉。这三地的调查对象对于语言接触带来影响的敏感程度是不同的，认为"完全没有影响"的人虽然在三地都有分布，但是以虹路村最多。而认识到这种影响存在的人，认识的程度也是不同的，这取决于当地的语言环境和调查对象的个人认知水平。三地对于普通话与方言接触影响的具体认知见图3.6。

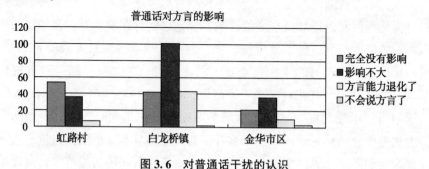

图3.6　对普通话干扰的认识

虹路村有53人认为"完全没有影响"，占55.2%。虹路村的城镇化进程相较于白龙桥集镇来说要慢，本地居民的语言生活仍以方言为主，语言观念也比较保守。但是，这里同样受到城镇化的影响，大量外来人口涌入，甚至超过了白龙桥集镇的外来人口数量。说明语言接触的情况是大量存在的，一方面出于对传统方言的固守，另一方面受限于自身的认知水平，这里的调查对象中超过半数认为普通话对方言完全没有影响。金华市区在"完全没有影响"这一选项上的人数为21人，虽然在数量上低于白龙桥集镇，但是其样本总数远远小于白龙桥集镇，因此在比例上，金华市区为30%，白龙桥集镇为22.3%，前者高于后者。金华市区居民对于语言接触的这种认识，可能是由于语言环境的影响。市区相对于周边的乡镇来说，语言环境更复杂，双语甚至是多语的现象存在已久。调查对象在这样的语言环境中成长，虽然在实际的语言选择上有所偏重，但也逐渐巩固了自己的双语能力。因此当问及普通话的推广是否会对方言产生影响时，基于对自己双语能力的自信，部分人认为"完全没有影响"。白龙桥集镇的调查对象在这一选项上的分布率最低，说明普通话的普及对当地居民语言生活的影响较大，而且大部分人也意识到了语言接触带来的影响。

近几年来，白龙桥集镇的城镇化进程不断加快，而经济的飞速发展也带来了语言生活的变化。在对白龙桥集镇的调查中，有43人认为平时较多使用普通话的结果是他们的"方言能力退化了"，有2人甚至"不会说方言了"。金华市区调查对象的方言能力也呈退化趋势，有3人表示他们"不会说方言了"。而在虹路村，只有7人认为他们的"方言能力退化了"，"不会说方言"则没有。

除虹路村外，另两地选择"影响不大"这一选项的人数最多，白龙桥集镇有101人，占53.7%，金华市区有36人，占51.4%。他们承认普通话和方言的接触会对自己的方言使用和能力等方面造成影响，但是这种影响并不大。说明这两地人的语言观念比较开放，既能接受并适应新的语言情况，同时也为母方言的使用和保持留有空间。这并不像我们一般所预计的那样，普通话的推广威胁到了方言的生存，而是两种或多种语言和谐共存的局面，语言使用者也并没有因为新语言的加入而在语言交际时感到不便。

4. 语言能力差异

三地调查对象的金华方言能力和普通话的听说能力没有明显差异，普遍水平都较高。但是相比之下，金华市区调查对象在方言能力上略低于且在普通话的听说能力上又略高于另两地的调查对象。这三地的调查对象在汉语读写能力和英语语言能力上存在着明显差异，在此我们着重讨论这两个问题。

无论是读写能力还是英语的语言能力，都与学校教育有关，因此文化程度极大地限制了调查对象的这两项能力。在之前的三地调查对象特征比较中，我们已经发现，虹路村和白龙桥集镇人口的文化水平与金华市区的相比有一定差距，这在这两项能力上都有所体现。具体的人数分布见表 3.29。

表 3.29　　　　　　　　　三地读写能力比较　　　　　　　　　（%）

		都很熟练	能读书报，会写，但是不常写	认识一些简单的字，但是不会写	不会读，也不会写
虹路村	人数	14	70	12	
	百分比	14.6	72.9	12.5	0
白龙桥集镇	人数	44	131	12	1
	百分比	23.4	69.7	6.4	0.5
金华市区	人数	32	36	2	0
	百分比	45.7	51.4	2.9	0

金华市区调查对象的读写能力最好，前两个选项共占了 97.1%，且读写"都很熟练"的人数与"能读书报，会写，但是不常写"的人数相差不大。白龙桥集镇与虹路村的调查对象虽然在后两个选项上的分布人数也不多，但是在前两个选项上的人数分布有很大差异，特别是虹路村。虹路村大部分人的读写程度都停留在"能读书报，会写，但是不常写"，占到了总人数的 72.9%，少数人达到"都很熟练的程度"，只占 14.6%。与此相比，白龙桥集镇调查对象的读写能力有所提高，但是和金华市区相比仍然存在距离，达到熟练运用的有 44 人，占 23.4%。这两地调查对象读写能力的缺陷既和自身的文化程度有关，又受到所从事职业的影响。但归根结底是文化水平偏低造成的，较低的文化程度限制了他们的职业选择，只能从事简单的技术或体力劳动，而如此的职业选择使得从业者在工作中较少有机会运用并提高自己的读写能力，他们也缺乏进一步学习的动机。

汉语学习和水平的现状尚且有不如人意的地方，而英语则是对调查对象的语言能力提出了更高的要求。在我们调查的三地中，表示自己不会英语的人数较多：金华市区有 32 人，占 45.7%；白龙桥集镇有 119 人，占 63.3%；虹路村有 68 人，占 70.8%。这说明青年群体的英语水平普遍不高，而受过英语教育，有一定英语基础的人，他们的英语水平也参差不齐。具体数据见表 3.30。

表 3.30　　　　　　　　　三地英语水平比较　　　　　　　（％）

		认识简单的单词	会简单的会话	能熟练运用
虹路村	人数	22	6	0
	百分比	78.6	21.4	0
白龙桥集镇	人数	29	39	1
	百分比	42.0	56.5	1.5
金华市区	人数	9	27	2
	百分比	23.7	71.1	5.2

注：调查排除了不会英语的调查对象，因此虹路村的样本数为 28 人，白龙桥集镇为 69 人，金华市区为 38 人。

在所有会英语的调查对象中，金华市区调查对象的英语水平较高。大部分人都在"会简单会话"的程度，共有 27 人，占 71.1%，有两人还达到了"能熟练运用"的程度。而白龙桥集镇和虹路村这两地调查对象的英语水平较多停留在"认识英语单词"的程度，白龙桥集镇相较于虹路村来说又稍好，其中"会简单的会话"和"认识简单的单词"的人数差不多持平，且有 1 人达到"能熟练运用"的程度。虹路村调查对象的英语水平较低，有 78.6% 的人只"认识简单的单词"，并没有达到英语会话的程度。三地调查对象的英语水平并不让人满意，能达到熟练运用程度的人很少。

5. 语言使用差异

在语言使用方面，三地在社区语言使用上的差异不大，都随着交际对象亲疏关系的不同，交际场合的转换，交际话题的正式与否而变化。金华市区调查对象无论在面对何种对象、处于何种交际场合、谈论何种话题时，使用普通话的人数都要略高于白龙桥集镇和虹路村。但是三地在家庭语言使用上呈现了明显的差异，就我们在白龙桥调查所得结果来看，家庭中的语码选择存在代际性差异，但是这一结论与金华市区的调查结果并不完全吻合。我们发现，金华市区的调查对象在家庭语码使用上虽然也存在着一定的代际性，即在面对配偶、子女、父母时的语言选择有所不同，但是在面对配偶时这种代际性差异要明显小于另外两地。表 3.31—3.33 为三地的调查对象在家庭环境中面对不同的交际对象最常使用的语言情况。

表 3.31　　　　　　　虹路村家庭语言使用情况　　　　　　　（%）

	普通话		金华方言		家乡方言	
	人数	百分比	人数	百分比	人数	百分比
配偶	11	11.5	59	61.5	26	27.0
子女	54	56.3	34	35.4	8	8.3
父母	3	3.1	57	59.4	36	37.5

表 3.32　　　　　　　白龙桥集镇家庭语言使用情况　　　　　　（%）

	普通话		金华方言		家乡方言	
	人数	百分比	人数	百分比	人数	百分比
配偶	27	14.4	142	75.5	19	10.1
子女	157	83.5	28	14.9	3	1.6
父母	4	2.1	141	75.0	43	22.9

表 3.33　　　　　　　金华市区家庭语言使用情况　　　　　　　（%）

	普通话		金华方言		家乡方言	
	人数	百分比	人数	百分比	人数	百分比
配偶	32	45.7	36	51.4	2	2.9
子女	69	98.6	1	1.4	0	0
父母	9	12.9	54	77.1	7	10

　　三地的调查数据显示了一个共同的趋势，即使用方言的人数在面对父母时最多，其次是面对配偶时，在面对子女时使用方言的人数最少。而金华市区的调查对象，在面对配偶时，使用普通话和方言的人数大致持平，代际性差异没有另外两地明显。

第六节　改善小镇居民语言生态现状的对策

　　通过以上章节的分析，我们发现白龙桥的城镇化进程较快，但与金华市区相比仍存在差距，这体现在居民的文化素质、语言现状等方面。如青年群体的文化程度普遍偏低，职业分布较单一，这些都会影响到他们的语言态度、使用、能力等。在语言态度方面，对普通话的情感体验淡漠，语言态度的形成主要来自上代语言态度的影响，不利于推普工作的持续和深入；对金华方言的情感体验强烈，对下一代人的方言习得和保持也持积极态度，但对方言的资源观念认识不足；对下一代英语教育的热情高涨，对英语的地位等认识有一定的盲目性。在语言能力方面，三代人的普通话水平都有所提高，特别是少年群体，但是与市区居民相比，存在方言语音干扰带来的发音问题等，且在听说读写等方面存在不平衡，尤其是青年和老年群体，日常读写需求较少，极大限制了这两项能力的提高。方言的语言能力保持较好，少年群体的方言能力明显高于市区的同龄孩子。少年群体的英语能力还处在形成时期，老年群体不具备英语能力，青年群体的英语能力普遍偏低，具备英语能力的受访者主要停留在会简单单词的程度。接下来，我们试图多角度地提出改善小镇居民语言生态现状的对策，为城镇化进程中小镇居民的语言生态建设提供参考。

一　政府角度

1. 因地制宜，做好语言规划与指导工作

各类城市居民的语言状况各有不同，这就要求政府因地制宜，根据每个地方的实际情况来制定语言规划与指导。如北京、上海等大城市，语言现象较为复杂，政府在应对语言问题方面经验较丰富。而像金华这样的二类城市，经济发展水平与发达地区存在差异，劳动力素质整体上有待提高，政府的应对能力也相对较弱。金华的语言现象不复杂，语言之间的冲突碰撞较少，各语言及语言变体基本呈现和谐共存的局面，推普成效较为显著，方言保护意识逐渐觉醒，外语学习热情持续高涨，但是居民在语言态度，语言能力和语言使用等方面仍存在一些问题。像白龙桥镇这样的四类城镇，在经济快速发展的进程中更是难免会遇到一些语言问题，这些问题与金华市区相比又有其独特的表现形式。

因此，政府首先应树立起语言规划的意识。李宇明（2005）曾指出，我国语言文字工作的基本任务就是制定和实施语言规划，在新时代背景下，政府的语言规划要能适应时代和地方的要求，在三大传统任务即大力推广普通话，整理现行汉字使之标准化以及推行《汉语拼音方案》的基础上注入新鲜血液。对于金华这样的二类城市来说，要充分调查本地区居民的语言现状，搞清优势与缺陷，吸收国内外成功的规划案例，制定科学可行的语言规划。规划要具体而有针对性，针对金华市区、城镇化发展较快的集镇、城镇化速度相对缓慢的乡村在政策上要有所区分。指导要落到实处，各级工作人员要在开展实际工作时既以规划为依据，又能灵活应变语言生活的复杂性。

2. 做好方言的调查、保护、开发工作

虽然白龙桥集镇青年群体的方言保护意识较强，他们对下一代人的方言习得态度总体上也较为积极，但是少年组的方言能力仍呈现退化趋势，大部分人停留在"听得懂，会说一点"的程度，在家庭语域中有高达83.5%的人首选普通话进行交际，而金华市区孩子的方言能力就更不乐观了。一些俚俗的语音、词汇、俗语渐渐淡出了人们的视线。面对这样的情况，我们不由为方言的未来感到担忧。因此，对金华方言的调查、保护和开发工作不容忽视。

政府要组织人力物力，做好金华方言有声数据库的建立工作。早在2008年10月11日，中国语言资源有声数据库建设试点工作就在江苏省苏州市启动，据扬子晚报网（2011）报道：截至2011年4月，江苏省已将苏州、南通、南京、扬州、泰州地区15个县、市、区的方言永久库存。金华方言有声数据库的建立工作起步较晚，在2012年的7月才启动方言语音建档工作（金璐、林楚依，2012），面向市区征选地道的金华城区方言发音人。寻找方言发音人只是数据库建立的第一步，还有很多繁复的整理、分析、保存工作需要跟进，政府要向已有成功经验的地区学习，力求将方言的面貌如实记录下来。

除了用现代技术的手段保留方言面貌之外，编纂方言词典，将搜集整理的方言俚语、俗语出版成册等也能为金华方言的研究提供材料和依据。金华方言的研究人才本身比较欠缺，系统论述金华方言的研究著作较少，目前可见的只有《金华方言词典》和《金华古言话》两本，而涵盖了金华俚俗谚语的《金华古言话》一书虽然对于金华方言的保存研究有着极大的学术价值，但是其知名度却不高，在图书馆、书店都难觅踪迹。因此政府应为相关著作的印发提供一定的激励措施并配套后期的宣传工作，使真正有价值的金华方言研究论著能为更多数人所熟知，从而激起人们认识方言、学习方言、研究方言的兴趣。

金华方言资源的调查和保护工作离不开相关方言研究人才的参与和支持，因此政府要大力培养方言研究人才，并为他们的成长和发展提供支持。如依托金华当地高校的语言研究所，开展金华方言的调研工作，既能为学校的学术研究提供资金保障，同时又为政府相关语言政策的提出提供了依据。

在对金华方言进行调查和保护的基础上，政府还要认识到方言是一种重要的资源，对其进行开发利用不仅有利于地方文化的保护传承，同时也能获取经济收益。要重视对金华方言资源的开发，让语言真正发挥其作为资源的特性，如地方戏曲婺剧的传承与创新，方言栏目的开办，方言小品节目的创作等。金华电视台方言类小品剧《二十分可乐》《茶花朵朵开》等就以轻松幽默的剧情在金华大地上掀起了一阵方言剧的热潮，许多年轻人也对金华方言产生了情感上的认同和学习的意愿。

3. 做好普通话的宣传和推广工作

所谓推广普通话，包含了两个层次，一是普通话的普及，使人们的普通话水平能满足一般的交际，二是在普及基础上提高普通话的水平。在我们的调查地点，无论是城镇化程度较高的市区，还是城镇化水平相对较低的农村，普及的工作都已基本完成，目前的任务应是进一步提升普通话水平和激发人们学习、宣传普通话的自觉性。

在进一步提升居民普通话水平的工作中，要特别关注特殊群体的语言现状，如学前至小学阶段的儿童，外来务工者等。幼儿阶段是学习语言的关键时期，此时如对他们进行规范的普通话教育能收到较好的效果。因此政府要保障适龄儿童都能接受正规的学校教育，同时提高乡镇义务教育阶段的办学质量，规范教师的教学语言。为外来务工者提供一定的普通话培训项目和帮助，使他们能较快适应陌生的语言环境。

从人们的语言态度方面看，人们对于普通话的社会地位认同较高，特别是对于普通话的政治地位，但是对于普通话的认识还是不足的，较多受到了上加语言态度的影响，对普通话的情感认同较低。因此要提升人们对普通话的情感认同，不能仅仅将它作为一种交际工具。目前伴随着中国国际地位的提升，全球汉语学习的热情正在高涨，我们更应树立起母语的自豪感，政府也应将汉语国际推广与国内的推普工作结合起来，使两者相互促进与推动。

4. 做好外语教学的引导和规范工作

我们的调查对象青年群体自身的英语水平虽然不高，但是他们对于英语学习的重要性已经有了充分的认识，在下一代人的英语学习和教育上也灌注了极大的热情，甚至有部分家长会不计经济成本培养孩子的英语语言能力。说明集镇人口英语学习的需求在增长，这就要求政府进一步提升乡镇学校的英语教学质量，并对社会英语培训机构进行引导和规范。

小学是语言学习的关键时期，这个阶段的英语教学不能只停留在培养学生的学习兴趣上，而应注意教学方式，提高教学质量。在我们的调查中，城区学校的英语师资较正规，基本为英语专业毕业的专职老师，而虹路乡和白龙桥镇的英语教师有部分由其他学科的老师兼任，正规的英语师资学历水平也参差不齐，这样势必会影响到英语教学质量。政府应为乡镇输送更多专职的英语教学师资，并指导学校设定科学的英语教学计划，改变城乡英语教育资源不均衡的现象。

英语培训机构是一种重要的外语学习资源，但是白龙桥镇并没有规模性的英语培训机构，现有的培训机构流动性较强，多为暑期临时设立的培训点，教学环境简陋，师资多为在校大学生，他们教学经验缺乏，大多非科班出身，极大影响了英语培训的质量。因此，政府应规范有关英语培训机构的设立，在师资、规模、办学硬件设施等方面作出规定，使英语培训机构成为学校正规教育之外有力的补充和支持。

二　社会角度

1. 学校作为语言教育的阵地，要发挥模范带头作用

学校是教育的场所，而语言教育又是其他一切教育的前提和基础，特别是小学阶段的教育都是从基础的语言教育开始的，学校在提升人们的语言能力方面发挥着不可替代的重要作用。

学校要提高自身的办学质量，软硬件两手抓，既为学生提供一个良好的学习生活环境，又能在语言教学理念、新课程研发、学生评价机制等方面有所创新。如开展普通话演讲比赛、英语学科竞赛等，激发学生学习语言的兴趣；开设一些供选择的课外兴趣辅导课，如书法、朗诵等，从多方面提高学生的各项语言能力；对学生的语言能力采取灵活多样的评价体制，如制作学生成长日记等，及时记录学生在语言学习上存在的问题和取得的进步，使评价成为一个动态的过程。

学校要努力提高教师的待遇，使乡镇的教师能安心专注于自身的教学。白龙桥集镇的教师有一定的流动性，特别是其下属的虹路村小学，编制外老师的待遇较差，且一个老师兼任两三门课的现象很普遍，教师的工作强度与待遇不成比例，导致许多优秀教师向城区调动。学校要努力为全

体教职工谋福利，如减轻他们的课业负担，组织丰富多彩的工会活动，为教师的职业进修提供便利条件等。

学校要树立合作互赢的办学理念，加强与其他兄弟学校的交流。乡镇学校与城区学校之间建立互帮合作机制，城区学校选派优秀教师下乡进行支教帮扶活动，而乡镇学校选派青年教师进城学习交流，平衡城乡之间的教育资源。我们的调查学校金华市区江滨小学就和民工子弟学校结成帮扶对子，两校之间互换教师，既为师资较薄弱的学校注入了新生力量，又为年轻教师提供了历练的机会。

学校要充分发挥其教育功能，教给学生正确科学的语言观，而学生的这些观念也会对家长或身边的人产生积极的正面影响。同时可以利用学生与家长、社会之间的联系，发挥学校的宣传作用，使语言政策法规得以传播、深入人心。

2. 语言培训机构作为学校教育的补充，要提高办学质量

搜狐网 2010 年公布的《教育白皮书》对语言培训项目的份额进行了统计，其中少儿英语培训在语言培训市场中所占的份额达到 22.13%，位居第一（王巍、李艳，2012）。可见，少儿英语学习的需求在不断扩大。

白龙桥镇也出现了相同的趋势，青年群体自身的英语学习需求虽然不大，但在孩子的英语教育问题上重视程度不断提高。白龙桥镇目前并没有规模性的外语培训机构，出于对教学质量的重视，家长多选择将孩子送去城区口碑较好，规模较大的正规机构学习，这就加大了乡镇学生英语学习的成本。

因此，英语培训机构应及时注意到市场的需求，在乡镇设立办学点，健全教学硬件设施，培训合格优秀的儿童英语教育师资，规范收费标准，为乡镇孩子接受优质的英语教育提供便利。

外语培训机构还面临着培训语种单一的问题，金华市区的一些规模较大的外语培训机构提供的基本上是英语类的培训项目，只是根据培训对象和侧重点的不同，分为儿童英语、成人英语、商务英语等。像日语、法语、德语等受众面较大的语种并不涉及，更不要提小语种课程的开设了。这极大地限制了人们语言学习的选择权，不利于一些有其他语言天赋和兴趣的孩子得到及时的培养和正确的引导。因此，乡镇的语言培训机构在逐步完善英语教学的基础上，要丰富语言培训的种类。

3. 有声媒体作为乡镇居民学习普通话的补充途径，要不断规范自身

当"学校教育"这一正规的学习途径无法满足人们的需求时，乡镇居民多选择广播电视等有声媒体潜移默化的影响来弥补。有声媒体的普及对于人们的普通话水平产生了很大的影响，最重要的方面是提高了乡镇居民普通话的听说能力，但是媒体从业者一些不正确的发音习惯也会对人们产生误导。新词新语的推广最主要也是通过有声媒体这一媒介，乡镇居民的文化素质普遍不高，纸质媒体对他们的影响较小。现今较流行的一些新词语如"给力""神曲"等对白龙桥镇居民来说并不陌生，这就要归功于电视媒体的传播效应了。

因此，媒体行业要做好自身的规范问题。对从业者的普通话水平要有等级要求，特别是对百姓喜闻乐见的大众民生类节目的主持人、记者的普通话要严格要求，我们发现金华现有的地方类节目特别是新闻节目中，采访记者的普通话水平还有待提高。除了普通话读音方面的规范外，还有各类节目的字幕规范问题，要尽量避免错字别字的出现。在新词新语的使用上要注意语境、场合，不提倡一味求新而造成使用的不当。在汉语的语法规范上，媒体业也要做好示范引导作用。

4. 乡镇企业作为农村劳动力的主要吸纳单位，要做好企业文化建设

白龙桥集镇人口的职业分布除了务农所占比例最高外，位居第二的为乡镇企业的职工。这类企业一般以五金、摩配的生产制造为主，虽然不乏大型企业，但企业忽视文化氛围的营造，员工对于企业的情感认同较低，不利于企业向心力和凝聚力的形成。

企业是一个复杂的交际环境，既有本地居民，又有外来务工者，多种文化的碰撞为企业文化的创建提供了机遇和挑战。好的企业文化能使外来者更好地融入当地的工作生活，也使本地居民能接触到外来的语言文化，形成开放的语言态度。一个企业只有具备自身独特的企业文化，才具有凝聚力，才能更好地调动员工的生产积极性。

因此，乡镇企业要吸收和学习现代企业管理理念，积极创建具有特色的企业文化。如定期举办旨在提高员工语言能力的征文比赛、诗歌朗诵会、影视作品欣赏活动等，一方面丰富了员工的精神生活，另一方面有利于企业内部凝聚力与向心力的形成。企业也要积极为员工创造和提供进修学习的机会，如开设实用写作技能培训班，选派优秀员工深造学习等，激发调动他们学习的热情，提高他们的文化水平，增强他们的业务技能，提

升个人的素质修养，为企业的进一步发展储备人才。

三　个人角度

1. 树立积极健康的语言态度

语言态度会影响到人们的语言使用和语言能力，而青年群体的语言态度不仅对自身的语言生活产生影响，其影响还会辐射到上、下两代人。白龙桥集镇青年群体的语言态度体现了自我要求的松懈和对子女语言教育的重视这两个极端。他们对自身的普通话水平感到满意，却希望子女的普通话程度能达到尽可能标准；他们认为自己并无学习英语或其他外语的需要，却对子女的英语学习寄予很大的希望，甚至有家长表示会不计经济成本地培养孩子的英语兴趣。这些语言态度的形成都带有功利的色彩，缺乏对语言的理性认识。因此，树立积极健康的语言态度是十分重要的，要充分认识到语言也是一种资源，努力提高自身的语言能力，从而在职场竞争和社会交往中占据有利地位。

首先，自身要树立积极的语言学习态度，严于律己，在孩子的语言教育方面以身作则，以好的语言学习和使用习惯对孩子进行言传身教。如减少方言发音对普通话的影响，加强汉字的读写训练，有一定英语基础的还可以在条件允许的情况下提升英语能力。

其次，要以健康的语言态度为指导。人们对普通话的评价多出自上加语言态度的影响，而英语学习虽然受到下加语言态度的影响，其中仍存在不理性的成分。人们要加深对普通话的理解，以提高学习和推广普通话的自觉性；要端正对外语学习特别是英语学习的认识，不要过于极端地将其置于高于母语学习的地位；要善于挖掘和培养孩子的其他语言天赋，改变在 3 亿外语学习者中 99% 都是英语学习者的这种外语学习单一化的倾向（李宇明，2011）；还要继续保持同方言的情感联系，我们的调查发现人们对于语言干扰的认识不足，没有意识到方言发展面临的困境，这不利于方言的保护。

2. 努力提高各种语言能力

语言能力是语言资源的重要组成部分，是人力资源的基础，是人各项能力提高和发展的前提。个人要努力提高自身的语言能力，这既包括了使用不同语言及语言变体的能力，又包括在使用同一种语言时，在语言的听、说、读、写四个层次之间达到基本的平衡。

白龙桥镇居民现有的普通话和方言能力基本上满足了交际的需求，青年人是熟练的双语使用者，而老年人和少年是不熟练的双语使用者。在访谈中我们发现，三类人群基本上能完成语码之间的转换，但也会有词不达意的情况出现，如在普通话的交际场景下无法准确表达想传达的意思时会转换成金华方言，反之亦然，这就出现了一句话或者一个语段中语码混用的情况。因此不同人群要有针对性地弥补自身在某种语言能力上的不足，从而使语码转换能顺利完成。外来务工者还存在家乡方言、金华方言和普通话三种语言变体之间相互转换的复杂情况，这就对他们的语言能力提出了更高的要求。青年群体的外语语言能力普遍不足，老年群体基本不涉及外语，而少年群体还处在外语水平的培养和形成阶段。因此，对老年人的外语能力并不做要求，青年人要在自身基础和条件允许的条件下继续外语学习，而少年则要从小打好外语基础，端正学习态度，向现代社会所需求的多语人才的方向努力。

语言能力可以细分为"听说读写"四项不同的能力，它们之间存在着比较复杂的关系。既可以把"听""说""读""写"视为不同的层次，又可以分为低层次的"听说读写"能力和高层次的"听说读写"能力。"听"不仅要听懂词句的表面意思，还要深究其背后的隐含意义；"说"既要尽量接近语言的标准发音，又要提高连贯流畅的表达能力；"读"则是要在认读的基础上提高阅读各类文章的能力；"写"除了会写规范的字符外，还要讲究遣词造句、谋篇布局的写作能力。因此，个人要在掌握低层次的"听说读写"能力的基础上向高层次的"听说读写"能力发展，同时这四项能力之间也要达到基本的平衡。

3. 养成文明诚信的语言使用习惯

我们认为国民语言能力的高低不仅仅只体现在听说读写等几项基本的能力上，还有一个很重要的方面是语言的文明诚信能力。前者属于基本的语言能力，而后者则体现了在基本语言能力的基础上对自我语言行为的约束，是道德意识在语言能力层面上的反映。语言文明诚信能力以基本的语言能力为基础，如果缺乏基本的听说读写能力，何谈对自我语言的约束，而基本语言能力的不足很大程度上决定了个人素质的低下，有时会导致一些语言粗俗、不文明现象的发生。但并不是说两者存在正比的关系，基本语言能力的低下并不意味着其语言文明诚信能力就不高，农民朴实的话语，孩童天真的问答等都是对语言诚信与文明最好的践行，但这类人群的基本语言能力其实是存在缺陷的。而反观一些受过高等教育、基本语言能力水平较高的人则以假大空为语言艺术来包装自身，社会上的一些虚假广告、文字游戏、官场套话等就出自他们之口。语言的文明诚信是构建和谐社会的基础，基本语言能力的低下只会对自身的发展产生负面的影响，而语言文明诚信的缺失将首先从语言上对整个社会的风气产生不良的影响，而当人们基本的交际工具都受到污染时，我们又该如何来建设一个和谐的社会呢？

在乡镇这个交际场合中，一方面外来务工者的素质普遍不高，另一方面本地村民的文化程度又偏低，因语言不合而引起的争吵甚至斗殴事件偶有发生。特别是在外来务工者集聚的工厂或者社区，外来者的心理抗拒和自我保护意识较强，致使来自同一地区的打工者拉帮结派，形成小团体，由于意见不合或表达不当而产生不文明、不和谐甚至暴力的语言行为，不利于乡镇的稳定和谐。

因此本地居民要树立开放兼容的态度，欢迎并接纳外来者，在言语行为上不轻视、不歧视，欢迎并鼓励他们融入当地生活中去。而外来务工者也要端正自己的心态，提高语言表达的诚信文明能力，积极主动地融入新环境中去。

无论是外来人员还是本地居民，都要以诚信为语言使用的准则，不受社会上虚假广告、浮夸风气的影响，不虚假，不谄媚。语言诚信能力的不足在很大程度上也是诚信文化沦丧的结果，而诚信在我国的传统文化体系中占据着十分重要的地位，古代"三纲五常"中的"信"就是"诚信"的意思，"诚信"的重要性也就可见一斑。既然先贤给了我们如此多的启迪，那么在语言诚信的建设上我们要回归本源，自觉进行传统文化的宣传和弘扬，树立诚信为本的观念。

4. 关注语言生活，成为自觉的语言学习者和研究者

我们每个人都要关注自身的语言生活，观察语言生活的细微变化，以便调整语言使用心态，成为自觉的语言学习者和研究者。

首先要关注身边语言生活的变化，特别是城镇化进程带来的人们在语言生活各方面的变化，如语言之间的碰撞融合、语码的转换选择等。在白龙桥镇，人们的语言生活发生了很大的改变，从过去以方言为主导的乡村社会过渡到了多种语言及语言变体共存的模式，方言的生存空间受到了挤压，外语的需求持续增长，人们的语言心态也发生了变化。认识到这些语言生活的变化，有助于人们成为自觉的语言使用者和学习者：推广普通话

与保护方言齐头并进，发挥他们在不同领域中的交际作用；既不盲目推崇外语，也能跟上时代需求，提高语言素养。

在自觉使用、学习语言的基础上，我们还可以成为语言的研究者。特别是对于自己熟悉的本地方言来说，当地的居民是最有发言权的。白龙桥集镇的青年人群体方言基础好，普通话程度也较好，在两种或几种语码的选择、转换时会遇到一些困惑的问题，这些都可以成为研究的课题。当然，受限于当地居民的文化程度，语言研究的开展困难较大，但是当地居民可以提高语言的自觉意识，为研究者提供一些语料事实，改变目前金华语言现状研究空白的局面。

参考文献

崔尔胜、王宗兰：《淮南方言与其农耕文化》，《淮南师范学院学报》2012 年第 5 期。

程刚：《广西语言态度研究》，硕士学位论文，广西大学，2003 年。

戴曼纯：《外语能力的界定及其应用》，《外语教学与研究》2002 年第 6 期。

戴庆厦：《社会语言学教程》，中央民族出版社 1993 年版。

F. 劳伦斯金：《论对待语言集团和语言的态度》，《世界民族》1987 年第 3 期。

高一虹、苏新春、周雷：《回归前香港、北京、广州的语言态度》，《外语教学与研究》1998 年第 4 期。

贺洁：《传媒发展对推广普通话的利与弊》，《历史与文化》2012 年第 2 期。

教育部语信司：《中国语言资源有声数据库建设试点启动仪式在江苏省江苏市举行》，《语言文字应用》2008 年第 4 期。

金璐、林楚依：《“老金华”竞选方言发音人很火爆》，《金华日报》2012 年 7 月 25 日。

金华市婺城区志编纂委员会：《金华市婺城区志》，方志出版社 2011 年版。

劲松：《社会语言学研究》，民族出版社 2009 年版。

李嘉岩：《我国城市化发展的历史、现状与未来》，《当代中国史研究》2003 年第 10 期。

李洁：《城市化进程中的农村语言变异研究——以山东省乐陵市李村为个案》，硕士学位论文，汕头大学，2003 年。

李荣刚：《城市化对乡村语言变化的影响》，《重庆社会科学》2011 年第 10 期。

李宇明：《中国语言规划论》，东北师范大学出版社 2005 年版。

李宇明：《公民语言能力是国家语言资源——序〈母语·文章·教育〉》，《中国大学教育》2009 年第 2 期。

李宇明：《提升国家语言能力的若干思考》，《南开语言学刊》2011 年第 1 期。

李宇明：《关于中国语言生活的若干思考》，《北华大学学报》（社会科学版）2011 年第 5 期。

李宇明：《提高国家语言能力的思考》，《语言学评论》2011 年第 6 期。

刘虹：《语言态度对语言使用和语言变化的影响》，《语言文字应用》1993 年第 3 期。

刘照雄：《论普通话的确立和推广》，《语言文字应用》1993 年第 2 期。

刘亚臣、常春光、孔凡文：《城市化与中国城镇安全》，东北大学出版社 2010 年版。

龙惠珠：《从职业背景看语言态度的分层》，《外语教学与研究》1999 年第 1 期。

马静文：《大学生英语语言态度调查分析研究》，《教育在线》2011 年第 2 期。

马晓慧：《多语环境下回族语言使用状况调查研究——以伊利巴彦岱镇回族为例》，硕士学位论文，新疆大学，2010 年。

孟万春：《语言接触与汉语方言的变化》，《华南农业大学学报》（社会科学版）2011 年第 2 期。

宋晖：《关注中国城市化进程中的语言问题——访国家语言文字工作委员会副主任、教育部语言文字信息管理司司长李宇明》，《中国社会科学报》2011 年 4 月 12 日。

田祥斌：《论语言交际与方言的"乡土根性"》，《三峡大学学报》（人文社会科学版）2001 年第 1 期。

王爱君：《语言态度的社会实践研究》，硕士学位论文，华东师范大学，2006 年。

王巍、李艳：《对当前语言培训行业的调查与思考》，《语言文字应用》2012 年第 3 期。

王闲：《澳门土生葡人的语言态度及语言使用状况调查》，硕士学位论文，暨南大学，2007 年。

王远新：《论我国少数民族语言态度的几个问题》，《满语研究》1999 年第 1 期。

夏历：《在京农民工语言状况研究》，硕士学位论文，中国传媒大学，2007 年。

夏历：《城市农民工的语言资源和语言问题》，《云南师范大学学报》（哲学社会科学版）2009 年第 4 期。

徐大明：《语言变异与变化》，上海教育出版社 2006 年版。

叶君：《语言接触中的文化潜移与认同》，《长白学刊》2008 年第 4 期。

杨永林：《社会语言学研究：功能·称谓·性别篇》，上海外语教育出版社 2004 年版。

《我省率先试点有声数据库建设　让方言文化跨越时空》，扬子晚报网，http://js. xhby. net/system/2011/04/10/010897258. shtml。

臧宇：《关于来粤湖北移民语言使用状况的调查》，硕士学位论文，广东外语外贸大学，2008年。

赵则玲：《"金华普通话"探微》，《浙江师范大学学报》（社会科学版）1996年第5期。

祝畹瑾编：《社会语言学译文集》，北京大学出版社1985年版。

祝畹瑾：《社会语言概论》，湖南教育出版社2003年版。

周薇：《语言态度和语言使用的相关性分析——以2007年南京市语言调查为例》，《语言教学与研究》2011年第1期。

附录　语言状况调查

您好！

感谢您在百忙之中抽出时间参加我们的问卷调查，本问卷旨在了解您的语言现状，问卷所得信息数据均用于科学研究，您的个人信息我们会绝对保密，请您如实填写，感谢您的配合！

性别：_____　年龄：_____　文化程度：_____　职业：_____　是否为金华本地人：_____

来金华时间：_____（外地人填写）配偶为：_____（金华人或家乡人）

家庭居住情况：A 夫妻　B 夫妻、子女　C 夫妻、父母、子女　D 夫妻、父母、祖父母、子女

1. 您觉得方言：A 很有用，需要保护　B 很亲切，但是没什么用　C 存在或者消失都无所谓

2. 您觉得金华话：A 好听　B 亲切　C 土气　D 没感觉

3. 金华话的社会地位：A 在社会上很有影响力　B 和其他地方的方言一样，仅在本地有一定的影响力　C 金华是个小城市，因此金华话完全没有影响力

4. 您觉得外地人在金华是否应该学习金华话：
A 应该　B 视个人情况而定　C 不必要　D 无所谓

5. 您说金华话的理由：A 从小就说，习惯了　B 金华话好听　C 说金华话方便
D 是金华人就应该说金华话　E 不会说别的话

6. 您的金华话能力：
A 听和说都很熟练　B 听得懂，会说一点　C 听得懂，但是不会说　D 听不懂，不会说

7. 您觉得金华话的发展前景：A 有很大发展　B 在一定范围内发展　C 任其自由发展　D 在不久的将来将不再使用　E 无法回答

8. 您认为普通话：A 好听　B 亲切　C 土气　D 没感觉

9. 普通话的社会地位：A 是国家标准语言，政治地位高　B 各类经济活动的交流用语，经济地位高　C 和各种方言地位是平等的

10. 您觉得普通话：A 很重要，需要学习　B 能听懂就可以了，说得不好没关系　C 用方言也可以交流，没必要会普通话

11. 您觉得国家推广普通话：A 很有必要　B 没必要　C 多此一举　D 无所谓

12. 您的普通话能力：A 听和说都很熟练　B 听得懂，会说，但是发音不好　C 听得懂，但是只会说一点　D 听得懂，但是不会说　E 听不懂，也不会说

13. 您说普通话的原因：A 从小就说，习惯了　B 普通话好听　C 普通话是国语，国家推广　D 对方听不懂金华话，只能说普通话

14. 您是怎么学会普通话的？（可多选）

A 学校学习　B 普通话培训班　C 听广播，看电视自学　D 与说普通话的人交流　E 其他_____

15. 在面对以下对象时，您最常使用的语言是：A 为普通话　B 为方言，请填写 A 或 B

（1）丈夫（妻子）_____　（2）儿女_____　（3）父母_____

（4）附近邻居_____　（5）同事_____　（6）多年朋友_____

（7）本地农贸市场店主_____　（8）卖菜小贩_____　（9）路上陌生人_____

（10）市内商场超市售货员_____　（11）附近诊所医生_____

（12）市内大医院医生_____　（13）学校老师_____　（14）政府官员_____

16. 您何时使用普通话最多？　A 工作时　B 进城时　C 与晚辈交谈时　D 其他_____

17. 您觉得平时普通话说多了，对家乡话有影响吗？

A 完全没有影响　B 影响不大　C 方言能力退化了　D 不会说方言了

18. 您在家时的语言使用情况：A 全部说方言　B 全部说普通话　C 主要说方言，有时说普通话　D 主要说普通话，有时说方言

19. 您最先学会的语言：A 普通话　B 方言

20. 请您选出在以下情境下您使用最多的语言：A 为普通话　B 为方言，请填写 A 或 B

（1）在家时_____　（2）与朋友相处时_____　（3）辅导孩子功课是_____

（4）工作时：与普通同事_____；与上级领导_____

（5）参加宗教活动时_____　（无宗教信仰的请跳过）

21. 请您选出在谈论以下话题时最常使用的语言：A 为普通话　B 为方言，请填写 A 或 B

（1）日常琐事_____　（2）国家政治_____　（3）体育比赛_____

（4）工作事务_____

22. 您觉得普通话的发展前景：A 有很大发展　B 在一定范围内发展　C 任其自由发展　D 在不久的将来将不再使用　E 无法回答

23. 您觉得在当今社会就业时，以下几种语言的重要性应当如何排列，分别是：外语　普通话　本地方言　外地方言　_____

24. 您的读写能力：A 都很熟练　B 能读书报，会写，但是不常写　C 认识一些简单的字，但是不会写　D 不会读，也不会写

25. 您觉得汉字：A 博大精深，体现中国文化　B 难写难认，应该简化　C 笔画复杂，不如英语字母简单易学　D 与世界上的其他文字一样，是一种历史沿袭的书写符号

26. 您认为英语：A 在社会竞争中很重要　B 对自我修养来说很重要　C 出于兴趣学习就好　D 和汉语一样，没什么特别的

27. 您觉得英语：　A 很重要，需要学习　B 很重要，但是自己没必要学习　C 不重要

28. 您会英语吗？　A 会　B 不会（不会的请跳过 17—18 题）

29. 您的英语水平：　A 认识英语字母　B 会简单的会话　C 能熟练运用

30. 您觉得英语的发展前景：A 有很大发展　B 在一定范围内发展　C 任其自由发展　D 在不久的将来将不再使用　E 无法回答

31. 您子女最先学会的语言：A 普通话　B 方言

32. 您的子女在家时的语言使用情况：

A 全部说方言　B 全部说普通话　C 主要说方言，有时说普通话　D 主要说普通话，有时说方言

33. 您子女在学校时的语言使用情况：

A 全部说方言　B 全部说普通话　C 主要说方言，有时说普通话　D 主要说普通话，有时说方言

34. 您对于子女方言能力的期望：A 能熟练运用方言　B 听得懂就可以了
C 没必要会方言

35. 您子女的家乡方言能力：

A 听和说都很熟练　B 听得懂，会说一点　C 听得懂，但是不会说　D 听不懂，也不会说

36. 您对于子女普通话能力的期望：A 能熟练运用　B 听得懂就可以了
C 没有必要学习

37. 如果您的子女不会说家乡方言了，您觉得：

A 很可惜，希望他（她）能学习　B 虽然可惜，但觉得对他（她）的生活没有影响　C 无所谓　D 巴不得

38. 您子女的普通话能力：

A 听和说都很熟练　B 听得懂，会说，但是发音不好　C 听得懂，但是只会说一点　D 听得懂，但是不会说　E 听不懂，也不会说

39. 您子女在学校时，老师的授课语言：A 全部用普通话　B 全部用方言

C 主要用普通话，有时用方言　D 主要用方言，有时用普通话

40. 您对子女英语能力的期望：A 能熟练运用　B 会基本日常交流　C 无所谓

D 没有必要学习

41. 您希望老师授课的语言：A 最好用普通话　B 除普通话外最好也用方言

C 除普通话外最好也用外语　D 最好用方言　E 无所谓

42. 您会送子女去参加英语辅导班吗？A 经济条件允许的话，会参加　B 即使经济条件不允许，也会参加　C 觉得没必要，不会参加

43. 您父母的年龄在：A 40—50 岁　B 50—60 岁　C 60—70 岁　D 70—80 岁

E 其他_____

44. 您父母在家时的语言使用情况：A 全部说方言　B 全部说普通话　C 主要说方言，有时说普通话　D 主要说普通话，有时说方言

45. 您父母的家乡方言能力：

A 听和说都很熟练　B 听得懂，会说一点　C 听得懂，但是不会说　D 听不懂，不会说

46. 您父母的普通话能力：　A 听和说都很熟练　B 听得懂，会说，但是发音不好　C 听得懂，但是只会说一点　D 听得懂，但是不会说　E 听不懂，不会说

47. 您父母的文化程度：　A 未读书　B 小学　C 初中　D 高中　E 大学及以上

第四章

城镇外来人员语言生态现状考察
——以三类城镇义乌市的外商和工厂言语社区为例

第一节 概述

义乌是浙江中部的一座三类城市，它既不临海，也没有丰富的自然资源，由于地处丘陵地带，农耕面积也较小，因此这里曾一度是浙江经济较为落后的县城。然而勤劳勇敢的义乌人民勇于开拓创新，他们依商建市，大力发展市场经济，经过 30 多年的发展，义乌建成了一批影响世界的小商品制造业，"义乌有世界最大的袜厂，国内最大的易拉罐生产企业、圆珠笔芯生产企业、清洁球生产企业坐落其间；占世界总量 40% 的电子钟表，占全国总量 70% 的饰品、40% 的拉链、35% 的袜子在这里生产"。① 经济的腾飞带来的是城镇化进程的快速推进与发展：旧城改造使得义乌这座商业城市焕发出了勃勃生机，也使得义乌农民的生活发生了翻天覆地的变化。随着经济全球化的到来，义乌人积极顺应了这一发展趋势，大力发展外贸经济。2016 年实现进出口总额 2229.5 亿元，增长 5.0%。从出口市场看，欧美市场基本平稳，欧盟市场仍为第一大出口市场，出口同比增长，新兴市场保持快速增长。② 经济的全球化带来了义乌城镇化进程的全面推进。

近年来，义乌经济依托对外贸易得以迅速发展，这种经济发展模式吸引了越来越多的外商踏足这片商业热土寻求商机。据《金华新闻网》

① 参见《义乌经济迅猛发展的缘由及独特性》，百度文库（2012-03-13）[2013-02-14]，http：//wenku. baidu. com/view/65ad048c680203d8ce2f244a. html。

② 参见《2016 年义乌市国民经济和社会发展统计公报》，中国义乌政府门户网站（政务版）（2016-05-03）[2017-04-19]，http：//www. yw. gov. cn/zwbk/zxzx/ywyw/201205/t20120503_408862. html。

（2012）报道，"从2008年开始，义乌的外国人签证和居留许可数一直超过杭州、宁波两个副省级城市，列全省首位。目前，在义乌居住半年以上的境外客商人数达1.4万，来自全球197个国家和地区，其中亚洲占63.73%，非洲占17.33%，欧洲占9.95%，拉美占4.76%，北美占2.87%，大洋洲占1.36%"。"在义外籍人员广泛地分布于义乌各个社区和部分经过改造的城中村，呈现大杂居、小聚居、相互交错居住等特点……据统计，外籍人士聚居最多的六个社区依次是：东洲、五爱、词林、长春、宾王和丹溪。"义乌可以说是"地球村"的一个缩影。在义乌的外商聚居区，随处可见用多种语言标识的商店名，各种具有异国风情的商店、酒店等也如雨后春笋般地发展起来。

义乌外贸经济的发展在很大程度上得益于制造业产业集群的形成和迅速发展。义乌的制造业基本上是劳动密集型产业，需要大量的劳动力来支撑，外来务工人员主要进入这些产业工作。"截至2011年，义乌外来人口首次突破150万，这个数字已经是义乌本地户籍的两倍。义乌作为一个县级市，如此庞大的数据，也反映了义乌社会经济发展的独特魅力。"①

外商和外来务工人员群体都来自异质文化，有着与义乌本地居民截然不同的生活方式、行为方式、价值观念和宗教信仰。因此这两个群体都各自经历了一个再社会化的过程，语言是再社会化的重要工具，伴随语言接触而来的是各种文化的碰撞和融合。众所周知，外商群体的集聚一般只发生在北京、上海、广州等开放程度较高的一类城市，而义乌这座三类城市能够吸引如此多外商在这里工作和生活，这在全国的县级城市中都是极具代表性的。

"社区"概念最早由德国社会学家腾尼斯（F. Tonnies）在《社区与社会》一书中提出。"言语社区"是以"社区"概念为基础而提出来的。"言语社区"翻译自英语"Speech Commutity"，关于它的译法，学界有许多不同的意见，如"言语社团""语言集团""言语共同体"等。

言语社区是社会语言学的重要理论，是社会语言学家为了研究社会中的语言而采取的研究工具，是语言研究的对象和单位。对于"言语社区"的认识和理解，经历了一段曲折的过程。国外的里昂（Lyons）、布龙菲尔

---

① 参见《义乌外来人口首次突破150万》，金华新闻网（2012-01-14）［2013-02-14］，http：//www.jhnews.com.cn/jhwb/2012-01/14/content_ 2041010. htm。

德（Bloomfield）、甘伯兹（Gumperz）、拉波夫（Labove）等人都对其进行了不同程度的界定和研究。Lyons 指出言语社区是使用同一种语言的群体。这个定义简单，但却过于粗泛。用语言作为划分社区边界的工具，会使有关言语社区的研究陷入言语与社区循环论证的窠臼。布龙菲尔德认为，言语社区存在的基础是讲话人之间的频繁交际，其界限随着交际频率的降低而逐渐明晰。后来拉波夫指出言语社区并不是靠表面的语言行为来界定的，而是通过社区成员对于语言的认同来定义的（夏历，2007a）。他的这一论述将言语社区理论由外在语言使用定义推进到了内在语言情感认同，使得人们对言语社区的理解更进了一步。然而里昂、布龙菲尔德、拉波夫对于言语社区的界定都将社区与一种语言相对应，忽视了言语社区内部的双语和多语现象，这使得言语社区的研究过于单一和绝对。美国语言学家甘柏兹认为言语社区是一个言语互动的场所，社区内部成员不一定只使用一种语言，但是每个社区都有自己的交际规范以区别于其他社区（夏历，2007a）。他的定义跳出了"一种语言对应一个言语社区"的窠臼，是对言语社区理论的重大突破。

国内学者在总结国外研究成果的基础上，对言语社区展开了界定和研究。祝畹瑾（1992）认为："'社区'含有地区的意思，'社团'可以理解为社会集团。而 Speech Community 既包含地域的一面，也包含社团的一面，而且它不一定就是一个实体，所以笔者把它译成'言语共同体'。"为了界定言语和社区两者之间的关系，徐大明（2004）提出了"社区第一位，言语第二位"的观点，这为言语社区的研究提供了指标性的参考。

国内许多学者都十分重视言语社区的区域性特征，徐大明（2004）指出："如果我们确认言语社区具有人口、地域、互动、认同、设施这些要素，那么言语社区的发现和鉴定就要从这些要素入手。"杨晓黎（2006）认为："社区首先要牵涉到地域的概念，强调区域性特征是言语社区研究有别于一般语言学研究之处，也是我们在确定言语社区时首先要考虑的方面。"周明强（2007）也指出"地域（或曰'区域'）是划定社区的首要因素"。然而也有一些学者提出了相反的意见，李汉林（2003）通过研究，最终证实在城市当中的农民工存在非区域性社区，他认为"相互之间的非制度化信任是构造这种虚拟社区的基础，而关系强度则是这种社区组织与构造的一种重要方式"。夏历（2009）提出了"精神言语社区"，指出随着社会经济的发展，出现了一批靠精神情感联结的农民工群体，这一群体的出现打破了言语社区的区域限定。随着科学信息技术的发展，人与人之间的联结越来越突破地域限制，人们通过短信、微信、网络交友平台等现代化交际工具就能传达信息、联络感情。李汉林、夏历等学者的观点有其创新之处，然而过度依赖情感认同和精神联结将会模糊言语社区的外延界定，我们还是应该关照言语社区成员的言语行为，从外在言语行为和内在言语态度两个方面着眼，来证实和研究言语社区。

　　"言语社区构成要素"也是国内社会语言学界悬而未决的问题。徐大明（2004）提出了构成言语社区的五要素：人口、地域、互动、认同和设施，并得到不少学者认同，只是在这五要素的地位和作用的认定上，意见有所分歧。王玲（2009）指出："认同在言语社区中既是互动发生的催化剂（没有最初步的认同，互动就不会开始），又是言语社区形成的最终标志。"周明强（2007）则认为"言语互动是言语社区的关键要素"。当然也有持不同观点的，如杨晓黎（2006）指出："确定一个言语社区，需要具备三个基本元素：可以大体圈定的区域、相对稳定而适量的人群、由区域群体成员共同认可并使用的语言变体。'互动'和'认同'存在于一切言语交际活动之中，而'设施'同言语活动没有直接关联，它们可以分别看作言语社区语言变体的构成基础和立体参照。"关于杨晓黎的理论，我们认为，"互动"和"认同"确实存在于一切言语活动之中，但不能就此否定它们作为言语社区基本要素的身份和地位。杨文在论述"设施"这一基本要素时，并没有看到语言符号体系和语言规范系统在言语社区当中的作用。

　　本章主要调查外商言语社区和工厂言语社区的"语言能力""语言使用"和"语言态度"三项内容。语言能力项目主要调查外商普通话、义乌话、英语的掌握情况和务工人员普通话、义乌话、打工地方言的掌握情况，并对务工人员打工前后普通话掌握情况作了对比分析。有关外商言语社区的语言使用，我们主要调查了外商在正式场合、家庭内部、交易场合三类交际场合，以及朋友域、外籍友人域两类交际对象域的语言使用情况，并分析了其语言选择的原因。

　　义乌的外商群体，主要来自印度、中东、非洲和韩国四个国家和地区，他们的语言现状较具代表性，因此本次调查也主要面向来自这四个国家和地区的外商。调查过程中发放问卷 350 份，回收 336 份，取得有效问卷 310 份，涉及韩国、埃及、利比亚、阿富汗、也门、叙利亚、以色列、土耳其、阿尔及利亚等国。我们按照国别和性别，将被调查人员的情况统计如下。

表 4.1　　　　　　　　　**外商群体的人员构成情况**

国别 性别	韩国	非洲	印度	中东
男	30	54	42	52
女	24	32	36	40
总计	54	86	78	92

工厂言语社区的语言使用，我们按照交际密度，分别考察了务工人员的语言选择情况，并对工厂内部的强势语言作了调查研究。语言态度项目中，我们分别从理性价值、情感价值和学习态度三个方面考察了外商对于英语、普通话、义乌话、母语的态度，以及外来务工人员对普通话、义乌话、家乡话的态度。

为了对外来务工人员的语言生活做到全面、客观的统计，我们对义乌A、B 两家工厂（老板分别为义乌人和外地人）展开调查。A 工厂（老板为义乌人）发放问卷 210 份，回收问卷 205 份，取得有效问卷 199 份；B工厂（老板为安徽人）发放问卷 250 份，回收问卷 245 份，取得有效问卷 236 份。现对有效问卷当中的人员基本情况做如下统计。

表 4.2　　　　　　　　　**A 工厂人员结构情况**

性别	男：97			女：102	
学历	小学：29	初中：102	高中：65	大学及以上：3	
家乡	义乌：26	江西：80	贵州：42	四川：39	其他：12
来义时间	<1 年：12	1—3 年：64	4—6 年：86	>6 年：37	

表 4.3　　　　　　　　　**B 工厂人员结构情况**

性别	男：109			女：127	
学历	小学：35	初中：120	高中：72	大学及以上：9	
家乡	安徽：126	四川：38	贵州：25	义乌：6	江西：35	其他：6
来义时间	<1 年：17	1—3 年：86	3—5 年：97	>5 年：36	

研究方法一是采用定性与定量相结合的原则。

定性研究——几个假设

1. 外商群体在义乌主要使用英语和普通话两种语言，英语的情感价值较高，普通话的理性价值较高。

2. 性别、配偶是否为中国人，来中国时间长短、国别、语言能力和语言态度对外商群体的语言选择产生影响。

3. 普通话和家乡话这两种语言变体在功能上发生分化。普通话主要用于交际密度较为疏小的对象和交际较为正式的场合，家乡话则相反。

4. 外来务工人员外出打工后，语库得以扩容，由原来的单语人或潜在的双语人发展成现实的双语人或多语人。

定量研究——调查方式和取样方式

1. 问卷调查、访谈

本次调查主要采用问卷调查的方法。问卷主要围绕语言能力、语言使用和语言态度三个方面来设置题目。为方便问卷填写，本问卷主要采用打"√"和选择题的方式。外商调查问卷中的变量主要有"性别、年龄、学历、来中国时长、职业、国别、配偶国别"，工厂言语社区调查问卷的变量有"性别、年龄、学历、家乡、外出打工时长、有无留城意愿"。本次调查还辅以访谈法，对进一步研究问题起到了一定的作用。

2. 判断取样和滚雪球取样

夏历（2007a）"'判断取样'是根据调查者对调查对象的判断，决定样本抽取的范围、数量和实施办法，这是社会语言学常用的研究方法"。本次调查的对象为外商言语社区和工厂言语社区，取样数量分别为300—500和400—600，取样地点为外商流动人口较多的出入境管理局、义乌国际商贸城和义乌工商学院，工厂言语社区的取样地点在义乌佛堂工业区。

"'滚雪球抽样'是米尔罗依（Milroy）在调查英国贝尔法斯特市工人居住区的语音变异时采用的抽样方法"（夏历，2007a）。这种调查方法以较少的样本数量联结其他样本，像滚雪球一样越滚越大。外商在义乌的活动较为分散，因此非常适合使用这种取样方法。我们将问卷发放到一部分外商手中，再通过他们发放给亲朋好友。

二是采用静态与动态相结合的原则。本次调查以问卷为主，调查者的参与度较低，被调查者的表情、心理状态等无法即刻感知，是一种静态调查。此外，我们还使用了个别访谈法和观察法，被调查者的信息可以动态地、即时地反馈给我们，是一种动态调查。静态调查保证了样本数量和调查结果的客观性，动态调查则提供给了我们更多鲜活的实例，两者缺一不可。

三是采用描述与解释相结合的原则。描述是对客观事实的真实再现，解释是对深层原因的揭示。本文通过对外商言语社区和工厂言语社区的调查，描述了这两个特殊群体的语言现状，试图从经济、文化、身份、民族情感等方面解释其原因。

第二节　外商言语社区的语码转换及混用

一　语码掌握情况

语言能力是重要的语言资源，它影响着信息的接收和表达，关系到社会和经济资源的获取。在工作和生活中，许多外商出于经商和交际的需要，由单语人或者潜在的双语人变成了现实的双语或多语人。多种语码的掌握是语码转换的必要条件。该调查分为语言掌握类型和普通话掌握程度两个部分。

1. 语言掌握类型

外商语言掌握类型主要有英语、普通话、义乌话和其他语言，我们分别用"熟练""较好""一般""较差""不会"五个程度加以衡量。为便于统计和分析，本文只统计"一般"及其以上程度的掌握人数。统计结果显示如下。

表 4.4　　　　　　　各国调查对象所掌握的语码类型　　　　　（%）

国别\语言	非洲		韩国		印度		中东		总百分比
	人数	百分比	人数	百分比	人数	百分比	人数	百分比	
英语	42	48.4	25	46.3	72	92.3	50	54.3	61.0
普通话	36	41.9	38	70.3	45	57.7	46	50.0	53.2
义乌话	2	2.3	8	14.8	8	10.3	10	10.9	9.0
其他语言	28	32.6	18	33.3	42	53.8	54	58.7	45.8

注：此题为多选题，各语言变体使用人数相加可能超过被调查人数，故选用比例相加超过 100%。

表格数据显示，义乌外商的语库得以扩容，掌握普通话的人数比例为53.2%，仅次于英语，其中比例最高的是韩国外商，达到了70.3%，非洲外商的掌握比例最低，为41.9%。外商群体中，掌握英语比例最高的为印度外商，达到了92.3%，比例最低的是韩国外商，比例为46.3%。此外，掌握义乌话的人数虽然很少，只有28人，比例为9.0%，然而它在外商群体中仍得到了一定程度的传播。

2. 普通话掌握程度

汉语能力可以分为"听""说""读""写"，同样分别以"熟练""较好""一般""较差""不会"来衡量。为方便统计和分析，本文只统计"一般"及其以上程度的数据，结果见表4.5。

表4.5　　　　　　　各国调查对象普通话的掌握程度　　　　　（%）

国别\分类	非洲		韩国		印度		中东		总百分比
	人数	比例	人数	比例	人数	比例	人数	比例	
听	36	41.9	38	70.4	45	57.7	46	50	53.2
说	36	41.9	38	70.4	45	57.7	46	50	53.2
读	9	10.5	26	48.1	17	21.8	8	8.7	19.4
写	7	8.1	18	33.3	10	12.8	7	7.6	13.5

注：此题为多选题，各语言变体使用人数相加可能超过被调查人数，故选用比例相加超过100%。

表格数据显示，外商普通话的听说能力普遍比读写能力要好，产生这种现象的原因有两个：一是外商学习普通话主要是为了沟通交际的顺利进行，普通话对于他们来说通常只是口头交流的工具，他们一般不会深入地去学习读和写这种实用性并不强的语言能力。二是汉字是表意文字，我们不能根据它的字音推断它的字形，这就给学习者增加了难度。调查还发现，韩国外商普通话的听、说、读、写能力普遍较高，其中听、说能力达到了70.3%。

二　语言态度

语言态度是指人们对某种语言的理性价值和情感价值的认识和评价，以及在此基础上形成的对该种语言的学习态度。语言态度对语言能力和语言行为的影响深刻。

1. 语言态度均值

该调查包含了八项内容，涵盖了"理性价值评价""情感价值评价"和"学习态度"三个方面的内容。每项内容用"非常同意""比较同意""无所谓""比较不同意""非常不同意"五个标度衡量，分别用5、4、3、2、1进行量化。其中B1、B5、B6为理性价值评价均值，B2、B8为情感评价均值，B3、B4、B7为学习态度均值。现将统计结果列表如下。

表 4.6　　　　　　　　　　　　　　　语言态度均值

项目 国别	B1	B2	B3	B4	B5	B6	B7	B8	平均值
韩国	4.67	4.44	4.56	4.39	4.72	4.44	3.78	1.94	4.11
非洲	4.78	4.67	4.76	4.52	4.56	4.44	3.00	1.11	3.98
印度	4.11	4.05	4.21	3.68	4.42	4.58	3.79	2.58	3.92
中东	4.07	4.00	4.00	4.27	4.86	4.71	2.71	1.36	3.75
平均值	4.41	4.29	4.38	4.22	4.64	4.54	3.32	1.75	3.94

表 4.7　　　　　语言态度的理性价值评价均值（B1、B5、B6）

国别 均值	韩国	非洲	印度	中东	均值
理性价值均值	4.61	4.59	4.37	4.55	4.53

表 4.8　　　　　语言态度的情感价值评价均值（B2、B8）

国别 均值	韩国	非洲	印度	中东	均值
情感价值均值	3.19	2.89	3.32	2.68	3.02

表 4.9　　　　　语言态度的学习态度均值（B3、B4、B7）

国别 均值	韩国	非洲	印度	中东	均值
学习态度均值	4.24	4.09	3.89	3.66	3.97

分析表格数据可得出以下结论：

一是语言态度均值最高和最低的分别是韩国外商和中东外商，分别为4.11和3.75。

二是在语言态度的三大块内容中，均值由高到低依次为理性价值、学习态度和情感价值。可见，外商对于普通话的理性价值是有认同感的，且普遍认为，在中国普通话比英语有更大的用处，但他们对普通话情感价值的评价普遍偏低。很多外商通过学习和使用普通话来实现"中性"的社会身份，但他们对融在其血液中的语言和文化的情感，是不能也不会轻易改变的，几乎所有外商都认为母语比普通话好听。

2. 语言态度与语言能力的关联性

上文"语言掌握情况"和"语言态度"的调查数据显示"普通话的掌握程度"和"普通话的语言态度均值"之间存在着较为紧密的关系：韩国外商的语言态度均值最高，相对应的，他们掌握普通话的比例也最高。若使用者对某种语言有较高的认同感，认为使用该语言能彰显社会地位，那将会极大地增加他们学习和使用该语言的兴趣和热情，从而提高他们的汉语水平；若使用者较好地掌握了某种语言，也会加深他们对该语言及其文化内涵的认识，进而提高他们的语言认同感。语言认同与语言能力是相辅相成、相互关联的，语言认同是语言能力的推动力，语言能力是语言认同的有力保障。

三　语码转换

语码转换是语言接触的结果，是跨文化交际中普遍存在的一种语言现象，它指的是语言使用者在交际过程中，为了达到交际的目的、维护或构建自己的身份，在两种或两种以上语言或语言变体间进行选择和转换的过程。在全球化经济迅速发展的背景下，义乌这座商业城市吸引着越来越多的外商来此地经商、学习和定居，他们广泛分布于义乌各个社区和部分经过改造的城中村，呈现出大杂居、小聚居、相互交错居住等特点。外籍人之间、外籍人员和义乌人之间接触频繁，语言接触带来的是语言能力的提升，许多外籍人员同时掌握英语、普通话和母语等语言，这就为语码转换奠定了基础。

1. 语码选择总体情况

语码转换包括情景型语码转换和喻意型语码转换。情景型语码转换指语码随情景、对象、话题等因素的变化而转换。喻意型语码转换指交际者为了达到某种目的（如表示强调、引人注意、表示某种情感、传递某种信息等）而转换语码。这一部分的调查相应地分为两部分，第一部分是情景型语码转换的调查，从使用场合和使用对象两个方面着眼，设计了 5 个问题，调查外商的语码选择情况。其中 Q1－Q3 分别是在"正式场合""家庭内部场合""交易场合"的语言选择，Q4、Q5 分别是与"同事朋友""外籍友人"交谈时的语言选择。第二部分是喻意型语码转换的调查，列出了 7 项语言选择的主观原因和目的。总体情况如表 4.10 和表 4.11 所示。

表 4.10　　　　　　　　　　情景型语码转换调查　　　　　　　　　　（%）

语言 问题	英语		普通话		义乌话		母语	
	人数	百分比	人数	百分比	人数	百分比	人数	百分比
Q1	133	42.9	153	49.4	10	3.2	14	4.5
Q2	29	9.4	25	8.1	7	2.3	249	80.3
Q3	126	40.6	150	48.4	15	4.8	19	6.1
Q4	30	9.7	27	8.7	5	1.6	248	80.0
Q5	234	75.5	67	21.6	0	0.0	9	3.0

表 4.11　　　　　　　　　　喻意型语码转换调查　　　　　　　　　　（%）

语言 原因	普通话	英语	母语
R1. 觉得用该种语言表达更恰当、准确	35.6	79.8	99.5
R2. 觉得该种语言好听、亲切	1.7	70.5	99.7
R3. 觉得使用该语言能融洽气氛	45.7	35.3	98.6
R4. 出于工作的需要	98.5	85.6	1.2
R5. 使用该种语言能体现自己的修养	32.9	78.6	5.6
R6. 使用该语言能缩小谈话双方的距离	78.3	18.2	98.6
R7. 使用该语言能扩大谈话双方的距离	56.7	88.9	2.3

注：此题为多选题，各语言变体使用人数相加可能超过被调查人数，故选用比例相加超过100%。

从表 4.10 可以看出在正式的、交易的场合以及与境外人员交谈时，外商主要使用普通话和英语；在家庭内部和与会说母语的同事朋友交谈时则主要使用母语，可见普通话和英语的工具性特征并没有影响母语的使用，母语成了传递情感、保留民族文化的重要载体。义乌方言的使用概率很低，但它依然有在外商群体中学习和传播的趋势。

表 4.11 的数据显示普通话的情感价值较低，外商普遍觉得使用英语

更能表达自己的情感，体现自己的修养，且认为英语好听、亲切的程度远远超过了普通话。可见，随着我国经济的崛起，虽然汉语及其所承载的文化的影响力在很大程度上得到了提升，但英语依靠其强大的经济、政治背景，依然在世界范围内占据着绝对强势的地位。英语不仅在外商群体中地位高，即使是国内的经营户也奉英语为最有经济价值的语言，访谈调查的150户福田市场经营户中，有134户表示英语在经贸往来中发挥着非常重要的作用，他们认为掌握英语能获得更多的经济利益，比例为89.3%，并有128户经营户表示有意向学习英语，比例为85.3%。

2. 社会因素与语码转换的关联度

（1）国别与语码转换

表 4.12　　　　　　　　　**不同国籍语言选择的情况**

（依次为：印度、韩国、非洲、中东）　　　　　　（%）

语言\问题	英语	普通话	义乌话	母语
Q1	35.9/25.9/46.5/55.4	57.7/66.7/41.9/39.1	3.8/3.7/1.2/4.3	2.6/3.7/10.5/1.1
Q2	20.5/3.7/7.0/5.4	5.1/14.8/8.1/6.5	2.6/3.7/1.2/2.2	71.8/77.8/83.7/85.9
Q3	38.5/14.8/48.9/50.0	51.3/70.4/41.9/39.1	5.1/11.1/1.2/4.3	5.1/3.7/8.1/6.5
Q4	25.6/1.9/4.7/5.4	9.0/13.0/5.8/8.7	1.3/3.7/1.2/1.1	64.1/81.5/88.4/84.8
Q5	92.3/70.3/65.1/73.9	5.1/27.8/32.6/21.7	0/0/0/0	2.6/1.9/2.3/4.3

表 4.12 的数据显示，在正式和交易场合，外商较多地使用英语和普通话，韩国外商使用普通话的比例最高，分别达到了 66.7% 和 70.4%。在家庭内部，母语的使用概率极高，其中印度外商使用母语的比例稍低，有 20.5% 的人选择英语作为家庭内部沟通交流的语言，值得一提的是，韩国外商有 14.8% 的人选择在家庭内部使用普通话。在使用对象上，国别之间的差异比较少：在与会说母语的对象交流时，几乎所有人都使用母语，在与境外人员交流时，则普遍使用英语。此外，任何对象和场合，外商使用义乌话的概率都极低，与境外人员沟通时的使用人数为 0，只有韩国外商在交易场合的使用比例较高，达到了 11.1%。为证明上述数据的可靠性，我们用"单因素 ANOVA"分析法进一步探讨国别因素对于语言选择的影响。

表 4.13 国别因素与语言选择的单因素 ANOVA 分析

		ANOVA				
		平方和	df	均方	F	显著性
正式场合语言选择	组间	4.865	3	1.622	3.007	0.031
	组内	165.022	306	0.539		
	总数	169.887	309			
家庭内部语言选择	组间	8.709	3	2.903	3.038	0.029
	组内	292.401	306	0.956		
	总数	301.110	309			
交易场合语言选择	组间	5.297	3	1.766	2.778	0.041
	组内	194.513	306	0.636		
	总数	199.810	309			
与同事朋友交谈语言选择	组间	24.466	3	8.155	8.698	0.000
	组内	286.918	306	0.938		
	总数	311.384	309			
与国际友人交谈语言选择	组间	3.351	3	1.117	2.943	0.033
	组内	116.146	306	0.380		
	总数	119.497	309			

表 4.13 的数据显示，国别因素对于语言选择的影响是显著的，显著性值都低于 0.05。由此可见，政治、经济和文化背景的差异，确实会对语言使用产生影响。

（2）性别与语码转换

表 4.14 性别差异在语码选择上的情况

（依次为：男、女） （%）

问题＼语言	英语	普通话	义乌话	母语
Q1	53.4/28.8	38.2/64.4	2.8/3.8	5.6/3.0
Q2	12.4/5.3	4.5/12.9	1.7/3.0	81.5/78.8
Q3	51.1/26.5	37.6/62.9	3.4/6.8	7.9/3.8
Q4	11.2/7.6	7.9/9.8	0.6/3.0	80.3/79.5
Q5	80.3/68.9	16.9/28.0	0/0	2.8/3.0

　　性别因素是社会语言学中很重要的一个社会变量，由此还形成了性别语言学。表4.14数据显示，除了在"与国际友人交谈"时，女性选择母语的比例高于男性外，其他任何场合和对象，男性英语和母语的使用概率都要高于女性。此外，除了在"与国际友人交谈"时，男女对义乌话的选择比例都为0外，其他任何对象和场合，女性普通话和义乌话的使用概率都要比男性高。下面我们用"单因素ANOVA"分析法进一步探讨性别因素对于语言选择的影响。

表4.15　　　　　　　　性别因素与语言选择的单因素ANOVA分析

		ANOVA				
		平方和	df	均方	F	显著性
正式场合语言选择	组间	3.150	1	3.150	5.819	0.016
	组内	166.737	308	0.541		
	总数	169.887	309			
家庭内部语言选择	组间	0.071	1	0.071	0.072	0.788
	组内	301.039	308	0.977		
	总数	301.110	309			
交易场合语言选择	组间	3.002	1	3.002	4.698	0.031
	组内	196.808	308	0.639		
	总数	199.810	309			
与同事朋友交谈语言选择	组间	0.157	1	0.157	0.155	0.694
	组内	311.227	308	1.010		
	总数	311.384	309			
与国际友人交谈语言选择	组间	1.063	1	1.063	2.763	0.097
	组内	118.434	308	0.385		
	总数	119.497	309			

　　表格数据显示，性别因素对"正式场合"和"交易场合"语言选择的影响是显著的，显著性值分别为0.016和0.031，低于0.05；在其他三项上，性别因素的影响并不显著。由此可见，性别差异对语码选择是有一

定程度的影响，但两者的关联度并不大。

（3）在中国时间长短与语码转换

表 4.16　　　　　　　在中国时间长短在语码选择上的情况

（依次为：长：>=5 年、中：2-5 年、短：<=2 年）　　　　（%）

问题 ＼ 语言	英语	普通话	义乌话	母语
Q1	28.8/41.9/52.8	60.6/51.5/39.8	6.1/2.9/1.9	4.5/3.7/5.6
Q2	9.1/8.8/10.2	12.1/7.4/6.5	3.0/2.2/1.9	75.8/81.6/81.5
Q3	25.8/38.2/52.8	62.1/50.7/37.0	7.6/4.4/3.7	4.5/6.6/6.5
Q4	6.1/10.3/11.1	15.2/8.8/4.6	3.0/1.5/0.9	75.8/79.4/83.3
Q5	57.6/79.4/81.5	40.9/17.6/14.8	0/0/0	1.5/2.9/3.7

从表 4.16 数据可以看出，在中国居住时间较长的外商，其英语和母语的使用概率较其他外商低。同时，除了在"与国际友人交谈"时，义乌话的使用比例都为 0 外，其他任何场合和对象，在中国居住时间越长，外商普通话和义乌话的使用概率就越高。下面我们用"单因素 ANOVA"分析法进一步探讨时间因素对于语言选择的影响。

表 4.17　　　　　　时间因素与语言选择的单因素 ANOVA 分析

		ANOVA				
		平方和	df	均方	F	显著性
正式场合语言选择	组间	2.830	2	1.415	2.601	0.076
	组内	167.057	307	0.544		
	总数	169.887	309			
家庭内部语言选择	组间	0.573	2	0.287	0.293	0.746
	组内	300.537	307	0.979		
	总数	301.110	309			
交易场合语言选择	组间	3.203	2	1.602	2.501	0.084
	组内	196.607	307	0.640		
	总数	199.810	309			
与同事朋友交谈语言选择	组间	0.353	2	0.176	0.174	0.840
	组内	311.031	307	1.013		
	总数	311.384	309			

续表

		ANOVA				
		平方和	df	均方	F	显著性
与国际友人交谈语言选择	组间	1.922	2	0.961	2.509	0.083
	组内	117.575	307	0.383		
	总数	119.497	309			

　　单因素 ANOVA 分析显示，时间因素对于外商语言选择的影响并不十分显著，其显著性都高于 0.05。由此可见，虽然随着时间的推移，外商的语库得以扩容，语言能力得以提高，对于普通话的认同度得以加强，但总体来说，这一群体还是较多地保留了原先的语言使用习惯，在"时间"这一纵向维度上的差异性并不大。

　　（4）配偶是否为中国人与语码转换

表 4.18　　　　　　　　配偶是否为中国人在语码选择上的情况

（依次为：是、否）　　　　　　（％）

问题＼语言	英语	普通话	义乌话	母语
Q1	36.8/43.8	55.3/48.5	5.3/2.9	2.6/4.8
Q2	15.8/8.5	60.5/0.7	2.6/2.2	21.1/88.6
Q3	21.1/43.4	68.4/45.6	5.3/4.8	5.3/6.3
Q4	7.9/10.0	21.1/7.0	5.3/1.1	65.8/82.0
Q5	63.2/77.2	34.2/19.9	0/0	2.6/2.9

　　若配偶为中国人，家庭成员为了沟通方便会学习对方的语言，因此他们的普通话水平会相对较高。分析表格数据，可以得出如下结论。

　　一是除了在家庭内部，其他任何场合和对象，配偶为中国人的外商的英语使用概率都比别的外商低。由于母语不同，夫妻之间必定会寻求比双方母语语用价值更高的语码进行交流，因此英语的使用概率较高。

　　二是无论任何场合和对象，配偶为中国人的外商的母语使用频率都较低。

　　三是除了在"与国际友人交谈"时，外商的义乌话使用人数为 0 外，其他任何场合和对象，配偶为中国人的外商在普通话和义乌话的使用概率上均比别的外商高。

为证明上述结果，我们用"单因素 ANOVA"分析法进一步探讨配偶因素对于语言选择的影响。

表 4.19　　　　　配偶因素与语言选择的单因素 ANOVA 分析

		ANOVA				
		平方和	df	均方	F	显著性
正式场合语言选择	组间	0.081	1	0.081	0.147	0.701
	组内	169.806	308	0.551		
	总数	169.887	309			
家庭内部语言选择	组间	67.239	1	67.239	88.551	0.000
	组内	233.871	308	0.759		
	总数	301.110	309			
交易场合语言选择	组间	1.448	1	1.448	2.248	0.135
	组内	198.362	308	0.644		
	总数	199.810	309			
与同事朋友交谈语言选择	组间	2.289	1	2.289	2.281	0.132
	组内	309.095	308	1.004		
	总数	311.384	309			
与国际友人交谈语言选择	组间	0.601	1	0.601	1.558	0.213
	组内	118.896	308	0.386		
	总数	119.497	309			

单因素 ANOVA 分析显示，"配偶是否为中国人"在"家庭内部语言选择"一项中的影响最为显著，显著性值为 0.00，远低于 0.05。然而"配偶"因素与语码选择的关联性并不是很大，在正式、交易场合以及与国际友人交谈时都以使用英语和普通话为主，在与同事朋友交谈时则多使用母语。

3. 语言能力、语言态度与语码转换

语言态度影响语言能力的形成和发展，对某种语言的积极认识和评价，可以提升语言使用者的学习热情，进而提高他们的语言能力。语码转换是指"具备双语或多语的交际者根据不同交际场合的要求，转换并运用不同的语言进行交流"（陈耘，2003）。交际双方为了达到某种沟通效果，会在自身语言能力的基础上选择具有不同价值和功用的语言，其中对语言的这种价值和功用的认识即为语言态度。可见，语言态度和语言能力也会影响语码的选择和转换：说话人总是倾向于使用他们较为熟练的以及较为认同的语言，语言能力与语码转换频率成正比。

（1）语言能力与语码转换

表 4.20　　　　　　　　　　语言能力与语码选择情况

（依次为：英语、普通话都较好；英语较好，普通话较差；

英语较差，普通话较好；英语、普通话都较差）　　　（%）

问题＼语言	英语	普通话	义乌话	母语
Q1	44.8/63.2/10.6/45.2	48.3/28.8/82.4/45.2	3.4/2.4/5.9/0	3.4/5.6/1.2/9.5
Q2	10.3/10.4/8.2/7.1	10.3/4.0/14.1/4.8	3.4/3.2/1.2/0	75.9/82.4/76.5/88.1
Q3	31.0/68.0/9.4/35.7	51.7/26.4/80.0/45.2	8.6/1.6/8.2/2.4	8.6/4.0/2.4/16.7
Q4	8.6/12.8/7.1/7.1	8.6/8.0/11.8/4.8	1.7/0.8/3.5/0	81.0/78.4/77.6/88.1
Q5	72.4/84.8/69.4/64.3	24.1/14.4/28.2/26.2	0/0/0/0	3.4/0.8/2.4/9.5

表 4.20 的数据显示英语掌握程度较差、普通话掌握程度较好的外商，英语的使用概率普遍较低，存在规避使用英语的现象。一些普通话和英语掌握程度都较差的外商仍然会选择这两种强势语言作为"正式场合""交易场合"以及"与国际友人交谈"时主要使用的语言。在正式和交易场合，普通话较好的以及英语、普通话都较好的外商倾向于使用普通话，可见普通话的工具性很强。为证明上述数据结果，我们用"单因素 ANOVA"分析法进一步探讨语言能力因素对于语言选择的影响。

表 4.21　　　　　语言能力因素与语言选择的单因素 ANOVA 分析

		ANOVA				
		平方和	df	均方	F	显著性
正式场合语言选择	组间	11.464	3	3.821	7.381	0.000
	组内	158.423	306	0.518		
	总数	169.887	309			
家庭内部语言选择	组间	2.155	3	0.718	0.735	0.532
	组内	298.955	306	0.977		
	总数	301.110	309			

续表

		ANOVA				
		平方和	df	均方	F	显著性
交易场合语言选择	组间	25.703	3	8.568	15.058	0.000
	组内	174.107	306	0.569		
	总数	199.810	309			
与同事朋友交谈语言选择	组间	1.927	3	0.642	0.635	0.593
	组内	309.457	306	1.011		
	总数	311.384	309			
与国际友人交谈语言选择	组间	5.105	3	1.702	4.552	0.004
	组内	114.392	306	0.374		
	总数	119.497	309			

　　单因素 ANOVA 分析显示，"语言能力"因素对于外商的语言选择还是存在较大影响，其中对"正式场合语言选择""交易场合语言选择"和"与国际友人交谈语言选择"三项的影响最为显著，显著性值都低于 0.05。而在"家庭内部"和"与同事朋友交谈"两项上，外商普遍倾向于使用母语，语言能力与语言选择之间的关联性并不十分显著。

　　（2）语言态度与语码转换

表 4.22　　　　　　　　　语言态度均值与语码选择情况

（依次为：高：>=4.5、中：3.5-4.5、低：<=3.5）　　　　（%）

问题 \ 语言	英语	普通话	义乌话	母语
Q1	32.9/40.4/61.3	60.0/50.6/33.9	4.3/3.4/1.6	2.9/5.6/3.2
Q2	7.1/9.6/11.3	14.3/7.3/3.2	4.3/1.7/1.6	74.3/81.5/83.9
Q3	28.6/40.4/54.8	61.4/48.9/32.3	5.7/5.1/3.2	4.3/5.6/9.7
Q4	10.0/11.2/4.8	11.4/8.4/6.5	2.9/1.1/1.6	75.7/79.2/87.1
Q5	60.0/75.3/93.5	37.1/21.3/4.8	0/0/0	2.9/3.4/1.6

　　分析以上数据可以看出，任何场合和对象，对于普通话持较高肯定态度的外商，使用普通话和义乌话的概率都较高；此外，除"与同事朋友交谈"一项外，对于普通话持较低肯定态度的外商的英语使用概率普遍

较高。为证明上述数据结果，我们用"单因素 ANOVA"分析法进一步探讨语言态度对语言选择的影响。

表 4.23　　　　　语言态度因素与语言选择的单因素 ANOVA 分析

		ANOVA				
		平方和	df	均方	F	显著性
正式场合语言选择	组间	3.996	2	1.998	3.698	0.026
	组内	165.891	307	0.540		
	总数	169.887	309			
家庭内部语言选择	组间	0.597	2	0.298	0.305	0.738
	组内	300.513	307	0.979		
	总数	301.110	309			
交易场合语言选择	组间	1.078	2	0.539	0.832	0.436
	组内	198.732	307	0.647		
	总数	199.810	309			
与同事朋友交谈语言选择	组间	2.889	2	1.444	1.437	0.239
	组内	308.495	307	1.005		
	总数	311.384	309			
与国际友人交谈语言选择	组间	4.324	2	2.162	5.763	0.003
	组内	115.173	307	0.375		
	总数	119.497	309			

　　单因素 ANOVA 分析显示，"语言态度"因素对"正式场合语言选择"和"与国际友人交谈语言选择"两项的影响较为显著，显著值都低于 0.05，而与其他三项的关联度则较低。可见，语言态度并不十分影响外商在家庭域和同事朋友域的母语使用，对英语和普通话在正式和交易场合中的主流地位的影响也不十分显著。

　　4. 语码转换的动态调查

　　语码转换是一种社会现象，它与人的社会身份紧密联系，它也是一种交际策略，人们可以通过语码转换实现交际目的。语码转换是在语言使用的过程中产生的，因此动态地观察语码转换现象就显得尤为必要。本文选择了一家外贸公司作为观察地点，在自然状态下观察外商的语码转换。该外贸公司的老板是印度人，员工主要来自印度和中国，他们的主要工作语言为英语。以下为员工 A 的语码转换情况。

A 是印度人，普通话掌握程度较好，基本上能听会说，他与老板是印度老乡，来自同一座城市。A 在向老板汇报工作时，使用的是母语，而老板却使用英语。当 A 与中国员工聊天时，基本上使用英语，而不是普通话。来自中国的员工 B 说："当他们（印度员工之间）在聊不想让中国员工听见的话题时，一般使用自己的母语。"

通过观察和访问，我们可以看出，交际场合、交际对象和主观动机会对语码选择产生影响。如汇报工作时，由于场合比较正式，哪怕交际对象是老乡，老板仍然倾向于使用英语这一印度官方语言，旨在拉开彼此的距离，从而显示自己的地位。此外，语码转换也有保密的作用，地方性语言是语用价值较低的语码，相对于英语和普通话这种高语用价值的语码来说，它的保密性比较强，交际双方一般会选用当地方言来谈论较为敏感的话题。

四　文化认同和融合

随着人员往来、语言接触的日益频繁，各种文化的碰撞和融合在义乌也成为一道非常独特的风景线。文化认同与语言使用互相作用、互相制约：文化认同制约语言选择，语言是文化认同的重要标志。该调查使用 Likert 五度量表，涉及了 8 项内容，分别用 5、4、3、2、1 对"非常认同""比较认同""无所谓""比较不认同""非常不认同"进行标记和量化，统计结果见表 4.24。

表 4.24　　　　　　　　　　中国文化认同感均值

项目 ＼ 国家	中东	韩国	非洲	印度	行均值
C1	3.15	4.41	4.23	3.23	3.61
C2	4.54	4.78	4.72	4.64	4.59
C3	4.47	4.86	4.85	4.75	4.66
C4	4.25	4.57	4.45	4.46	4.34
C5	4.17	4.65	4.47	4.71	4.37
C6	3.06	4.16	4.54	3.14	3.57
C7	2.78	2.45	2.35	2.56	2.54
C8	5.00	5.00	5.00	4.96	4.98
列均值	3.93	4.36	4.33	4.06	—

表 4.24 的数据显示，义乌外商群体对于中国文化的认同感总体较高。除了 C1、C6、C7 三项外，其余各项都达到了 4.0 以上的均值，韩国外商对于中国文化的认同感最高，达到了 4.36。

第三节　工厂言语社区用语现状的考察

一　语言掌握情况

1. 普通话掌握情况调查

（1）打工前后普通话掌握情况调查

表 4.25　　不同学历的 A 工厂员工打工前后的普通话水平统计

学历 * 打工前后 * 普通话水平　　　　　　　　　　　　　（%）

普通话水平			打工前后		
			打工前	打工后	合计
听得懂不会说	学历	小学及以下	9/31.0	3/10.3	12
		初中	22/21.6	5/4.9	27
		高中	12/18.5	2/3.1	14
	合计		43	10	53
听说都会一点	学历	小学及以下	13/44.8	14/48.3	27
		初中	47/46.1	51/50.0	98
		高中	30/46.2	33/50.8	63
	合计		90	98	188
听说都较熟练	学历	小学及以下	7/24.1	12/41.4	19
		初中	33/32.4	46/45.1	79
		高中	23/35.4	30/46.2	53
		大学及以上	3/100	3/100	6
	合计		66	91	157

表 4.26 不同学历的 B 工厂员工打工前后的普通话水平统计

学历 * 打工前后 * 普通话水平 （%）

普通话水平			打工前后		
			打工前	打工后	合计
听得懂不会说	学历	小学及以下	13/37.1	4/11.4	17
		初中	16/13.3	5/4.2	21
		高中	7/9.7	2/2.8	9
		合计	36	11	47
听说都会一点	学历	小学及以下	14/40.0	17/48.6	31
		初中	70/58.3	65/54.2	135
		高中	40/55.6	36/50.0	76
		大学及以上	4/44.4	3/33.3	7
		合计	128	121	249
听说都较熟练	学历	小学及以下	8/22.9	14/40.0	22
		初中	34/28.3	50/41.7	84
		高中	25/34.7	34/47.2	59
		大学及以上	5/55.6	6/66.7	11
		合计	72	104	176

分析表 4.25 数据可知，农民工的学历越高，普通话掌握程度越好，且农民工打工后的普通话水平普遍比打工前好。

为了进一步证明以上结论，我们采用单因素 ANOVA 来分析"学历"和"打工前后"两个因素对于外来务工人员普通话水平的影响。

表 4.27 学历与普通话水平的 ANOVA 分析（A 工厂）

ANOVA

普通话水平

	平方和	df	均方	F	显著性
组间	4.624	3	1.541	3.408	0.018
组内	178.200	394	0.452		
总数	182.824	397			

表 4.28　　　　**打工前后与普通话水平的 ANOVA 分析（A 工厂）**

ANOVA

普通话水平

	平方和	df	均方	F	显著性
组间	8.452	1	8.452	19.195	0.000
组内	174.372	396	0.440		
总数	182.824	397			

表 4.29　　　　**学历与普通话水平的 ANOVA 分析（B 工厂）**

ANOVA

普通话水平

	平方和	df	均方	F	显著性
组间	6.883	1	6.883	17.888	0.000
组内	180.860	470	0.385		
总数	187.743	471			

表 4.30　　　　**打工前后与普通话水平的 ANOVA 分析（B 工厂）**

ANOVA

普通话水平

	平方和	df	均方	F	显著性
组间	5.722	3	1.907	4.904	0.002
组内	182.022	468	0.389		
总数	187.744	471			

单因素 ANOVA 分析显示，在 A、B 两个工厂，"学历"与"打工前后"两个因素对于语言使用者普通话水平的影响是显著的，其显著值都低于 0.05。

（2）打工时间长短与普通话掌握情况调查

由表 4.27—4.30 数据可知，打工后，两个工厂的员工"听不懂不会说"的比例为 0，且"听说都会一点"的比例大体上维持在一个较为稳定的水平线上，可见我国的推普工作取得了一定的成效；在 A、B 两个工厂中，"听说都较熟练"的人数随着打工年份的增长呈直线上升趋势，"听得懂不会说"的人数则呈直线下降趋势，可见，为了尽快融入异质环境，外来务工人员有学好普通话的强烈意愿，他们的普通话水平得到了提升。

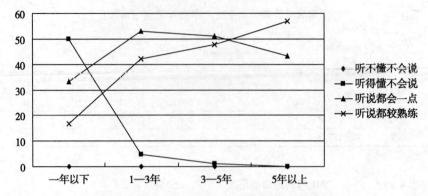

图4.1　A工厂员工打工时间长短与普通话掌握情况（%）

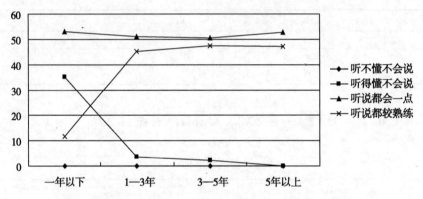

图4.2　B工厂员工打工时间长短与普通话掌握情况（%）

2. 语码掌握种类

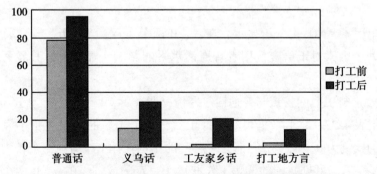

图4.3　A工厂员工打工前后"能用何种语言变体进行交际"的调查（%）

注：此题为多选题，各语言变体使用人数相加可能超过被调查人数，故选用比例相加超过100%。

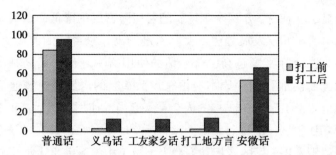

图 4.4 B 工厂员工打工前后"能用何种语言变体进行交际"的调查（%）

注：此题为多选题，各语言变体使用人数相加可能超过被调查人数，故选用比例相加超过 100%。

分析图 4.1—4.4 数据，可以得出如下结论：一是打工后，外来务工人员的语库普遍得到扩容，由单语人发展成为双语甚至是多语人；二是打工后，虽然掌握义乌话的人数有所增多，但仍然处于一个较低的水平；对比 A、B 两个工厂，A 工厂员工的义乌话掌握比例高于 B 工厂的员工，B 工厂员工的安徽话掌握程度较好。由于 A 工厂的老板为义乌本地人，因此员工普遍认为掌握义乌方言能使他们在单位里获得更大的发展空间，而 B 工厂的老板为安徽人，员工也大部分来自安徽省，因此安徽话成为该工厂内部仅次于普通话的强势语言变体。

二 语言使用情况

根据徐大明的观点，"互动"是言语社区的核心构成要素之一。"互动"主要指言语社区内部的言语交际，即语言使用情况。调查内容主要包括两个方面：一是语言使用范围的调查；二是强势语言的调查。

1. 语言使用范围

表 4.31   A、B 工厂员工各场合语言使用情况调查   （%）

交际密度 密 ⇩ 疏	场合	A 工厂		B 工厂	
		家乡话	普通话	家乡话	普通话
	家庭内部	95.1	36.7	97.9	15.4
	跟老乡交谈	93.5	40.7	95.2	20.3
	跟非老乡同事	25.1	96.8	25.6	94.3
	跟本地熟人	7.8	97.5	6.5	96.8
	跟陌生人	2.4	98.8	1.8	97.2

注：此题为多选题，某一场合各语言变体选用人数相加可能超过被调查人数，故选用比例相加大于 100%。

数据显示，在 A、B 两个工厂，随着交际密度的降低，普通话和家乡话的使用概率呈相反发展趋势：交际密度越高，家乡话的使用概率越高，反之则越小；交际密度越高，普通话的使用概率越低，反之则越大。此外，在"家庭内部"这一原本应由家乡话垄断的语域里，普通话也占有了一席之地：A 工厂有 36.7%的人会在家庭内部使用普通话，B 工厂也占了 15.4%；比较 A、B 两个工厂，我们还发现"家庭内部"的语言使用出现了一些差别：B 工厂的老板是安徽人，员工中安徽人也占据了较大的比例，他们对家乡话（安徽话）有较高的认同度和使用率，因此在家庭内部使用普通话的人相对较少。

2. 强势语言调查

表 4.32　　　　　　　　　A 工厂的强势语言调查　　　　　　　　（%）

问题 ＼ 语言	普通话	义乌话	其他方言
Q1. 工厂内部，基本使用什么语言?	79.6	26.3	7.6
Q2. 较好地掌握了哪几种语言?	80.2	32.6	28.5
Q3. 掌握哪几种语言更有助于工作进步?	96.8	45.3	2.1

注：此题为多选题，各语言变体使用人数相加可能超过被调查人数，故选用比例相加超过 100%。

表 4.33　　　　　　　　　B 工厂的强势语言调查　　　　　　　　（%）

问题 ＼ 语言	普通话	安徽话	义乌话	其他方言
Q1. 工厂内部，基本使用什么语言?	80.6	53.2	8.4	5.6
Q2. 较好地掌握了哪几种语言?	78.3	58.7	13.2	19.3
Q3. 掌握哪几种语言更有助于工作进步?	76.6	68.2	6.2	3.5

注：此题为多选题，各语言变体选用人数相加可能超过被调查人数，故选用比例相加超过 100%。

表格数据显示，在 A、B 两个工厂，虽然普通话的使用概率、掌握程度和价值认同度都较高，但仍然存在差异：B 工厂员工的普通话认同度稍低于 A 工厂，他们对安徽话的认同度较高；虽然 A、B 工厂员工的义乌话的使用概率、掌握程度都不高，但 A 工厂对义乌话的认同度较高。

三　语言认同情况

语言认同主要指语言使用者对于某种语言变体的情感认同、价值认同以及由这两种认同产生的对于学习该语言的兴趣取向。对语言使用地和使用人群的印象和观感会对语言态度的建构产生影响。这一模块的调查分为两个部分，第一部分是外来务工人员对"普通话""义乌话""家乡话"三种语言变体的认同度调查，涉及了"情感价值""理性价值"以及"学习态度"三个方面；第二部分根据"有无留城意向"将外来务工人员分为两个群体，分别调查他们对于掌握"普通话"和"义乌话"的期望值。

表 4.34　　　　　　　　A、B 工厂员工的语言认同调查

态度 / 语言		A 工厂			B 工厂		
		普通话	义乌话	家乡话	普通话	义乌话	家乡话
情感价值	Q1. 该语言亲切好听	3.67	2.56	4.88	3.45	2.32	4.78
理性价值	Q2. 该语言能准确表意	4.56	2.03	4.76	4.56	1.77	4.98
	Q3. 使用该语言能表明较高修养	4.78	1.89	2.04	4.76	2.03	2.45
	Q4. 使用该语言能受到尊重	4.32	3.65	2.32	4.98	3.05	2.32
	Q5. 使用该语言表明较高经济地位	4.11	4.07	2.55	4.32	3.87	2.31
	Q6. 使用该语言能增强信心	4.28	3.99	2.02	4.45	3.67	2.10
	Q7. 使用该语言能获得社会资源	4.68	4.25	1.89	4.23	4.07	2.02
学习态度	Q8. 希望更多学习或使用该语言	4.56	2.66	4.78	4.79	2.02	4.88
	Q9. 希望自己子女学习或使用该语言	4.67	2.78	4.65	4.85	2.32	4.65

　　调查发现，A、B 工厂的员工对于普通话的"理性价值"和"学习态度"两个方面的认同度都很高，相对于家乡话来说，普通话的情感价值较低。此外，虽然员工对义乌话的认同度普遍较低，但他们认为会说义乌话能获得更多的社会资源，突显较高的经济地位，可见义乌话具有较高的经济价值。

表 4.35　　"有无留城意向"与掌握普通话、义乌话程度的期望值　　　（%）

意愿 / 期望		能熟练使用	能进行一般的交际	能听懂就行	无所谓
对普通话的期望	有留城意愿	48.3	50.6	1.1	0
	无留城意愿	35.6	45.3	10.8	8.3

续表

意愿　　　期望		能熟练使用	能进行一般的交际	能听懂就行	无所谓
对义乌话的期望	有留城意愿	23.6	32.8	35.3	8.3
	无留城意愿	12.8	26.7	48.2	12.3

从以上数据可以看出，"有留城意愿"的外来务工人员希望自己能熟练使用普通话和义乌话，并能用这两种语言进行一般的交际。可见当打工者对某城市有认同感，同时也需要获得该座城市的认可时，他们就有学习和掌握该城市方言的强烈意愿。

第四节　调查结果分析

一　言语社区语言生活的一致性和层次性

徐大明（2004）认为"区域、人口、互动、认同和设施是构成言语社区的五个要素"。区域和人口是言语社区的社会性要素，互动、认同和设施是构成言语社区的语言性要素。

区域主要是指大体划定的地理范围。区域性社区主要指的是具有较为明确的地理位置和空间范围的社区。非区域性社区没有较为明确的自然疆界，它强调人与人之间的互动和情感联结，因此也被称为"精神言语社区"（夏历，2007b）。

大多数社会语言学学者都十分重视言语社区的区域性特征，认为大体圈定的区域是构成言语社区的首要因素。然而也有一些学者认为随着当今信息时代的到来，人们可以通过电话、短信、电邮、网络聊天等方式传递文化、交流情感，因此用自然疆界来划定言语社区就显得不甚合理。相对于工厂言语社区这一大体圈定的区域来说，外商言语社区的疆界较难划定，"在义外籍人员广泛地分布于义乌各个社区和部分经过改造的城中村，呈现大杂居、小聚居、相互将错居住等特点"。[①] "大杂居、小聚居"

---

① 参见《超七成外商表示已融入义乌》，金华新闻网（2012-03-20）[2013-02-14]，http：//www.jhnews.com.cn/zzxb/2012-03/20/content_ 2135292.htm。

的特点使得义乌外商言语社区更像一个非区域性的精神言语社区：他们同样来自异国他乡，有着与本地居民完全不同的肤色、五官，操着与本地居民完全不同的语言，有着与本地居民截然不同的文化背景。通过访谈调查，我们发现，受访群体中有 76.2% 的人在日常生活中更愿意与外商群体尤其是本族人民沟通交流。

互动指的是语言使用情况，认同指的是对语言的价值评价，即语言态度，设施是指言语社区内部的语言资源以及由成员长期互动交流而形成的语言使用习惯。互动是言语社区必不可少的因素，认同是言语社区的灵魂。下面我们将从两个社区的人口、互动、认同、规约等方面探讨社区言语生活的一致性和层次性。

1. 言语社区语言生活的一致性

一致性是言语社区的重要特征，它是区分言语社区的重要依据。"互动"和"认同"存在于一切言语活动中，"设施"要素也是在言语互动中产生和发展的，要确定一个言语社区，首先要从"互动"和"认同"的一致性着眼。语言能力是"互动"和"认同"的基础和前提，因此语库的扩容情况也应纳入言语社区一致性的考量范围。从上文的调查结果来看，义乌工厂言语社区和外商言语社区的一致性主要体现为以下三个方面。

（1）语库扩容的一致性

刘玉屏（2010）认为"语库是语言使用者所掌握的各种语言及语言变体的总量"。生活环境的改变、交际对象的复杂化与原有语库的贫乏之间产生了矛盾，外来务工人员和外商群体的交际出现了困难，掌握多种语码成了他们取得城市身份、谋得职位、获取经济利益的主要手段。

普通话的习得是外商群体语库扩容的主要表现。上文调查显示，有53.2%的外商较好地掌握了普通话，其中韩国外商掌握普通话的人数比例高达70.3%。外商群体对于普通话的认同度颇高，其中对普通话理性价值的评价均值达到了4.53，且他们对于进一步学习普通话的意愿较为强烈，普通话成为他们在正式和交易场合的主要使用语言。

外来务工人员的语库扩容主要表现为以下三个方面。

一是普通话的习得。从表 4.25—4.26 和图 4.1—4.4 的数据可以看出，外来务工人员在进城务工后的普通话水平普遍得到了提高，且务工时间越长普通话水平越高。在言语交际中，若彼此语言不通，交际双方就会选择语用价值更高的语言进行沟通和交流。因此，外来务工人员之间、外来务工人员与本地人之间的交流沟通更倾向于使用普通话。

二是打工地方言的习得。打工地方言的习得分为曾打工地和现打工地方言的习得。语言是维系情感的重要纽带，人们通常通过语言来识别、区分和构建社会身份。为了更好地融入当地生活、获得当地人的认同，一些务工人员会有意识地学习打工地的方言。图4.3、4.4的数据显示，务工人员的打工地方言习得是存在一定比例的，但比重不是很高。我们就"是否希望掌握义乌话"对A、B工厂的员工进行访谈，有70.5%的员工表示没有强烈意愿学习义乌话，他们觉得只要掌握普通话就可以很好地工作和生活。可见义乌话并没有随着当地经济的发展而变成强势语言变体，相反，随着越来越多外来人员的涌入，普通话占据着越来越重要的位置，从而给义乌话的生存和发展造成了巨大的压力。

三是工友家乡话的习得。图4.3和4.4的数据显示，外来务工人员对工友家乡话的习得也存在一定的比例。由于B工厂的老板是安徽人，安徽人在工厂员工中占据了较大比例，因此B工厂员工的安徽话掌握程度较高。很多农民工表示，他们只会在开玩笑时偶尔使用工友的家乡话，借此拉近彼此的距离。

（2）语码选择的一致性

语言变体虽然有高、低之分，但随着经济文化的发展、教育的普及，"原来泾渭分明的双语变体的象征和实际作用已经产生了交叉和混合，但是原来高低变体的相对地位仍然以一定程度的功能分化的形式表现出来"（夏历，2009）。

外商群体中主要有英语、普通话和母语这三种语言变体，这三种语言变体的使用场合和对象是相对明确的：英语和普通话主要在正式和交易场合使用，母语则主要在家庭内部使用。

语码选择的变化在外来务工人员群体中主要表现为在一些原本由家乡话垄断的交际场合里，普通话的使用逐渐增多，语码选择的变化使得普通话成为他们的主要交际用语。"家庭内部"原本是由家乡话垄断的语域，然而表4.31的数据显示，A、B两个工厂在这一语域里的普通话使用比重分别为36.7%和15.4%；表4.32、4.33的数据显示，在工厂内部，普通话成为农民工使用最多的语言。城市语言环境复杂多变，外来务工人员的家乡话失去了它的文化土壤，普通话的使用频率逐渐增高。方言向国家标准语靠拢是语言发展的自然趋势，语码选择模式的变更对于方便外来务工人员的工作和生活，提升他们的普通话水平和社会地位等方面都是大有裨益的。

（3）语言态度的一致性

语言态度指的是语言使用者对于某种语言情感价值、理性价值的认识，以及在此基础上形成的对于学习该种语言的行为倾向。如果说交流困难是外来人员语言习得的外在驱动力的话，那么语言认同则是他们学习语言的内在驱动力。

义乌外商群体对普通话大体上持肯定态度，并且多数外商表示在学习汉语过程中，希望对中国文化有所了解。为了得到异质环境的认同，人们就有学习和使用该环境中的强势语言变体的意向，所以外商学习和使用普通话的热情都较高。

外来务工人员对于普通话、义乌话和家乡话的语言态度非常一致：对普通话的理性价值和家乡话的情感价值的认同度较高，而对于义乌话的认同度普遍偏低。语言态度的一致性"反映了农民工在城市化进程中语言选择价值观的转变，即由原来单一乡村环境下的'核心价值观'（smolicz，1982）转变为多种语言（方言）并存环境下的'市场价值观'"（莫红霞，2010）。进入城市打工后，外来务工人员虽然对家乡话抱有深厚的感情，但生存压力促使他们理性地审视各种语言变体的社会功用和地位。普通话是码值最高的语言变体，对外来务工人员来说有相当高的经济价值，因此该群体就有了推崇普通话的心理趋势。

2. 言语社区内部语言生活的层次性

"一致性"是言语社区存在的必要条件，然而"人口所具有的流动性特点决定了以人口为基础的言语社区必然处在多层次上"（李现乐，2010）。上文调查结果显示，义乌外商言语社区和工厂言语社区的层次性主要体现在以下三个方面。

（1）时间和空间的层次性

时间和空间的差异性会给言语社区的语言生活带来一定的层次性特征。本文时间的层次性主要是指外商群体"来中国时间长短"和外来务工人员"打工时间的长短"，空间的层次性主要是指"交际密度的密疏"和"地域的不同"。

有关外商群体的调查数据显示，"国别"因素对外商语码选择的影响是显著的，如在正式和交易场合，韩国外商的普通话使用概率最高，在家庭内部，印度外商的英语使用频率最高。虽然"来中国时间长短"因素对外商语码选择的影响并不显著，但表4.33的数据显示，两者之间仍然存在一定的关联度：在中国时间越长，使用普通话和义乌话的比例就越高，由图4.1和图4.2可知，打工时间越长，外来务工人员的普通话掌握水平越高；由表3.11分析可知，随着交际密度变小，普通话的使用概率逐渐变高。言语社团下分若干个小言语社团，小社团内部成员之间的交谈次数远远大于他们与社团外的人之间的交谈次数。"家庭内部"是工厂言语社区内最小的言语社团，该社团的内部关系最为密切、交谈次数最多，使用家乡话的概率最高。

A、B两个工厂处于不同的地域，它们的人员构成也不一样：A工厂的老板是义乌人，员工的籍贯构成比较分散；B工厂的老板是安徽人，员工也大多来自安徽。因此这两个工厂的员工在语言使用上存在一定的差异：A工厂中，普通话是绝对强势的语言，而在B工厂中安徽话的认同度、使用比例和掌握程度都较高，仅次于普通话。

（2）语言使用者个体特征的层次性

语言使用者的个体特征包括性别、年龄、受教育程度、经济收入等，人口是言语社区的主体性和基础性要素，因此社区内部人口的个体特征也为社区的层次性提供了可能性。

调查数据显示，外商的"性别""配偶是否为中国人"等因素与外商的语码选择存在关联性，如女性群体使用普通话和义乌话的概率较高，配偶为中国人的外商群体在家庭内部使用普通话和义乌话的比例较高。此外，由表4.25、4.26和表4.27、4.29可以看出，外来务工人员的学历越高，普通话水平越好。言语社区内部，并非所有成员都均等地掌握和使用某种或某些语言变体，一个人的交际能力和方式与他的社会背景和个体特征相关。

（3）语言态度的层次性

外来务工人员群体对普通话、家乡话和义乌话的认同度具有一致性，这是他们理性思考和语言再社会化的结果。然而，对语言使用地和使用人群的印象和观感会直接影响语言态度的建构。外来务工人员群体又可细分为"有留城意愿"和"无留城意愿"两类，他们对于掌握普通话和义乌话的期望值不尽相同。此外，通过对外商群体的调查，我们发现不同国别的外商对普通话的态度也有所区别：韩国外商的语言态度均值最高，中东外商则最低。可见，言语社区内部的语言态度具有层次性。

二　语言与经济的交互作用

1. 经济的扩张带动语言的发展

语言不仅是人类沟通交流的工具，更是民族文化的载体，对人类思维方式的塑造是内在性的和建构性的。社会性是它的本质特征，社会上一切的微妙变化都会在语言中表现出来。语言的地位由其所在社会的经济、政治和文化的发展程度所决定：社会发展程度越高，其语言的地位就越高。社会因素中，经济因素又起着基础性的作用。伴随着资本输出，经济发达地区的语言和文化也会在更大范围内得到传播和推广。

英语之所以能发展成为世界通用语言，其语言使用集团的经济实力起了决定性的作用。第一次工业革命使得英国资本急剧膨胀，它急于向海外输出资本，获得廉价劳动力和原材料。殖民地的占领，使得英语在世界范围内得到传播和推广。第二次世界大战后，迅速崛起成为头号经济强国的美国，最终奠定了英语作为世界通用语言的地位。当今社会的全球化，实际上就是经济的全球化。跨国企业的产生、外贸经济的发展使得各国人员的交往越来越密切，英语当之无愧地成为"优雅""高涵养""高学历""高收入"的代名词。"如今，它不仅是英语国家如英、美、加拿大、澳大利亚、新西兰、南非等国家的母语，也成为世界上70多个国家的官方语言，包括中国在内的100多个国家选择英语为优先学习的外语"（朱之红、赵其顺，2007）。本次调查发现，英语在外商群体中的掌握程度、认同度和使用概率都很高，认为英语"亲切、好听"和英语"能体现自身修养"的百分比分别为70.5%和78.6%，远远超过了普通话的1.7%和32.9%。毛力群（2009）有关义乌小商品城的语言使用情况的调查显示，经营户中有83.7%的人认为英语"用处大"和"有用处"，仅次于普通话的86.4%。有关经营户学习意愿的调查结果显示，有86.9%的经营户"愿意"和"非常愿意"学习英语，普通话则为84.9%，屈居第二。义乌是一座外贸依托度极高的商业城市，在经济全球化时代，掌握英语能使人们在商业交往中占据有利位置，英语成为世界经济交往中的主要使用语言。

随着我国经济的崛起腾飞，在英语成为世界通用语言的同时，汉语逆势发展，在世界范围内掀起了一阵"汉语热"，为语言文化的多样性和语言生活的和谐作出了很大的贡献。许多学习中文的外国人认为会说汉语能给他们提供更多就业和创业的机会。近年来，学习汉语的人数逐年增长，国家对对外汉语的教育也颇为关注。"截至 2010 年 10 月，全球已建立 322 所孔子学院和 369 个孔子课堂，共计 691 所，分布在 96 个国家（地区）。"① 其目标是将汉语及其所承载的文化传播到世界各地，让世界更加了解中国，热爱中国文化。义乌工商学院是当地一所全日制普通高等院校，面向外国人开设的汉语学习班，成为义乌最为系统和正规的对外汉语培训机构。该校留学生招收人数名列全省同类高校第一，2013 年，义乌工商学院的留学生招生人数再创新高，"截至 3 月 12 日，春季留学生报名人数已达到 343 人，创同期历史新高（2012 年 4 月 19 日注册留学生为 253 人）"。② 义乌外商学习汉语的热情有增无减，他们认为学好汉语可以在经贸往来中获得更大的经济利益。

相对于普通话这一强势语言来说，义乌话这一弱势方言的使用概率较低。义乌曾经是一个贫穷落后的县城，义乌话生硬难懂，本地人常自嘲：听苏州人吵架似情人蜜语，听义乌人说情话却如吵架一般。经济的落后和语言本身的特性，曾一度让义乌人产生了"语言自卑心理"。但随着义乌经济的崛起，不仅义乌本地人开始重视义乌方言的传承，义乌政府也已将"义乌十八腔"列入了非物质文化遗产保护项目（毛力群，2009）。此外，调查结果显示，义乌方言也有在外商群体和外来务工人员群体中传播的趋势，有 9.0% 的外商较好地掌握了义乌话，A、B 两家工厂也分别有 32.6% 和 13.2% 的员工能用义乌话进行交际。然而随着英语、普通话地位的迅速提升，义乌方言的生存也面临着较大的压力，外来人员对于义乌话的认同感普遍不强。

2. 语言是社会经济发展的一种方式和手段

《现代汉语词典》（第 6 版）对"资源"的解释是：生产资料或生活资料的天然来源，如地下资料、水力资源、旅游职业。可以看出，这一定义中，资源只包括了自然物质。资源学则把资源分为自然资源和社会资源两大类，以下再分若干小类。语言学对资源的定义是指有价值的、可以被

---

① 《孔子学院》，百度百科［2013-02-14］，http：//baike. baidu. com/view/44373. htm。

② 《我院留学生招生再创同期历史新高》，义乌工商学院网（2013-03-13）［2013-03-26］，http：//www. ywu. cn/News. asp? Id=8640。

利用的，与社会共变的能产生效益的事物。语言是一个由语音、语法、语义所构成的符号系统，这是它的物质属性；语言更是社会交流沟通的工具，这是它的社会属性。社会属性是它的本质属性：语言以其语音、语法和语义这些物质基础承载着一个民族的传统文化、思维方式和风俗习惯，生活在这一社会文化圈里的人们按照他们的思维和行为方式适应和改造世界，创造经济价值。从这一层面上说，语言是有创造力的，可利用、出效益的，并伴随着社会发展而发展的资源。此外，作为文化载体的语言本身就是文化的一个重要组成部分，它是有价值的特殊的文化资源。

　　人力资本是指个体所包含的具有经济价值的知识、技能、思想、体力等。随着全球化经济的深入发展，外资企业成了我国较为重要的一种经济形式，对外贸易也成为主要的经济发展模式。外资企业的入驻和外贸经济的发展，势必会对语言人才产生需求，因此语言能力较好的人在人才竞争的大流中容易获得较高的职位、取得较优渥的薪资和待遇。此外，掌握多种语言的人才在跨国合作、贸易协商等方面具有很大的优势，可以有效地为企业降低贸易风险，缩减交易成本。一位来自非洲的留学生两年前回国发展。现在又重回义乌工商学院学习汉语。他说，在非洲，若较好地掌握汉语可以获得更好的工作机会。我们还采访了一位常年做外贸的小商品城经营户，她反映道："我们这种做外销的商户，要冒一定的风险，万一和外国人沟通失误，就会造成经济上无法挽回的损失。而且，摸准外国人的性格脾气，了解他们国家的文化背景很重要，这样有利于沟通，也有利于达成交易。"为了减少聘请翻译的费用，降低贸易成本，她正在努力学习英语，她表示还要继续学习阿拉伯语。对于义乌本地商户来说，掌握多种语言非常重要，对于外商来说，掌握普通话的重要性也可见一斑：调查发现，外商群体对普通话大体上持肯定态度，且在正式和交易场合使用普通话的概率超过了英语，位居第一。外贸经济是依托义乌的制造业得以迅速发展的，义乌的制造业多为劳动密集型产业，优渥的薪资报酬和良好的工作环境吸引了越来越多的外来务工人员来这里工作和生活。外来务工人员语言认同度的调查结果显示，他们对普通话理性价值的认同度颇高，普遍认为会说普通话能"获得社会资源"。可见，多种语言的掌握对于个体自身和社会经济的发展都起着至关重要的作用。

　　语言作为人力资本能创造经济价值，对语言这一资源的投资也能产生巨大的经济效益。义乌的语言培训、语言翻译等与语言相关的产业相当红火。据毛力群（2009）统计，义乌全市有 100 余家语言中介服务机构，10 多万经营者正在参加各种形式的语言培训，5000 余名外商积极投身学习汉语的热潮。国内著名的语言培训机构和本地语言培训机构在义乌这座三类城市遍地开花，培训的语种涉及汉语、英语、阿拉伯语、韩语、日语、俄语、法语、西班牙语、德语等 10 多种。这些语言培训机构的产生，为义乌的经济发展注入了新鲜的血液，促进了经济的多元化发展。

三　语言与文化的交互作用

1. 语言是文化认同的重要标志

语言不仅是交际的工具，更是民族文化的载体。一个民族的历史文化、传统观念、风俗习惯等都是通过语言继承下来的。语言在传承民族文化、塑造民族性格上起了关键性的作用，它使文化突破时空的限制，影响着一代又一代的人。可以说，没有社会就无所谓语言，没有语言则无所谓民族文化。得益于当今世界经济和科学技术的迅猛发展，人与人之间的交流逐渐突破时间与地域的限制，商贸往来日益频繁，世界俨然变成了一座"地球村"，语言成为辨别不同文化群体的最直接最普遍，同时也是最重要的方式。

文化认同可以分为内在文化认同和外在文化趋同两大类。内在文化认同又可分为情感认同和民族文化认同（王远新，2008）。

"情感认同更多的是一种个体和集体的自然心理认同，具有与生俱来的性质，它与语言使用者有一种天然的、难以割舍的内在联系"。外商群体语言态度的调查结果显示，他们对普通话情感价值的认同度较低，总均值只有 3.02，他们普遍认为自己的母语比普通话好听。喻意型语码转换的调查结果显示，认为母语"亲切好听""能融洽气氛"的比例分别高达99.7% 和 98.6%。在对外来务工人员群体语言态度的调查中我们也发现了类似的情况，即对普通话理性价值和情感价值的评价均值呈现出了两极化的趋势：理性价值颇高，情感价值则远远低于家乡话。由此可见，尽管两类群体都认为普通话或英语的实用性更强、更能体现他们的身份地位，但他们仍然坚持使用母语或家乡话以维系民族情感。

"民族文化认同则是一种个体和集体的社会心理认同，在具有与生俱来性质的同时，还有后天社会因素所导致的认同强化或弱化以及其他变异性质"。正如概念里所描述，民族文化认同可能存在两种趋势，一种是认同强化，另一种是认同弱化。我们将"认同弱化"归于"外在文化趋同"这一大类，这里主要探讨民族文化认同中的认同强化现象。语言是民族文化的载体，所有民族文化的细微特征都反映在独一无二的语言中，它铸就了一个民族的灵魂。以下三种情况会强化民族文化认同感：

一是当个体或集体在异质文化环境中生活时。如对义乌外商群体的调查中，当被问及"在义乌工作、经商、学习时，还会保留你们本民族的传统习惯和风俗吗"时，外商回答"认同"的比例高达98.7%。

二是当本民族的语言或文化遭到外来语言或文化的威胁和蔑视时。法国都德的《最后一课》所体现的深厚的语言感情就是这方面的典型代表。

三是当本民族的政治、经济、文化崛起腾飞时。英语国家强大的政治经济实力，使得英语成为世界通用语言。许多英语使用者和学者甚至认为英语是全世界最优雅、最容易习得、最先进的语言。

外在文化趋同是指不同文化背景的人在交往过程中，为了使交际更加顺利、获得"中性"（李茹，2011）身份或者觉得对方的语言文化比自己的更有用、更优越而作出的语言选择，它可以分为交际目的、身份和崇拜心理趋同三种类型。外在文化趋同是实现文化融合的主要动因。

交际目的趋同是指在交际过程中，交际双方总是试图寻找对方能够接受和认同的表达方式，以期达到沟通的最佳效果。来自不同文化背景的人，由于思维方式、生活习惯等的不同，在交际过程中会出现一些理解障碍，在本次"文化融合情况调查"中，认为"在与中国人沟通过程中没有因为文化不同而出现沟通障碍"的认同均值仅为3.61。因此，到一个新的环境中，学习该地语言的同时，也需要了解该地的风俗人情、思维观念。本次调查中，"在学习汉语时，您想要同时了解中国的文化"这一项的认同均值达到了4.59，"您觉得对于中国文化、习俗等的了解，有助于实现更有效的交际"一项的认同均值更高，达到了4.66。外来务工人员语言生活的调查结果显示，家乡话和普通话的语用功能发生了分化：家乡话主要在家庭内部以及在与老乡交谈中使用，而在和陌生人以及义乌本地人交谈时，他们就会选择语用价值较高的普通话，以促使交际沟通的顺利进行。可见，在保持自己语言文化的同时，接受和认可异质文化，才能在跨文化交际中取得成功。

"中性"身份趋同是指由于语言和生活方式的不同，个体或集体在陌生的社会环境中工作和生活时，会产生一种不安全感，语言是区别"群内"和"群外"身份的重要标志,"不安全感"驱使个体或集体去学习陌生环境的语言,从而获得"群内"身份。在外商和外来务工人员群体"语言态度"的调查中,普通话的学习态度和理性价值评价均值都很高;在外商群体的"语码转换"调查中,在正式和交易场合,他们使用普通话的概率都很高,分别达到了49.4%和48.4%,是使用频率最高的语言。

崇拜心理趋同是指经济欠发达地区的个体或集体在使用强势语言的过程中容易获得丰厚的经济利益,因此他们会对强势语言及其所承载的文化产生一种崇拜、媚外的心态。强势语言必定有其高度发达的政治、经济和文化背景,其言语集团借助语言这一文化载体,向经济欠发达地区输入他们的观念、文化。英语是世界性通用语言,英语使用国家是当今经济最发达的地区,它们在经济扩张的同时,也对其他地区进行了意识形态的渗透。外来务工人员群体主要来自经济欠发达地区,学好普通话和当地方言是他们谋得优越岗位、取得优渥薪资的主要途径之一。调查结果显示,一些有意向定居在城市的外来务工人员有学习普通话和义乌话的强烈意愿,他们希望获得当地人的认可,提升自己的地位,这是崇拜心理趋同的表现。

外在文化趋同促进了文化融合,来自全国各地的美食在义乌相继出现,川菜馆、湘菜馆、温州海产餐馆等比比皆是。欧洲文化、中东文化、非洲文化、南美洲文化以及韩国文化等多元文化在这里相互交流、碰撞、融合。义乌的出租车是双语(汉英)服务的,义乌的公交车是中、英文双语报站的;许多商店、宾馆酒店都用中、英、韩三种甚至用中、英、韩、阿拉伯四种语言标识;义乌市区有清真寺、基督教堂、涉外学校等;国际商贸城内随处可见来自世界各国的外商,各种语言在这里交流碰撞;走进义乌的夜市,我们还会遇到同时会说英文和阿拉伯语的商人,义乌的国际化程度可见一斑。在对义乌外商群体的"文化认同情况"的调查中发现,他们对中国文化有较高的认同度。语言的接触碰撞带来了文化的交汇融合,义乌这座国际商贸城市显现出了各种文化百花齐放的勃勃生机。

2. 文化认同制约语言选择

张静(2004)认为"文化认同是语言的管轨,文化认同的差异形成了语言使用的差异"。对于某种文化的认同程度决定了人们选择和使用承载该种文化的语言的倾向性:认同程度高,倾向性就强;认同程度低,倾向性就弱。以韩国外商群体为例,韩国在地理位置上毗邻中国,与中国有着较为深厚的历史渊源，与中国文化有着较多的相通之处，且两国文字无论在字体还是在读音上都较为相似，因此韩国外商对于中国文化的认同度是最高的，达到了 4.36，与此相呼应，他们的语言态度均值也是最高的，达到了 4.11，且在正式和交易场合以及家庭内部，韩国人选择普通话的概率都是最高的。可见，文化认同确实在一定程度上制约着语言的选择。

四　语码转换的制约因素

语码转换是指语言使用者在交际过程中，为了达到交际的目的、维护或构建自己的身份，在两种或两种以上语言或语言变体间进行选择和转换的过程。语码转换带有一定的目的性，是人们能动地选择语言的过程。梅尔斯斯科顿（Myers-Scotton）提出了"标记理论模式"，他认为语码转换是建立在一定认知基础上的理性行为，他将标记模式看成理性行为者模式——说话者选择某种语码不是随机的，而是出于一定的交际目的：或表达关系的亲近，或表示幽默，等等。言语交际中，说话者的交际顺应心理和身份意识共同对语言的选择产生影响，交际双方使用某种语码，或是为了顺应对方的语言使用习惯，或是为了彰显自己的文化身份，有时两者兼而有之（何自然、于国栋，2001）。有关语码转换的制约因素，主要有以下两种。

1. 文化身份的构建

要对"文化身份"这一概念做深入的了解，我们首先应该明确"文化"与"身份"的含义。关于"文化"的概念，邢福义（1990）定义为"文化是为全体社会成员共同拥有的生活方式和为满足这些生活方式而共同创造的事事物物，以及基于这些方式而形成的心理和行为"。这一定义强调了文化对于个体或群体的思维和行为方式的影响和作用。关于"身份"的定义，李茹（2008）认为："身份是存在于个体和群体之间的、系统性的、具有区分性的、有意义的一整套规范。"这一定义突出了身份的"区别性"特征。基于对以上概念的分析和理解，我们认为"文化身份"包括内在认同和外在认同，并通过个体或群体的所思、所想、所说、所为表现出来。内在认同是指对自身的认同，外在认同是指外界对自己的认同。语言不仅是文化的载体，也是文化的重要组成部分，语言作为文化本身对于"文化身份"具有标识作用，不同的"文化身份"具有不同的语言表达方式。根据前人的研究成果，"文化身份"可以分为"宏观文化身份"和"微观文化身份"两大类。宏观层面上的文化身份包括国家身份和民族身份，微观层面上的文化身份包括性别、年龄、职业、收入、受教育程度等。

本次关于制约语码转换的因素的调查中，也涵盖了宏观和微观两个层面。宏观层面涉及了"国籍"，微观层面涉及了"性别""在义乌时间长短"和"配偶是否为中国人"三项。

（1）宏观文化身份与语码转换

本次调查结果显示，不同国籍的外商在语码选择上确实存在着较为明显的差别。韩国外商群体的普通话掌握程度最好，使用普通话的概率也最高；印度外商的英语使用概率较高，甚至在家庭内部也会较多地使用英语进行交流。这是因为在地域上，韩国与我国同属于东亚，母语同属汉藏语系，因此韩国外商的普通话学习能力和掌握程度都相对较好，对汉民族文化的认同感也较强。印度的官方语言是英语，会说英语在印度当地是身份和地位的象征，因此他们英语的掌握比例和使用概率都较高。

（2）微观文化身份与语码转换

单因素 ANOVA 检验结果显示，"性别"和"配偶是否为中国人"这两个因素与语码转换存在一定的关系。其原因有三：一是这两类外商群体对于中国文化的认同感较强。文化身份是传承的，也是动态的，个体或群体在传承自身文化的同时，也会在交流的过程中对异质文化产生认同。二是配偶为中国人的外商群体的语言掌握程度较好，更容易获得"群内"身份。语言是文化身份的重要标识，人们通常用"是否会说某种语言"来识别"群内"和"群外"身份。三是由于社会地位不同，女性对自己的社会地位不自信，为获得更多交友和就业的机会，她们更乐于学习当地的语言。此外，男女的活动场所不同，男性主要从事商业活动，使用英语这一世界性通用语言的频率较高，且男性在生活中的娱乐活动一般是与老乡聚会、喝酒、打球等，使用普通话和义乌话的机会较少。外籍女性的商业交往较少，她们的娱乐活动多为逛街购物、看电视等，中国人成了她们日常交流的主要对象之一，因此她们对普通话和义乌话的认同度较高，掌握程度也较好。

文化身份制约语码的选择和转换，同时文化身份也在语码的转换中得以重新建构，两者相互作用、相互依存。

2. 言语交际的顺应

"顺应性"是指语言使用者能够在语言变体中选择出符合交际目的的

形式，从而使交际取得成功的语言特性。语码转换是顺应性的一种体现，是语言能力的一个组成部分，社会规约、社会场景、语言现实和心理动机的顺应影响语码转换。

（1）社会规约的顺应

梅尔斯斯科顿（Myers-Scotton）在研究语码转换的社会功能时指出说话人转换语码有两个目的，一是重新明确一种适合交谈的社会场景；二是不断更换语码，以避免明确交谈的性质。后一种目的就是对社会规约的顺应。每一种社会都有其文化、传统和习俗，社会规约是指"某个社会中被绝大多数成员认为是符合常规的、能够被接受的行为和思想方式"（张艳君，2005）。某个社会的个体或群体，只有在社会规约这一框架下行动和思考才能被大众接受和认可。在我国这一较为传统的社会中，比较忌讳有关"性"的词语，人们在说到这类词时，通常会用较为隐晦的方式来表达，或者干脆使用另一种语言来表述，如女生在描述自己的贴身衣物时，一般会用"小可爱"或者用英文"bra"，这就是对社会规约的顺应。

（2）社会场景的顺应

根据梅尔斯斯科顿的观点可将语码转换的社会场景分为三类：对等场景、权势场景和事物场景（张艳君，2005）。对等场景的交际双方必须具备至少一个共同特征——职业、年龄、学历等；权势场景的交际双方是一种不对等的关系，如老师和学生之间、领导和职员之间等。事物场景的交际双方没有明确的相似和权势关系，如买卖关系等。依据场景的不同，语言使用者会通过选择不同的语言来重新确立一种社会关系。在本次"情景型语码转换调查"和"语码转换动态调查"中，我们就涉及了这三种场景。调查结果显示在事物场景中，外商群体英语和普通话的使用概率较高；在对等场景中，以母语为主；在权势场景中，虽然老板和员工同样来自印度，有着同样的母语背景，但他们仍然使用英语交流，借此拉开谈话距离，突显老板的地位和权威。

（3）语言现实的顺应

于国栋（2004）认为"对语言现实顺应的语码转换指那些由于纯粹的语言因素引起的交际者对于两种或两种以上的语言或语言变体的使用"。语言现实应包括语言意义、语言能力和语言态度三个部分，因此我们将从这三个方面分别论述语码转换对语言现实的顺应。

一是语言意义现实。言语活动中，一些意义和概念只存在于某一语言中，在另一种语言中则没有相对应的词汇；或者虽然两种语言中都能表述这些意义和概念，但用其中一种语言表述更为贴切。在这种情况下，语言使用者就会顺应语言现实进行语码转换，以期达到交际目的。例如钱锺书的《围城》中有这样一段对话：

> 辛楣吃完晚饭回来，……问鸿渐道："你在英国到过牛津、剑桥没有？他的 Tutorial system 是怎么一回事？"
>
> "Tutorial system" 是专有名词，若翻译成中文，会失去其本来的意蕴，因此这里直接用英文表达，这样的表达方式对于懂英文的人来说，更为简便和贴切。

二是语言能力现实。语言使用者的语码掌握情况也会对语码转换产生制约作用：若语言使用者较好地掌握了某种语言，那么他们使用该语言的概率就较高；若语言使用者掌握了多种语码，那么他们语码转换的频率就较高。例如一些港星的普通话不是很好，他们在说话时就会穿插使用自己较为熟悉的粤语或者是英语。上文调查结果显示语言能力和语码转换之间存在着较为明显的关系。

三是语言态度现实。语言态度指的是对某种语言或者语言变体的认同感。若语言使用者对某种语言的认同度较高，那么他们对于学习和掌握该语言的愿望就会比较强烈。如外商和外来务工人员对普通话的理性价值评价较高，他们学习普通话的热情就较高。再如，随着经济全球化的到来，英语的地位和功用越来越被认可，因此人们常常在语流中夹杂使用英文单词以彰显自己的身份和地位。下面以台湾综艺节目《康熙来了》当中的对话为例：

> 主持人 A："因为我刚才想说 project 是什么，作品吗？是吗？"
>
> 主持人 B："project 就是一个案子啊！"
>
> 主持人 A："哦，案子，对啦！因为我刚想说过了那个 timing（就不要问 project 的意思了）。"

主持人的母语是汉语，然而他们会在语流中加入英文单词，以体现自己有较高的文化素养。上文"语言态度均值与语码选择情况"的调查结果也显示，语言态度与语码选择是存在一定关联的。

（4）心理动机的顺应

心理动机的顺应是指对交际双方想要获得某种交际目的的心理顺应。我们将这一类语码转换称为有标记的语码转换。有标记的语码转换指的是说话者推翻某个语言社会中约定俗成的交际沟通原则，以期得到意料之外的表达效果。说话者希望通过交际沟通来表达自己的言外之意——表示亲近或疏远、表示拥有较高权利地位、表达幽默情感等，所有这些"言外之意"就是说话者的心理动机。再以综艺节目《康熙来了》当中的对话为例：

> 主持人："今天餐厅派你来（的目的）是什么？就是看你是餐厅里面最帅的人吗？"
> 来宾："就……倒霉吧……"
> （主持人和现场来宾全体大笑）
> 主持人："……原来上我们节目是很倒霉的一件事……"

一般情况下，该来宾应该表示自己很愿意来上节目，可他的回答却是"就倒霉吧"，表达了一种"不愿意上节目"的情绪，他打翻了原有的无标记的"权利和义务"集，造成了听众的心理反差，达到了幽默的效果。

第五节　义乌语言生态的对策

一　提高语言能力

语言能力是指语言使用者的语言掌握和应用情况，李宇明（2009）指出："公民语言能力是国家语言资源。"他认为语言能力不仅能影响信息的获取和表达，还能保证母语的继承和发展以及外语的引进和利用，是文化水平的重要标志。作为重要的语言资源，语言能力是国家软实力的重要组成部分。语言是沟通交际的重要工具，良好的语言能力能有效避免交际中出现的障碍和冲突，因此，作为国际化程度较高的城市，提高义乌国民和外籍人士的语言能力就显得尤为重要。

1. 普及推广普通话

随着义乌经济的迅速发展、人员往来的日益频繁以及推普工作的深入开展，义乌本地人员和外来务工人员的普通话水平有了较大的提升，基本能听会说。但义乌人说的大都是义乌普通话，带有浓重的义乌方言口音，而且在表达方式上也比较简单和肤浅。受语言交际环境的影响，外来务工人员所使用的普通话也大多不够规范。这样的状况与义乌经济社会发展水平及现实需求存在较大差距，亟待改善和提高。因此普及推广普通话，提高各个群体普通话的能力和水平乃是当前与今后的重要任务。

（1）学校教育环境的营造

教育是提高语言能力、培养学习和保护语言自觉意识的重要途径，政府应加强对教育的投入。近年来义乌政府在师资力量、教师待遇、公办和民办教育的关系等方面作出了较大的努力。如为了优化教师队伍，"全面实施了人事制度改革，实施了教职工全员聘用制、新进人员养老保险制和人事代理制、校长公开招考聘任制"。[①] 在教师薪资水平方面，保证了全市教师群体享受与公务员的同等待遇；在解决农民工子女的上学问题上也较有成效，通过公办和民办两种途径稳妥有序地解决了处于义务教育阶段的外来农民工子女的上学问题，是"全国流动人口中适龄儿童少年入学问题试点单位"。[②] 然而学校教育依然存在一些亟待解决的问题，如重英语轻母语现象严重，民办学校尤其是农民工子弟学校的办学条件简陋等。针对这些情况，我们应从以下三个方面做好相关工作：首先，政府和办学机构应高度重视母语教育，正视汉语的地位和作用。一方面学校可在权责范围内适当增加语文课的课时数，丰富该科目的授课方式和考核形式；另一方面学生应注重自身的长远发展，语言和文字的积淀不是一蹴而就的，而是一个循序渐进、厚积薄发的过程，良好的语文功底对于人际交往、职业发展都是大有裨益的。其次，政府应加大对农民工子弟学校的投入，增加办学点，修葺校舍，满足大量农民工子女的就学需求；保障教师薪资水平、福利待遇等，以吸引优秀教师投身农民工子弟学校工作，优化教师结构；提高学校伙食补贴，统一食堂卫生标准；配备校车，保证学生上下学的安全。最后，政府应加强监管力度，坚决取缔非法办学的农民工子弟学校。一些非法办学的学校负责人为了降低建校成本，或将校舍安排在存在污染的工业区内，或将一些废弃的校舍重新利用，这都为农民工子女带来

---

① 《义乌教育概况》，义乌市教育局网（2008-05-17）［2013-03-26］，http://jyjxxgk. yiwu.gov.cn/006_ 1/01/06/200911/t20091125_ 247198. html。

② 同上。

了安全隐患。

（2）社会语言生态环境的营造

语言文字是一个人、一个单位乃至一个城市的名片，提高义乌国民的普通话水平，既是义乌经济社会发展的现实需要，也是提升义乌城市形象和区域文化品位的重要基础。政府相关部门要把推广普及普通话列入重要工作议程，制订具体工作计划，并采取有效措施予以落实和推进。首先义乌行政事业机关和所有公共服务单位要以身作则、率先垂范，在上班时间和工作场所一律使用普通话。对现有工作人员要进行普通话培训考核，建立测评机制；对新录用人员要进行普通话达标测试，并作为录用的基本条件之一。其次是要积极营造学习普通话的社会氛围。一方面，政府要积极地宣传和倡导；另一方面，作为义乌普通市民，也要树立学习普通话的主观能动意识，积极参与政府组织的各种学习和培训活动，并自觉利用广播、电视等现代有声媒体自我矫正、自我提高。最后要重视阅读和书写，扩大知识面和词汇量。有关部门可通过设立读书节、组织读书会、举办读书比赛等形式多样的活动倡导读书，养成义乌市民爱读书、会读书的良好习惯。"读书破万卷，下笔如有神"，读与写一体两面，互相促进，阅读可以有效提升个人的文化素养和语言文字能力，从而提高普通话水平。

2. 提高外语水平

随着义乌外贸经济的发展和外商人口的增多，义乌市民尤其是经营户学习英语的意愿非常强烈，关于义乌小商品城语言使用情况的调查结果显示，有69.3%的经营户表示"愿意"和"非常愿意"学习外语。外商在交易场合的英语使用概率很高，会说英语能方便经营户与外商的交流和谈判，减少交易成本，降低交易风险。下面我们从规范教学和优化语境两个方面来阐述提高外语水平的途径。

（1）规范教学

义乌外语培训班数量众多、语言种类丰富。据毛力群（2009）统计，义乌全市有100余家语言中介服务机构，培训语种涉及汉语、英语、阿拉伯语、韩语、日语、俄语、法语、西班牙语、德语等10多种。完善的竞争环境使得外语培训班在教学内容、教学方式等方面有了较大的改善，为提升义乌市民的语言能力创造了良好的条件。然而外语培训依然有不足之处，如一些培训班的教师队伍主要由兼职在校大学生组成，他们缺乏教学经验和专业基础知识，且时间不固定、流动性较大，这使得培训班的语言教学缺乏专业性和系统性。我们应从以下三个方面来规范外语培训班的教学：

一是针对教学对象制定教学内容、设计教学方式。经营户是学习外语的主要人群，从语言基础来看，经营户的外语水平普遍较低，有些甚至是从零起步，培训机构应在教学起步阶段重视外语的基础学习。以英语培训为例，我们应注重音标、词汇、简单的日常用语等基础知识的学习，并通过做游戏、对话演练等生动活泼的方式展开教学，避免机械重复的语言点训练。从学习目的来看，他们学习外语主要是与外商进行沟通交流，从而促进贸易往来的顺利进行，因此教学内容应以商务口语和听力为主，适当降低语法学习的比重。从年龄和文化水平来看，经营户大多为成年人，且文化水平普遍偏低，为提高学习效率，培训机构的教学方式应尽量形象生动，注重在语境中进行口语练习，提高学习者的课堂参与度。

二是优化师资结构，提高教学水平。随着人才竞争的加剧，一些语言教学人才逐渐将目光转向私营机构，这为培训机构大量引进科班出身的专职教师提供了可能。教师是教学过程的重要组成部分，他们熟悉语言教学规律、懂得如何按照教学内容安排教学进度，能极大地提高培训班的教学水平。

三是发挥教学对象的主体性作用。教学的主体是学生，只有学生有目的有意识地从事语言学习，教学活动才能持续不断地进行下去。教师应帮助学生养成良好的学习方法，如用语音较为相近的"俺不能死"识记英文单词"ambulance"（救护车），用"胖得要死"识记"ponderous"（肥胖的），等等，用这样一种轻松诙谐的方式学习英文，既能提高学习效率，又能培养学习热情，从而增强学生学好英文的自信心。

（2）优化语境

语境对于语言习得的重要性不言而喻。以英语学习为例，国内的语言和教育环境使得我们当中的大多数人学到的都是"哑巴英语"：只懂语法和考试，却不敢说英语。因此，我们要重视外语语境的营造，鼓励大家用外语进行沟通交流。优化语境可以从以下两个方面着眼：一是重视外语角的开设，创造良好的语言交流环境，在提升义乌市民外语水平的同时，促进各种文化的交流和融合。例如，自2007年开始，每个星期天的晚上，商城英语角就在义乌鸡鸣山广场如期举行。义乌工商学院外语系的老师和学生都会参与进来，许多在义乌工作生活的外商和有意向学习英语的义乌市民也纷纷融入这个活动当中。① 二是聘请外教，提升公办学校和民办培训机构的外语教学水平。出于教育经费和经营成本的原因，国内的外语教师一般为中国人，虽然有较为深厚的理论功底，但他们不能实时更新语料，口语表达的规范性也有待改善。聘请外教能对外语教育做有效的补充，他们以轻松的课堂氛围介绍国外的文化传统和时下最流行的词汇和句子，在提升学习者外语听说能力的同时，也能提高他们的学习热情。

3. 重视汉语国际推广

随着义乌外贸经济的发展，越来越多的外国人到这里经商、工作和生活，为了在经济往来中取得更大的效益和在生活中获得当地人的认同，许多外商积极投身到学习汉语的热潮中，这种现象在我国的三类城市中是少见的。汉语培训在义乌主要有民办和公办两种形式，由于福利保障和薪资水平等经济原因，民办机构的师资力量不强，专业性的缺失使得外籍人员的学习缺乏系统性和针对性；大多民办培训机构的经营理念是"常年招生、随到随学"，这在方便了外商学习汉语的同时也忽视了教学进度的一致性；此外，培训机构一般比较重视实用口语的训练，突出和强化了汉语的工具性，这一做法忽视了汉语所蕴含的民族情感和文化内涵，不利于中国文化在国际的推广和传播。语言是文化的载体，文化是国家软实力的重要组成部分，做好国际汉语推广工作应注重将文化性、层次性和专业性结合起来，我们以义乌工商学院的对外汉语教学为例，详细阐述这三个方面的内容。

（1）重视汉语国际推广的文化性

汉语国际推广的文化性有两方面的内容，一是指在汉语推广的同时，向汉语学习者展示中国的文化。语言是文化的载体，只有了解一种语言的文化背景才能正确、恰当地使用该语言。我国有五千年的悠久历史，许多文化传统至今仍然散发着璀璨的光芒。调查显示，外商对于中国文化的认同度较高，大多数人认为在学习汉语的过程中应对中国的文化有所了解。义乌工商学院的对外汉语教学重视中国文化的推广，开设了文化课，在课堂上，外国学生能了解中国的名胜古迹、儒家文化、风俗习惯、历史故事

---

① 《义乌人有了自己的英语角》，义乌工商学院网（2007－04－10）　［2013－03－26］，http：//www.ywu.cn/News.asp？Id=5310。

等。二是指对外汉语教师应了解和掌握世界各国的文化，在传播中国文化的同时，也要尊重来自不同文化背景的学生。如韩国学生的打招呼方式一般使用微笑，对于他们来说，强有力的握手会被视为侵犯，因此老师应尊重他们的习惯，改变自身不合礼仪的行为方式。

（2）重视汉语国际推广的层次性

汉语推广应针对学习者的汉语掌握及需求程度进行。调查结果显示，义乌外商群体中的绝大部分人只具备普通话的听、说能力，这是由普通话的工具性特征所决定的。在课程和班级设置上，义乌工商学院根据学生的汉语水平，分别开设了零起点班、初级班、中级班和高级班。这样的设置有助于对留学生进行集中授课，大大提高了课堂效率。此外，学院还开设了基础汉语课、精读课、听力课、口语课和写字课，力图对留学生进行专项的、行之有效的教学，使他们深入、全面地掌握汉语。

（3）重视汉语国际推广的专业性

汉语国际推广应重视师资结构的优化、教材编写的科学合理，并对汉语本体做全面深入的研究。义乌工商学院的对外汉语老师大部分是科班出身的硕士研究生，他们的语言文字功底深厚，课堂教学用语使用精准到位，在教授专业性知识的同时，也能与学生进行良好的沟通交流和互动。科学合理的教材也是提升对外汉语教学成效的重要保证，义乌工商学院对外汉语教学使用北京语言大学出版社出版的《发展汉语》系列，分为综合、听力、写作、口语四块教学内容，初级、中级和高级三个教学阶段，四块教学内容的编排，既互相独立又彼此穿插，三个教学阶段的衔接性较强，是一套专业性较强的教材。专业性是文化性和层次性的有力保障，以专业性为基础发展起来的对外汉语教学才能更好地传承汉语的精髓，传播蕴含在汉语中的独特文化。

二　树立正确的语言文化观

经济全球化是一把双刃剑，它在拉动我国经济发展、促进多元文化融合的同时，也对汉语和汉民族文化造成了威胁。经济全球化带来了英语的全球化，这一现象在义乌这座典型的国际化程度较高的三类城市中尤为普遍，重英语轻母语的趋势近年来愈演愈烈。语言只有结构之别，没有优劣之分，它塑造了民族的文化传统。因此，我们应摆正心态，在重视学习英语的同时，不仅要看到普通话的理性价值，更应注重普通话所蕴含的情感价值。当然，我们还要从语言生态观的角度出发，协调各种语言的均衡发展，保护义乌语言文化的多样性。

1. 注重普通话的情感价值

上文调查显示，外商和外来务工人员群体对于普通话情感价值的认同度都较低：外商群体对于普通话情感价值的评价均值为 3.02，是语言态度均值中最低的一项；A、B 两个工厂的外来务工人员对于普通话的情感价值认同度也较低，分别为 3.67 和 3.45。

在外商群体中，普通话的实用性和工具性得到了普遍认可，但相对于英语这一世界性的强势语言和外商母语这一维系民族情感的语言来说，普通话的情感价值得不到认同，外商中认为普通话好听、亲切的人数比例仅为 1.7%。与印欧语系不同，汉语的语音和字体不存在一一对应的关系，学习起来难度较大，调查显示，外商中大多数人认为汉语的学习难度较大。在对外汉语教学中，教师应重视汉字特色的讲解，虽然汉字的语音和字体没有对应关系，但汉字是表意文字，有不少象形字，其字体和语义存在一定关联。在汉字的教学过程中，若配以图形释义，通过形象生动的讲解，就能起到事半功倍的效果，学生们也能在轻松的学习氛围中减少对汉语学习的畏难心理，从而加深他们对汉语的认同感。

在外来务工人员群体中，相对于家乡话来说，他们对于普通话的情感认同度也较低。我们应正确认识方言和普通话之间的关系，普通话作为一种高语言变体，并不是孤立于其他低语言变体之外的，它们互相借鉴吸收、共同发展，普通话中许多形象的词汇正是来源于方言，如普通话中常用的"得瑟""忽悠""寻思""扯淡"等词语就是来自东北方言。此外，我们应重视普通话中所蕴含的民族情感。普通话的情感是表达整个中华民族共有的情感，虽然没有方言情感那么具体、亲切，但它是真实存在的。

2. 注重语言文化的多样性特征

与生物生态系统类似，语言只有保持多样性才能维持语言生态的平衡，才能促进语言生活的和谐发展。世界上每一种语言都是人类认知活动的宝库，作为文化的载体，语言记载了人类的生产生活和认知世界的方式，每失去一种语言都是人类社会的一大损失。在语言文化的接触过程中，我们应与外来文化互相借鉴和学习，为外来人员营造良好的语言和生活环境，从而保护义乌语言文化的多样性。

（1）营造良好的语言环境

语言环境包括语言使用和学习环境。除了营造良好的学习环境（如上文所述）外，我们还应为义乌的当地居民和外商创造一个和谐的语言生态环境，它包括硬件和软件两部分。

硬件方面，我们应从以下两个方面来创造良好的语言环境：一是扩大标识范围。义乌的语言标识人多出现在外商聚居区的餐馆、宾馆等经营场所，目的是招揽顾客。一些政府服务机构、医院和道路指示牌等则很少出现双语、多语标识，这些场所和设施与外商的工作生活密切相关，因此我们应将语言标识范围扩大到公共服务机构和公共设施上。二是规范语言标识。在外商聚居区，许多广告牌、酒店餐馆的名称都使用中英韩三种语言甚至用中英韩阿拉伯四种语言标识，方便了外商的工作与生活，但是依然存在一些问题：如一些英文翻译不符合语法标准和使用习惯，把停车场（Parking Place）翻译成"Parking Thisway"等。语言标识大多是民间的自发性行为，缺乏政府的有效监管，有关部门应聘请专业人员指导，避免语言错误的出现。

软件环境指的是我们应尊重外来人员的语言选择和使用。随着义乌经济的发展，义乌本地人的普通话和外语水平都有了一定程度的提高：在国际商贸城内经常可以听见商家用英语与外商进行简单的交流。然而在一些场合，外来人员的语言使用尚未受到充分的尊重，如在买卖场合，若买家不会说义乌话，卖家就会故意抬高价格牟取利润。若想在跨文化交际中取得成功，我们必须选择具有较高语用价值的语言变体进行沟通和交流。因此在现有语言能力的基础上，在与外商交流时我们应尽量使用英语，在与外来务工人员交流时应尽量使用普通话，从而为他们创造一个良好的语言环境。

（2）营造良好的生活环境

生活环境包括精神环境和物质环境。外商群体和外来务工人员来自不同的国家和地区，他们有着与本地居民不同的宗教信仰和语言文化背景。义乌本地人对外来人员的接受度总体上较高，"文化认同和融合"调查结果显示，外来人员普遍认为义乌人民对他们很友善。然而随着商品经济的发展，义乌本地人的收入水平有了很大的提高，强大的经济基础在增强了义乌人自信心的同时，也让他们有了排外的心态，"江西老表""安徽佬""黑鬼"等带有鄙夷情绪的字眼成了他们对一些外来人员的惯用称谓。我们应在全市范围内营造一种开放包容、兼容并蓄的氛围，让义乌人民充分认识到当地经济的发展离不开外来人员的积极参与，从而避免狭隘地域观念的滋长。此外，地方社区应积极开展生动活泼的活动，邀请本地人和外来人员一起参与，使他们在互动中增进了解、加深认同感。

精神环境是物质环境的内在动力，物质环境是精神环境的基础保障。为方便外来人员的生活，尊重他们的信仰，义乌政府在城市基础设施建设上有较大投入，如建造了基督教堂和清真寺等。此外，对于外来务工人员工作权益的保障也比较到位，如制定最低薪资标准、杜绝企业老板拖欠工资等。从2010年开始，"义乌筹建了一个新部门：义乌流动人口服务管理局，政府部门力争在一些资源配置方面给予外来建设者更多倾斜"。[①] 即便如此，外来人员在义乌的生活依然缺乏保障，如不少外商表示他们在医疗卫生方面得不到良好的服务，医生护士大都不会说英语，无法了解和满足他们的需求。为营造更好的生活环境，我们应该从以下几个方面着手：一是提升政府、医疗机构的服务水平，充分耐心地听取他们的需求，避免"看脸色""办事难""效率低"等情况的出现。二是享受与本地孩子一样的教育环境：降低公办学校的就学门槛，提供优质的教学资源；由于肤色、语言、生活习惯等差异，外地学生在学校容易受欺负，且学习也跟不上教学进度，学校老师应对外来人员子女给予特别的关心和爱护。三是重视市容市貌建设，有效解决交通拥挤、治安混乱、垃圾乱放等问题，为他们提供和谐安全的生活环境。

（3）营造良好的文化环境

王远新（2008）认为："各种文化都既是'我者'，又都可以互为'他者'，从而拥有自身发展的合理性。"要真正认识"自我"，不仅要有一个"外在观点"，还要参照"他者"，只有从不同的文化环境中反观自我，对自己的认识才能更加深刻。近几年，义乌外来人口急剧增多，其数量已远远超过本地人口。义乌本地人对于外来人口的接受度和认可度总体上较高，但由于文化背景不同，他们之间大到传统风俗、宗教信仰，小到行为习惯、肤色、饮食习惯等都存在着较大的差异。此外，公共资源的被分享、工作岗位的被占有等原因也加深了义乌本地人的排外情绪。

在文化接触和碰撞的过程中，我们应客观理性地接纳外来文化，并吸收其积极成分为本民族所用。如阿拉伯国家与义乌一样有着重商的文化传

---

① 《义乌外来人口首次突破150万》，金华新闻网（2012-01-14）[2013-03-26]，http：//www. jhnews. com. cn/jhwb/2012-01/14/content_ 2041010. htm。

统，他们在经贸往来中互相借鉴。随着义乌经济的发展，"义乌模式"获得了阿拉伯人的认可①；随着经济关系的日益密切，穆斯林和非穆斯林在义乌频繁接触和往来，义乌的伊斯兰文化和儒家文化互相吸收积极成分：一方面穆斯林学习儒家文化的"入世精神"，以使自己更快地融入世俗商业的生活，另一方面非穆斯林也积极了解穆斯林的文化传统，以便促进两种文化之间的经贸往来顺利进行。在各种文化交汇融合的义乌，我们应尊重和平等对待每一种文化，各种文化在互相参照和学习中汲取养分，滋养这片文化土壤。

三　保护义乌方言

义乌方言是吴方言的一个分支，它的语音、词汇、语法系统均保留了大量古汉语的特征，如念"吃"为"食"。反映地方特色的歇后语、谚语等成为义乌地方文化不可或缺的组成部分。"以义乌方言为载体的义乌道情、小锣书已经被列为第二批浙江省非物质文化遗产名录（曲艺类），并正向国家有关部门申报国家级非物质文化遗产"（毛力群，2009）。随着义乌经济的发展，各种语言和方言变体在义乌交汇融合，给义乌方言的生存和发展带来了巨大的压力，保护义乌方言显得非常重要。

1. 建立义乌方言有声数据库

义乌方言向来有"义乌十八腔、隔溪不一样"的说法，这在给义乌本地人的沟通和非本地人的学习带去不便的同时，也为我们留下了珍贵的语言资源，义乌政府已将"义乌十八腔"列入了非物质文化遗产保护项目。近年来随着外来人口的急剧增长，义乌方言在外来人口中有一定的流传度，但使用概率仍然较低。义乌本地的青少年群体是方言传承的薄弱环节，由于从小家长们就和他们用普通话进行交流，他们当中甚至有人完全不会说义乌话。为了使义乌方言中的各种语音、词汇不至于流失，建立一个有声数据库就显得非常有必要。有声数据库的建立对于义乌方言的传承和研究都具有非常重要的价值和意义。

"义乌十八腔"的有声数据库建设可以从以下两个层面来推进：一是从共时层面分块分片采录语音资料。义乌地处浙江中部，交通发达，与邻

---

① 严庭国：《"义乌模式"的文化视角》，中穆网（2010-12-20）［2013-3-26］，http：//www.2muslim.com/forum.php？mod＝viewthread&tid＝198228。

近县市交往甚密，语言接触频繁，义乌方言受邻近方言的影响较大，如"'板'一词，稠城一带叫［ma］，而东塘、大陈、后深塘等地则叫［pa］，是受诸暨话的影响。"[①] 针对义乌这种特殊的语言状况，我们在收录语音资料时应遵循"分块分片采集"的原则，力求对义乌方言做到全面系统的统计和记录；二是从历时层面分年龄段采录语音资料。语言的本质属性是社会性，它与社会发展是共变的关系。随着社会经济的发展，普通话中的新词新语不断涌现，义乌方言也积极吸收新的语言要素以获得更大的发展空间。义乌老、中、青三代的语言在一定程度上发生了流变，体现在老一代的义乌话更为正宗和传统，语言态度较为封闭，年轻一代则吸收了普通话、英语等成分，语言态度较为开放，比如老一代的义乌人一般用"猢狲头"来形容"膝盖"，年轻一代则会直接使用普通话来表达。因此采集语音资料时应当尊重这一现实，从历时层面记录义乌方言的流变，只有这样才能完整反映出义乌方言的变迁和发展。

2. 义乌方言的"书面化"探索

义乌方言是一种口语化的方言土语，只能说却无法用文字记录，只能凭口耳相传，这也是它一直处于弱势地位的原因。反观一些强势方言如粤语等，它们的书面化程度就很高。近年来，对义乌方言的"书面化"探索取得了一定的进展，《解读义乌方言》一书的出版就是对"书面化"探索所做的努力。该书作者孟自黄以音求义，从汉字的形、音、义三个方面着眼，查阅了《康熙字典》《辞海》《汉语大字典》《现代汉语词典》等辞书以及其他相关的文献资料，查到了200多个义乌话中的古汉字和方言字。[②] 然而该书在义乌的流传度并不高，有关它的宣传和介绍也较少。

政府应积极鼓励有关义乌方言的研究，为研究者提供较为优厚的科研经费和较为便利的采集资料的方式途径，在对研究成果给予奖励的同时，也要对其进行大力宣传和推广，让义乌人了解和热爱自己的语言。此外，在进行书面化探索的过程中，所选汉字应尽可能地还原义乌方言的原始意义。"书面化"探索一方面有利于义乌方言的记录、传承和发展，更好地体现它的价值和魅力，另一方面也有利于义乌方言与普通话的互惠互通，只有通过"书面化"的义乌方言，才能为普通话吸收和利用。

---

① 《义乌》，百度百科［2013-3-26］，http：//baike. baidu. com/view/7766. htm。

② 《让学"义乌话"成为时尚——对〈解读义乌方言〉及其作者的解读》，稠州论坛（2011-07-06）［2013-03-26］，http：//bbs. cnyw. net/thread-697709-1-1. html。

3. 与普通话相互借鉴、互通有无

方言是一种情感价值较高的语言变体，它承载了乡里乡情和地方特色文化，在某些场合使用，能使语言的表达更加生动活泼，如"拉天"和"摆海"是义乌话中用来形容"吹牛皮"的词汇，"拉天"表示可以把天拉下来，"摆海"表示可以将海拨动，将"吹牛皮"的场景描绘得生动传神、淋漓尽致。但方言是一种语用价值较低的语言，传达语义的功能较弱，一旦涉及科学术语、专业词汇等就显得力不从心。一种语言若想获得长足的发展，必须与其他语言沟通融合、互为借鉴。"义乌普通话"的产生就是义乌方言与普通话融合的结果。例如：

（1）侬先开起（你先去）。
（2）侬先食起（你先吃）。

"起"的词义与普通话中的"先"相似，普通话中的"先"用于动词谓语前，义乌话中的"起"则用在句末作补语。义乌人在讲普通话时也会使用该成分，如"你先去起，我马上就来"，"你吃去起，不要等他们了"，等等。义乌本地人口数量远远低于外来人口的这一事实使得义乌人使用普通话的频率较高，他们在使用普通话时难免会融合进义乌的一些地域特色，由此就形成了"义乌普通话"。"义乌普通话"不仅扩大了义乌方言的使用领域，也丰富了普通话的语料库。它在义乌的使用极为广泛，据刘玉屏（2010）"调查显示，义乌居民在跟像农民工这样的外地人交往时基本上都讲普通话，而义乌居民所讲的普通话大多为带有一定方言成分的义乌普通话。所以，农民工与当地人交往时接触最多的并不是义乌方言，而是义乌普通话"。

4. 利用平面、电视和网络媒体宣传义乌方言

近年来，外来语言和文化对义乌方言和本土文化造成了强烈的冲击。随着国际化程度的进一步提高，能全面深入地了解当地传统习俗的义乌人越来越少，义乌青少年热衷于西方节日如情人节、圣诞节，却忽视了对义乌方言和传统文化的继承。媒体宣传有助于弘扬地域文化、传承义乌方言、强化地方凝聚力，有效防止外来文化对义乌本地文化的侵蚀。近年来，义乌方言类节目在义乌颇为红火，《同年哥讲新闻》就是一档用义乌方言播报新闻的节目，它俨然成了许多义乌本地人和外地人学习义乌方言

的窗口。该节目主要有"临市面""管闲事"两个板块，"临市面"主要是讲一些较为重要的新闻、知识，涉及法规、民生、旅游等，"管闲事"主要是报道义乌民众生活中的一些日常琐事。节目主持人通篇使用义乌话播报，语速适中，比较适合外来人员学习义乌话。该档节目在保护义乌话方面起到了很大的作用，节目充分反映了义乌话的特色："过夜"用义乌话的"宿夜"，"造房"用义乌话的"葺屋"来说等。很多民众认为该档节目是属于义乌人自己的节目，听起来非常有亲切感。不过该节目在语言方面依然存在一些问题，具体表现在以下两个方面。

一是节目中的语言表达存在生硬套用普通话的现象。如"下面我带大家去看看"的"下面"，普通话中的"下面"既可表示地理方位也可表示时间顺序，而义乌话中表示地理方位和时间顺序的是两个不同的词语，节目中的主持人用了义乌话当中表示地理方位的"落叮"去迎合普通话的"下面"一词，不甚合理。我们认为，地方方言向普通话靠拢是一种发展趋势，但是节目中的语言应该尽量体现方言特色，只有这样才能更好地保护和宣传义乌方言。

二是节目中的字幕依然使用普通话，影响学习者的学习效果。义乌方言与普通话中的字、词不存在一一对应的关系，这会使有意想学习义乌话的外来人员只"看"得懂节目内容，却很难将新闻所讲意思与义乌方言对照起来理解。我们认为该节目应该使用双字幕：普通话和义乌方言字幕，只有这样，才能真正有效地促进义乌方言的保护、传承与发展。

参考文献

陈耘：《语码转换的分类及存在原因》，《云南师范大学学报》2003 年第 2 期。

董洪杰、李琼、高晓华：《社会语言学研究的新视角：城市语言调查》，《西安文理学院学报》2011 年第 1 期。

方松熹：《义乌方言研究》，浙江省新闻出版局 2000 年版。

葛俊丽：《城市化进程中城市新移民语言状况调查与分析》，《浙江工业大学学报》2011 年第 4 期。

谷小娟、李艺：《语言与身份构建：相关文献回顾》，《外语学刊》2007 年第 6 期。

何自然、于国栋：《语码转换研究述评》，《现代外语》2001 年第 1 期。

黄国文：《方式原则与粤—英语码转换》，《英语语言问题研究》，中山大学出版社 1999 年版。

蒋金运：《语码转换研究述评》，《南华大学学报》（社会科学版）2002 年第 3 期。

《超七成外商表示已融入义乌》，金华新闻网（2012-03-20）［2013-02-14］，ht-tp：//www. jhnews. com. cn/zzxb/2012-03/20/content_ 2135292. htm。

雷小兰：《语言的经济价值分析》，《西安交通大学学报》（社会科学版）2009 年第 6 期。

李汉林：《关系强度与虚拟社区——农民工研究的新视角》，李培林主编《农民工——中国进城农民工的经济社会分析》，社会科学文献出版社 2003 年版。

李茹：《在语言选择中构建社会身份》，《山西农业大学学报》（社会科学版）2008 年第 1 期。

李茹：《语码转换与社会身份构建》，《黔南民族师范学院学报》2011 年第 2 期。

李现乐：《试论言语社区的层次性》，《东北大学学报》（社会科学版）2010 年第 3 期。

李宇明：《公民语言能力是国家语言资源——序〈母语·文章·教育〉》，《中国大学教学》2009 年第 2 期。

刘玉屏：《农民工语言再社会化实证研究——以浙江省义乌市为个案》，《语言文字应用》2010 年第 2 期。

刘玉屏：《正在进行中的汉语方言接触实证研究——义乌市农民工使用义乌方言成分情况调查》，《语言文字应用》2010 年第 4 期。

毛力群：《语言资源的价值——以浙江义乌的语言生活为例》，《云南师范大学学报》（哲学社会科学版）2009 年第 4 期。

莫红霞：《城市化进程中农民工语言接触与语言认同研究——以杭州市农民工为调查样本》，《语言文学研究》2010 年第 2 期。

王玲：《言语社区基本要素的关系和作用——以合肥科学岛社区为例》，《语言教学与研究》2009 年第 5 期。

王玲、徐大明：《合肥科学岛言语社区调查》，《语言科学》2009 年第 1 期。

王远新：《论语言功能和语言价值观》，《湘潭大学学报》（哲学社会科学版）2008 年第 5 期。

夏历：《在京农民工语言状况研究》，博士学位论文，中国传媒大学，2007 年。

夏历：《农民工言语社区探索研究》，《语言文字应用》2007 年第 1 期。

夏历：《"言语社区"理论的新思考——以在京农民工言语共同体为例》，《语言教学与研究》2009 年第 5 期。

邢福义：《文化语言学》，湖北教育出版社 1990 年版。

徐大明、陶红印、谢天蔚：《当代社会语言学》，中国社会科学出版社 1997 年版。

徐大明：《言语社区理论》，《人大复印资料·语言文字学》2004 年第 8 期。

徐大明：《语言的变异性与言语社区的一致性》，《语言教学与研究》2008 年第 5 期。

徐大明、王玲：《城市语言调查》，《浙江大学学报》2010 年第 6 期。

于国栋：《语码转换研究的顺应性模式》，《当代语言学》2004 年第 1 期。

严庭国：《"义乌模式"的文化视角》，2010 年 12 月 20 日，http：//www. 2muslim. com/forum. php？ mod＝viewthread&tid＝198228。

杨晓黎：《关于"言语社区"构成基本要素的思考》，《学术界》2006 年第 5 期。

阳志清：《论书面语的语码转换》，《现代外语》1992 年第 1 期。

张静：《语言与文化身份关系探析》，《阿坝师范高等专科学校学报》2004 年第 2 期。

张艳君：《语码转换的社会功能和情感功能》，《学术交流》2005 年第 5 期。

周明强：《言语社区构成要素的特点与辩证关系》，《浙江教育学院学报》2007 年第 5 期。

祝畹瑾：《社会语言学概论》，湖南教育出版社 1992 年版。

张艳君：《语码转换的社会功能和情感功能》，《学术交流》2005 年第 5 期。

张西平、柳若梅：《研究国外语言推广政策，做好汉语的对外传播》，《语言文字应用》2006 年第 1 期。

赵一农：《理性的有标记语码转换》，《当代语言学》2003 年第 3 期。

朱之红、赵其顺：《英语霸权时代民族语言多样性的保护》，《青海民族研究》2007 年第 2 期。

附录1　外商言语社区语言现状调查

外商言语社区语言现状调查

尊敬的外籍友人：

您好！近年来，随着城镇化水平的进一步提升，义乌逐渐成为一座国际化的商业城市，吸引着越来越多的境外人员踏足这一片充满生机的热土，境外人员聚居区在义乌逐渐形成并成熟。为了了解城镇化进程中义乌境外人员聚居区的语言生活，从而做好义乌的语言规划工作，为广大境外人员和义乌国民提供更为和谐的语言使用氛围，我们编制了此问卷，请您根据自己的实际情况认真填写。非常感谢！（本调查问卷不记名，请您如实填写）请在您认为符合情况的选项内打"√"或填写字母，在"＿＿"上填写相关内容。

一、个人基本情况：1. 性别：＿＿＿2. 年龄：＿＿＿3. 学历：＿＿＿

4. 来义乌几年：_____ 5. 职业：_____

6. 来自哪个国家：_____ 7. 您的配偶来自哪个国家：_____

二、语码掌握情况调查。（表格题，请在符合情况的表格中打"√"）

1. 口语能力调查

程度 语言	熟练	较好	一般	较差	不会
英语					
普通话					
义乌话					
母语					
其他语言					

2. 普通话综合能力调查

程度 能力	熟练	较好	一般	较差	不会
听					
说					
读					
写					

三、语言态度调查。（表格题，请在符合情况的表格中打"√"）

程度 项目	非常 同意	比较 同意	无所谓	比较 不同意	非常 不同意
B1. 在义乌，普通话比英语有用。					
B2. 在义乌，使用普通话能体现较高涵养。					
B3. 您希望学习或者进一步学习普通话。					
B4. 您希望自己的孩子学习好普通话。					
B5. 在义乌，掌握普通话能交到更多朋友。					
B6. 在义乌，掌握普通话，经商或者工作更加顺利。					
B7. 学习普通话并不难。					
B8. 普通话比母语好听。					

四、语码选择情况调查。(选择题，将符合情况的选项填入"（　）"，带"▲"的可多选)

Q1. 在正式场合（如工作场合），与中国合作人谈判一般使用什么语言？（　）

A. 英语　　　B. 普通话　　　C. 义乌话　　　D. 母语

▲原因（　）：R1. 觉得用该种语言表达更恰当准确。

R2. 觉得该种语言好听、亲切。

R3. 觉得使用该语言能融洽气氛。

R4. 出于工作的需要。

R5. 使用该种语言能体现自己的修养。

R6. 使用该语言能缩小谈话双方的距离。

R7. 使用该语言能扩大谈话双方的距离。

Q2. 在家庭内部，倾向于使用什么语言？（　）

A. 英语　　　B. 普通话　　　C. 义乌话　　　D. 母语

▲原因（　）：R1. 觉得用该种语言表达更恰当准确。

R2. 觉得该种语言好听、亲切。

R3. 觉得使用该语言能融洽气氛。

R4. 出于工作的需要。

R5. 使用该种语言能体现自己的修养。

R6. 使用该语言能缩小谈话双方的距离。

R7. 使用该语言能扩大谈话双方的距离。

Q3. 在百货商店、小商品市场等地购物时，倾向于使用什么语言？（　）

A. 英语　　　B. 普通话　　　C. 义乌话　　　D. 母语

▲原因（　）：R1. 觉得用该种语言表达更恰当准确。

R2. 觉得该种语言好听、亲切。

R3. 觉得使用该语言能融洽气氛。

R4. 出于工作的需要。

R5. 使用该种语言能体现自己的修养。

R6. 使用该语言能缩小谈话双方的距离。

R7. 使用该语言能扩大谈话双方的距离。

Q4. 与会说你们母语的同事或者朋友交谈时，倾向于使用什么语言？（　）

A. 英语　　　B. 普通话　　　C. 义乌话　　　D. 母语

▲原因（　）：R1. 觉得用该种语言表达更恰当准确。

R2. 觉得该种语言好听、亲切。

R3. 觉得使用该语言能融洽气氛。

R4. 出于工作的需要。

R5. 使用该种语言能体现自己的修养。

R6. 使用该语言能缩小谈话双方的距离。

R7. 使用该语言能扩大谈话双方的距离。

Q5. 与来自别国的境外人员交谈时，一般会使用什么语言？（ ）

A. 英语　　　B. 普通话　　　C. 义乌话　　　D. 母语

▲原因（ ）：R1. 觉得用该种语言表达更恰当准确。

R2. 觉得该种语言好听、亲切。

R3. 觉得使用该语言能融洽气氛。

R4. 出于工作的需要。

R5. 使用该种语言能体现自己的修养。

R6. 使用该语言能缩小谈话双方的距离。

R7. 使用该语言能扩大谈话双方的距离。

五、跨文化交际中，文化融合现象的调查。选择题，将符合情况的选项填入"（ ）"。

C1. 平时在与中国人交谈过程中，没有出现过由于文化差异而出现的沟通困难。（ ）

A. 非常认同　　B. 比较认同　　C. 无所谓

D. 比较不认同　　E. 非常不认同

C2. 在学习汉语时，您想要同时了解中国的文化。（ ）

A. 非常认同　　B. 比较认同　　C. 无所谓

D. 比较不认同　　E. 非常不认同

C3. 您觉得对于中国文化、习俗等的了解，有助于实现更有效的交际。（ ）

A. 非常认同　　B. 比较认同　　C. 无所谓

D. 比较不认同　　E. 非常不认同

C4. 你们喜欢中国文化。（ ）

A. 非常认同　　B. 比较认同　　C. 无所谓

D. 比较不认同　　E. 非常不认同

C5. 你们喜欢义乌的街道、商店、宾馆、饭店等地方融合进你们民族的文化。（ ）

A. 非常认同　　B. 比较认同　　C. 无所谓

D. 比较不认同　　E. 非常不认同

C6. 在义乌工作、经商、学习时，会过中国传统的节日。（ ）

A. 非常认同　　B. 比较认同　　C. 无所谓

D. 比较不认同　　E. 非常不认同

C7. 在义乌工作、经商、学习时，不会保留你们本民族的传统习惯和风俗。（　）

A. 非常认同　B. 比较认同　C. 无所谓

D. 比较不认同　E. 非常不认同

C8. 你认为义乌人民友善。（　）

A. 非常认同　B. 比较认同　C. 无所谓

D. 比较不认同　E. 非常不认同

附录 2　外商言语社区语言现状调查（英文版）

Survey on the current situation of the foreign businessmen speech community

Dear Sir or Madam:

With the development of the urbanization, Yiwu has increasingly become an international business city in recent years, which has attracted more and more overseas personnel to work and live here, so foreign businessmen neighborhoods has gradually formed and matured in Yiwu. In order to do a good job of language planning in Yiwu and to provide a more harmonious atmosphere of the use of language for the people living in Yiwu, we need to understand the uses of languages in the foreigners neighborhoods during urbanization. Please fill in this questionnaire according to your actual situation. Thank you very much for your cooperation. (This questionnaire is anonymous.) Please mark "√" or letters in the options that corresponds to your situation and fill in the related content in "__".

Ⅰ. Personal basic situation.

1. Gender: ____　2. Age: ____　3. Degree: ____　4. Vocation: ____

5. How many years have you lived in Yiwu ? ____

6. Which country do you come from? ____

7. Which country does your wife(or husband) come from? ____

Ⅱ. Survey on language skills. (According to the actual situation, please fill in "√" in the corresponding form.)

(ⅰ) Spoken language skills

Skills Languages	Skilled	Less skilled	General skilled	Poor	Can't
English					

续表

Skills / Languages	Skilled	Less skilled	General skilled	Poor	Can't
Chinese					
Yiwu dialect					
Native language					
Other languages					

(ii) Comprehensive skills of Chinese

Skills / Contents	Skilled	Less skilled	General skilled	Poor	Can't
Listen					
Speak					
Read					
Write					

III. Survey on language attitude. (According to the actual situation, please fill in "√" in the corresponding form.)

Degree / Contents	Strongly agree	Agree	Neutrality	Disagree	Strongly disagree
B1. Chinese is more useful than English in Yiwu.					
B2. Speaking mandarin can reflect a higher quality in Yiwu.					
B3. You want to learn Chinese.					
B4. You want your children to learn Chinese well.					
B5. Speaking Chinese can make more friends in Yiwu.					
B6. Speaking Chinese can make work or business more smoothly in Yiwu.					
B7. It is not difficult to learn Chinese.					
B8. Your native language sounds better than Chinese.					

IV. Survey on language selection. (Multiple-choice questions. According to the actual situation, please fill the right choices in "( )", you can choose more than one answers in the "REASONS".)

1. If you negotiate with Chinese partners on formal occasions, which language will you choose?( )

A. English　　B. Chinese　　C. Yiwu dialect　　D. Native language

REASONS( ): R1: This language is more appropriate and accurate for expression.

R2: This language sounds good.

R3: You can make a harmonious atmosphere by using this language.

R4: This language is useful for work.

R5: Using this language to reflect their own self-cultivation.

R6: Using this language to narrow the conversation of the distance.

R7: Using this language to expand the conversation of the distance.

2. If you talk with your family members, which language will you choose?( )

A. English　　B. Chinese　　C. Yiwu dialect　　D. Native language

REASONS( ): R1: This language is more appropriate and accurate for expression.

R2: This language sounds good.

R3: You can make a harmonious atmosphere by using this language.

R4: This language is useful for work.

R5: Using this language to reflect their own self-cultivation.

R6: Using this language to narrow the conversation of the distance.

R7: Using this language to expand the conversation of the distance.

3. When you are shopping in the department store or commodity market, which language do you choose?( )

A. English　　B. Chinese　　C. Yiwu dialect　　D. Native language

REASONS( ): R1: This language is more appropriate and accurate for expression.

R2: This language sounds good.

R3: You can make a harmonious atmosphere by using this language.

R4: This language is useful for work.

R5: Using this language to reflect their own self-cultivation.

R6: Using this language to narrow the conversation of the distance.

R7: Using this language to expand the conversation of the distance.

4. If you talk to your friend who can speak your native language, which language will you choose?( )

A. English　　B. Chinese　　C. Yiwu dialect　　D. Native language

REASONS(　): R1: This language is more appropriate and accurate for expression.

R2: This language sounds good.

R3: You can make a harmonious atmosphere by using this language.

R4: This language is useful for work.

R5: Using this language to reflect their own self-cultivation.

R6: Using this language to narrow the conversation of the distance.

R7: Using this language to expand the conversation of the distance.

5. When you are talking to some foreigners who come from other countries, which language do you choose?(　)

A. English　B. Chinese　C. Yiwu dialect　D. Native language

REASONS(　): R1: This language is more appropriate and accurate for expression.

R2: This language sounds good.

R3: You can make a harmonious atmosphere by using this language.

R4: This language is useful for work.

R5: Using this language to reflect their own self-cultivation.

R6: Using this language to narrow the conversation of the distance.

R7: Using this language to expand the conversation of the distance.

V. Survey on cultural integration in cross-cultural communication. (Non-multiple choice questions, please fill in the right choice according to your actual situation)

1. There is no difficulty which is caused by cultural differences when you are talking with Chinese people. (　)

A. Strongly agree　B. Agree　C. Neutrality

D. Disagree　E. Strongly disagree

2. You want to know Chinese culture when you learn Chinese. (　)

A. Strongly agree　B. Agree　C. Neutrality

D. Disagree　E. Strongly disagree

3. You think that understanding for Chinese culture and customs does contribute to more effective communication. (　)

A. Strongly agree　B. Agree　C. Neutrality

D. Disagree　E. Strongly disagree

4. You love Chinese culture. (　)

A. Strongly agree　B. Agree　C. Neutrality

D. Disagree　E. Strongly disagree

5. You like the fusion of cultures in Yiwu. (　)

A. Strongly agree　B. Agree　C. Neutrality

D. Disagree　E. Strongly disagree

6. If you live in Yiwu, you will celebrate Chinese traditional festivals. (　)

A. Strongly agree　B. Agree　C. Neutrality

D. Disagree　E. Strongly disagree

7. If you live in Yiwu, you will not retain the traditional habits and customs of your nation. (　)

A. Strongly agree　B. Agree　C. Neutrality

D. Disagree　E. Strongly disagree

8. People from Yiwu are friendly. (　)

A. Strongly agree　B. Agree　C. Neutrality

D. Disagree　E. Strongly disagree

附录3　工厂言语社区语言现状调查

工厂言语社区语言现状调查

尊敬的外来务工人员：

您好！近年来，随着城镇化水平的进一步提升，义乌越来越多地吸引外来人员踏足这片土地，在这里工作和生活。为了了解义乌外来务工人员的语言生活，从而做好义乌的语言规划工作，我们编制了此问卷，请您根据自己的实际情况认真填写，非常感谢您的合作！（本调查问卷不记名，请您如实填写）请您在认为符合情况的选项内打"√"或填写数字，在"＿＿＿"上填写相关内容。

1. 个人基本情况

（1）性别：＿＿　（2）年龄：＿＿　（3）学历：＿＿

（4）家乡：＿＿　（5）外出打工几年：＿＿　（6）有无留城意愿：＿＿

2. 语码掌握情况调查（在认为符合情况的选项内打"√"）

（1）普通话掌握情况调查

①打工前的普通话掌握情况

程度 语言	听不懂不会说	听得懂不会说	听说都会一点	听说都比较熟练
普通话				

②打工后的普通话掌握情况

语言＼程度	听不懂不会说	听得懂不会说	听说都会一点	听说都比较熟练
普通话				

（2）语码掌握种类调查

A 工厂语码掌握种类调查

时间＼语言	普通话	义乌话	其他打工地	工友家乡话
打工前				
打工后				

B 工厂语码掌握种类调查

时间＼语言	普通话	义乌话	其他打工地	工友家乡话	安徽话
打工前					
打工后					

3. 语言互动调查（在认为符合情况的选项内打"√"）

（1）语言使用场合调查以下场合（以下场合一般使用什么语言？）

场合＼语言	家乡话	普通话
家庭内部		
跟老乡交谈		
跟非老乡同事交谈		
跟本地熟人交谈		
跟陌生人交谈		

（2）强势语言调查

A 工厂强势语言调查

问题＼语言	普通话	义乌话	其他方言
Q1. 工厂内部，基本使用什么语言？			
Q2. 较好地掌握了哪几种语言？			

续表

语言 问题	普通话	义乌话	其他方言
Q3. 掌握哪几种语言更有助于工作进步？			

B 工厂强势语言调查

语言 问题	普通话	安徽话	义乌话	其他方言
Q1. 工厂内部，基本使用什么语言？				
Q2. 较好地掌握了哪几种语言？				
Q3. 掌握哪几种语言更有助于工作进步？				

4. 语言认同调查

（1）对各语言的情感价值、理性价值的评价和学习态度。（在下面空格内填 1—5 五个数字，5 表示非常同意，4 表示同意，3 表示无所谓，2 表示不同意，1 表示非常不同意）

态度	语言	普通话	义乌话	家乡话
情感价值	Q1. 该语言好听亲切。			
理性价值	Q2. 该语言能准确表意。			
	Q3. 使用该语言能表明较高修养。			
	Q4. 使用该语言能受到别人的尊重。			
	Q5. 使用该语言能表明具有较高的经济地位。			
	Q6. 使用该语言能增强自信心。			
	Q7. 使用该语言能获得更多的社会资源。			
学习态度	Q8. 希望更多学习或使用该语言。			
	Q9. 希望子女学习或使用该语言。			

（2）掌握普通话、义乌话程度的期望程度调查（在认为符合情况的选项内打"√"）

期望 语言	能熟练 使用	能进行一般的 交际	能听懂 就行	无所谓
对普通话的期望				
对义乌话的期望				

第五章

城市二代移民语言生态状况考察

——以二类城镇金华市为例

第一节　概述

根据《中国 2010 年第六次人口普查资料》样本数据推算，"0—17 岁城乡流动儿童规模为 3581 万，在这些流动儿童中户口性质为农业的流动儿童占 80.35%，据此全国有农村流动儿童达 2877 万"（全国妇联课题组，2013）。也就是说进城务工的农民工子女已达 2877 万，这些城市新成员已然形成一个数量相当可观、影响逐渐扩大的社会群体。

进城的农民工子女经历着从乡村到城市两种生存环境的转换，实际上相当于一次"移民"的过程，熊易寒（2008）将"这些出生在农村或尚处于未记事年龄就跟随父母进城的农民工子女称为'第二代移民'，还有一部分在乡村生活时间较长之后进入到城市继续接受教育的农民工子女称为'一代半移民'"。本章所指的"城市二代移民"，包括了熊易寒所说的"一代半移民"和"二代移民"。

赵翠兰（2011）认为"大多数的农民工子女事实上已经构成了'城市第二代移民'的性质"。因为与父辈第一代移民相比，他们较早开始了城市的生活并接受教育，城市化程度要明显高于父辈。从未来的居住意向看，第二代移民是在他们父母已经拥有了一定的经济基础，在城市立足甚至定居的情况下进入城市，因此更倾向于选择在城市生活、发展。随着新型城镇化的深入，他们将融入城市中，成为城市新的成员。

城市二代移民从乡村进入城市，经历的不仅是语言环境的变化，更是两种文化的变迁。他们进入城市时都还在学龄期，虽然生活在父辈的语言环境中，但学习新的语言并不像一代移民那样困难，语言使用和语言选择已经和父辈出现了明显的不一致。城镇化的发展对他们语言生活的影响是巨大的，但他们又不能很好地融入城市，所处语言环境相对复杂，本身的语言状况也很多样，语言生态问题更为突出，因而非常有必要进行调查研究。

随着城市二代移民群体的日益庞大，他们在城市中的生存状况、受教育状况、城市融入以及由此引发的一系列社会问题，已引起政府和学界的广泛关注，包括经济学、社会学、人口学等多个领域的学者从不同角度展开了研究。侯力、解柠羽（2010）提出"二代移民融入城市的问题将会成为一个社会难题"。二代移民虽已进入城市生活，但由于城乡二元体制的存在，大部分孩子仍无法进入城市公办学校就读，与所在地城市的孩子相比，他们享受不到应有的福利、感受不到同样的认同。他们不认为自己是本地人，但又否认自己是真正的外地人，可以说仍未完全融入城市成为真正的"城市人"。

与父辈相比，二代移民对城市有着强烈的融入意识，并对权利的平等和地位的上升有所诉求。"在这种心理预期的驱动下，第二代移民面对不平等的现象缺乏忍耐性，如果不对他们进行正规有效的教育，难免会产生仇视社会的心理，甚至对社会产生不良的影响。"（曾坚朋，2013）关注城市二代移民的语言生态，促进二代移民的城市融入是一个和谐共赢的过程，这不仅有利于他们自身的发展，更对新型城镇化的健康发展、对社会的和谐稳定都大有裨益。

国内较早关注到农民工子女，并将其作为"城市二代移民"研究的是赵树凯，2000年他在北京市外来人口子弟学校进行了初步调查，发现农民工子弟学校里的城市二代移民普遍存在教育资源短缺、身份认同障碍和难以融入城市等问题。

与城市同龄人相比，二代移民在思想文化、社会经济背景以及语言等方面都有自己的特点，他们生活在一个普通话、城市方言和家乡话并举的独特语言环境中。这种独特的语言现象引起了学者们的关注，如罗玉石（2009）对绍兴市的外来农民工子女语言状况做了调查，陈东芳（2010）对乌鲁木齐市农民工子女的普通话使用情况进行了调查，雷洪波（2008）通过对外来少年儿童语言生活进行了调查，发现已经生活在城市的二代移民和本地儿童存在着阶层差异，主要体现在家庭和周围环境的差异影响孩子的语言习得。

除了家庭和社会环境对农民工子女的语言生活有影响外，屠国平

（2008）发现电视媒体对外来人口普通话水平的影响也比较大，与本地居民的交往也会对他们的语言生活产生影响，同时他们的语言生活也在一定程度上对本地居民产生影响，这是语言接触的必然结果。

刘玉屏（2010）在对义乌外来务工人员的语言使用调查中发现农民工语言有再社会化的过程，"在语言上具体表现在语库的扩容、语码选择模式的变更、言语交际策略的调整和对打工地方言成分的援用等"。赵翠兰（2011）认为"经历语言再社会化是农民工子女认同城市的一个主要途径，即不仅要经历言语社会化，更重要的是要经历语言社会化"。虽然城市二代移民省去了农村初来乍到的适应期，但从进入城市到完全融入城市生活，是一个长期而艰难的过程，必须要经历一个认同的过程，语言认同是其中一个主要的方面。语言的认同同时也影响着城市二代移民的语言使用。

城市二代移民的语言生活孕育于城镇化的发展中，社会环境的巨大变化必然会引起语言使用功能、关系的变化。首先，在语言使用上，城市二代移民是否同时使用普通话和家乡话两种语言变体，普通话和家乡话是否在使用的场合上出现分离，是否在功能上有了不同的分工；其次，城市二代移民的语言能力是否也会发生变化，普通话水平有没有比他们的父辈提高？最后，影响他们语言选择的因素有哪些？在普通话学习过程中又有哪些问题？关于城市二代移民的语言生态问题不仅限于上面所提到的，城市二代移民的语言态度、语言学习等同样也需要去调查研究。另外教育资源的稀缺、多语言的环境等都影响着城市二代移民的语言生活。

城市二代移民群体的日渐庞大，在语言层面上将会形成一个新的言语社区，并与当地言语社区相互影响、相互渗透，甚至对这个城市的未来语言生活发展产生影响，因此调查城市二代移民的语言生活状况，了解他们的语言生活，发现他们的语言生态问题，给予及时有效的建议，关注城市二代移民这一特殊群体的语言状况有着重要的理论和现实意义。

金华是浙江中部二类城市，随着新型城镇化的推进，城市不断扩大，外来人口不断增加。据2011年第六次人口普查资料显示：金华市外来人口总量为199.86万人，其中常住外来人口135.91万人，占全市常住人口的25.35%，与2000年第五次人口普查外来人口57.06万相比有了显著的增长。外来常住人口中0—14岁的低年龄段的人口占全市常住人口的

10.65%，外来人口中以农业户口为主，占94.28%，绝大多数是外来务工人员。从外来人口的来源看，主要集中在周边省份和西部欠发达地区，其中尤以贵州的外来人口最多，达到了26.52万人，占19.52%，其次是江西23.86万人，占17.56%，安徽和河南也分别有14.82万和13.14万人，占10.90%和9.67%，省内其他地市的外来人口13.49万人，占9.93%。从城乡分布看，主城区是外来人口的集中地，占40.5%，其次是镇中心区和镇乡接合区，占26%。随着乡镇小企业的发展，越来越多的外来人口涌向农村（黄达、方玲珊，2012）。

近年来进城务工人员呈现出"家庭化"的特点，因而其随迁子女的数量也在急剧增加，据金华市教育局最新统计数据显示，金华市区已入学的义务教育阶段的外来务工人员子女已达27312人。从金华市农民工的城乡分布来看，逐渐向城镇靠拢，大部分都已经在城镇常住。对二代移民目前居住地点的调查显示，49%的二代移民家庭在市区居住，35.5%居住在城郊，15.5%居住在农村，符合农民工的城乡分布规律。在此次的调查中有52%的城市二代移民表示"基本不回农村"，其余的也表示"只有寒暑假回"，他们已逐渐远离乡村，与父辈相比，已经缺乏了与乡村的生活联系和对乡村的认同。

此次调查的对象均出生在21世纪00后或10后，他们或在农村生活了一段时间后跟随父母来到城市，或直接出生在城市，但无论是出生在农村还是出生在城市，目前都生活在城市并接受教育。此次对义务教育阶段的城市二代移民来源地调查中，来自贵州的人数最多，其次是来自安徽、河南、四川等地。

我们从语言使用、语言能力、语言态度这三方面对二代移民的语言使用状况进行考察：语言使用调查主要包括二代移民在一定领域内对三种语言及其变体的使用情况；语言能力调查主要包括二代移民的普通话、家乡话、金华话的能力水平以及三种语言习得的情况；语言态度调查主要考察二代移民对普通话、家乡话、金华话态度的不同内容。另外我们还调查了二代移民父母的语言能力状况和语言态度。

本次调查我们采用了问卷调查法和访谈法结合，并参考其他资料，认真分辨不同籍贯、不同经历的人的具体情况，反复验证，以求探知最接近真实的语言面貌。本次调查的取样方法主要采取整群抽样和个体随机抽样相结合的方法，我们以班级为单位，从中随机抽取若干班级，随后对选中班级的全体同学进行随机抽样调查。

　　文章采取定量分析的方法，数据分析使用 SPSS 22 和 Excel 2013 两个软件，使用 SPSS 22 中的均值比较、方差检验和相关性分析对城市二代移民的共时语言差异做了推断性统计，分析了影响城市二代移民语言使用的主要原因。在统计分析中使用了 Excel 2013 和 SPSS 22 中的绘图功能对统计结果做了直观的图表展示。试图以此描绘出金华市区城市二代移民语言状况的真实面貌，并在此基础上对他们的语言状况的共时差异和历时变化作进一步的分析，尽可能揭示出引起二代移民语言使用、语言能力、语言态度等变异的深层原因。

　　如何选取城市二代移民群体进行切实有效的调查，杨晋毅（2004）指出"第二代人的语言状态只有通过对单位子弟学校的语言状态调查才能够正确把握"。所以本次调查选择在金华市区的两所农民工子弟学校进行，一所是婺城区城西小学，城西小学前身为婺城区农民工子弟学校，据2013 年数据统计，这所学校接收了来自全国 13 个省市外来务工人员的子女，学生的流动率已稳定在 7%，样本来源地较为丰富。另一所是金东区的英达民工子弟学校，这是一所小学、初中一体化的九年一贯制学校，样本年龄层次较多，并且英达民工子弟学校是浙江师范大学的一个教育实践基地。

　　城西小学共发放问卷 140 份，在三、四、五、六年级中各随机抽取一个班级，每班随机抽取 35 个样本，回收问卷 132 份，其中有效问卷 128份；英达学校只针对七、八、九年级发放了问卷，因九年级学生人数只有27 人，发放了 15 份问卷，七、八年级分别发放了 35 份问卷，共发放问卷 85 份，回收 75 份，其中有效问卷 72 份。

　　本次调查的对象是外省来金务工人员的子女，不包括来自本省其他地区来金务工人员的子女。由于考察的是语言的整体概况，所以对同一地区仍有差异的方言就不再区分，为便于理解，统一使用"家乡话""金华话"的概念，外语状况不在调查之列。在初次调查问卷结束后，针对问卷中一些尚不清楚的问题，以及需要再做深入了解才能了解原因的问题，我们重返学校对学生和老师进行了访谈，将问卷和访谈相结合，力求呈现城市二代移民真实的语言状况。

　　考虑到这些学生的年龄、性别、背景信息等都在一定程度上影响着他们的语言使用、语言能力、语言态度，所以在调查时专门列出此信息，现说明如下。

1. 年龄分布和性别比例

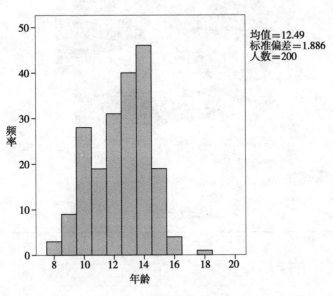

图 5.1　调查样本年龄分布

　　此次调查对象的年龄主要集中在 10 到 15 岁，均值为 12.49，年龄最小的 8 岁，最大的 18 岁，以 10—15 岁年龄段的孩子居多，这个年龄段的孩子基本都是在学龄期进入城市，其中有很大一部分就是在城市里出生、长大的，可以较为真实、客观地反映出城市二代移民的语言生活状况。

　　调查发现，农民工子弟学校的孩子普遍存在入学晚的现象，主要是由办理入学手续、父母重视程度，以及转学降级等因素造成的。同一班级年龄差距为 1—4 岁，因而我们在统计数据时不以年级作比较，直接以年龄作为变量。此次调查中有男生 98 人，女生 102 人，男女比例基本平衡。

2. 样本来源地分布

　　此次调查的样本主要来自贵州、安徽、河南、四川、重庆、江西、云南等地，来自西南地区的居多，占 51%，其次是安徽，占 28%，来自河南的也有 10%。具体情况见图 5.2。

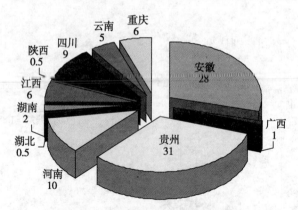

图 5.2　调查样本来源地分布（%）

3. 样本背景信息

表 5.1 　　　　　　　　　　样本基本背景信息 　　　　　　　　　（%）

背景信息		样本总数 （总计 200 人）	百分比
来金时间	1 年以下	19	9.5
	1—2 年	25	12.5
	2—3 年	30	15.0
	3—4 年	32	16.0
	5 年及以上	94	47.0
居住地点	农村	31	15.5
	城郊	62	31
	市内	98	49.0
居住方式	家人亲戚	41	20.5
	老乡	77	38.5
	其他地方来的人	39	19.5
	金华人	43	21.5
居住意向	不清楚	54	27.0
	住一段时间	32	16.0
	长期住下去	114	57.0
交往对象	家人亲戚	32	16.0
	老乡	59	29.5
	其他地方来的人	67	33.5
	金华人	42	21.0

调查结果显示，在金华居住 5 年以上的占了近一半。在居住地点上，选择居住在"农村"和"城郊"的相当，各占30%左右，居住在"市内"的占 38.5%，这样的分布比例恰好可以反映出城市二代移民在"农—郊—城"的城镇化进程中不同的语言生活状况；在居住方式上，和"老乡"一同居住的比较多，同"家人""亲戚""其他地方来的人""金华人"一起居住的也不少；在居住意向上，一半以上的人希望长期住下去，有明确的定居打算，有 27%的人对自己的去留并不清楚，打算住一段时间的人相对较少；在交际对象的选项上，根据居住地点的调查结果，我们选取了二代移民日常生活中接触最频繁的人群，其中与"其他地方来的人"交际的比例占到 33.5%，其次是"老乡""金华人"，与"家人亲戚"的交际反而较少，只占 16%，交际对象的多样化反映出二代移民语言使用的多元化现象。

第二节　城市二代移民的语言使用情况

据 2014 年《中国语言生活状况报告》显示："目前双语双言现象已成为我国语言生活的基本形态，而其中的'双言现象'是指在语言生态中使用共同语和方言，或两种、多种方言的情况，我国地域辽阔方言众多，双言现象在中国是普遍存在的。"城市二代移民尚处于父辈语言环境中，受家乡方言环境的影响，双言现象在城市二代移民群体中较为普遍，几乎每个二代移民都是双言人，他们同时掌握着普通话和家乡方言或本地方言。

徐大明、陶红印、谢天蔚（1997）给语码转换下的定义是："一种语言转变到另一种语言的现象，这种转换不仅指语言间的转换，也包括一种方言转变成另一种方言或从一种比较随便的语体转换到比较正式的语体。"在双言现象产生的同时必然也发生了语码的选择和转换，费希曼曾提出"语域理论"来解释语码的选择，"语域或语言行为域是指由一系列共同的行为规则（包括语言规则）制约的一组典型社会情景，语域是抽象的概念，费希曼将这种抽象的语域概念分出家庭域、朋友域、宗教域、教育域和工作域等五个领域"，其中包括的话题、角色关系和社会场景是语码选择的控制因素，依据不同的话题、交际对象、言语环境等，言语交际者会选用不同的语码。根据实际情况，我们从"家庭域""朋友域"

"教育域"以及处于"公共场合"等四个方面考察他们的语言使用情况。

　　1. 二代移民在家庭域中的语言使用

　　在家庭域中，二代移民的主要交际对象是父母、家人，我们考察了他们与父母进行言语交际时常用的家乡话、普通话、金华话的使用情况，结果见表5.2。

表5.2　　　　　　　　　与父母交谈时的语言使用情况　　　　　　　　（%）

	人数	百分比
家乡话	93	46.5
家乡话、普通话	71	35.5
普通话	22	11.0
家乡话、金华话	8	4.0
金华话	1	0.5
普通话、金华话	2	1.0
家乡话、普通话、金华话都用	3	1.5

　　在与父母交谈时，近半数的二代移民选择全部使用家乡话，而全都使用普通话的相对较少，占11%，全部使用金华话的更少，只有1人，在谈话中得知其母亲为金华人，小时候学会的第一语言就是金华话，受交际对象语言选择的影响，对他来说金华话取代了原本家乡话的地位，家乡话反而不会说了。

　　相对于使用一种语言的情况，更多的二代移民选择多种语言共用，如35.5%的二代移民选择的是家乡话和普通话共同使用。他们的父母一代移民即便已在城市定居生活，语言上仍较多地继续使用家乡话，因而在家庭内部长期处于父母语言环境下的二代移民，受父母语言潜移默化的影响，仍有近九成的人表示会说家乡话。另外，二代移民家庭为了更好地适应城市的生活，普通话也成为家庭里通用的语言，近半数的人表示在与父母交谈时会使用普通话。同时，迁入地的方言也成为家庭中使用的语言，尽管比例不高。

　　在家庭域中，无论在农村还是来到城市，二代移民的话语交际对象并未改变，但言语环境的变化也会让他们的语言选择发生变化。

　　图5.3所示：二代移民来金华前后家乡话的使用比例明显下降，而普通话的使用频率明显上升，这是因为来到城市后家乡话鲜有用武之地，城

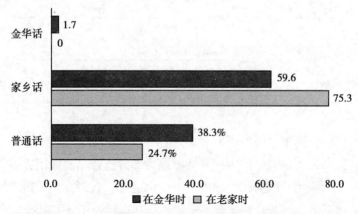

图 5.3　来金华前后城市二代移民在家庭域中的语言使用情况（%）

市的语言环境促使他们更多地使用普通话才能进行日常的对外交际，面对社会时的语言选择必然影响到家庭的语言使用。

当然，尽管家乡话的使用频率有所下降，但仍然是二代移民家庭内部使用的主要语言，与我们之前"在家庭中，城市二代移民几乎不使用家乡话"的假设有很大的出入，城市二代移民并没有丧失使用家乡话的能力。

2. 二代移民在朋友域中的语言使用

此次调查的二代移民为在校的中小学生，在前期的调查中发现，尚在学龄阶段的二代移民对朋友定义的范畴基本局限于学校内部，但通过对居住方式的调查后，我们得知许多二代移民家庭都是小范围的聚居，他们的朋友也包括老乡及其他地方来的人。为更详尽地考察二代移民在朋友域的语言使用情况，我们按地域范围的不同将朋友域的交往对象分为两类："校内同学"和"校外朋友"，考察了二代移民与校内同学和校外朋友交谈时的语言使用情况。

表 5.3　　　　　与校内同学交谈时的语言使用情况　　　　（%）

	人数	百分比
家乡话	0	0.0
家乡话、普通话	36	18.0
普通话	152	76.0
家乡话、金华话	2	1.0

续表

	人数	百分比
金华话	3	1.5
普通话、金华话	5	2.5
家乡话、金华话、普通话	2	1.0

在学校里，同学之间的语言背景不同，完全用方言会造成交流障碍，所以没有一个人表示完全使用家乡话。绝大部分选择完全使用普通话或普通话与家乡话兼用，因为在同学中有不少是老乡，在对方能听得懂自己家乡方言的情况下，36%的人选择了家乡话和普通话兼用，尤其是来自北方方言区的同学更倾向于使用家乡话，原因是各方言间虽有差异，但基本能听懂，他们表示朋友之间用家乡话交流会显得更亲切。

表 5.4　　　　　　　　　与校外朋友交谈时的语言使用情况　　　　　　　（%）

	人数	百分比
家乡话	20	10.0
家乡话、普通话	58	29.0
普通话	102	51.0
家乡话、金华话	4	2.0
金华话	10	5.0
普通话、金华话	3	1.5
家乡话、普通话、金华话	3	1.5

在校外的交际对象受限于居住范围，在互相方言不通的情况下，二代移民与人交际使用普通话，占到所调查人数的一半以上。在二代移民居住的小范围里，老乡是他们交流最为密切的人群，与老乡交谈时则完全使用家乡话。还有一些从小生长在金华方言环境中，习得的第一语言是金华话，他们往往用金华话与当地人交流。无论面对学校内的同学还是校外的朋友，二代移民的语言使用情况总体趋于一致，以使用普通话为主，家乡话和普通话共同使用为辅，三种语言都有使用的是极少数。

3. 二代移民在教育域中的语言使用

在教育领域，主要考察了二代移民在课堂内和课余的语言使用情况，普通话是课堂教学用语，在教学过程中学生被要求使用普通话，但他们普通话熟练程度参差不齐，有 78.5% 的人能完全使用普通话。有些在无法完全用普通话口头表达时，转而选择使用方言，于是在课堂上出现了方言与普通话共用的场景，使用"家乡话和普通话"的占 16.5%，使用"金华话和普通话"的占 5%。

总体而言，在教育域，普通话的普及程度较高，二代移民的语言使用形成了以普通话为主，与方言共用的基本格局。课堂教学中基本使用普通话，课余交谈时普通话使用减少，而家乡话、金华话的使用增加，由于交际对象来自五湖四海，普通话仍然是校园的主要语言。但与本地学校里的学生相比，二代移民的普通话使用率还是不高，语言使用也不够规范。从二代移民课内和课外普通话使用的差异性，也可看出他们主动使用普通话的自觉性较差，农民工子弟学校推广普通话的工作做得也不是很到位。

4. 二代移民在公共场合的语言使用

中小学生的交际圈相对比较单一，所以对他们接触的公共场所不进行细分，以他们对自身语言使用的整体评估作为依据。

表 5.5　　　　　　　　在公共场合语言使用情况　　　　　　　　（%）

	人数	百分比
家乡话	1	0.5
家乡话、普通话	11	5.5
普通话	152	76.0
家乡话、金华话	1	0.5
金华话	2	1.0
普通话、金华话	9	4.5
家乡话、金华话、普通话	24	12.0

从表 5.5 的数据可以看出，在公共场合，普通话是二代移民使用的主要语言，使用内部语言——家乡话的人数非常少。随着交际场合的开放、交际对象的复杂、话题的多样，他们的语言使用也呈现出多元趋势。

纵观以上四个领域的语言使用情况，二代移民语言使用特点表现为以下两方面。

（1）双言现象

"双言现象"是二代移民语言使用最鲜明的特征。其产生是因社会生活的需要，二代移民在家庭、学校、公共场合等不同场景中与不同的语言接触、与不同的人交际，逐步习得并使用多种不同的语言。在逐渐融入城市的过程中，双言多言已经成为二代移民语言生活的常态，他们既会说普通话，同时也掌握了一种以上的方言——家乡话或金华话。

无论在家庭域、朋友域、教育域还是公共场合，普通话的使用都占有优势，在"家乡话""普通话""金华话""家乡话和普通话""家乡话和金华话""金华话和普通话""三者都用"这七种言语交际模式中，除了普通话在单独使用时占绝对优势，方言的单独使用率很低，二代移民更多地选择普通话和方言共用，在双言混用的模式中，普通话也通过金华话和家乡话逐渐渗透到语言使用的各个领域。

城市中来自别的方言区的居民及其后裔往往兼用母语和这个城市的方言，但这种双言制往往只能维持一代人，到了第二代就会产生语言转用现象（游汝杰、邹嘉彦，2009）。调查发现，与他们的父母相比，城市二代移民普通话的使用频率有较大幅度的提高，方言的使用减少且范围开始局限在家庭内部。进入城市生活后，普通话正在逐渐成为家庭成员之间的常用交际语言，家乡话的使用频率在减少，而本地方言金华话也有进入家庭交际中。

双言现象虽是二代移民的语言交际的主要特征，但并不很稳定。二代移民对家乡话的交际需求减少，对普通话的需求增多，较少用的语言逐渐减弱，较常用的语言则会乘机加强，其中某一种方言是否会在二代移民群体中趋于消亡，目前来说还不能定论，但随着城镇化进程的推进，二代移民融入城市文化不断加强，家乡方言逐渐减弱是必然的趋势。

（2）语码转换

我们对比了城市二代移民来金前后使用最多的语言，城市二代移民"在老家时使用最多的话"均值①为1.21，家乡话是最常用的；而"在金华时使用最多的话"均值为2.82，普通话变为日常用语。家乡话是社会成员的内部语言，在家庭域中使用率最高；普通话作为全民共同语，在教育域、朋友域、公共场合都是占绝对优势。城市二代移民能够根据语言环境的变换、不同的交际场合选用不同的语言，完成语码的转换过程。

城市二代移民一般都会使用两种或两种以上语言，在日常生活的许多场合，会同时混用两种或两种以上的语码，或出于特殊需要频繁地进行语

---

① 在"语言使用"选项上的赋值为：家乡话记作1、金华话记作2、普通话记作3。

码的转换。双言人在对语码的熟练程度较高的情况下，有时候这种语码的转换是无意识的，例如在家庭内部，一代移民本身也是双言人，那么二代移民在和父母的多语交际中，因交际对象在语言使用中进行了语码的转换，二代移民在回应中无意识地作出转变。

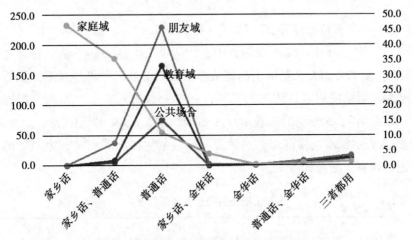

图 5.4　城市二代移民语言使用基本情况（%）

城市二代移民在与家庭成员交谈时，家乡话是主要的交际语言，而在与非家庭成员讲话时，例如学校课堂上主要使用普通话，因为在教学过程中普通话是强制使用的，但在课外辅导中，师生关系淡化了，使用方言的频率则增加。说明交际行为的参与者及与其角色关系是制约二代移民作出语言选择和语码转换的主观因素。

二代移民在与熟人的交际过程中，例如与老乡、朋友、同学等交谈时，则会使用多种语言，金华话、普通话、家乡话都有一定的比例。对陌生人的语言使用则要看交际场合的性质而定，在公共场合，城市二代移民还是主要使用普通话，交际环境是制约语言选择和语码转换的客观因素。

在朋友域中二代移民选择使用家乡方言交谈是因为家乡话让人更有亲切感，一般人们都对故乡方言有一份特殊的情感，在发现家乡话能顺利交流的情况下，大多数二代移民会转而使用家乡话，语言情结也影响着城市二代移民的语码转换。

第三节　城市二代移民的语言习得与语言能力

一　二代移民的语言习得

（一）家乡话的习得

在"第一语言习得"的调查中，59%的二代移民最先学会的是"家乡话"，而学会的方式基本上都是从小在家庭中自然习得。对于"是否希望掌握并继续使用家乡话"的选项，有51.5%的人表示"希望掌握并且使用家乡话"，20.5%的人表示"不希望掌握"，20%的人则表示无所谓，8%的人表示仅需听懂即可。然后我们又对希望或不希望掌握家乡话的原因进行调查，结果如下。

表 5.6　　　　　　　　希望掌握并且使用家乡话的原因　　　　　　（%）

	人数	百分比
家长要求	15	14.5
便于和家乡人交流	41	39.8
说家乡话更容易	17	16.5
家乡话听着亲切	18	17.5
便于以后回老家生活	12	11.7

可以看出，希望掌握并且使用家乡话的原因主要是"便于和家乡人交流"，占39.8%，老乡是外来务工人员在外生活和情感的重要依靠，以共同的家乡方言维系内部的群体关系更为容易。有11.7%的人选择"便于以后回老家生活"，对于将来要回老家生活的二代移民，学习家乡语言是非常必要的，这可以减少从城市回到家乡后的语言障碍，避免成为家乡的边缘人。还有16.5%的人选择"说家乡话更为容易"，这部分的二代移民大多有过在家乡生活的经历，母语方言对他们的语言习得有先入为主的影响，即使来到城市后，也希望能继续使用家乡话。

表 5.7　　　　　　　　不希望掌握并使用家乡话的原因　　　　　　（%）

	人数	百分比
家长要求	14	34.1

续表

	人数	百分比
说家乡话会被人嘲笑	13	31.7
说家乡话没有用处	6	14.6
学家乡话太难	3	7.4
不打算再回老家生活	5	12.2

不希望掌握并使用家乡话的原因主要是"家长的要求"，占34.1%。其次是因为害怕"说家乡话会被人嘲笑"，占31.7%，这说明他们对家乡话在心理上是不认同的。还有"说家乡话没有用处"和"不打算回老家生活"的原因，都说明二代移民对家乡话没有了需求，虽然这一比例不高，但功能性是一种语言或方言生存的重要因素，随着在城市居住时间延长，二代移民继续掌握和使用家乡话的能力必然会下降。

（二）金华话的习得

二代移民进入全新的城市环境，自然会受到当地方言的影响。有35%的二代移民表示来金华后才开始学习金华话，部分在金华出生的二代移民则在学说话之时就已经学习了金华话，也有27%的人表示是在上学之后才学习金华话的，当然还有一些从未学过金华话的。

关于学习金华话的动机的调查，有48%的人表示为了"能更好地在金华学习生活"，有22%的人"为了以后能在金华找工作"，考虑得比较长远，还有8%的人觉得学习金华话就"可以成为金华人"，把会说当地语言当作成为本地人的标志。由此可知，无论出于何种原因，学习迁入地方言都是为了给学习、工作、生活带来便利。

二代移民对金华话的习得途径主要通过本地同学、本地邻居及本地亲戚，也有9.4%的人是从金华电视台本地方言节目《新闻节节棒》中学习金华话的，这也说明电视媒体对人们语言习得的影响。

（三）普通话的习得

1. 普通话的习得情况

调查中，有50%的二代移民认为自己最先学会的是"普通话"，其中"通过学校里的学习"学会普通话的有38%，在家庭中自然习得的有12%，"电视"和"网络"作为传播媒介在视听上对二代移民普通话的习得也起到了一定的积极作用。

二代移民学习普通话的动机，有 43% 的人觉得"说普通话显得有教养"，20% 的人觉得普通话"好听、亲切"，在情感上比较认同普通话，26% 的人较为被动地学习普通话，因为"学校要求学习普通话"，还有11% 的人是"受其他同学影响"的情况下学习普通话。这些动机既来自社会机构的要求或规定，更来自对自我发展的需要。心理需求是二代移民学习使用普通话的主要原因。

表 5.8   **对普通话程度的期望**   （%）

	人数	百分比
没什么要求	23	11.5
能进行日常交际，对音准不要求	22	11.0
能熟练使用，发音比较准确	55	27.5
能熟练使用，发音很标准	100	50.0

二代移民对自身普通话水平的期望值普遍较高，有一半的人希望自己的普通话水平"能熟练使用，发音很标准"。与实际的语言水平比起来，这部分人认为自己普通话存在发音的问题，希望得到纠正并能准确流利地说出。有 27.5% 的人希望自己普通话"能熟练使用，发音比较标准"。这两类人都有一个目标，就是通过努力使自己能说标准的普通话。当然还有不少人认为"能日常交际就行""没什么要求"。总之，二代移民对自身普通话水平的要求普遍较高，这在一定程度上刺激他们去努力提高普通话的水平。

2. 普通话习得中存在的问题

（1）母语方言的负迁移

二代移民基本都是双言人，在已掌握一种语言的基础上，学习第二语言的过程即是一个掌握新语言的过程，不同语言在语言接触时会产生干扰，这种干扰会造成他们的言语有偏离任何一种语言规范的倾向。调查中有 38% 的人表示学习普通话困难之处在于发音，对于第一语言是方言的二代移民，在学习普通话过程中母语方言对语法、词汇等方面的影响不大，主要是语音上的负迁移。第一语言为家乡话的二代移民有 118 人，其中 67.8% 的人"能熟练使用普通话，但方言口音较重"，在说普通话时不同程度地保留着母语方言的语音特点，导致普通话发音不准确。所以二代移民要提高普通话的水平，就要注重对自身普通话能力的培养，从学习普通话正确的发音做起。

（2）一定程度的心理障碍

调查中发现，有15%的二代移民"不喜欢"说普通话，有31.7%的人怕普通话"说得不好会被人嘲笑"，有14%的人表示"怕说不好就不好意思说"。也就是说有超60%的人在普通话的使用上不够自信，在意周围人的眼光，存在一定的心理障碍。因自卑心理影响而不敢开口讲普通话，越不敢讲就越不利于普通话水平的提高。所以二代移民要树立积极健康的语言态度，加强普通话的锻炼。

（3）原有语言习惯的影响

以方言为主要交际语言的二代移民往往缺乏普通话的语感，由于长期生活在方言环境中，讲家乡话比讲普通话更为容易、自然，在运用普通话交际时，必须经历方言到普通话的语码转换过程，普通话中的有些词汇、语法与方言无法一一对应，对他们普通话与其他语码的转换造成阻碍，对普通话的理解、表达的敏捷度也会受到一定程度的影响。

（4）缺少使用普通话的语言环境

语言的学习需要一定的语言环境。学校教育是学习普通话的重要场所，可在这次调查的两所民工子弟学校，尽管学校为使学生能更好地使用普通话而做了很多工作，但仍有不够细致和全面的地方，比如教师在课堂上的教学语言还不够规范，学校对学生普通话的使用强制性的规范要求不高。再从二代移民家庭的语言环境看，是以家乡话为主，在家庭中缺少使用普通话的机会。二代移民家庭一般会选择与同乡或其他外来务工人员居住在一起，形成一定的方言氛围，在这种方言环境中学习到的普通话也是介于方言和普通话之间不同等级的过渡语。

二　二代移民的语言能力

语言能力即语言的技能，是个人使用语言的技能，主要指"听""说""读""写"的能力。此次只考察"听""说"两项，设置五个选项，在对普通话能力的调查时，将"发音情况"列入选项中。调查采用自我评定的方式，要求学生在每一项内选择与自己实际情况最相符的内容。

1. 家乡话的能力

表 5.9   **家乡话的能力**   （%）

	人数	百分比
听不懂也不会说	9	4.5
听得懂但不会说	5	2.5
会说一点	35	17.5
能日常交谈	50	25.0
能熟练使用	101	50.5

    由表 5.9 看出，50.5% 的人都"能熟练使用"家乡话，25% 的人能进行日常交谈，"会说一点"的占 17.5%。此前在语言使用的调查中，已经发现二代移民的家乡话能力并未丧失，尤其是在家庭领域，父母的语言行为对子女的语言能力有很大的影响，如果父母与子女交谈时基本使用家乡话，那么尽管二代移民已经远离家乡的生活环境，但仍然在日常生活中保持着家乡话的使用。不过也有 7% 的二代移民表示不会说家乡话，在访谈中我们得知，这部分人出生在城市，从未在乡村生活过，学会的第一语言也不是家乡话，原因在于父母并不希望他们继续使用家乡话。

    2. 普通话的能力

表 5.10   **普通话能力**   （%）

	人数	百分比
听不懂也不会说	0	0.0
听得懂但不会说	2	1.0
会说一点	46	23.0
能日常交谈	84	42.0
能熟练使用	68	34.0

    二代移民普通话"听"的能力没有问题，不会说普通话的只有 2 人，这两人年龄在 7—8 岁，来金华时间很短，不到半年，在老家时从未学习过普通话。从表 5.10 可以看出，99% 的人都具备了普通话"说"的能力，只是熟练程度不同而已。

    通过二代移民来金华前后普通话能力的对比可以看出：来金华前 30% 的人对普通话只"能听懂但不太会说"，只具备听的能力，运用能力较弱；22% 的人"基本能交谈但不太熟练"，在老家时普通话的使用频率

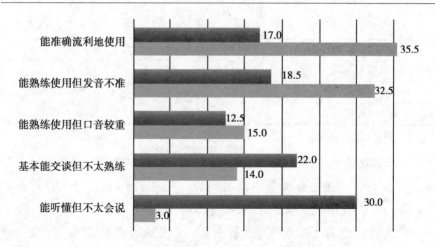

图 5.5　来金前后普通话程度对比（%）

不高是造成不熟练的原因；"能熟练使用但发音不准"的占 18.5%，说普通话时"能熟练使用但口音较重"的占 12.5%；"能准确流利地使用"的只占 17%。这说明在老家时受方言的影响较大。

　　跟随父母进入城市生活以后，受到普通话推广的影响以及社会交际的需求，二代移民的普通话能力得到了普遍提高。来金华后能听懂普通话但说不流利的人数降低到 3%；"能准确流利地使用"普通话的人数上升到 35.5%；普通话"不太熟练"的人数也有所下降。认为自己普通话发音不标准的人数反而上升，普通话使用不熟练、口音重的现象不减反增。此次我们对语言能力的评定是以主观评价的方式，在老家时由于受方言环境的影响，他们对普通话的判定标准并不明确，对自身的普通话程度的认识也不明晰。进入城市学校学习后，二代移民对标准普通话有了更为清楚的认识，在普通话标准规范的参照下他们对自己普通话程度的评价有所下降，32.5% 的人都认为自己"发音不准"，说明这部分二代移民已经意识到普通话水平还有待提高。

　　3. 金华话的能力

表 5.11　　　　　　　　　　　金华话的能力　　　　　　　　　　（%）

	人数	百分比
听不懂也不会说	50	25.0
听得懂但不会说	96	48.0

续表

	人数	百分比
会说一点	43	21.5
能日常交谈	7	3.5
能熟练使用	4	2.0

二代移民中金华话"听不懂也不会说"的占 25%;"听得懂但不会说"的占 48%;真正会说金华话的很少,只占 5.5%;21.5%的人表示"会说一点",仅限于金华话的一些方言词汇及短句。

此次调查的二代移民均为外省来金,来源地主要是贵州、安徽、河南、四川、重庆、江西、云南,这些地区的方言与金华方言的语言差异较大。语言距离越大,越有可能存在语言问题,语言能力低的可能性越大;语言距离越小,表明相似性越大,越有利于学习当地方言(伏干,2014)。调查样本中80%以上都有过在老家生活的经历,金华话与普通话和其他地方方言的沟通很少,学习金华话对二代移民来说难度较高,所以他们金华话的掌握程度普遍较低。

由上可知,二代移民正处于接受学校教育阶段,对普通话"听"的能力基本没有障碍,中小学生语言学习能力强,民工子弟学校的多语环境又为二代移民成为双言人提供了客观条件,所以二代移民基本上都掌握了两种及以上的语言或语言变体。

4. 与父母语言能力的比较

我们主要调查一代移民三类语言的交流能力、运用能力,对发音的标准情况不予考察。首先我们对父母的语言能力水平作一基本描述,从图5.6我们可以看出:

父母一辈家乡话"能熟练使用"的比例占到了 61.5%,27.5%"能日常交谈",可能由于长久离开家乡,方言能力有一定的退化。对于家乡话"不会说"的情况,我们了解到一代移民来到金华后和金华本地人通婚,那么父母中有一方使用的是金华的方言,在这种环境下生活有益于二代移民掌握多种语言能力。一代移民们的普通话基本处于"能日常交谈""会说一点"的程度,对他们来说普通话只要能够达到交际需求即可,"能熟练使用"的仅占 13.5%,而且很多人不说或不会说普通话。一代移民对于学习金华话的动机不强,金华话基本处于"听得懂但不会说"的

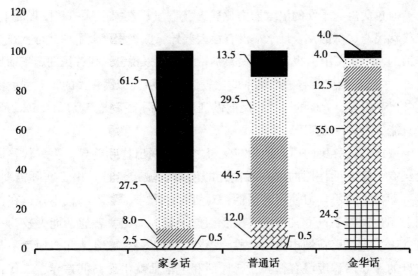

图 5.6 父母语言能力（%）

程度。然后我们将二代移民的语言能力与父母的语言能力作一比较，见表5.12 至表 5.14。

表 5.12		城市二代移民与父母家乡话能力对比							（%）	
	听不懂也不会说		听得懂但不会说		会说一点		能日常交谈		能熟练使用	
	人数	百分比	人数	百分比	人数	百分比	人数	百分比	人数	百分比
子女	9	4.5	5	2.5	35	17.5	50	25.0	101	50.5
父母	0	0.0	1	0.5	16	8.0	55	27.5	128	64.0

表 5.13		城市二代移民与父母金华话能力对比							（%）	
	听不懂也不会说		听得懂但不会说		会说一点		能日常交谈		能熟练使用	
	人数	百分比	人数	百分比	人数	百分比	人数	百分比	人数	百分比
子女	50	25.0	96	48.0	43	21.5	7	3.5	4	2.0
父母	49	24.5	110	55.0	25	12.5	8	4.0	8	4.0

表 5.14		城市二代移民与父母普通话能力对比							（%）	
	听不懂也不会说		听得懂但不会说		会说一点		能日常交谈		能熟练使用	
	人数	百分比	人数	百分比	人数	百分比	人数	百分比	人数	百分比
子女	0	0.0	2	1.0	46	23.0	84	42.0	68	34.0
父母	1	0.5	24	12.0	88	60.0	30	29.5	27	13.5

通过父母与子女的语言能力比较，我们发现在家乡话的掌握程度上，二代移民与父母的家乡话水平没有很大差异，熟练程度上不如父母；在金华话的掌握程度上，也没有很大差别，但相对来说，二代移民的金华话比父母"会说一点"；普通话水平的比较结果显示，二代移民的掌握程度要比父母高很多，76%的二代移民能做到用普通话无障碍交流，44.5%的父母只能"会说一点"。

城市二代移民的语言使用与父母之间呈现出代际差异，第一代移民已经有了家乡话使用的固有习惯，即使来到城市，也是出于交际需要、经济动机不得不学习使用普通话，对打工地方言的学习动机不强，在使用上还是倾向于以方言为主，家乡话能力较为突出，普通话能力较为一般。第二代移民在城市出生、成长，使用的主要是家乡话和普通话，与父母的家乡话程度没有差异，普通话和金华话就出现高低差异，二代移民普通话水平高，基本能使用比较标准的普通话，本地方言的程度也较好一些。

第四节　城市二代移民的语言态度

语言态度问题一直是社会语言学家所关注的课题，对语言态度作出过不同的定义。王远新（1999）认为："在双语和多语（包括双方言和多方言）社会中，由于社会或民族认同、情感、目的和动机、行为倾向等因素的影响，人们会对一种语言或文字的社会价值形成一定的认识或作出一定的评价，这种认识和评价通常称为语言态度。"陈松岑（1999）则从感情和理智两个方面对语言态度进行了区分："感情方面的语言态度，指的是说话人或听话人在说到、听到某种语言时，在情绪、感情上的感受和反应，它常常是十分自然甚至是不自觉地、下意识地出现的。这类态度，往往密切联系于说话人或听话人从小成长的语言环境、文化传统乃至个人生活上的特殊经历，比如曾在通用某种语言的地区生活多年，或是曾经遭遇的某个愉快（或不愉快）事件与某种语言有关等等。理智方面的语言态度，指的是说话人或听话人对特定语言的实用价值和社会地位的理性评价。这种态度表面上是主观的，但在实际上，不能不受社会舆论的影响。理智的语言态度，当然主要取决于特定语言在使用中的功能，以及它可能附加给说话人以什么样的社会地位。"游汝杰、邹嘉彦（2009）认为"个人对某种语言或方言的价值评价和行为倾向便是语言态度。"

虽然学界对语言态度有多种解释，但基本上包括两个部分：一是对语言的地位、功能的评价，即价值评价；二是对语言的行为倾向评价。语言的价值评价包括情感性评价和功能性评价，实用、有社会地位等是功利性评价，亲切、好听等是情感性评价。行为倾向是对态度对象作出某种反应的意向，主要是对选择使用某种语言的倾向。在此次的问卷调查中我们从情感性评价、功能性评价和行为倾向三个方面揭示二代移民对家乡话、普通话、金华话的语言态度。

1. 对家乡话的态度

二代移民对家乡话的情感性评价较高，认为家乡话"亲切""好听"的共占了72%。家乡话作为与同乡人之间的共同语，是维系这种内部亲密关系的重要交际手段，是家乡人情感上的纽带。二代移民对家乡话的功能地位评价较低，在城市语言环境的作用之下，他们对家乡话的社会地位和实用性有了较为理性的认识。

在语言的行为倾向上，二代移民出于对家乡话情感上的认同，34%的人还是"希望掌握并使用"家乡话；由于日常交际的需要，41%的人选择"不希望掌握，能听懂就行"，仅有9%的人"不希望掌握也不希望使用"，剩余的人则表示无所谓的态度。具体分布见图5.7。

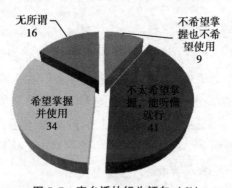

图5.7 家乡话的行为倾向（%）

2. 对普通话的态度

普通话作为国家通行的标准用语，无论在家庭、学校还是在公共场合，二代移民都受到国家推普政策的影响，他们对普通话的认同程度要远高于其他语言，在情感体验上认为普通话"好听"的二代移民占58.5%；与家乡话相比，感觉普通话"亲切"的人数有所下降，占26%。

　　二代移民对普通话的价值评价主要是"对以后的学习有很大的帮助""能和不同地方来的人交谈",体现了语言实用至上的原则。另外有5%的人认为说普通话"显得有礼貌、有教养",而对普通话作用认识不清的占11%,主要是低龄段的二代移民。

　　二代移民对普通话的高度认同也在行为倾向上得到了体现,78%的人表示"一定要掌握普通话",对普通话表现出较高的学习和使用的积极性。50%的人表示希望"能熟练运用,发音很标准",11%的人表示"能日常交际,对音准不作要求",11%的对自身普通话要求较为消极,表示"能听懂就行"。具体分布见图5.8。

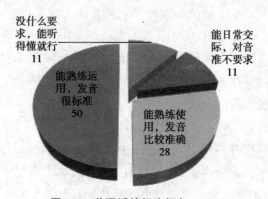

没什么要求,能听得懂就行 11

能日常交际,对音准不要求 11

能熟练运用,发音很标准 50

能熟练使用,发音比较准确 28

图5.8　普通话的行为倾向（%）

　　3. 对金华话的态度

　　二代移民对本地方言金华话的情感性评价均低于家乡话和普通话,认为金华话"好听"的人数较少,38%的人对金华话的情感体验是"没感觉"。对金华话的功能评价尚可,48%的人认为学会金华话"能更好地学习、生活","为以后能在金华找工作"的占22%,还有12%的人认为学会金华话"可以成为金华人",在日常生活中城市二代移民已认识到了学会本地方言能更好地融入城市。

　　虽然二代移民对金华话的功能性评价较高,但学习金华话的需求和渴望并不强烈,仅有28%的人有学会金华话的意愿,22%的人认为"能听懂就好",50%的人认为"没必要学"金华话,价值评价与行为倾向发生矛盾,是因为金华话语言环境的缺失,二代移民学习金华话的途径也不多,与金华本地人的接触不够在一定程度上导致了说金华话能力的不足。具体分布见图5.9。

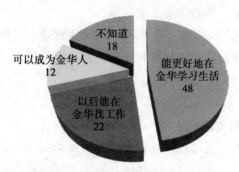

图 5.9　对金华话的价值评价（％）

4. 父母语言态度的影响

劲松（2009）认为"语言态度具有历史继承性，上一代人的语言态度会潜移默化影响下一代人，下一代人在获得第一语言或习得第二语言的同时，也耳濡目染了上一代人的语言态度"。通过对二代移民的父母的语言态度调查，我们发现二代移民的父母对子女的普通话和家乡话的重视程度较高，希望子女"三种话都掌握"的占了 38％，希望子女只掌握家乡话或金华话的人数最少。一般家长希望子女能掌握多种语言，语言观念较为开放。

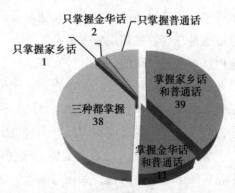

图 5.10　父母对子女掌握三种语言的语言态度（％）

父母要求子女"只掌握普通话"的仅为 9％，我们对其中几位家长进行了访谈，这部分家长不希望子女成为双言人，他们认为"学习方言会对孩子学习普通话造成干扰"。这说明他们对子女的普通话的学习要求较为严格，也反映出普通人对语言习得的习惯性理解，尽管存在一定的不科学性。有一名家长还表示"能说一口流利的普通话就是城里人了"，试图缩小语言上的差距，拉近身份上的距离。

　　二代移民的父母对子女掌握家乡话的期望较高，父母对民族语言维护的态度对下一代母语能力的延续和提高有着重要的作用，直接影响了二代移民的家乡话的习得和能力。

　　5. 二代移民的语言认同

　　(1) 语言认同与语言使用

　　当一个双言人在选择使用某种语言或方言进行交际时就表明了他对该语言的态度，即语言人对社会的认同，对语言社团具有归属感。社会学上的认同体现在情感或心理上，具有共同的地域观念、乡土观念和文化观念等。"语言学上的认同是指个人与各种社会建构之间的积极协调，这种协调往往是通过指示符号表现出来的"（王玲，2009）。说话人在面对多种语言交互的状况下，选择使用何种语言不是依据个人的偏好，而是取决于他认为在确定的场合选择某种语言是否得体，又或者选择该语言更能体现身份上认同或社团归属感。这种对语言的认同主要反映在对语言地位、功能的评价上，显示的是对某一语言变体的语言态度，反映出人们对所在社区的认同和归属感。

　　二代移民对普通话的功能性评价最高，要高于家乡话和金华话。在行为倾向上，希望掌握和使用普通话的意愿也比其他两种语码高，在实际的语言使用中，普通话也是二代移民使用频率最高的语言，说明二代移民对普通话的认同和使用基本上是一致的。

　　二代移民对家乡话的情感性评价最高，功能地位评价最低，50%的二代移民表示不太希望掌握和使用家乡话，但在家庭域和朋友域中家乡话的使用人数超过一半，语言人的主观态度和实际行为呈现出矛盾状态。在后续的谈话中，我们了解到由于对话人对语言变体的接受程度、反馈信息，促使二代移民作出相应的语言策略调整，如在与家人、老乡交谈时，对方习惯用家乡话，使得也被迫转而使用家乡话。

　　金华话虽不是金华市区的强势语言，但出于长远考虑学会金华话将更有利于人们在城市工作生活。70%的二代移民也都表示学习金华话的目的是"能在金华更好地学习、生活"，对金华方言的功能性评价较高，对金华话的认同度与他们对城市的认同相一致。

　　认同和归属意识是言语社区最重要的特征之一，二代移民在语言态度上总体表现出一致性，在语言使用上也表现出一致性。

（2）语言认同与城市适应

二代移民在城市生活中需要学习、接受所在地的生活方式、价值观念，逐步褪去原来的一些传统和习惯。从身份上转变为城市人的过程实际上是在经历着个人的社会化过程。"本质上，人的社会化是从掌握语言开始的，其他一切的社会化目标的实现，也是以语言社会化为前提的"（章志光，1996）。语言作为人类最重要的交际工具，在人的社会化过程中起着决定性的作用，同时也反映出人们的生活方式、价值观念，语言中所蕴含的意识形态在人们逐步掌握语言的过程中对人施加影响。二代移民在进入城市语言文化环境后经历着语言的社会化过程，他们对城市语言的认同、使用，可以在心理层面上反映出他们对城市的适应情况，是否被城市文化所同化。

普通话是金华城市使用的主流语言，二代移民对普通话的认可程度也反映出他们对城市的认可，总体来说二代移民对城市语言的认同度较高，对其情感和功能性评价也较高，对普通话的渴望程度也证明二代移民正在自觉地向城市靠拢。在访谈中我们了解到有 44.5% 的二代移民都表示"说普通话是为了不做外地人"，他们倾向于使用城市普遍使用的普通话，即使在与家人、老乡交谈时也更愿意使用普通话，说明他们正逐步告别乡土语言环境，积极地融入城市的社会生活。还有 12% 的二代移民将使用金华话作为成为金华人的标志，语言不仅是二代移民与人交流的方式，更是他们对身份的一种认同。当二代移民与城市人使用共同语言、共享文化背景，更易于他们获得自我认同和他人的认同，从而对城市产生归属感，这有助于促进二代移民与城市居民的融合，语言的和谐便于他们更好地适应城市生活。

第五节　影响城市二代移民语言使用的因素

影响二代移民语言使用的因素有内部和外部因素，内部因素主要有：

1. 性别因素

游汝杰、邹嘉彦（2009）认为"男子和女子在语言习得、语言能力和语言运用上都有一定的差别"。我们列出性别和语言使用的交叉情况，并做卡方测试，当 P<0.05 时，表示有显著差异；当 P>0.05 时，表示无显著差异。

表 5. 15 语言使用的性别差异 （%）

			家乡话	金华话	普通话	总计
性别	男	计数	13	5	80	98
		性别内的百分比	13.3	5.1	81.6	100.0
	女	计数	11	5	86	102
		性别内的百分比	10.8	4.9	84.3	100.0
总计		计数	24	10	166	200
		性别内的百分比	12.0	5.0	83.0	100.0

表 5. 15 的数据显示，二代移民语言使用的性别差异表现在女生对普通话的使用要比男生积极，使用人数略高于男生；而男生更倾向于使用家乡方言，使用人数略高于女生，对普通话掌握程度的期望值也不如女生高。总体而言，男女生对三种语言的使用频率并没有出现较大的差异。我们还通过卡方测试来检验这一差异。

表 5. 16 卡方测试

	数值	df	渐近显著性（2 端）
皮尔森（Pearson）卡方	1.415[a]	3	0.702
概似比	1.801	3	0.615
线性对线性关联	0.559	1	0.455
有效观察值个数	200		

通过卡方检验，P = 0.702>0.05，说明二代移民在语言使用上没有表现出明显的性别差异。

男女生语言能力上的差异性，见表 5. 17。

表 5. 17 男女生语言能力均值比较

性别	家乡话	普通话	金华话
男	4.07	4.11	2.16
女	4.03	4.27	2.03

表 5. 17 数据说明：男生家乡话能力均值为 4.07，女生家乡话能力均值为 4.03，家乡话能力基本都处于"能日常交谈"的程度；男生普通话能力均值为 4.11，女生普通话均值为 4.27，普通话能力基本能达到"熟

练使用"的程度；男生金华话能力均值为 2.16，女生金华话能力均值为
2.03，金华话能力处于"听得懂但不会说"的程度。总体来看二代移民
的语言能力水平性别差异也不明显。

男女生在语言习得中的差异性，我们主要考察他们在普通话程度上的
期望值。见表 5.18。

表 5.18　　　　　　　　　　　　　卡方测试

	数值	df	渐近显著性（2 端）
皮尔森（Pearson）卡方	13.603[a]	3	0.003
概似比	14.476	3	0.002
线性对线性关联	7.383	1	0.007
有效观察值个数	200		

通过卡方检验，得出 P=0.003<0.05，说明二代移民在对普通话的期
望程度上表现出明显的性别差异，女生对语言的规范和标准更加敏感和积
极，学习普通话的意愿更为强烈。

2. 年龄因素

年龄是决定个人语言变异的重要因素，语言使用会随着年龄的增长产
生差异，在不同的年龄段中，他们对所处的言语社区会有不同的认同感，
从而对他们的语言产生影响。拉波夫将人的语言习得和语言使用的意识划
分为六个阶段，其中"8—12 岁的孩子处于习得地域方言阶段，12—15
岁的少年处于社会意识萌发阶段，15 岁以上的年轻人是语体变化阶段"
（陈松岑，1999）。按照这一观点，我们将二代移民在这三个年龄段的语
言使用情况作一比较：

表 5.19　　　　　　　　　　　语言使用＊年龄交叉　　　　　　　　（%）

			语言使用			总计
			家乡话	金华话	普通话	
年龄	8—12 岁	计数	12	7	71	90
		在年龄内的百分比	13.3	7.8	78.9	100.0
	12—15 岁	计数	11	3	91	105
		在年龄内的百分比	10.5	2.9	86.6	100.0
	15 岁以上	计数	1	0	4	5
		在年龄内的百分比	20.0	0.0	80.0	100.0

		语言使用			总计
		家乡话	金华话	普通话	
总计	计数	24	10	166	200
	在年龄内的百分比	12.0	5	83	100.0

从表 5.19 可以看到，三个年龄段的二代移民都以使用普通话为主。8—12 岁的二代移民对方言的掌握能力较为突出，这个年龄段正处于地域方言习得的阶段，通过与朋友、本地人的接触，学会当地通行的方言，父母的影响力开始减弱。同时，由于进入学校接受普通话的正规教育，普通话使用频率提高，书面语也逐渐对他们的普通话意识产生影响。12—15岁的二代移民使用普通话的频率最高，他们与外界的接触日益增多，开始有了自己的语言意识，并对各种语言有了越来越多的认识。15 岁以上的二代移民有了一定的语言认同意识，具备选择不同语体的能力，在这个年龄段他们普遍结束了义务教育，走向本地人聚集更多的高中，他们开始按照不同的社会环境运用语言，但对于金华本地方言他们并无学习和掌握的意识，基本没有使用。总之，二代移民的语言使用呈现多元化的趋势，年龄越小对城市语言的融入意识越强，年龄越大言语交际能力越强，语言生活越丰富。

影响二代移民语言使用的外部因素主要有：

1. 留城意愿

父母留城意愿较为强烈的，大多希望子女掌握并使用普通话或金华话，对普通话水平有较高的期望值，在语言的行为倾向上更偏向于使用普通话。父母有回乡意愿的，则家乡话的使用频率较高，出现家乡话退化的比例最低。对留不留城持观望态度的，掌握多言的情况较多。

二代移民家庭的流动，直接影响孩子的就学。在调查中我们了解到民工子弟学校学生的流动性较大，城西小学的年流动率为 7%，英达学校的年流动率更高达 19%，几乎每个年级每学年都有新生转入或转出。学生流动性大，不利于学校对学生作统一规范，也不利于学生良好语言习惯的养成。对处于基础教育阶段的二代移民来说，语言学习的中断，对他们语言能力的培养具有较大的干扰。

2. 居住情况

居住时间的长短也是影响二代移民语言使用的重要因素。比如在城市居住时间越长，家乡话能力均值就越低，而对普通话的认同度就越高。数据显示，在城市居住 1 年以下的普通话能力均值为 3.84，居住 5 年以上的普通话能力均值达到 4.3，普通话能力得到明显的提高。金华话的能力也逐渐由"听不懂"向"能日常交谈"的程度发展。

二代移民的居住方式也对语言使用有一定影响，因为在不同的居住环境中，就会与不同的语言人进行交流，也可以说是因交际对象的不同对语言生活产生影响。与使用不同语言的人交往可以增加语言的接触，为语言学习创造机会。19.5%的二代移民主要接触的是"其他地方来的人"，来源地的多样化，在客观上促进了普通话成为他们交流的主要语言，容易形成使用普通话的习惯。21.5%的二代移民交往的对象为"金华人"，与当地人的接触对提高本地方言的能力有促进作用。59%的二代移民在日常生活中还是与家人、老乡接触最为频繁，大多数人会使用家乡话，这样虽有利于群体内交流，但无益于双言能力的提高。

从理论上说，居住地对语言也会有一定的影响，因此，我们对二代移民居住地进行了考察。结果是无论居住在农村、郊区，还是居住在城市，三地的二代移民的普通话、金华话、家乡话使用情况差异不大，说明语言能力和居住地点的相关性不明显。这与金华市居民的语言使用情况有着密不可分的关系，城乡居民普通话的普及率较高，即使在城郊或农村，居民都能说比较流利的普通话。金华话在居民的语言生活中处于相对弱势的地位，相应地对外省来的二代移民的影响也就不明显了。

3. 语言使用

"语言态度是人类语言生活中的一个重要组成部分，它常常通过语言使用来体现；而语言使用又往往给语言能力的大小以决定性的影响；语言能力转而影响到人们使用语言的频率，通过使用语言的效果，不知不觉地改变着人们的语言态度"（陈松岑，1999）。我们对二代移民在普通话的使用、能力、态度三者的相关度上进行了分析，结果显示三者均呈明显正相关。

表 5.20　　　　语言使用、语言能力与语言态度的相关性分析

	语言使用	语言能力	语言态度
语言使用		0.728 **	0.787 **
语言能力	0.728 **		0.713 **
语言态度	0.787 **	0.713 **	

注：** 在 0.01 水平（双侧）上显著相关。

如表 5.20 所示，在语言能力与语言使用、语言态度的相关性中，语言使用与语言能力的相关度最高（r＝0.728，p<0.01）[①]，语言态度与语言能力的相关度较低（r＝0.713，p<0.01）。普通话程度较好的二代移民会更频繁地使用普通话，反过来，使用的频率越高对他们普通话能力的提高越有帮助。

在语言使用与语言能力、语言态度的相关性中，语言态度与语言使用相关度较高（r＝0.787，p<0.01），语言能力与语言使用的相关度相对较低（r＝0.728，p<0.01）。语言态度对语言使用的影响更为明显，二代移民对普通话的认同度最高，在日常生活中普通话的使用率也居首位。二代移民对家乡话的总体认同感低于普通话，尤其是对功能评价是最低的。随着家乡话认同的逐步缺失，家乡话的使用率走低，家乡话正逐渐退出二代移民的日常语言生活。二代移民对金华话的认同感最低，金华话的使用率也最低，但对金华话的功能性评价较高。所在地方言对二代移民在城市生活会有一定影响，所以无论如何他们都会关注金华话，只是程度不同而已。

“一种语言的使用者越多，就越居于重要地位，该种语言就活跃，也就越容易成为多语言社区内的主流语言，相反，一种语言的使用者越少，地位就越低”（瞿继勇，2013）。综合调查结果，普通话已成为城市二代移民社区的主流语言，其次是他们的家乡话，但有逐渐弱化的趋势，本地方言——金华话正在逐步进入二代移民的语言生活当中。

第六节　改善城市二代移民语言生态状况的建议

一　营造良好环境，增强二代移民的归属感

1. 提高二代移民接受义务教育的保障水平

目前，我们国家对农民工随迁子女的入学实行“两为主”的政策，即“以流入地政府为主、以公办学校为主”，并取消了公办学校的借读费，规定农民工子女在入学条件等方面与当地学生一视同仁。但由于我国

---

①　在相关性分析中，当 p<0.01 时，说明两者有显著的相关性，r 值越接近 0.8 相关性越强。

以二元户籍制度为基础的教育政策的存在，很大一部分还没有城市户口的二代移民依然无法进入本地公办学校就读，这就意味着进城的农民工子女仍无法平等享有在城市接受义务教育的权利。

金华市婺城区教育局 2015 年发布了《义务教育阶段学校招生工作的实施意见》，规定"学校在满足本学区的儿童少年入学需求后，可考虑符合规定的务工人员子女入学需求。在不能满足符合规定的务工人员子女需求时，首先考虑在市区购买住房年限情况，其次考虑按规定缴满基本养老保险年限情况，再次考虑租赁房产的年限情况。对于未能进入申请学校、符合规定的务工人员子女，由区教育局统筹安排到有空余学额的学校，学校不得拒收，直至额满为止"。该意见的出台在一定程度上提高了二代移民进入公办学校就读的机会，可现实状况是，二代移民进入本地公办学校就读难度很大，尤其是优质学校。一般都在师资力量薄弱、管理水平较低、教育基础设施不足的农民工子弟学校就读。

与本地孩子相比，二代移民所享有的义务教育资源很不均衡。农民工子弟学校的环境和师资都无法与公办学校相比，生源普遍外地化，决定了它复杂的语言和学习环境，这些都不利于二代移民语言能力的提高。即便有机会进入公办学校就读的二代移民，也感受到教育的不公平现象，导致二代移民难以融入城市语言环境，产生自卑、仇世的不良情绪。

二代移民既然已经是城市中的一员，应取消户籍限制的隔阂，或者用"绿卡"的形式逐步将他们纳入城市居民的统一管理。教育是全民性的，我们提倡"有教无类"，二代移民应享有平等接受教育的权利。扩大城镇义务教育的容量（新华网，2015），取消农民工子弟学校。将二代移民的义务教育"全纳入"当地的义务教育计划中，按照本地区招生的方式，采取按居住点就近入学，按学区划分的方式，接收二代移民进入本地公办学校就读。同时，在学校中更要真正做到一视同仁，让二代移民真正享受优质公平的教育，享受城市的福利和公共服务。

2. 加强认同教育，尽快融入城市生活

调查中我们随机询问了 35 名二代移民"你觉得你是哪里人"，有64%的人认为自己是家乡人，说自己是"金华人"的同学反而被同伴嘲笑，在身份的认同上与现实处境有较大偏差。

语言是人们认同的重要手段，从二代移民对金华话较高的功能性评价中可以看出，他们认同自己将长期生活在这座城市，并希望能够使用当地方言，以便自己能真正融入到城市生活中。但学习金华话的比例远不及其认同度高，他们普遍表示生活中与当地居民的接触较少，缺乏学习和使用金华话的环境，且对于第一语言为家乡话的二代移民来说，学习金华话显得较为困难。

在现代化背景下，引导城市移民尤其是二代移民构建健康而良性的认同系统，是社会秩序稳定的基础，也是群体成员提升生活质量和幸福感的重要指标（管健，2011）。城市居民对二代移民及其家庭缺乏了解和沟通，我们应发挥城市社区的凝聚作用，让城市居民真正从心理上认同、接纳周围的二代移民及其家庭，引导城市居民与二代移民家庭建立良好的人际互动关系。帮助二代移民脱离家乡方言语言环境，提高普通话和金华话的语言能力，达到与金华市民基本一致的语言使用习惯。通过语言的渗透让二代移民逐渐融入城市，通过语言的改观逐渐改变二代移民不适应城市生活的行为方式和价值观念，促进二代移民完成身份认同的转变，真正成为一名城市人。

二代移民的城市融入计划还应扩大到教育领域。据了解，公办学校存在着对二代移民不平等对待的现象，如单独编班、不计入评奖、缺乏教育耐心等。学校应保障二代移民享受与本地孩子同等的待遇，统一编班、优先考虑给优秀的二代移民评奖、公平对待每一位学生，增强他们的集体融入感。通过举办方言主题等活动，促进学校师生对二代移民的认同和交流，可有组织、有针对性地采取爱心帮扶措施，主动关心、帮助二代移民克服各种心理和学习障碍，帮助他们融入集体、健康成长。中小学可以效仿长兴县的"大手拉小手"制度，由每位教师结对若干名二代移民学生，负责照顾他们的学习、心理、身体、思想道德等；同学之间建立"小手拉小手"制度，关爱二代移民的心理，加强语言交流，互相学习，建立友好互助的关系。

二　推广普通话，加强学校普通话教学资源建设

1. 重视普通话教学

学校是推普工作的重要阵地，在培养二代移民语言能力方面发挥着不可替代的重要作用。而农民工子弟学校推普意识普遍较为薄弱，对学生的普通话教学还不够重视，对《国家通用语言文字法》的宣传和落实往往被忽视。二代移民在课堂上普通话和方言共用的现象还相当普遍，校园内

方言的使用率过高影响了普通话的推广。因此在农民工子弟学校推广普通话仍是一项长远而艰巨的任务，需要引起学校的重视。学校应意识到推普工作的重要意义，加大对全校师生的推普宣传工作，在宣传推普政策、方针、规范的同时，也要注重对推普的意义、实用价值和审美体验的宣传，激发师生推普的热情，激发学生学习普通话的兴趣。学校可以专门建立一个指导和执行语言文字工作的小组，制定学生规范使用普通话的日常行为准则，把推普工作落到实处。学校推普工作的实行要软硬兼施，有了政策制度的支持，也要有硬件设施作为保障，如语音设备、多媒体教室等，为开展普通话教学提供良好的设施和有利的环境。

学校还要为学生营造良好的语言学习环境，充分利用广播、电视等传媒手段，增强学生使用普通话的自觉性。课堂上，除了发挥语文课在推普工作中的主渠道作用外，还可开展丰富多样的推普活动，如举办推普周、黑板报评比、普通话演讲比赛、朗诵大赛、讲故事比赛等大型活动，对活动的参与者进行适当的奖励，激发学生学习普通话的积极性。

2. 加强师资建设

师资力量是推普的关键，教师作为规范语言文字的引领者，对学生的语言文字运用起着重要作用，教师的语言能力直接影响学生的整个语言学习过程。推普工作需要全体教师的积极参与，农民工子弟学校教师的普通话水平参差不齐。我们着重对语文教师的普通话水平做了调查，发现达到语文教师普通话二甲要求的只占19%。学校应重视对教师的普通话培训工作，定期对其进行普通话水平测试，提高全体教师的普通话水平。推普工作还需教师提高自身的语言文字规范意识，在教学活动中注意语言使用规范，提高语言文字的实际应用能力和水平。

中小学语文教师在推普工作中起着关键作用，语文教师应在课堂教学中使用标准流利的普通话，给学生提供榜样、做好示范。除了课堂语言的规范使用，还可借助多媒体，为学生提供标准普通话的范本，让学生在普通话语言环境的熏陶中形成自觉使用的习惯，提高对自身普通话标准度的要求。教师还可在课堂中组织多种形式的应用普通话的活动，如朗诵、演讲、话剧等，提高学生学习普通话的热情。由于学生个体差异性的存在，教师应对学生普通话的学习进行及时有效的评价，关注学生普通话学习和使用中出现的问题，及时给予纠正并有针对性地作出指导。鉴于农民工子弟学校学生来源地复杂，教师更应注重纠正学生的普通话发音，帮助他们摆脱家乡方言的不利影响。

父母是孩子学习语言的第一个老师，对孩子的语言习得、语言使用等也有着重要的作用。调查显示，在家庭中二代移民与父母交谈还是以家乡话为主，缺少普通话的家庭语言环境，虽然父母对子女的普通话程度期望值较高，但普遍存在缺乏科学的语言教学观。教师可利用开家长会的时机，帮助家长提高推普意识，帮助家长树立正确、理性的语言教育观，提倡为孩子创造良好的语言环境，在平时与子女的交流中多使用普通话，做到言传身教，更要督促子女在学习和生活中规范使用普通话。

农民工子弟学校办学条件较差，教师的教学任务繁重，待遇低，离职率较高，教师资源的流失对学校和学生而言都是损失。教育部门要加强对城市农民工子弟学校教师的管理，加快输送素质较高的教师进入农民工子弟学校，重视对农民工子弟学校的资助。要提高教师的待遇，留住优秀的教职人员，减少人才的流失，还可与本地高等院校合作，组织志愿者支教等活动，发动在校大学生进入农民工子弟学校进行教学实践，既能适当减轻在职教师的教学压力，又能为普通话教学增添可靠的师资力量。

三　二代移民应自觉提高语言水平

二代移民语言能力普遍较差，调查中认为自己能熟练使用普通话、发音基本准确的人数较多，但在实际考察中发现真正符合标准的很少。

1. 端正态度，树立积极的语言观

语言态度对语言使用、语言能力都有明显的影响，二代移民要提高自身语言能力首先要端正态度，建立对标准普通话的正确认识，正视自己在普通话学习中的问题，树立积极的语言观。

在调查中有超过 60% 的人表示学习普通话存在困难，仅 34% 的人感觉比较轻松。在后续的访谈中我们了解到二代移民在普通话学习中普遍存在着不同程度的问题。不少人存在着因怕普通话"说得不好被人嘲笑"的自卑心理，还有急于提高又难以实现的焦虑心理，这些不良心理因素都是二代移民普通话能力提高的障碍。所以增强自信心显得尤为重要，二代移民在学习、使用普通话的过程中首先要战胜自卑、畏难的心理。既要认识到普通话在社会生活中的重要作用，增加对普通话的审美体验，又要提高学习普通话的自信心，敢于开口讲普通话，锻炼普通话"说"的能力，慢慢克服畏难、焦虑的消极情绪。

　　二代移民在学习、使用普通话过程中还要克服方言的障碍。在会说家乡话的二代移民中，67.8%的人表示说普通话时方言"口音较重"，所以在学习普通话时要有意识地避免方言发音的负迁移，注意普通话的正确发音方法，尽可能做到发音到位、准确，勤加练习，语言使用越频繁对语言能力的提高越有帮助。

　　除了在学校学习普通话的主要渠道外，二代移民要在课外时间拓宽学习普通话的途径。在调查中有57%的二代移民在业余活动中会选择"看电视或上网"，16%的人选择"看书"，抓住生活中任何能学习普通话的机会，根据标准普通话的示范，在模仿中不断纠正自己的读音，扩大自己的词汇量、掌握多样的运用方法。在公共场合要使用普通话，增加在实际生活中锻炼普通话的机会，扩大交际人群对普通话的提高也有帮助。

　　2. 提高语言能力，养成文明用语习惯

　　语言能力包括"听""说""读""写"四个方面的基本能力，除了要做到能听懂、说得流利，更要提高汉语读、写能力。为了调查城市二代移民的"读""写"能力，我们在小学阶段每个年级随机抽查了5位二代移民的语文单元测试卷，发现普遍存在语言文字的问题，文章阅读能力和写作应用能力也比较差。

　　语言文字的应用基于听说之上，对处于义务教育阶段的二代移民来说，须在掌握普通话听说能力的基础上，提高自身的汉语认读能力。按语文课程标准的要求掌握一定数量的汉字，并能做到准确地书写与应用；在汉语认读的基础上再提高阅读的能力，增加阅读量，将普通话技能提升到审美领域；更要注重写作能力的培养，增强对语言的应用能力。

　　外在的语言能力分为两个层级：基本的听说读写能力和更高层次上的语言文明诚信能力（张先亮，2015）。所以具备了基本的语言能力还不够，二代移民还须提高语言的文明诚信能力，将语言能力转化为对自身行为上的要求，上升到对自我的约束。在日常生活中注意普通话的准确文明使用，养成文明的语言使用习惯。相应地，良好的语言使用习惯，也能促进语言应用能力的提高。

　　二代移民还应注重方言能力的提高，调查中显示二代移民普遍都是双言人甚至多言人，但我们也发现双言现象具有不稳定性，家乡话正日渐式微，金华话的能力又亟待提高。普通话是全民通用语，提高普通话能力是社会的要求，保持家乡话使自己拥有独特的语言能力，掌握本地方言有助于自己更好地融入城市。所以二代移民应掌握多种语言资源，并将语言资源转化为融入社会的有利条件。

四　提倡普通话和方言并存，构建和谐语言生态

在全国大力推广普通话的形势下，讲普通话的观念已深入人心，人们对自身普通话能力的要求也日渐提高。二代移民在各个领域形成了以普通话为主的用语习惯，并且对自身普通话水平有着较高期望值，与家人交流时使用家乡话的频率随之降低，尤其是希望留在城市的二代移民。就目前来看，二代移民的家乡话能力虽未丧失，但从他们对家乡话的价值评价和行为倾向的数据来看，已经显现出家乡话退化的趋势，出现了推崇普通话与保持家乡话的矛盾。

推广普通话并不是要让方言消失，方言是我国地方文化的重要载体，承载着该地区的优秀传统文化，放弃了母语方言，也就是放弃了一种优秀的地方文化。家庭领域是语言传承的重要场所，家长对子女的语言期望，很大程度上影响着二代移民的语言习得和语言使用。调查中发现二代移民父母对子女的普通话和家乡话的重视程度较高，对金华话的重视程度偏低，在家庭领域的语言使用中也以家乡话和普通话为主，金华话几乎不使用。我们应当让二代移民及其父母意识到母语方言保护的重要性，不能放任流失。对于本地方言则可以选择性地学习并使用，对于帮助二代移民领略当地文化、融入城市文化都有着明显的作用。要鼓励二代移民掌握多语多言，与城市和谐共处，推动城市语言生态建设。

参考文献

陈松岑：《新加坡华人的语言态度及其对语言能力和语言使用的影响》，《语言教学与研究》1999 年第 1 期。

陈松岑：《语言变异研究》，广东教育出版社 1999 年版。

陈章太：《再论语言生活调查》，《语言教学与研究》1999 年第 3 期。

伏干：《外来务工人员语言能力的多维分析——来自长三角、珠三角的证据》，《语言文字应用》2014 年第 2 期。

付义荣：《南京市语言使用情况调查及其思考》，《南京航空航天大学学报》（社会科学版）2004 年第 3 期。

管健：《城市移民的认同变迁与代际分化》，《中国社会科学报》2011 年 11 月 6 日。

郭骏：《关于城市语言调查的几点思考》，《语言文字应用》2013 年第 4 期。

黄达、方玲珊：《我市常住外来人口约 135 万》，《金华晚报》2012 年 3 月 7 日。

侯力、解柠羽：《城市农民工二代移民社会融入的障碍研究》，《人口学刊》2010 年第 6 期。

蒋冰冰：《移民与城市语言发展研究》，华东师范大学出版社 2014 年版。

金华市婺城区教育局：《金华市婺城区教育局关于做好 2015 年义务教育阶段学校招生工作的实施意见》，金华教育网，http://portal.jhedu.org/web/guest/home。

劲松：《社会语言学研究》，民族出版社 2009 年版。

雷洪波：《上海新移民的语言社会学调查》，博士学位论文，复旦大学，2008 年。

林华东、陈燕玲：《泉州地区三峡移民语言生活状况调查》，《语言文字应用》2011 年第 2 期。

李宇明：《2007 年中国语言生活状况述要》，《世界汉语教学》2008 年第 3 期。

李宇明：《双言双语生活与双言双语政策》，《语言政策与规划研究》2014 年第 1 期。

刘玉屏：《农民工语言再社会化实证研究——以浙江省义乌市为个案》，《语言文字应用》2010 年第 2 期。

刘玉屏：《城市适应：农民工语言行为研究》，中央民族大学出版社 2010 年版。

罗玉石：《绍兴市外来民工子女语言状况调查》，硕士学位论文，温州大学，2009 年。

普通话普及情况调查项目组、苏金智、李卫红、姚喜双、魏晖：《江苏省普通话普及情况调查分析》，《语言文字应用》2012 年第 1 期。

全国妇联课题组：《全国农村留守儿童、城乡流动儿童状况研告》，《中国妇运》2013 年第 6 期。

瞿继勇：《湘西地区苗族的语言使用与语言认同》，《陕西师范大学学报》（哲学社会科学版）2013 年第 5 期。

屈哨兵：《语言服务视角下的中国语言生活研究》，《北华大学学报》2011 年第 5 期。

宋晖：《关注城市化进程中的语言问题》，《中国社会科学报》2011 年第 2 期。

史柏年等：《城市边缘人——进城农民工家庭及其子女问题研究》，社会科学文献出版社 2005 年版。

苏金智：《国内外语言文字使用情况调查概述》，《语言文字应用》1999 年第 4 期。

盛林、沈楠：《农民工子女语言使用状况的调查及启示》，《南京社会科学》2012 年第 11 期。

屠国平：《宁波市外来人口语言生活状况考察》，《语言文字应用》2008 年第

1 期。

王立、周建民：《城市语言生活与语言变异研究》，中国社会科学出版社 2009 年版。

王玲：《言语社区基本要素的关系和作用——以合肥科学岛社区为例》，《语言教学与研究》2009 年第 5 期。

王玲：《城市语言研究的理论与方法》，中国社会科学出版社 2012 年版。

王玲、徐大明：《合肥科学岛言语社区调查》，《语言科学》2009 年第 1 期。

王远新：《论我国少数民族语言态度的几个问题》，《满语研究》1999 年第 1 期。

王跃平：《言语交际与语码转换》，《中国科教创新导刊》2008 年第 3 期。

夏历：《在京农民工语言状况研究》，博士学位论文，中国传媒大学，2007 年。

夏历：《农民工言语社区探索研究》，《语言文字应用》2007 年第 1 期。

谢俊英：《城市化进程中的农民工语言问题》，《云南师范大学学报》（哲学社会科学版）2011 年第 3 期。

《中国拟进一步扩大城镇义务教育容量　将随迁子女义务教育全纳入》，新华网，http：//news. xinhuanet. com/politics/2015-02/28/c_ 127528267. html.

熊易寒：《当代中国的身份认同与政治社会化：一项基于城市农民工子女的实证研究》，博士学位论文，复旦大学，2008 年。

薛才德：《上海市民语言生活状况调查》，《语言文字应用》2009 年第 2 期。

徐大明：《言语社区理论》，《中国社会语言学》2004 年第 1 期。

徐大明、陶红印、谢天蔚：《当代社会语言学》，中国社会科学出版社 1997 年版。

徐大明、王玲：《城市语言调查》，《浙江大学学报》（人文社会科学版）2010 年第 6 期。

杨晋毅：《洛阳市普通话和方言的分布与使用情况》，《语言文字应用》1997 年第 4 期。

杨晋毅：《中国城市语言研究的若干思考》，《中国社会语言学》2004 年第 1 期。

游汝杰、邹嘉彦：《社会语言学教程》，复旦大学出版社 2009 年版。

俞玮奇：《普通话的推广与苏州方言的保持——苏州市中小学生语言生活状况调查》，《语言文字应用》2010 年第 3 期。

俞玮奇：《苏州市外来人口第二代的语言转用考察》，《语言教学与研究》2011 年第 11 期。

章志光主编：《社会心理学》，人民教育出版社 1996 年版。

张东波、李柳：《社会心理因素与美国华人社团的语言维护和变迁》，《语言文字应用》2010 年第 1 期。

张先亮：《从新型城镇化看市民的语言能力》，《中国社会科学》2015 年第 3 期。

曾坚朋：《教育、社会分层与社会流动——以外来流动人口及其子女为例》，《广东青年干部学院学报》2013年第1期。

赵翠兰：《精神追寻：农民工子女的语言与自我认同》，博士学位论文，南京师范大学，2011年。

赵思思：《金华市白龙桥镇居民语言现状考察》，硕士学位论文，浙江师范大学，2013年。

赵树凯：《边缘化的基础教育——北京外来人口子弟学校的初步调查》，《管理世界》2000年第5期。

朱力：《农民工二代与中国未来》，《人民论坛》2011年第24期。

附录　金华市城市二代移民语言生活调查问卷

亲爱的学生朋友：

你好！

由于你的优秀和细心，你被邀请作为城市二代移民的代表填写这份问卷，请在你家人的帮助下如实填写，你填写的所有信息我们都将保密，谢谢你的支持！（下列每一题，请在符合你情况的选项上打"√"，在横线上填空）

1. 你的性别：（1）男　　　（2）女

2. 你的年龄_____周岁

3. 你出生在_____省_____市（县）；你的老家是_____省_____市（县）_____乡/镇_____村

4. 你来金华多久了？

（1）1年以下　　（2）1—2年　　（3）2—3年　　（4）3—4年　　（5）5年以上

5. 你现在居住在：

（1）农村　　（2）城郊　　（3）市内

6. 你现在的邻居主要是：

（1）金华人　　（2）老乡　　（3）其他地方来的人

（4）家人亲戚　　（5）不清楚

7. 你在校外主要和什么人玩？

（1）家人/亲戚　　（2）来自家乡的朋友　　（3）金华的朋友

（4）来自其他地方的朋友

8. 你打算在金华住多久？

（1）不清楚　　（2）住一段时间　　（3）长期住下去

9. 你平时的娱乐活动是什么？

（1）看书　　（2）看电视　　（3）上网　　（4）其他活动

10. 你一年中在老家待多长时间？

（1）基本不回　　（2）寒假或暑假回　　（3）寒暑假都回

11. 你小时候（上幼儿园或小学前）最先会说的是哪一种话？

（1）普通话　　（2）金华话　　（3）家乡话　　（4）其他语言

12. 你觉得家乡话：

（1）好听　　（2）亲切　　（3）土气　　（4）没感觉

13. 你来金华之前普通话程度怎么样？

（1）能听懂但不太会说　　（2）基本能交谈但不太熟练

（3）能熟练使用但口音较重　　（4）能熟练使用但有些音不准

（5）能流利准确地使用

14. 你在老家使用最多的是哪一种话？

（1）家乡话　　（2）普通话

15. 你在金华使用最多的是哪一种话？

（1）家乡话　　（2）金华话　　（3）普通话

16. 你是从什么时候开始学普通话的？

（1）小时候（上幼儿园之前）　　（2）上幼儿园或小学后

（3）来金华上学后

17. 你是从哪些途径学会说普通话的？（多选）

（1）家人/亲戚　　（2）学校　　（3）广播电视　　（4）网络

（5）其他

18. 你觉得学习普通话困难吗？

（1）困难　　（2）不困难　　（3）很容易

19. 你觉得普通话：

（1）好听　　（2）亲切　　（3）土气　　（4）没感觉

20. 你现在的普通话程度怎么样？

（1）能听懂但不太会说　　（2）基本能交谈但不太熟练

（3）能熟练使用但家乡口音较重　　（4）能熟练使用但有些发音不准

（5）能准确流利地使用

21. 你希望自己的普通话达到什么程度？

（1）没什么要求，无所谓

（2）能进行一般交际就行，对音准不要求

（3）能熟练使用，发音比较准确　　（4）能熟练使用，发音很标准

22. 你为什么学习普通话？

（1）学校要求学和说普通话　　（2）普通话好听、亲切

（3）受其他同学的影响　　（4）说普通话显得更有文化教养

23. 你认为学会普通话的用处是什么？

（1）能和不同地方的人交谈　　（2）对以后的学习、工作会有很大帮助

（3）可以成为城里人　　（4）不知道

24. 你是从什么时候开始学金华话的？

（1）小时候（上幼儿园之前）　　（2）上幼儿园或小学后

（3）来金华上学后

25. 你是从哪些途径学会说金华话的？（多选）

（1）家人/亲戚　　（2）本地邻居　　（3）本地同学

（4）方言节目　　（5）其他

26. 你觉得金华话：

（1）好听　　（2）亲切　　（3）土气　　（4）没感觉

27. 你认为学会金华话有什么好处？

（1）能在金华更好地学习和生活　　（2）以后能在金华找到好工作

（3）可以成为金华人　　（4）不知道

28. 在老家时你和家人、亲戚交谈时使用什么语言？（多选）

（1）家乡话　　（2）普通话

29. 在金华时你和家人、亲戚交谈时使用什么语言？（多选）

（1）普通话　　（2）家乡话　　（3）金华话

30. 在学校里，你使用的语言是：

（1）标准的普通话　　（2）不太标准的普通话

（3）金华话和普通话　　（4）家乡话和普通话

31. 在课外你更习惯用哪种话与人交谈？

（1）普通话　　（2）金华话　　（3）家乡话

32. 你希望继续掌握并使用自己的家乡话吗？

（1）不希望掌握，不希望使用　　（2）不太希望掌握，也不太会用

（3）无所谓　　（4）希望继续掌握并使用

（5）一定要掌握并使用

33. 如果你希望掌握并使用家乡话，请你选出 1 个你认为最重要的理由：（33、34 选一题做）

（1）家长的要求　　（2）便于和家乡人交流　　（3）学家乡话更容易

（4）家乡话听着亲切、舒服　　（5）便于以后回老家生活

34. 如果你不希望掌握并使用家乡话，请你选出 1 个你认为最重要的理由：

（1）说家乡话会被人嘲笑　　（2）说家乡话没有用处

（3）学家乡话太难　　（4）不打算再回老家生活

35. 你父母希望你掌握哪种话？

（1）家乡话和普通话　　（2）金华话和普通话　　（3）三种都掌握

（4）只掌握家乡话　　（5）只掌握金华话　　（6）只掌握普通话

36. 你认为你父母的语言水平（请在合适的格子内打"√"，一行格子只能选一个)

	听不懂也不会说	听得懂但不会说	会说一点	能日常交谈	能熟练使用
家乡话					
普通话					
金华话					

37. 和你父母比较，你的语言水平（请在合适的格子内打"√"，一行格子只能选一个)

	听不懂也不会说	听得懂但不会说	会说一点	能日常交谈	能熟练使用
家乡话					
普通话					
金华话					

38. 在以下场合中，你的语言使用情况如何？请在你认为合适的格子内打"√"。

	全用家乡话	家乡话和普通话都用	全用普通话	家乡话和金华话都用	全用金华话	普通话和金华话都用	家乡话、金华话、普通话都用
和家人说话时							
和朋友说话时							
和同学说话时							
和老师说话时							/
在公共场合与人交谈时							

第六章

城镇市民语言认同生态现状考察
——以一类城镇杭州市为例

第一节 概述

在新型城镇化进程中，语言生态越来越受到人们的重视，成为城市生态建设的重要组成部分，成为城市转型升级的一项语言战略。在杭州城镇化进程中，语言生态治理在形成大杭州城市认同理念以及促进城市融合方面有着重要意义。

一 杭州城市语言生态现状

（一）杭州城市语言生态特征

近年来，杭州城市发生了很大的变化，主要表现在人口结构的改变和城市区域的扩张。首先，城镇化作为城市发展的驱动带来的最大变化就是社会结构的重组，杭州城市居民的构成逐渐从单一走向多元。在外来人口中，既有来自其他省份的居民，也有来自省内其他市县的居民。其次，撤县设区后，城市规模扩大了。以杭州老城区为中心，并入了滨江、萧山、余杭和富阳四个新城区。撤县设区改变了城市的身份和城市之间的关系，原本的县级市萧山、余杭、富阳等成为了杭州的市辖区，大杭州的城市概念逐步形成。城市人口结构的改变以及城市规模的扩大直接使杭州区域内的语言生态发生了改变，呈现出三大基本特征：一是普通话成为城市居民语言生活中不可或缺的语言资源，成为最具优势的语言；二是杭州区域内多种方言变体共存的语言分布格局；三是作为中心城区方言的杭州话自身的独特属性。当然还有一个特征就是外语的学习与使用，为集中问题，本章不讨论外语特征。

1. 普通话的优势地位

在国家推广和普及普通话的语言政策导向以及城市各族群之间密切的

言语交流的推动下，杭州市民对普通话有着很高的认同度。普通话已经成为城市语言生态系统中最为强势的语言。

2. 多方言并存的语言生态格局

除普通话外，杭州市区域内还存在多种方言变体，呈现出区域内方言不统一的发展格局。杭州老城区说杭州话，新城区萧山、余杭、富阳说各自的方言。按照语言系属的划分，杭州城区的方言都属于吴语区太湖片。其中，中心城区的杭州话属于杭州小片，是杭州老城区的母语方言。杭州话使用范围不大，东至下沙，南至钱塘江边，西从五云山、转塘到留下附近，北经拱宸桥至余杭三墩，东北经笕桥至余杭乔司之间。在这个范围内大约有 100 万人说杭州话。萧山和富阳毗邻，萧山话和富阳话同属临绍小片，而滨江本来就是萧山的一部分，滨江和萧山的本地人都说萧山话。萧山话的使用人口在 150 万以上，富阳话的使用人口在 80 万左右。余杭位于杭州老城区的北面，与老城区在地域上相连，余杭话属于苕溪小片，是余杭本地人的母语，使用人口在 120 万左右。从语言分布情况来看，中心城区的杭州话处于周围新城区方言的包围中，且临绍小片和苕溪小片方言的使用人口都比杭州话的使用人口多。

3. 杭州话的独特属性

杭州话有其独特属性，在历史发展中受北方官话影响，尤其是宋室南迁。据李心传《建炎以来系年要录》载，从建炎元年（1127）到绍兴二十六年的（1156）30 年里，进入杭州的北方居民已经超过了杭州本地居民。当时南渡士民带来的以汴梁为主的北方官话对本地方言产生了巨大的影响，使杭州话在语音、词汇、语法方面发生了很大的变化，带有浓厚的宋朝北方官话色彩。清代杭州作为浙江行政首府和闽浙总督府驻地，受当时官话的影响要大于其他地方。杭州话较多的儿化音以及和周围方言不同的词汇大都受此影响。所以，原本和余杭话同属苕溪小片的杭州话在历史发展中演变成一种有吴语基础的江南官话，在语音、词汇方面呈现出与周围方言不同的特征，这使得周边新城区的人们对杭州话没有特别的亲切感和认同感，总觉得杭州话是一种外地话，与自己的母语方言存在较大差异。不过杭州话也有自身的优越性，即吴语属性与官话属性的完美结合。吴语的基础特征使得杭州话与周边新城区的方言存在很多共同点，为城市区域内形成杭州话认同奠定了良好的基础；官话属性使得杭州话与普通话较为接近，为进一步加强普通话的普及以及促进城市认同增添了新的动力。

（二）杭州城市语言生态问题

1. 普通话与地域方言的矛盾

在新型城镇化进程中，城市语言变化是必然的趋势。变化之一就是普通话和地域方言之间的相互影响、相互作用并逐步形成人与人之间新的言语交际模式。以杭州话、萧山话、余杭话、富阳话为母语的杭州本地人和外地人之间、杭州本地老城区市民与新城区市民之间，以及来自不同方言区的外地人之间在日益频繁的言语交际中必然会首选普通话，这一现状对杭州各方言产生影响。如何处理好这一矛盾，是关系到能否构建城市稳定、和谐的语言生态的重要因素。

2. 老城区与新城区的语言矛盾

屈哨兵（2016）认为在一般情况下，语言上的一些事情只在学术层面进行探讨的时候，大家都可以心平气和地观察和发表观点，圈外的人也不会有多大的声音，一座城市的语言生活相对这座城市的其他民生工程而言，通常也是一个比较安静的角落，一般民众即使有所发觉但也不会过于关注。但是，如果刚好有某一个点突然成为这个城市生活中的热点，而这个点恰好牵扯到语言文字方面的问题，就会迅速形成一个热点甚至痛点。随着杭州撤县设区的不断推进，新城区和老城区之间的语言认同矛盾逐渐显现。比如萧山虽然已经变成了杭州的市辖区，在行政区划上同属一个城市，但在人们的文化、思想观念和语言上依旧存在不少矛盾。一直以来，杭州人看不起萧山人，总认为萧山人是乡下人、没文化，对萧山话没有认同感，更不可能去说萧山话；而萧山人对杭州老城区以及杭州话的认同度也不高，自然也就不愿意放弃自己的母语去学习杭州话。因此，处理好老城区与新城区之间的语言矛盾，是形成杭城良好语言生态，促进大杭州城市融合的一项艰巨的任务。

杭州与萧山的矛盾在撤县设区的城镇化进程中具有典型性。就地理位置而言，杭州在钱塘江以北，萧山在钱塘江以南，相互之间都是独立的。萧山地域广阔，拥有较完备的城镇化发展条件，可谓自成一体，自古以来是绍兴的属地，受绍兴管辖，所以无论在地理上还是语言文化上都与绍兴比较亲近。就语言本身而言，杭州话由于历史原因受北方官话的影响较大，与萧山话在语音、词汇方面有着显著差异，不易被新城区市民接受。就经济发展而言，萧山在撤县设区以前位居中国百强县前列，是其他各县无法比拟的，这也是萧山人有强烈自豪感的重要原因。因此，语言认同并不仅仅涉及语言本身，还与族群认同、地域认同、文化认同等息息相关。

正因如此，尽管撤县设区十年有余，但萧山并没有主动融入杭州，他们并不认同自己是杭州人，并不认同杭州话。为此，我们针对萧山本地人的身份认同做了实地调查。一共选取了 500 位萧山本地人作为调查样本，通过问卷和简短访谈相结合的方式获取了身份认同的调查结果：

表 6.1　　　　　　　　萧山本地人身份认同情况　　　　　　　（%）

	人数	百分比
认同自己是杭州人	78	15.6
认同自己是萧山人	422	84.4

在接受调查的人中，包括中学生 200 人，在读大学生 100 人，其他普通市民 200 人，结果如下：

表 6.2　　　　　　　不同阶层萧山人身份认同情况　　　　　　（%）

	中学生		大学生		普通市民	
	人数	百分比	人数	百分比	人数	百分比
认同自己是杭州人	50	25	12	12	16	8
认同自己是萧山人	150	75	88	88	184	92

由表 6.1 和表 6.2 可以看出，萧山人对"杭州人"的身份认同普遍不高，仅为 15.6%。就普通市民而言，"杭州人"的身份认同仅为 8%，"萧山人"的身份认同占了绝对优势。与普通市民相比，中学生和大学生对"杭州人"的身份认同比例相对较高，尤其是中学生。

二　杭州新型城镇化对语言认同的要求

城市语言生态主要表现为语言人与语言人、语言人与语言变体之间的认同关系，即语言人的语言认同。因此，新型城镇化对城市语言生态的影响主要体现在语言认同上。语言认同是指个人和族群对某一语言变体以及拥有这种语言资源的特定人群的认可、承认的心理及行为的趋同过程和结果。语言认同同时也涉及地域认同、族群认同及文化认同，是一种文化观念和心理的趋同现象，语言认同甚至关乎民族和国家认同。语言认同主要表现为语言人的语言能力、语言观念和语言行为，三者之间存在密不可分的联系。语言能力是基础，在一定程度上决定着个人的语言观念和语言行为；语言观念是对语言的态度，分为语言的理性和情感态度，语言观念指导着人们的语言实践；语言行为反映语言观念，是最直接的语言认同方式，同时语言行为能够在很大程度上影响语言能力。新型城镇化对市民的语言能力、语言观念和语言行为提出了更新、更高的要求，也是市民更好地适应现代城市语言生活的必由之路。

1. 语言能力新要求

如果在城乡二元结构十分稳固、人口流动相当缓慢的封闭保守的生态环境下，无论在城区还是农村，人们很少会遇到语言交流方面的障碍，都可以凭借自己的母语方言顺利完成日常生活中的言语交际过程并达到交际目的。但是，城镇化给城市生态带来的变化是空前的。随着人口流动的加快，城市规模的日益扩张，各个地区之间的交流越来越频繁，城乡二元结构也逐渐消解。在新型城市生态发展进程中，对于居民而言，仅仅掌握母语方言的听说能力再也无法满足城市语言生活的现实要求。人们应该用开放、包容的心态顺应时代发展的趋势，逐渐形成积极的语言生态观，努力提升自身的语言能力，为城市和谐语言生态作出贡献。潘文国（2008）提出："生活在21世纪的上海人要学会说三种话：第一是上海话，这是他们的母语；第二是普通话，这是他们的国语；第三是英语，这是当今的国际通用语。"可以说，生活在21世纪的人们，尤其是生活在大都市的市民，其语言能力必须适应城市发展的普遍需求，并与城市自身的特点相吻合。市民语言能力越来越成为一座城市综合实力的重要体现，是衡量城市软实力的重要指标。

杭州是浙江省的省会，是浙江的经济、政治、文化、金融中心，随着G20杭州峰会的召开，杭州更是一跃成为新的一线城市。在日益开放的城市生态环境下，提升普通话的语言能力已成为每个杭州市民的必修课。普通话作为国家通用语，已经成为学校教育、政府办公和大众传媒的主导语言，是人们获取信息、拓展知识、建立社会关系、融入社会生活的筹码，在人的全面发展中起着至关重要的作用。因此，无论是老城区的市民，还是新城区的市民，都应该学习普通话，并逐步提高普通话的知识和交际能力。

杭州曾是南宋时期的都城，是吴越文化的发源地之一，是一座历史文化名城，历史积淀深厚，文化遗产丰富。地域方言是地域文化的主要载体，在保护、传承和传播优秀传统文化，促进文化认同方面发挥着重要作用。因此，地域方言在城市语言生态发展过程中不应被忽视，方言有其独特的使用范围和社会价值。杭州老城区和新城区的市民应该重视母语方言的能力，尤其是城市青少年及其家长应该正确看待方言，适当提高年轻一代的方言能力。应该鼓励更多的新城区市民学习中心城区的杭州话，了解老城区的文化，更好地融入大杭州的城市生活，成为一个真正意义上的杭州人。

因此，在现阶段杭州新型城镇化进程中，我们必须同时关注人们在普通话、杭州话以及各自母语方面的综合能力。

2. 语言行为新要求

杭州各主要语言变体相互联系、相互作用、相互影响，并经过一系列竞争和妥协之后，城市语言生活必将呈现出新常态。语言没有优劣之分，每一种语言都是平等的，都有存在的合理性，但这并不意味着每一种语言都拥有同等的社会地位。在城市语言发展战略中，语言应有主次之分，每一种语言都有不同的适用范围和社会价值，在城镇化推进中发挥着各自的作用。我们认为，城市言语社区是一个言语互动场所，社区成员不一定都讲同一种语言，社区的语言资源可以包括一种以上的语言代码；但是每一个言语社区都有一套自己的交际规范，其中包括语码选用、语码转换的规则，社区成员最重要的标志是他们对社区交际规范的熟谙和遵从。这种熟谙和遵从体现了言语社区内部的一种现代社会言语交际规范，甚至可以上升至一种言语交际道德。新型城市语言生态对人们的语言行为提出了更加严格的要求。人们在头脑中必须形成语言规范意识，并在语言实践中遵守语言使用规范，最终形成语言使用道德，主要表现为主动的语言学习和语言适应、自然的语码选择和语码转换甚至主动的语言转用。通俗地讲就是，我们应该顺应语言生态变化的趋势，及时优化改进语言能力，并在不同场合以及与不同交际对象交谈时选用合适的语言变体，成功实现言语交际的目的。

以杭州滨江为例，它地处钱塘江南岸，萧山西北角，原属萧山地域。自从被杭州划入主城区后，滨江的区域地位有了根本性改变，从不起眼的乡镇一跃成为杭州高新技术产业区，拥有强大的政策扶持和远大的发展前景，无论是城市建设、人口结构还是社会风貌都发生了巨大的变化。在城市语言生活方面，尽管普通话水平较高，但对杭州话仍表现出浓厚兴趣，许多滨江本地人，尤其是年轻人都或多或少会说杭州话，对杭州话都持积极的态度，应该说这符合杭州城镇化进程中语言认同的主要目标，也是杭州城市融合发展的趋势。

在现实的语言交际活动中，为了实现谈话双方的身份认同或者为了尽快融入特定的语言群体以获得相应的尊重和权利，人们在语言生活中经常进行各种形式的语言选择，最常见的就是言语交际中的语码转换。比如，两个原来彼此不相识的萧山人在一起谈话时，一开始用普通话进行交谈，后来随着谈话的深入了解到双方都是萧山人，便立即转用萧山本地话进行交谈以拉近双方的心理距离，增强双方的认同感和亲近感。这种约定俗成的现代语言交际模式实际上是在认识到语言强烈的族群认同基础上形成的一种语言道德要求。在杭州城镇化的语言生活中还有一种比较特殊而有意思的情形，当萧山人遇上杭州人，他们之间会用什么语言变体进行交流，是用普通话还是他们各自的方言，这是一个值得深思和亟待解决的问题，是杭州现阶段处理语言生态的关键一环。就个人而言，我们要以城市融合的大局为重，树立正确的语言观念，形成包容、开放的语言认同。

本章以问卷、访谈获得的材料为基础，对杭州老城区本地市民和新城区本地市民的语言认同现状作详细描写，对老城区和新城区之间的语言认同现状进行比较分析，并根据语言认同现状和分析结果为构建大杭州城市和谐语言生态提出一些对策和建议。

第二节　老城区本地市民语言认同生态现状

在新型城镇化进程中，杭州城市语言生态发生了很大的变化，这一改变对市民的语言认同提出了更高的要求。目前，杭州老城区本地市民主要面临三方面的语言认同：自身母语杭州话的认同、国家共同语普通话的认同以及对郊区方言的认同。为了掌握现阶段杭州老城区本地市民的语言认同现状，我们通过问卷、观察和访谈等方式，对杭州老城区本地市民从语言能力、语言行为和语言态度三个方面进行了调查。

一　老城区本地市民对普通话和杭州话的认同

在老城区，我们对 736 名本地市民进行了问卷调查，其中，中学生

400 人，男生和女生各占一半。普通市民 336 人，其样本特征见表 6.3。

表 6.3　　　　　　　　杭州本地普通市民样本特征分布一览

性别	男性	168 人
	女性	168 人
年龄	20—40 岁	120 人
	40—60 岁	120 人
	60 岁以上	96 人
文化程度	初中及以下	112 人
	高中和大专	130 人
	本科及以上	94 人
从事职业	产业工人	104 人
	商业人员	96 人
	行政人员	86 人
	研究人员	50 人

（一）老城区本地市民的普通话和母语方言的能力

普通话和方言关系的探讨已成为城市语言生态的热点，其中最引人关注的是青少年一代母方言的能力问题，因为它是城市语言生命力的重要组成部分，他们的语言能力、语言行为以及相应的语言态度是关系到一种语言能否传承下去的主要因素。

与普通市民相比，青少年群体成长的时代已发生了巨大变化，他们的母方言基础相对薄弱，在语言使用、语言能力上出现退化迹象，并表现出对母方言的淡漠与疏离。"他们正在成为缺失方言资源的语言人，有些甚至会从潜在的双语人转变为一种新的单语人"（范仁唯，2015）。

调查数据显示，在最先习得语言方面，有 45.7% 的中学生表示自己最先会说的是普通话，36.3% 的人表示最先会说的是杭州话，18% 的人表示同时会说普通话和杭州话。如果算上普通话和方言兼用的情况，那么普通话是第一语言的中学生达到 63.7%，杭州话是第一语言的为 54.3%。在普通市民中，88.3% 的人表示自己最先会说的是杭州话，仅有 4.2% 的人表示自己最先会说的是普通话，7.5% 的人则表示同时会说普通话和杭州话。在个人最具优势语言方面，我们设置的问题是"在日常交谈中，你认为自己说得最流利的是哪种话"。在中学生中，有 82.8% 的人选择普通话，14.2%的人选择杭州话。在普通市民中，有57.8%的人选择普通话，41.5%的人选择杭州话。

由上可知，就第一语言习得而言，中学生和普通市民之间存在很大的差异。绝大部分普通市民最先学会的是杭州话，比例高达88.3%，而中学生只有36.3%，两者相差52个百分点。就个人最具优势语言而言，普通话已经成为杭州老城区本地市民的优势语言，无论是中学生还是普通市民，他们中的大部分都认为普通话是自己说得最流利的语言，所不同的是中学生的比例更高。

我们还对杭州话的语言能力进行测评，结果如下：

表 6.4　　　　　　杭州老城区本地市民母方言语言能力测评　　　　　（%）

	中学生		普通市民	
	人数	百分比	人数	百分比
听和说都很好	194	48.5	252	75
听得懂但说得不好	158	39.5	78	23.2
能听懂一些但不会说	44	11	6	1.8
听不懂也不会说	4	1	0	0

中学生和普通市民在母方言语言能力方面都有不同程度的弱化，中学生更为明显，高达51.5%，超过了一半；普通市民为25%，相对较低。在方言资源流失的各项指标中，我们可以看出，不会说杭州话的中学生达12%，而普通市民仅有1.8%，这反映出中学生是方言资源流失的最大潜在群体。

中学生与父辈在母语方言能力上存在相当的差距，我们对母语方言能力代际差异作了调查，结果为：

表 6.5　　　　　杭州老城区本地市民熟练使用母语的代际差异　　　　（%）

	中学生	父母
听和说都很好	48.5	90.7

虽然中学生能够熟练使用母语方言的人数接近一半，但与父辈相比，下降速度惊人，由90.7%下降到48.5%，下降了42.2%。若按此发展，再下一代，其母方言资源所剩无几，杭州话真的会面临后继无人的尴尬局面。

与方言相比，普通话在城市语言生活中处于强势地位。学校教育的语言环境对培养和提升学生的普通话能力起着关键作用。无论在杭州中心区还是在郊区甚至农村，学生的普通话水平都比较高，测试结果如下。

表 6.6　　　　　杭州老城区本地市民普通话语言能力情况　　　（%）

	中学生		普通市民	
	人数	百分比	人数	百分比
听和说都很好	400	100	238	70.8
听得懂但说得不好	0	0	98	29.2
能听懂一些但不会说	0	0	0	0
听不懂也不会说	0	0	0	0

由表 6.6 可知，所有被测试的中学生都选择了"听和说都很好"。在普通市民中，有 238 人选择"听和说都很好"，占 70.8%，有 98 人选择"听得懂但说得不好"。在这 98 人中，按性别分，男性 46 人，女性 52 人；按年龄分，20—40 岁的有 6 人，40—60 岁的有 36 人，60 岁以上的有 56 人；按文化程度分，初中及以下的有 66 人，高中和大专的有 24 人，本科及以上的有 8 人；按社会阶层分，产业工人有 52 人，商业人员有 34 人，行政人员有 8 人，研究人员有 4 人。由此可见，普通话语言能力和市民自身的年龄、文化程度和社会阶层有较大关联。总体来说，老城区本地市民对自己的普通话水平有足够的自信。

（二）老城区本地市民普通话和母语方言的语言行为

语言行为是一种最直接的认同表现，杭州话在新型城镇化中出现了明显的萎缩，其原因尽管是多方面的，但语言的使用及与之相应的语言态度是影响语言能力的主要因素，因为语言能力的获得和提升在很大程度上取决于语言的运用。为此，我们对语言行为做了调查，在"你在日常交谈中自认为说得最多的话是什么"的选项中，结果如下。

表 6.7　　　　　杭州老城区本地市民语言使用比例情况　　　（%）

	中学生		普通市民	
	人数	百分比	人数	百分比
杭州话	10	2.5	86	25.6
普通话	332	83	156	46.4

续表

	中学生		普通市民	
	人数	百分比	人数	百分比
杭州话与普通话	58	14.5	94	28

无论是中学生还是普通市民，普通话的使用比例最高，其次是普通话和杭州话，最后是杭州话。

为了解在不同交际场合的使用情况，我们对中学生在学校、朋友聚会、家庭等三个场合的语言使用情况做了调查。

表 6.8　　　　　　　　中学生在不同场合使用语言情况　　　　　　　　（%）

	学校		朋友聚会		家庭	
	人数	百分比	人数	百分比	人数	百分比
大部分使用杭州话	6	1.5	16	4	104	26
基本上使用杭州话	0	0	10	2.5	54	13.5
大部分使用普通话	68	17	166	41.5	110	27.5
基本上使用普通话	326	81.5	208	52	132	33

由于受到学校教育环境的影响，普通话成为中学生日常生活中最主要的语言。尤其在学校这一特定的场合，学生和学生、学生与老师之间的交流内容以学习为主，因此普通话的使用比例占据了绝对的地位和优势。在学校与同学交流时，"大部分使用普通话"和"基本上使用普通话"两个选项所占的比例之和高达98.5%，可见杭州话在学校环境里几乎失去了生存空间。

与学校环境相比，中学生在与同学、朋友聚会时的场景有较强的私人性和随意性，它们之间交谈的内容也大多是学习之外的内容。因此我们预计中学生在与同学和朋友聚会时会更多地用方言进行交流，拉近彼此之间的距离，从而给方言留下一定的生存空间。但从调查结果来看，杭州话的生存处境同样令人担忧，基本上是用普通话交流，这与中学生在学校里的情况基本一致。由此也看出，在与同龄的同学和朋友在不同场合进行交谈时，语码转换的程度并不高。

在家庭里与父母等交谈虽然说方言的比例要比前两种场合高，但情况也不容乐观。"大部分使用普通话"和"基本使用普通话"的比例高达60.5%，这表明普通话在杭州中学生家庭语言使用中也占据了优势。

考虑问卷调查本身存在一定的主观性，我们还通过观察了解普通话和方言在中学生语言使用中的相关情况。此次语言观察，以学校为单位，分别多次观察并记录了杭州二中、杭州西湖高级中学、杭州十四中等几所高级中学的学生在非学校场景下与伙伴交流时的语言使用情况。观察结果见表6.9。

表6.9   **中学生语言使用观察情况**   （%）

	人数	百分比
普通话	148	80.4
杭州话	10	5.4
普通话和杭州话混用	26	14.2

观察结果与问卷调查基本相同。

我们也考察了普通市民在不同场合语言的使用情况，见表6.10。

表6.10   **杭州老城区本地市民在不同场合语言使用情况**   （%）

	工作单位		大商场		菜市场		家庭	
	人数	百分比	人数	百分比	人数	百分比	人数	百分比
大部分使用杭州话	64	19.1	36	10.7	78	23.2	176	52.4
基本使用杭州话	26	7.7	0	0	48	14.3	86	25.6
大部分使用普通话	134	39.9	116	34.5	150	44.7	50	14.9
基本使用普通话	112	33.3	184	54.8	60	17.8	24	7.1

从表6.10可看出，家庭场合中的语言使用情况和其他三个场合的语言使用情况明显不同。在家庭里，"大部分使用杭州话"和"基本使用杭

州话"的比例高达78%；在工作环境中，"大部分使用普通话"和"基本使用普通话"的比例为73.2%；在大商场的语境里，"大部分使用普通话"和"基本使用普通话"的比例为89.3%；在菜市场，有关使用普通话选项的比例为62.5%。

在家里，语言使用情况还与交际对象有关，我们选择了400名中学生的父母，样本总数为576人，结果如下：

表 6.11　　　　　老城区本地普通市民家庭环境下语言使用具体情况　　　　（%）

	与父母		与配偶		与孩子	
	人数	百分比	人数	百分比	人数	百分比
大部分使用杭州话	188	32.6	252	43.7	148	25.7
基本使用杭州话	334	58	178	30.9	54	9.4
大部分使用普通话	54	9.4	124	21.5	264	45.8
基本使用普通话	0	0	22	3.9	110	19.1

由表6.11可知，与父母交谈时，杭州话占据绝对优势，高达90.6%；与配偶进行交流时，杭州话依然拥有相当的优势，占74.6%；但与孩子进行沟通时，语言使用的情况出现了以普通话交流为主的情况。其原因主要有：孩子主动与父母交谈时使用的语言、父母对孩子的语言期待以及目前的社会语言学习环境。

根据双语理论，比较稳定的双语社会中的情况是，社会通用的几种语言变体各有其适用的场合，一般可以分为用于比较高端的社会经济场所的"高变体"和比较低端的"低变体"，整个社会对此有比较一致的看法和实践，违反这些惯例将招致非议甚至导致交际活动的失败。

根据普通市民不同场合的语言使用情况，基本恪守了言语社区的共同规范。普通话是高变体，杭州话是低变体。高端场合多用高变体，低端场合多用低变体。由此可见，家庭环境属于语言使用的低端场所，而工作、商场和菜市场等场所都属于语言使用的高端场所。当然，无论在低端场所还是高端场所都有其内在的差异性。在低端场所中，语言使用的情况会因不同交际对象而改变；在高端场所中，大商场的程度最大，其次是工作场所，最后是生活气息相对较浓的菜市场。为了进一步了解影响语言使用的其他因素，我们又分别考察了调查对象在语言使用方面的年龄、文化程度和职业等分布情况，结果如下。

表 6.12　　　　不同年龄段的普通市民在不同场合的语言使用情况　　　（%）

		家庭		工作		大商场		菜市场	
		杭州话	普通话	杭州话	普通话	杭州话	普通话	杭州话	普通话
年龄	百分比	百分比	百分比	百分比	百分比	百分比	百分比	百分比	百分比
20—40 岁	35.7	58.3	41.7	13.3	86.7	3.3	96.7	13.3	86.7
40—60 岁	35.7	85	15	26.7	73.3	13.3	86.7	38.3	61.7
60 岁以上	28.6	93.8	6.2	43.8	56.2	16.7	83.3	66.7	33.3

表 6.13　　　　不同文化程度的普通市民在不同场合的语言使用情况　　　（%）

		家庭		工作		大商场		菜市场	
		杭州话	普通话	杭州话	普通话	杭州话	普通话	杭州话	普通话
文化程度	百分比	百分比	百分比	百分比	百分比	百分比	百分比	百分比	百分比
初中及以下	33.3	98.2	1.8	50	50	21.4	78.6	54.5	45.5
高中及大专	38.7	84.6	15.4	26.2	73.8	9.2	90.8	36.9	63.1
本科及以上	28	44.7	55.3	0	100	0	100	19.1	80.9

表 6.14　　　　不同职业的普通市民在不同场合的语言使用情况　　　（%）

		家庭		工作		大商场		菜市场	
		杭州话	普通话	杭州话	普通话	杭州话	普通话	杭州话	普通话
职业	百分比	百分比	百分比	百分比	百分比	百分比	百分比	百分比	百分比
产业工人	30.9	92.3	7.7	51.9	48.1	19.2	80.8	50	50
商业人员	28.6	93.7	6.3	20.8	79.2	12.5	87.5	41.7	58.3
行政人员	25.6	58.1	41.9	14	86	4.7	95.3	27.9	72.1
研究人员	14.9	52	48	8	92	0	100	20	80

　　从上面数据可以看出，无论在哪种交际场所，年龄、文化和职业的不同特征都会对市民语言使用造成一定影响。在年龄方面，随着年龄的增长，不同场合方言的使用率逐渐上升，普通话的使用率逐渐下降，而且年龄差

距越大，语言使用上的比例差距就越大。60 岁以上的老年人群在各个不同场合使用方言的比例都明显高于 20—40 岁的青年人群，在家庭和菜市场两个场合的比例差距尤为明显。在文化程度方面，文化程度越高，使用普通话的比例也越高。尤其是接受过本科及以上教育的人在大商场和工作场合下，使用普通话的比例达到 100%。另外，市民文化程度的高低也会直接影响他们从事的职业，因此不同职业的市民在语言使用上也呈现出类似于不同文化程度对语言使用的影响特征。行政人员和研究人员使用普通话的比例要明显高于工人和商业人员，反之，工人和商业人员在各个场合中的方言使用比例要明显高于行政人员和研究人员。从事不同职业的市民在语言使用上存在较大的差异，可能与各自所在的工作环境及工作性质有关。在学校以及一些企事业单位、科研机构，普通话的工作语境已相当成熟，而且由于受教育程度高，行政人员、科研人员的普通话水平就相对较高。工人及商业人员的工作环境一般都没有说普通话的硬性要求，语言使用的随意性相对较大，而且他们的受教育程度不高，普通话的应用能力自然较弱。

　　由上可知，普通市民与中学生在语言使用上存在较大差异：普通市民在公共场合普通话的使用率占主导，在家庭等私人性较强的场合使用杭州话为主；中学生的语言使用情况并没有呈现出类似的特点，无论在公共场合还是在私密性较强的家庭，普通话都占主导。值得注意的是，家长和孩子在家庭环境里使用普通话的比例正在逐渐上升。

（三）老城区本地市民对普通话和母语方言的态度

　　语言态度在语言认同中起着重要作用。"在双语和多语社会中，由于社会或民族认同、情感、目的和动机、行为倾向等因素的影响，人们会对一种语言的社会价值形成一定的认识或作出一定的评价，这种认识和评价通常称为语言态度"（王远新，2002）。语言态度属于一种心理范畴，更多倾向于个人的主观情感，在一定程度上体现其语言认同。陈松岑（1999）对语言态度的论述较为全面，将语言态度分为情感的和理智的。情感方面的语言态度指"说话人或听话人在说到、听到某种语言时，在情绪、感情上的感受与反应，它常常是十分自然甚至是不自觉的、下意识地出现的。这类态度往往密切联系于说话人或听话人从小成长的语言文化环境"；理智方面的语言态度是指"说话人或听话人对特定语言的实用价值和社会地位的理性评价。这类态度主要取决于特定语言在使用中的功能，以及它可能附加给说话人以什么样的社会地位"。因此，在很多语言认同调查的论文中，经常可以发现当被问及哪种语言变体"更有用""更有身份"时，研究者想要获得的是被调查者理智方面的语言态度；当被问及哪种语言变体"更亲切""更好听"时，研究者想了解的则是被试者情感方面的语言态度。有鉴于此，我们对杭州老城区本地市民对普通话和杭州话的语言态度做了调查。中学生语言态度总体情况见表6.15，普通市民语言态度总体情况见表6.16。

表6.15　　　　　中学生对普通话和杭州话语言态度的四项指标　　　　（%）

	普通话		杭州话	
	人数	百分比	人数	百分比
好听	314	78.5	332	83
亲切	170	42.5	306	76.5
有身份	356	89	252	63
有用	400	100	156	39

表6.16　　　　普通市民对普通话和杭州话语言态度的四项指标　　　　（%）

	普通话		杭州话	
	人数	百分比	人数	百分比
好听	146	43.5	270	80.4
亲切	94	28	302	89.9
有身份	256	76.2	196	58.3
有用	312	92.9	124	36.9

从表6.15和表6.16可知，在对普通话和杭州话的情感评价中，无论是中学生还是普通市民，认为杭州话好听和亲切的比例都比普通话的评价要高，尤其表现在普通市民对杭州话亲切度的评价上。普通市民认为杭州话亲切的比例高达89.9%，认为普通话亲切的仅有28%，两者相差61.9%。在对普通话和杭州话的功利性评价中，中学生和普通市民都表现出对普通话的肯定。中学生认为普通话有身份和有用的比例分别为89%和100%，普通市民的比例稍低于中学生，分别为76.2%和92.9%。总体而言，老城区本地市民认为方言更加亲切和好听，普通话更加有身份和有用。为了进一步了解市民的语言态度，我们将普通话和方言限定在一个评价标准中，对此做了更加细致的调查，结果见表6.17和表6.18。

表 6.17　　　　　　中学生对普通话和杭州话的语言态度　　　　　　（%）

	普通话比杭州话		杭州话比普通话		分不同场合	
	人数	百分比	人数	百分比	人数	百分比
更有用	147	73.5	2	1	51	25.5
更有身份	119	59.5	17	8.5	64	32
更亲切	43	21.5	88	44	69	34.5
更好听	102	51	92	46	6	3

表 6.18　　　　　普通市民对普通话和杭州话的语言态度　　　　　（%）

	普通话比杭州话		杭州话比普通话		分不同场合	
	人数	百分比	人数	百分比	人数	百分比
更有用	98	58.3	27	16.1	43	25.6
更有身份	71	42.3	41	24.4	56	33.3
更亲切	18	10.7	94	56	56	33.3
更好听	67	39.9	89	53	12	7.1

关于普通话和杭州话，哪个更有用的问题，73.5%的中学生和58.3%的普通市民认为普通话更有用。关于哪种语言变体更有身份，59.5%的中学生和42.3%的普通市民认为普通话更有身份，仅有8.5%的中学生认为杭州话更有身份，而在普通市民当中，有24.4%的人认为杭州话更有身份。在哪个更亲切的问题中，44%的中学生认为杭州话比普通话更亲切，21.5%的中学生认为普通话更亲切；56%的普通市民认为杭州话比普通话更亲切，只有10.7%的普通市民认为普通话更亲切。在哪种语言更好听的问题中，中学生认为普通话更好听和杭州话更好听的比例相当，分别为51%和46%；普通市民认为杭州话更好听的比例为53%，普通话更好听的比例为39.9%，两者相差也不是很大。总体而言，无论是中学生还是普通市民，认为普通话比杭州话更有用、更有身份，而在亲切和好听程度上更偏向杭州话。尤其是中学生认为杭州话更亲切和更好听的比例达到近一半。

随着普通话的推广和普及，它已经成为人们生活中不可或缺的语言资源。普通话在公共场合的使用率高，人们对普通话的依赖程度也越来越高，对普通话的评价也很高。全民普通话语言能力的提升给个人和国家的发展带来了机遇。对个人而言，掌握普通话能够使我们更好适应现代化的生活方式，加强与外界的联系，增加信息的摄入，拓展知识面，带来了个人向上发展的机遇；对国家而言，共同语的广泛使用有利于维护国家稳定，推进国家统一，促进民族认同和国家认同。但是，在普通话成功普及的背景下，我们不能忽视普通话对地域方言的冲击。方言的使用范围正在逐渐缩小，方言流失的现象日益严重，尤其表现在城市青少年的语言生活中。因此，很多城市的文化建设都非常注重对地域方言的适度保护，让方言在人们的生活中发挥其应有的作用，使方言始终成为传承和发扬地域文化的载体。其中，本地方言节目成为保护方言的重要表现形式。杭州钱江频道以轻松、互动的游戏方式，推出了民生综艺节目《浙江方言大擂台》，让观众领略浙江方言的文化魅力。这档节目以浙江各地的方言为基础，用游戏闯关的形式考验参与者的方言掌握水平。各地观众都能寻找到自己同乡的身影，听到最亲切熟悉的家乡话。绍兴话最硬，衢州话最老，温州话最牛，湖州话最柔，金华话最官，杭州话最儿化，宁波舟山一家亲。我们认为，方言节目在一定程度上保护了地域方言，弘扬了地域文化，是对方言和地域文化的尊重。方言节目并不会阻碍普通话的普及以及人们对普通话的认同。

　　为了更全面、更细致地了解杭州老城区本地市民对杭州话和普通话，尤其是对母语杭州话的语言态度，我们采取访谈的形式对 100 名杭州本地市民做了进一步的语言态度调查。其中，中学生 40 名，男生和女生各占一半；普通市民 60 名，普通市民的样本特征见表 6.19。此次访谈的主要内容就是围绕市民对杭州本地方言节目以及杭州话的一些看法和意见。

表 6.19　　　　　　　　普通市民访谈对象的样本特征

性别	男性	30 人
	女性	30 人
年龄	20—40 岁	20 人
	40—60 岁	20 人
	60 岁以上	20 人
文化程度	初中及以下	20 人
	高中和大专	20 人
	本科及以上	20 人
从事职业	产业工人	20 人
	商业人员	20 人
	行政人员	10 人
	研究人员	10 人

首先，我们调查了杭州老城区本地市民对杭州本地方言节目的熟悉程度和观看情况。采用直接询问的方式，让他们说出有哪些本地方言节目，看过哪些本地方言节目及观看的频率。见表6.20至表6.22。

表 6.20　　　　杭州老城区本地市民方言节目熟悉程度情况　　　　（%）

观看节目熟悉程度	中学生		普通市民	
	人数	百分比	人数	百分比
0 个	10	25	4	6.7
1—2 个	18	45	14	23.3
3—4 个	12	30	26	43.3
5 个及以上	0	0	16	26.7

表 6.21　　　　杭州老城区本地市民方言节目观看数量情况　　　　（%）

节目数量	中学生		普通市民	
	人数	百分比	人数	百分比
0 个	14	35	8	13.3
1—2 个	20	50	18	30
3—4 个	6	15	20	33.3
5 个及以上	0	0	14	23.4

表 6.22　　　　杭州老城区本地市民方言节目观看频率情况　　　　（%）

观看频率	中学生		普通市民	
	人数	百分比	人数	百分比
每天看	0	0	14	26.9
经常看	4	15.4	18	34.6
偶尔看	6	23.1	12	23.1
很少看	16	61.5	8	15.4

其次，我们调查了访谈对象对方言节目的喜好程度，分为"非常喜欢""喜欢""一般""不喜欢"四个选项。观看过方言节目的中学生和

普通市民的喜好程度见表 6.23。

表 6.23　　　　　　　　方言节目喜好程度情况　　　　　　　　（%）

	中学生		普通市民	
	人数	百分比	人数	百分比
非常喜欢	0	0	16	30.8
喜欢	6	23.1	26	50
一般	14	53.8	10	19.2
不喜欢	6	23.1	0	0

　　与中学生相比，普通市民对方言节目更熟悉，观看的节目数量更多，观看频率更高，在对方言节目的喜好程度上自然也表现出更加积极的态度。其中，在观看频率和喜好程度两项调查中，我们发现，年龄越大，从事工商业工作的女性市民观看本地方言节目的频率及喜好程度越高。

　　再次，我们通过谈话进一步了解访谈对象对开播杭州本地方言节目的看法，这些观点可以归纳为三类：一是认为方言节目更具亲和力、亲切感，是对本土文化和本地观众的尊重，对本地文化的传承具有重要意义；二是认为方言节目具有一定的片面性，不利于普通话的普及和信息的传播；三是认为方言节目的推出巧妙地展示了杭州话的语言魅力，可以让更多的城市外来者听到杭州话并了解杭州的地域文化。在 40 名中学生中，12 位同学的态度接近观点二，他们认为方言节目的播出阻碍了普通话的推广和普及，并且不利于信息的公平分享与传播，体现出对城市外来人员的不尊重；8 位同学赞同观点一，20 位同学赞同观点三，他们认为方言节目的存在是合理的，是对杭州本土文化的继承与发展，是对本地观众和外地观众尊重的表现。在 60 位普通市民中，仅有 6 位持观点二的看法，其余都赞同观点一和观点三。他们觉得方言节目的开播并不是对外地人的不尊重，相反表现出对外地人的友好和欢迎，是为了让他们更好地了解杭州及地域文化，从而更好地融入新的城市生活。

　　最后，我们询问了访谈对象关于在方言节目中应该使用什么样的语言。调查结果见表 6.24。

表 6. 24　　　　　　　　　方言节目语言使用情况　　　　　（％）

	中学生		普通市民	
	人数	百分比	人数	百分比
只用杭州话	4	10	16	26.7
以杭州话为主	6	15	20	33.3
以普通话为主	8	20	6	10
杭州话和普通话混用	22	55	18	30

关于方言节目应该使用什么样的语言，超过一半的中学生选择了杭州话和普通话兼用；在普通市民中，意见比较分散，26.7％的人选择只用杭州话，33.3％的人认为要以杭州话为主，30％的人赞成普通话和方言兼用。

我们还了解了访谈对象关于在学校开设杭州本地文化课的看法和态度，结果如下。

表 6. 25　　　　　　　　杭州老城区本地市民关于在学校
　　　　　　　　　　开设本地文化课程的意愿情况　　　　　（％）

	中学生		普通市民	
	人数	百分比	人数	百分比
非常愿意	4	10	14	23.3
愿意	10	25	22	36.7
希望尝试	18	45	18	30
无所谓	6	15	6	10
不愿意	2	5	0	0

由表 6. 25 可以看出，无论是中学生还是普通市民，对开设本地文化课大部分持肯定态度。

二　老城区本地市民对郊区方言的认同

杭州老城区本地市民除了对普通话和杭州话的认同外，还面临对郊区方言的认同问题。在撤县设区后，新老城区之间的语言认同属于杭州城市内部的语言认同，是现阶段杭州城市语言生态发展的组成部分，在杭州城镇化深入推进中的地位和作用日益凸显，对大杭州城市认同理念的形成以及最终实现大杭州城市融合起着重要作用。虽然新老城区市民相互之间的方言认同应该以新城区对杭州话的认同为主，但老城区本地市民对郊区方言的认同也不能被忽视。我们通过问卷和简短谈话的形式调查了老城区市民对新城区（以萧山为代表）市民及其语言的认同。

（一）老城区本地市民的郊区方言能力

随着撤县设区的不断推进，杭州城市地域面积逐渐拓展，老城区和新城区在地域上逐渐连成一体，区域间人口流动日益频繁，城市户籍制度和社会保障制度进行了深层次的改革，交通体系日臻完善，杭州城市的硬件设施、制度建设逐步走向一体化，这使得老城区和新城区之间的联系越来越密切。然而，作为城市软实力的文化建设却滞后于城市硬实力建设，主要表现在城市的语言文化方面。

虽然杭州话和新城区的萧山话差别不是很大，但在城市逐渐走向融合的过程中，语言及其承载的文化和观念差异恰恰成为城市融合的障碍。新老城区市民相互之间的方言掌握程度都不高，语言文化的融合状况不是很理想，这从对郊区方言的听说能力考察中得以证明。

表 6.26　　　　　　杭州老城区本地市民萧山话听的能力情况　　　　（%）

	中学生		普通市民	
	人数	百分比	人数	百分比
完全能听懂	25	6.2	81	24.1
大部分能听懂	52	13	112	33.3
能听懂一些	86	21.5	98	29.2
听不懂	237	59.3	45	13.4

表 6.27　　　　　　杭州老城区本地市民萧山话说的能力情况　　　　（%）

	中学生		普通市民	
	人数	百分比	人数	百分比
说得很流利	0	0	9	2.7
大部分会说	16	4	55	16.4
只会说一些	31	7.8	78	23.2
不会说	353	88.2	194	57.7

从表 6.26 和表 6.27 可知，老城区本地市民的郊区方言听说能力普遍

不高，尤其表现在说的能力上。中学生和普通市民存在一定差异，普通市民在听说能力上具有一定优势。比如听的能力，59%的中学生表示听不懂萧山话；而普通市民在"听不懂"选项的比例明显低于中学生。在说的能力方面，中学生不会说萧山话的比例达88.2%；而普通市民的比例为57.7%，相差30个百分点。

（二）老城区本地市民对郊区方言的语言行为

由于老城区市民对郊区方言认同度不高，方言能力较弱，所以在日常生活中主要使用普通话和杭州话，很少使用郊区方言。我们根据语言使用的现实情况在语言行为方面设置了两个相关问题。一是"你在日常生活中会用到新城区方言吗"；二是"当你遇到新城区市民用他们的方言与你说话时，你更愿意用什么话与他们进行交谈"，结果如下。

表 6.28　　　　　　　　　郊区方言使用频率情况　　　　　　　（%）

	中学生		普通市民	
	人数	百分比	人数	百分比
经常用到	0	0	18	5.3
偶尔用到	57	14.2	85	25.3
很少用到	157	39.3	127	37.8
不会用到	186	46.5	106	31.6

由表 6.28 可知，无论是中学生还是普通市民，他们在日常生活中使用郊区方言的频率都很低。

表 6.29　　　　　　　　　　语言选用意愿情况　　　　　　　　（%）

	中学生		普通市民	
	人数	百分比	人数	百分比
杭州话	33	8.3	87	25.9
郊区话	15	3.7	64	19.1
普通话	352	88	185	55

由表 6.29 可知，即使在与新城区市民交流时，倾向说郊区方言的比例同样很低。

（三）老城区本地市民对郊区方言的语言态度

在对郊区方言的语言态度上，我们设置了五个问题。一是"你希望新城区市民学习杭州话吗"，结果是：

表 6.30 　　　　　对新城区市民学习杭州话的语言态度情况　　　　　（%）

	中学生		普通市民	
	人数	百分比	人数	百分比
非常希望	35	8.8	77	22.9
希望	100	25	126	37.5
无所谓	197	49.2	80	23.8
不希望	68	17	53	15.8

在对新城区市民学习杭州话的语言态度方面，中学生和普通市民存在差异。普通市民希望新城区市民学习杭州话的意愿更强，"非常希望"和"希望"的比例高达60.4%，中学生只有33.8%，比普通市民低近30个百分点。

二是"你认为郊区方言听起来亲切吗"，结果是：

表 6.31 　　　　　　　郊区方言亲切度评价情况　　　　　　　（%）

	中学生		普通市民	
	人数	百分比	人数	百分比
感觉很亲切	9	2.3	24	7.1
有一些亲切	33	8.2	98	29.2
没多大感觉	272	68	143	42.6
不亲切	86	21.5	71	21.1

老城区市民对郊区方言的亲切度评价不高，尤其在中学生群体中。"没多大感觉"是中学生和普通市民对郊区方言亲切度最普遍的评价，比例分别为68%和42.6%。

三是"你认为学习郊区方言对你来说有用吗"，结果是：

表 6.32 　　　　　　　郊区方言实用性评价情况　　　　　　　（%）

	中学生		普通市民	
	人数	百分比	人数	百分比
很有用处	6	1.5	26	7.7
有些用处	55	13.7	94	28

	中学生		普通市民	
	人数	百分比	人数	百分比
用处不大	173	43.3	147	43.8
没有用	166	41.5	69	20.5

由于老城区市民在日常生活中基本不使用郊区方言，所以对其实用性评价自然就不会高。

四是"你愿意学习郊区方言吗"，结果是：

表 6.33　　　　　　　郊区方言语言学习意愿情况　　　　　（%）

	中学生		普通市民	
	人数	百分比	人数	百分比
很想学	21	5.2	19	5.6
想尝试	57	14.3	50	14.9
不愿意尝试	157	39.2	130	38.7
无所谓	165	41.3	137	40.8

绝大多数老城区本地市民都选择了不愿意学习郊区方言，这与他们对郊区方言的认同度低是吻合的。

五是"你希望自己的孩子学习郊区方言吗"，结果是：

表 6.34　　　　　　老城区本地普通市民语言期待情况　　　　（%）

	人数	百分比
很想让他学	18	5.3
想让他尝试	57	17
无所谓	124	36.9
不希望	137	40.8

表 6.34 数据显示，杭州本地普通市民对下一代语言期待的情况与自身的语言学习意愿情况基本一致，绝大多数选择了"无所谓"和"不愿意"。

综上所述，就杭州老城区本地市民而言，无论是中学生还是普通市民，他们对普通话的认同度都很高，尤其在中学生群体中，普通话已经成为他们日常语言生活中最具优势的语言资源。但是，中学生和普通市民在对母语杭州话的认同上呈现出明显差异。中学生的方言能力普遍较弱，方言资源流失较大，方言使用空间正被挤压，致使他们在日常生活中使用方言、语码转换的频率较低。普通市民对普通话和方言的认同情况也存在一定的社会差别，受到年龄、文化程度和社会阶层等方面的影响。在对郊区方言的认同中，老城区本地市民的认同度都不高，对郊区方言没有多大的情感，尤其是中学生，他们甚至对郊区方言的认知都不明晰。因此，现阶段老城区本地市民存在的主要语言认同问题就是中学生的方言认同以及老城区本地市民对郊区方言的认同。

第三节　新城区本地市民语言认同生态现状

和老城区本地市民一样，新城区本地市民也面临三方面的语言认同问题：普通话、各自母语方言以及中心城区方言——杭州话。在普通话逐渐成为城市语言生态中最为强势语言的背景下，新城区市民需要及时处理好普通话和各自母方言间的关系，树立正确的语言观，提升相应的语言能力，并作出合情合理的语言行为，使普通话和方言在市民的日常语言生活中发挥各自应有的作用，为实现高效言语交际奠定坚实的基础。同时，在大杭州融合的城市生态背景下，新城区市民要顺应新型城镇化发展的趋势，逐步形成大杭州城市认同理念，在处理好普通话与各自母方言关系的基础上，需协调好母方言和杭州话之间的关系。

我们以萧山作为新城区的代表进行语言认同考察。

一　新城区本地市民对普通话和母语方言的认同

和老城区本地市民一样，此次调查，我们也选取了中学生和普通市民两个群体，其中，中学生 400 人，男生和女生各占一半。普通市民 368 人，其样本特征见表 6.35 和表 6.36。

表 6.35　　　　　　　　新城区中学生样本特征分布

	性别		居住地	
	男	女	市区	乡镇
萧山	200	200	200	200

表 6.36　　　　　　　　　　萧山普通市民样本特征分布

性别	男	184 人
	女	184 人
年龄	20—40 岁	122 人
	40—60 岁	124 人
	60 岁以上	122 人
文化程度	初中及以下	123 人
	高中和大专	125 人
	本科及以上	120 人
从事职业	普通工人	100 人
	商业服务人员	100 人
	行政管理人员	100 人
	科研人员	68 人
居住地	市区	168 人
	乡镇	200 人

（一）新城区本地市民的普通话和母语方言能力

我们对萧山本地市民最先习得的语言和最具优势的语言进行了调查。设置的问题是"你小时候最先学会的是什么话"和"你认为自己说得最好、最流利的是什么话"，结果见表 6.37。

表 6.37　　　　　　萧山本地市民最先习得语言情况　　　　　（%）

	中学生		普通市民	
	人数	百分比	人数	百分比
萧山话	257	64.2	338	91.8
普通话	95	23.8	7	1.9
萧山话和普通话	48	12	23	6.3

从表 6.37 可以看出，无论是中学生还是普通市民，他们最先习得的语言都以各自的母方言为主，差别在于普通市民的比例更高，中学生在 60% 以上，普通市民在 90% 以上。

表 6.38   萧山本地市民最具优势语言情况   (%)

	中学生		普通市民	
	人数	百分比	人数	百分比
萧山话	102	25.5	197	53.5
普通话	283	70.8	158	42.9

在该选项中，中学生和普通市民存在明显不同，中学生将普通话视为自己语言生活中最具优势的语言，而普通市民选择方言作为自己最具优势语言的比例超过50%。可见，在新城区普通市民的语言生活中，母语方言依旧发挥着重要作用。

我们还通过调查对象自我评价的方式考察了萧山本地市民对方言和普通话的语言能力，结果如下。

表 6.39   萧山本地市民方言语言能力情况   (%)

	中学生		普通市民	
	人数	百分比	人数	百分比
听和说都很好	298	74.5	317	86.1
听得懂但说得不太好	102	25.5	51	13.9
能听懂一些但不会说	0	0	0	0
听不懂也不会说	0	0	0	0

表 6.39 数据说明，新城区本地市民的方言能力比较好，尤其是中学生的方言能力，虽然普通市民的方言能力要优于中学生，但差距并不明显。由此可见，新城区中学生群体的方言流失并不大。

表 6.40   萧山本地市民普通话语言能力情况   (%)

		中学生		普通市民	
		人数	百分比	人数	百分比
说的能力	很流利不带方言口音	373	93.3	107	29.1
	还算流利带方言口音	27	6.7	176	47.8
	说得不太好带较重口音	0	0	85	23.1
	完全不会说	0	0	0	0

续表

		中学生		普通市民	
		人数	百分比	人数	百分比
听的能力	完全能听懂	400	100	166	45.1
	大部分能听懂	0	0	187	50.8
	能听懂一点	0	0	15	4.1
	完全听不懂	0	0	0	0

表 6.40 数据显示，新城区中学生和普通市民在普通话能力方面存在较大的差异。中学生的普通话听说能力要优于普通市民，他们认为自己普通话说得很流利很标准的超过 90%，而普通市民的普通话听说能力相对较弱，对自身普通话能力的评价也相对较为保守，近一半的人认为自己说得还算流利但带有方言口音。对于方言区普通市民，带有一定口音的普通话在现今城市语言生态发展过程中是一种普遍的现象，我们不能苛求市民说很标准的普通话。只要市民努力适应城市语言生态的变化，积极主动地学习普通话、使用普通话，都是对城市和谐语言生态的形成作出了贡献。

（二）新城区本地市民对普通话和母语方言的语言行为

在语言行为方面，我们设置的问题是"你认为自己在日常生活中说得最多的是什么话"，结果如下。

表 6.41   新城区本地市民总体语言使用比例分布   （%）

	中学生		普通市民	
	人数	百分比	人数	百分比
普通话	292	73	137	37.2
方言	25	6.3	121	32.9
普通话和方言	83	20.7	110	29.9

由表 6.41 可以看出，学生以普通话为主，说母方言的很少，普通市民说普通话和母方言的机会不相上下。为了更好地了解新城区本地市民语言的使用情况，我们设置了不同场合，见表 6.42 和表 6.43。

表 6.42　　　　　新城区本地中学生不同场合语言使用情况　　　　（%）

	家庭		学校		朋友聚会	
	人数	百分比	人数	百分比	人数	百分比
大部分萧山话	142	35.5	33	8.3	74	18.5
基本萧山话	92	23	0	0	18	4.5
大部分普通话	99	24.8	109	27.2	206	51.5
基本普通话	67	16.7	258	64.5	102	25.5

表 6.43　　　　　新城区本地普通市民不同场合语言使用情况　　　　（%）

	家庭		工作单位		大商场		菜市场	
	人数	百分比	人数	百分比	人数	百分比	人数	百分比
大部分萧山话	164	44.6	106	28.8	45	12.2	127	34.5
基本萧山话	158	42.9	40	10.9	0	0	76	20.7
大部分普通话	35	9.5	146	39.7	160	43.5	93	25.3
基本普通话	11	3	76	20.6	163	44.3	72	19.5

由表 6.42 和表 6.43 可知，中学生在家庭里以说方言为主，其他场合以普通话为主，尤其是在学校环境里，普通话占绝对优势。普通市民在不同场合的语言使用情况呈现出不同的特征，在家庭里方言占绝对优势，在菜市场里方言也占有优势，但在大商场和工作单位，则普通话占优势。总的来说，无论在家庭场合还是其他公共场合，普通市民使用普通话的比例要小于中学生。

即使在同样场合，交际对象不同，语言选择也会不同，这在家庭环境中表现得尤为突出。我们选取了 368 名学生的家长作为调查样本，见表 6.44。

表 6.44　　　新城区本地普通市民与不同交际对象交谈的语言使用情况　　　（%）

	父母		配偶		孩子	
	人数	百分比	人数	百分比	人数	百分比
大部分萧山话	116	31.5	128	34.8	145	39.4
基本萧山话	227	61.7	158	42.9	53	14.4
大部分普通话	25	6.8	69	18.8	129	35.1
基本普通话	0	0	13	3.5	41	11.1

　　结果是市民在家庭里与不同交际对象交谈时都以方言为主，只是使用方言的比例存在一定的差距。与父母交谈时使用方言的比例最高，其次是配偶，与孩子交谈时使用方言的比例最低，但也超过 50%。

　　（三）新城区本地市民对普通话和母语方言的语言态度

　　与老城区本地市民一样，在调查新城区本地市民语言态度时，我们同样运用了语言态度四项指标考核法。"好听"和"亲切"考察的是市民情感方面的语言态度，"有用"和"有身份"考察的是理智方面的语言态度。

表 6.45　　　　新城区本地市民对普通话和方言语言态度的四项指标　　　（%）

	中学生		普通市民	
	普通话	萧山话	普通话	萧山话
好听	77.8	92.8	40.5	93.8
亲切	43.8	91.2	21.8	95
有用	100	63.5	94.3	80.9
有身份	84	72.3	69.3	78

　　从表 6.45 可知，在对普通话和杭州话的情感评价中，无论是中学生还是普通市民，认为母方言好听和亲切的比例都比普通话要高，特别是中学生，对萧山话的情感评价超过 90%，与普通市民对萧山话的认可度基本相同，这说明他们对母语方言的认同度很高。

二　新城区本地市民对杭州话的认同

　　在杭州新型城镇化进程中，新城区本地市民在语言生活中不仅要解决好普通话和方言之间的关系，还要处理好杭州话和各自方言之间的关系。

　　新城区市民对普通话的认同和对杭州话的认同存在一定的差别，因为普通话和杭州话的性质是不同的。普通话是国家共同语，是全民共享的语言资源，学会普通话是国家对每个公民语言能力的硬性要求。每个公民有责任和义务响应国家号召，并在语言实践中不断提升使用普通话交际的能力，以具备一个现代城市居民应有的语言素养。而杭州话作为老城区本地市民的母语方言，原本就属于一部分人的语言资源。尽管在新型城镇化背景下，杭州话作为中心城区的方言，在构建城市和谐语言生态及促进大杭州城市融合方面发挥着重要的作用，但这并不意味着要求新城区市民必须学习杭州话。况且，就目前杭州城市语言生态现状而言，新城区本地市民在日常语言生活中大多使用普通话和各自的方言，绝大多数人不会说杭州话。

（一）新城区本地市民的杭州话能力

杭州话语言能力分为说和听的能力。

表 6.46　　　　　　　　新城区本地市民杭州话听说能力情况　　　　　（%）

	中学生		普通市民	
	人数	百分比	人数	百分比
说得很流利	0	0	11	3
大部分会说	13	3.2	61	16.7
只能说一些	28	7	64	17.3
不会说	359	89.8	232	63
完全能听懂	36	9	67	18.2
大部分听得懂	77	19.3	146	39.7
能听懂一些	197	49.3	94	25.5
完全听不懂	90	22.4	61	16.6

数据显示，新城区本地市民的杭州话语言能力普遍不高，尤其表现在说的能力方面。中学生和普通市民不会说杭州话的比例分别为 89.8% 和 63%，而完全听不懂杭州话的比例有了明显的下降，分别为 22.4% 和 16.6%。

（二）新城区本地市民对杭州话的语言态度

语言态度作为一种主观的心理反应更接近于语言认同的本质，覃业位和徐杰（2016）认为"语言态度的界定与语言认同所涵盖的内容基本是重合的，一般认为，语言态度是指对某种语言或方言的感情。持语言态度是多元结构观点的学者基本上都赞同语言态度包括认知的、情感的和意欲的三个方面的内容，它们分别与知识、评价和行为相呼应"。

对新城区本地市民的杭州话语言态度的调查分为四个层面：一是杭州话亲切度和实用性态度调查；二是听到杭州话后的心理感受和作出的语言反应；三是对杭州话的语言学习意愿和对下一代的语言学习期待；四是对杭州话方言节目的认同情况。

新城区本地市民对杭州话亲切度和实用性的态度见表 6.47。

表 6.47 **新城区本地市民对杭州话亲切度和实用性评价情况** （%）

	中学生	普通市民
非常亲切	13.2	6
有些亲切	30.5	12.2
没多大感觉	37	45.7
不亲切	19.3	36.1
很有用处	9.2	7.6
有些用处	28.5	24.2
用处不大	32.8	34.2
没有用处	29.5	34

新城区本地市民对杭州话的亲切度不高，尤其是普通市民，感到"非常亲切"的只有 6%，"不亲切"和"没感觉"的超过 80%。在实用性选项中，无论是中学生还是普通市民，选择"没有用处"的比例都很高。

在对"听到杭州话时的心理感受和言语反应"选题中，设置了 5 个选项：亲切、很好很自然、不好听、奇怪和不舒服。前两个属于对杭州话的正面评价，后三个为负面的语言感受评价，结果如下：

表 6.48 **新城区本地市民杭州话语言感受情况** （%）

	中学生		普通市民	
	人数	百分比	人数	百分比
亲切	83	20.8	42	11.4
很好很自然	95	23.7	58	15.8
不好听	57	14.2	63	17.1
奇怪	103	25.8	112	30.4
不舒服	62	15.5	93	25.3

总体而言，中学生对杭州话语言感受的正面评价要高于普通市民。中学生选择"亲切"和"很好很自然"的比例分别为 20.8% 和 23.7%，比例之和达到 44.5%，而普通市民在这两个选项上的比例之和为 27.2%。普通市民对杭州话语言感受的负面评价较为明显，认为杭州话奇怪和不舒服的比例分别为 30.4% 和 25.3%。新城区本地市民在听到杭州话后的语言反应情况见表 6.49。

表 6.49　　　　　　　　　新城区本地市民对杭州话的语言反应情况　　　　　　（%）

	中学生		普通市民	
	人数	百分比	人数	百分比
普通话	282	70.5	131	35.6
萧山话	39	9.8	88	23.9
普通话和萧山话	58	14.5	97	26.4
杭州话	21	5.2	52	14.1

数据显示，新城区中学生和普通市民在语言反应上有一定的相似之处，即用普通话作出语言反应的比例最高，但差别也很明显，中学生使用普通话的比例要远远高于普通市民。

在对"杭州话的语言学习意愿和语言期待"的选项中，结果见表 6.50。

表 6.50　　　　　　　　　新城区本地市民杭州话语言学习意愿情况　　　　　　（%）

	中学生		普通市民	
	人数	百分比	人数	百分比
很想学	82	20.5	17	4.6
想尝试一下	215	53.8	79	21.5
无所谓	53	13.3	130	35.3
不愿意	50	12.4	142	38.6

在杭州话语言学习意愿方面，新城区中学生和普通市民呈现出明显的差异。中学生学习杭州话的意愿较强，而普通市民在语言学习意愿上表现得相对保守。

在语言期待方面，选项为"你希望你的孩子学习杭州话吗"，结果见表 6.51。

表 6.51　　　　　　　　　新城区本地普通市民语言期待情况　　　　　　（%）

	普通市民	
	人数	百分比
很想让他学	27	7.3
想让他尝试	83	22.6
无所谓	119	32.3
不希望	139	37.8

新城区本地普通市民对子女学习杭州话的期待并不强烈，以无所谓和不希望的态度为主。

综上所述，新城区在母方言的认同上，无论是中学生还是普通市民对自己的母语方言认同度都较高，尽管中学生在语言能力和语言使用方面与普通市民还存在一定的差距，但他们的方言能力并没有出现严重退化的倾向，方言的使用空间也没有出现严重萎缩。

在普通话认同方面，中学生的普通话语言能力具有明显的优势，他们使用普通话的频率更高，普通市民的普通话能力要弱于学生。在新城区本地市民中，代际、年龄、受教育程度、从事职业等社会因素同样对其语言认同产生较大影响，还有一个城乡差距是不容忽视的因素。无论是中学生还是普通市民都会因为城乡生活环境的不同而对普通话和方言的认同产生一定影响。生活在市区的市民的普通话语言能力优于生活在农村的市民，生活在农村地区的中学生使用方言的频率明显高于市区的中学生。

在对杭州话的语言认同中，新城区本地市民的表现更为复杂。中学生对杭州话的认同度普遍较高，主要体现在杭州话的语言学习意愿上，普通市民的认同度相对较低，不同的新城区有其不同的认同特征。

因此，现阶段新城区本地市民所面临的语言认同问题主要是：普通市民的普通话能力有待进一步提升，尤其是生活在农村的市民，新城区市民对杭州话的语言认同等。

第四节　杭州本地市民语言认同比较分析及对策

前两节分别考察了老城区和新城区语言认同的现状，本节将他们放在一起比较，以期找出规律和问题，并由此提出相应的对策。

一　新老城区本地市民对普通话和母语方言认同比较

（一）中学生对普通话和母语方言的认同比较

中学生是城市生态文明建设的接班人，是城市未来语言生活的主角，他们的语言认同对城市语言生态会产生重要影响。我们将采用共时比较的方法分析新老城区中学生语言认同的差别及在城市和谐语言生态构建中存在的语言认同问题。

新老城区的本地中学生在普通话的认同方面差别不大，对普通话的认同度普遍很高，无论在语言能力、语言行为还是语言态度上，都表现出对普通话的高度认同。但在母语方言的认同方面存在显著差别，老城区中学生已经出现明显的退化现象，新城区中学生仍保持良好的态势。下面分项比较。

在最先习得语言方面，新老城区中学生存在明显差异，老城区中学生最先习得方言的比例只有 36.3%，而新城区的中学生超过了 60%。

在最具优势语言方面，新老城区中学生差别不大，大部分都选择了普通话，当然老城区中学生要比新城区中学生多 12 个百分点。

在母语方言能力方面，新老城区中学生也有很大的不同。老城区中学生听和说都很好的比例不到一半，新城区的中学生则超过了 70%。由此可见，老城区中学生的方言能力退化现象比较严重，新城区中学生的方言能力保持得较好。

在语言使用方面，新老城区中学生的主要差异表现在家庭场合和朋友聚会场合。在家庭场合中，老城区中学生选择基本使用普通话的比例最高，为 33%，新城区中学生选择大部分使用方言的比例最高，为 35.5%。就使用方言的两个选项而言，老城区中学生的比例仅为 39.5%，而新城区中学生高达 58.5%。在朋友聚会场合，新城区中学生使用方言的比例也占据一定的优势。就大部分使用方言选项，新城区中学生的比例远远高于老城区中学生。在学校环境下的语言使用呈现基本一致的特征，即使用普通话交际。

在语言态度方面，新老城区中学生的不同主要表现在对母方言的亲切度、有用性和身份性维度的认同上。与老城区中学生相比，新城区中学生认为方言亲切的比例更高，而且更倾向于认为方言是有用的和有身份的。

（二）本地普通市民对普通话和母语方言的认同比较

在最先习得语言方面和最具优势语言方面，新老城区普通市民之间没有明显的差别。数据显示，最先习得的语言都是各自的母语方言，占九成左右；最具优势的语言，普通话和方言各占半壁江山，只是老城区市民选择普通话为最具优势语言的比例比新城区市民略高，这也说明他们对自身的普通话语言能力更加自信。

在语言能力方面，有着明显差异的是普通话的能力。老城区的市民要比新城区的市民好，将近一半的老城区市民认为自己的普通话说得很流利，而新城区市民的比例明显偏低，占比不到三成。认为自己普通话说得不好的，老城区市民只有9.5%，而新城区市民有23.1%。由此可见，老城区市民的普通话水平总体上优于新城区市民，这种语言能力上的差异必然会影响到语言行为。

在语言行为上，老城区市民在各个不同场合使用普通话的比例要高于新城区市民，而新城区市民使用方言的比例要高于老城区市民。当然在不同场合中的语言使用也会有所不同，主要表现在家庭和菜市场两个言语场所。相对于工作场合和大商场环境，在家庭私人性场合以及诸如菜市场、农贸市场这样具有更多市民气息的言语场所下，新城区市民说方言的比例更高。在家庭环境下与不同交际对象交谈时的语言使用也存在一定的差异，主要表现在与孩子交际时，新城区市民使用方言的比例要高出老城区市民20个百分点，而老城区市民使用普通话与孩子进行交谈的比例要高出新城区20个百分点。

在语言态度方面，新城区市民对方言的情感性评价要高出老城区市民20个百分点；在理智性评价上差距不大，新老城区市民都认为普通话更有用、更有身份。

综上所述，老城区中学生方言能力低下以及新城区普通市民普通话能力较弱已成为构建城市和谐语言生态的两大问题。尤其是中学生方言能力衰退应引起关注，因为方言流失是不可逆的，而普通话水平会随着城镇化的不断推进得到改善。

老城区中学生的方言能力正在逐步退化，使用母方言的空间出现了严重萎缩，而新城区中学生的方言能力保持较好，使用母方言的空间仍然处于合理的范围。这种鲜明的对比主要来源于对方言的重视程度（方言观念）以及现实生活中方言使用的差异。现今普通话已然成为城市语言生态中最为强势的，方言几乎成为市民的内部语言，主要用于家庭和熟人社区。如果方言在家庭内部或是熟人之间失去了生存空间，那么面临消亡的境地也不远了。

老城区中学生方言能力退化与家庭和熟人空间的语言微生态密切相关。由于家长不合理的方言观念导致他们在家庭私人性较强的场合下与自己孩子交谈时使用方言的频率越来越低，这严重挤压了方言生存的最后阵地，并最终导致城市青年一代逐步失去使用方言的空间，这种语言生存现状不利于构建和谐的大杭州城市语言生态。如果连以杭州话为母语的老城区市民都逐渐失去了对杭州话的认同，那么新城区的市民就更难以对杭州话形成积极的、一致的认同，因此，保持并适度加强杭州话的活力是目前杭州城市语言生态发展的应有之义。

二 新老城区本地市民相互之间方言认同比较

在杭州城市语言生态的构建中，我们不仅要关注杭州本地市民对普通话和各自方言的认同，让市民在日常语言生活中处理好普通话和方言之间的关系，还要关注大杭州城市融合的背景下，新老城区本地市民相互之间的方言认同问题，加强新城区本地市民对杭州话的认同。

在认同对方母语方言上，新老城区普通市民差别不大，基本上不认同对方的母语方言，但是在自身语言学习意愿和对下一代的语言期待方面存在一定的差异，老城区市民自身学习郊区方言的意愿程度较新城区市民低，在对下一代的语言期待上也出现同样的情况。

中学生之间的方言认同则呈现出不同的特征：老城区中学生不太认同新城区的方言，而新城区的中学生对杭州话的认同普遍较高。虽然他们讲杭州话的能力较差，很少有人会说杭州话，使用空间也极其有限，但他们对杭州话的心理定位、语言态度评价及语言学习意愿上表现出较强的积极性和主动性。

中学生和普通市民在杭州话认同上的差异主要缘于观念的不同。城乡二元差别一直以来都是城镇化进程中的主要矛盾，随着杭州城镇化的不断深入，城乡矛盾逐步转化为老城区和新城区之间的矛盾，主要表现在新老城区市民之间身份认同的矛盾。老城区市民看不起新城区市民，认为他们是乡下人，而新城区市民也不买老城区市民的账，对老城区市民以及杭州话的认同也就不高。由此可见，新老城区之间的矛盾已经逐渐固化成一种根深蒂固的市民观念，对新老城区普通市民的影响很大，但是对中学生的影响已经变得很弱。与普通市民相比，中学生成长的时代已经发生了巨大变化，中学生对所谓的新老城区矛盾比较陌生，相反，他们更倾向于向老城区靠拢。这符合新型城镇化发展的路径与趋势，为大杭州城市和谐语言生态的构建注入了新动力，对城市融合具有推动作用，有利于增强城市的凝聚力，形成大杭州城市认同理念。

三 构建杭州和谐语言生态的对策

现阶段，杭州语言生态面临的主要问题：一是城市青少年群体对母语方言认同度不高，尤其体现在老城区青少年身上；二是新老城区市民对对方母语方言的认同度低，尤其是对杭州话的认同问题；三是新城区普通市民的普通话水平问题。

针对这些问题，我们除了继续普及提高普通话外，还要加强青少年的方言使用能力和增强他们对方言文化的认同教育，让方言在其语言生活中发挥应有的作用，要不断加强新老城区市民之间的交流与联系，使新城区市民在新型城镇化进程中对老城区市民和杭州话有较一致的认同感，并在城市融合的发展趋势下自然而然地掌握杭州话，为实现大杭州真正的融合奠定语言文化基础。

要实现这些目标，就必须坚持政府、媒体、市民共同努力。

（一）发挥政府主导功能

城市语言生态建设自然离不开政府的主导作用。首先，政府应将语言生态建设纳入日常工作，积极倡导城市语言发展的多样性、平等性和开放性，用政府的语言治理理念引导市民的语言观念。在城市普通话推广和普及达到良好效果的基础上，应对城市方言进行适当的关照，特别是要加强方言及其承载的文化对城市青少年的熏陶，增强他们对方言文化的认知和认同；在处理新老城区语言矛盾方面，政府始终要保有明确和坚定的立场，使大杭州城市生态理念深入人心，为城市融合形成科学的、合理的理念。

其次，政府在进行理念宣传的同时要立足于行动，加强城市语言文化创新建设，以优秀的传统文化为资源，以大众喜闻乐见的文化形式为手段，丰富市民的精神世界，增强市民的精神力量并达到凝聚人心的作用，尤其要加强对语言类非物质文化遗产的保护，比如越剧。越剧是江南地区广为流传的民间戏曲，深受广大老百姓的热爱，是杭州市民日常生活中喜闻乐见的一种文化消遣。政府理应发挥文化凝聚人心的巨大功能，通过对越剧的保护并创新表演形式，使杭州新老城区市民之间构建起共同的思想文化桥梁，为语言认同打下坚实的文化基础。

最后，政府应将视角转向学校教育，利用政府的主导力量为学校教育注入新的动力，尤其在青少年的方言认知和学习上。要求学校适当开设杭州本地的文化课程，鼓励中小学老师以丰富多彩的形式将本地语言文化呈现在学生面前，让青少年对本地历史文化以及语言有更深层次的认识，对本地语言和文化产生归属感和认同感。

（二）发挥媒体引导作用

城市语言生态建设同样离不开大众传媒的引导作用。大众传媒的发展是城市生态现代化的重要标志，是城市信息化的平台，是政府发布信息、市民获取信息的主要渠道，是沟通政府和大众的有效途径。在大杭州城市一体化发展进程中，媒体应该在政府的合理规划下实现自身的转型升级，媒体也应该走大杭州一体化的路线。在杭州撤县设区的城镇化背景下，以电视媒体为主的主流媒体并没有实行统一的命名。除杭州电视台外，还有萧山电视台、余杭电视台、富阳电视台等，各区电视台又有许多频道，因此，实现媒体的统一化是媒体实现转型升级的第一要义。正所谓名正言顺，各大媒体都以杭州命名，既可以节省人力物力，又能在一体化的城市发展进程中更好地为政府和民众服务。

　　目前，大众传媒领域的语言以普通话为主，这是城市语言发展的必然趋势，但如果能给方言留有一定的、适当的发展空间，那么城市语言生态将会呈现更加和谐健康的状态，因此，本地方言节目在调节城市语言生态中发挥着重要作用。各大电视、广播媒体应该在政府的合理规划和管理下推出适量的具有代表性的本地方言节目，并丰富方言节目的形式，既有利于促进文化的传承和传播，又能够为城市青少年创造一种传统文化熏陶。在具体操作上，杭州本地的方言节目应以杭州话为主体，适时引入新城区的萧山话、余杭话和富阳话，这样的做法既承认了杭州话在杭州城镇化进程中的地位，同时在一定程度上也维护了新城区市民的权益，对实现新老城区的融合颇有现实意义。

　　（三）发挥市民主体地位

　　无论是政府的主导功能还是媒体的引导作用，只有在市民的主动参与下才能发挥效用。市民是城市生态建设的主体，是城市语言使用的主体，更是维护城市语言生态的决定性力量。目前杭州城市语言生态中存在的主要问题都需要广大市民的积极配合才能得到有效的解决。作为大杭州市民，新老城区市民必须本着创新、包容、开放、多样的语言心态，逐步形成大杭州城市观念及其语言认同，为杭州城市的有机融合贡献出自己的一分力量。

　　在老城区本地青少年方言流失严重的情形下，学生家长理应予以重视，应该清楚认识到孩子在方言能力和使用上的严重缺陷，并努力在家庭言语交际中创设方言使用的氛围，尤其对孩子的祖父母辈来说，他们更应该起到方言使用示范的作用，应该经常与自己的孙子孙女用纯正的方言进行交流，时常讲一些有关本地文化的故事、传说和风俗，在孩子的方言文化熏陶中扮演重要的角色。

除了家长在家庭环境下的引导和配合外，青少年个人的理念和实践更加重要，对提升自身方言能力具有重要影响。青少年要形成对方言的正确认识，不能唯普通话独尊，应该适当花一些时间去了解自己的母语及其承载的传统文化。

在新老城区之间的矛盾依然存在的现实情形下，构建杭州城市和谐语言生态确实是一件不容易的事情。除了政府和媒体发挥应有的作用外，新老城区的市民，尤其是新城区市民要努力发挥主观能动性，顺应城市生态发展的趋势，逐步向老城区靠拢，最终实现新老城区之间的和谐共处。对新城区的普通市民来说，他们不能依旧固守原来的市民观念，对杭州老城区市民及其语言产生排斥心理，而应该抛弃这种不合时宜的旧观念，形成包容、开放的新观念。

第五节　余论

根据杭州城市语言认同现状及其比较分析，我们发现，普通话位居城市语言生态系统的顶端，是城市语言生活中最具优势的语言，在市民语言生活中扮演着越来越重要的角色。普通话中心语言地位的确立以及在城市范围内的普及成为城市语言生态发展的必然趋势，市民普通话水平将得到进一步的提升，市民在公共场合下使用普通话的比例会更高。

与此同时，构建和谐的城市语言生态不能忽视地域方言的生存现状和发展趋势。一方面，地域方言是地域文化的精华所在，是地方文化的载体，在传承和弘扬优秀民族文化、凝聚城市文化力量中发挥着无可替代的作用；另一方面，地域方言在现今城市语言生态系统中处于劣势地位。就杭州而言，老城区本地青少年群体出现了方言资源流失严重、方言情感淡漠的现象，城市区域内还存在着新老城区之间的语言矛盾。因此，构建杭州城市语言生态必然要促进普通话和地域方言的共同发展，形成普通话和方言主次分明、各司其职的语言生活状态，使普通话和地域方言在市民日常语言生活中发挥各自应有的作用。

李宇明（2008）在语言本体规划和地位规划的基础上提出了语言功能规划的概念，对语言规划的功能类别做过比较全面的分析，将其划分为国语、官方工作语言、教育语言、传媒语言、公共服务语言、公众交际语言、日常交际语言和文化语言八个层面。以目前各大相关的城市语言生态规划现状来看，涉及语言功能规划的实际情况，我们对宏观层面的语言规划关注得比较多，比如城市普通话的推广和普及，在工作语言、学校教育语言以及大众传媒语言方面的落实也很积极主动，但是在中观层面（通常体现为城市区域语言）和微观层面（通常体现为家庭语言）的语言规划工作做得还不够。根据目前杭州城市语言认同存在的主要问题，我们在城市中观和微观语言生态构建层面上还有许多工作要做，我们应该转变语言生态治理的观念与实践，将语言生态治理做得更加精细化、具体化。积极推进新城区本地市民对杭州老城区和杭州话的认同，形成大杭州城市认同理念；在家庭场合中努力营造方言习用的语言环境，切实加强城市青少年群体的方言使用能力。总之，在杭州城市语言生态的构建中，要处理好普通话和地域方言之间的关系，营造国家共同语和不同方言之间一种和谐共生的格局；协调好普通话普及的宏观语言政策、区域方言规划和家庭语言微生态构建之间的关系。

语言认同是语言生态的主要表现形式，现阶段杭州城市语言生态的构建就是要解决城市区域内的语言认同问题，处理好人与人、人与语言之间的关系。大杭州城市和谐语言生态的构建需要老城区市民和新城区市民共同承担责任，相互配合，努力营造既充满文化气息又具有现代文明色彩的优质市民语言生活氛围。因此，无论是老城区市民还是新城区市民，都应该顺应语言生活变化的必然趋势，树立积极、包容、开放的语言观念，努力在城市语言生活实践中提高自己的语言能力，并不断规范自己的语言行为，加强语言道德修养，共同为语言生态和城市生态建设作出贡献。

参考文献

陈恩泉：《双语双方言与现代中国》，北京语言学院出版社 1999 年版。

陈原：《社会语言学》，商务印书馆 2000 年版。

陈立平：《常州城镇化进程中的语码选择与转换》，《中国社会语言学》2013 年第 2 期。

陈松岑：《新加坡华人的语言态度及其对语言能力和语言使用的影响》，《语言教学与研究》1999 年第 1 期。

戴庆厦：《语言竞争与语言和谐》，《语言教学与研究》2006 年第 2 期。

范仁唯：《新型城镇化进程中的语言人生态研究》，硕士学位论文，浙江师范大学，2015 年。

付义荣：《南京市语言使用调查及其思考》，《南京航空航天大学学报》（社会科学版）2004 年第 9 期。

付义荣：《言语社区和语言变化研究——基于安徽傅村的社会语言学调查》，北京大学出版社 2011 年版。

付义荣：《论汉语方言的萎缩——以安徽无为县傅村为例》，《集美大学学报》（哲学社会科学版）2012 年第 7 期。

冯广艺：《生态文明建设中的语言生态问题》，《贵州社会科学》2008 年第 4 期。

冯广艺：《生态文明建设与语言生态变异论》，《中南民族大学学报》2010 年第 11 期。

冯广艺：《语言生态学引论》，人民出版社 2013 年版。

樊中元：《农民工语言认同的实证研究》，《社会科学家》2011 年第 10 期。

郭骏：《方言变异与变化：溧水街上话的调查研究》，北京大学出版社 2009 年版。

郭熙：《中国社会语言学》，南京大学出版社 2003 年版。

郭熙、曾炜、刘正文：《广州市语言文字使用情况调查报告》，《中国社会语言学》2005 年第 2 期。

胡明扬：《语言知识与语言能力》，《语言文字应用》2007 年第 3 期。

韩晨宇：《香港中文大学内地生对广东话语言态度的调查》，《中国社会语言学》2008 年第 1 期。

李宇明：《语言功能规划刍议》，《语言文字应用》2008 年第 1 期。

林华东、陈燕玲：《泉州地区三峡移民语言生活状况调查》，《语言文字应用》2011 年第 2 期。

潘文国：《危机下的中文》，辽宁人民出版社 2008 年版。

屈哨兵：《城市化进程中的方言习用与国家认同》，《语言战略研究》2016 年第 2 期。

苏金智：《语言接触背景下我国境内汉语方言使用现状及其趋势分析》，《中国社会语言学》2008 年第 2 期。

孙德平：《工业化过程中的语言变异与变化——江汉油田调查研究》，中国社会科学出版社 2013 年版。

覃业位、徐杰：《澳门的语言运用与澳门青年对不同语言的认同差异》，《语言战略研究》2016 年第 1 期。

佟秋妹：《江苏三峡移民语言态度调查分析》，《语言文字应用》2012 年第 1 期。

屠国平：《宁波市外来人口语言生活状况考察》，《语言文字应用》2008 年第 1 期。

王远新：《中国民族语言学理论与实践》，民族出版社 2002 年版。

汪平：《普通话和苏州话在苏州的消长研究》，《语言教学与研究》2003 年第

1 期。

王立：《语言成长与汉族中小学生的语言选择》，《中国社会语言学》2008 年第 2 期。

王立：《城市语言生活与语言变异研究》，中国社会科学出版社 2009 年版。

王锋：《论语言在族群认同中的地位与表现形式》，《云南师范大学学报》（哲学社会科学版）2010 年第 7 期。

王玲：《城市语言研究的理论与方法论》，中国社会科学出版社 2012 年版。

徐大明：《言语社区理论》，《中国社会语言学》2004 年第 1 期。

徐大明、王玲：《城市语言调查》，《浙江大学学报》（人文社会科学版）2010 年第 11 期。

杨晋毅：《洛阳市普通话和方言的分布与使用情况》，《语言文字应用》1997 年第 4 期。

杨晋毅：《试论中国新兴工业区语言状态研究》，《语言文字应用》1999 年第 1 期。

杨晋毅：《中国新兴工业区语言状态研究（中原区）（上）》，《语文研究》2002 年第 1 期。

杨晋毅：《中国新兴工业区语言状态研究（中原区）（下）》，《语文研究》2002 年第 2 期。

杨晋毅：《中国城市语言研究的若干思考》，《中国社会语言学》2004 年第 1 期。

俞玮奇：《语言态度调查方法的比较研究——常州高中生语言态度调查》，《中国社会语言学》2008 年第 1 期。

俞玮奇：《城市公共领域语言使用状况的社会差异——在南京和苏州百货公司的匿名观察》，《语言教学与研究》2012 年第 1 期。

俞玮奇：《上海城区公共领域语言生活状况调查——兼与长三角地区其他城市比较》，《语言文字应用》2014 年第 4 期。

俞玮奇：《城市化进程中上海浦东新城区的语言生活状况及其变化研究》，《语言教学与研究》2015 年第 6 期。

张先亮、程菲艳：《城市化进程中的语言和谐》，《浙江社会科学》2012 年第 3 期。

附　录

问卷1：杭州老城区本地市民普通话和方言认同调查表

第一部分：基本信息（本部分由普通市民填写）

1. 你的性别：A. 男　B. 女

2. 你的年龄：A. 20—40 岁　B. 40—60 岁　C. 60 岁以上

3. 你的文化程度：A. 初中及以下　B. 高中和大专　C. 本科及以上

4. 你的职业：A. 产业工人　B. 商业人员　C. 行政人员

D. 科研人员

第二部分：语言能力

1. 你小时候最先学会的是什么话：A. 杭州话　B. 普通话

C. 杭州话和普通话

2. 你说得最流利的是什么话：A. 杭州话　B. 普通话

C. 杭州话和普通话

3. 你的杭州话水平如何：A. 听和说都很好　B. 听得懂但说得不太好

C. 能听懂一些但不会说　D. 听不懂也不会说

4. 你普通话说的水平如何：A. 说得很流利不带方言口音

B. 还算流利带一定方言口音　C. 说得不太好带较重方言口音

D. 不会说

5. 你普通话听的能力如何：A. 完全能听懂　B. 大部分能听懂

C. 能听懂一些　D. 完全听不懂

第三部分：语言行为

1. 你在日常交谈中自认为说得最多的是什么话：A. 杭州话

B. 普通话　C. 杭州话和普通话

2. 你在家庭场合中的语言使用情况如何：

A. 大部分使用杭州话　B. 基本使用杭州话　C. 大部分使用普通话

D. 基本使用普通话

3. 你在学校场合中的语言使用情况如何：（3—4 题由中学生填写）

A. 大部分使用杭州话　B. 基本使用杭州话　C. 大部分使用普通话

D. 基本使用普通话

4. 你在和朋友同学聚会时的语言使用情况如何：

A. 大部分使用杭州话　B. 基本使用杭州话　C. 大部分使用普通话

D. 基本使用普通话

5. 你在工作场合的语言使用情况如何：（5—7 题由普通市民填写）

A. 大部分使用杭州话　B. 基本使用杭州话　C. 大部分使用普通话

D. 基本使用普通话

6. 你在大商场场合中的语言使用情况如何：

A. 大部分使用杭州话　B. 基本使用杭州话　C. 大部分使用普通话

D. 基本使用普通话

7. 你在菜市场场合中的语言使用情况如何：

A. 大部分使用杭州话　B. 基本使用杭州话　C. 大部分使用普通话

D. 基本使用普通话

8. 你在家里和父母交谈时的语言使用情况如何：（8—10 题由普通市民填写）

A. 大部分使用杭州话　B. 基本使用杭州话　C. 大部分使用普通话

D. 基本使用普通话

9. 你在家里与配偶交谈时的语言使用情况如何：

A. 大部分使用杭州话　B. 基本使用杭州话　C. 大部分使用普通话

D. 基本使用普通话

10. 你在家里和子女交谈时的语言使用情况如何：

A. 大部分使用杭州话　B. 基本使用杭州话　C. 大部分使用普通话

D. 基本使用普通话

第四部分：语言态度

1. 你对普通话的感觉是：A. 好听　B. 亲切　C. 有用　D. 有身份

2. 你对杭州话的感觉是：A. 好听　B. 亲切　C. 有用　D. 有身份

3. 你认为普通话和杭州话哪个更好听：A. 普通话　B. 杭州话

C. 不同场合情况不同

4. 你认为普通话和杭州话哪个更亲切：A. 普通话　B. 杭州话

C. 不同场合情况不同

5. 你认为普通话和杭州话哪个更有用：A. 普通话　B. 杭州话

C. 不同场合情况不同

6. 你认为普通话和杭州话哪个更有身份：A. 普通话　B. 杭州话

C. 不同场合情况不同

问卷 2：杭州老城区本地市民对郊区方言的认同调查表

第一部分：语言能力

1. 你认为杭州话和郊区方言萧山话、余杭话相似吗：

A. 非常相似　B. 比较相似　C. 不大相似　D. 不清楚

2. 你萧山话说得怎么样：

A. 说得很流利　B. 大部分会说　C. 只能说一些　D. 不会说

3. 你萧山话听的能力如何：

A. 完全能听懂　B. 大部分听得懂　C. 能听懂一些　D. 完全听不懂

4. 你余杭话说得怎么样：

A. 说得很流利　B. 大部分会说　C. 只能说一些　D. 不会说

5. 你余杭话听的能力如何：

A. 完全能听懂　B. 大部分听得懂　C. 能听懂一些　D. 完全听不懂

第二部分　语言行为

1. 你在日常生活中会经常用到萧山话或余杭话吗：

A. 经常用到　B. 偶尔用到　C. 很少用到　D. 不会用到

2. 当你遇到新城区本地市民用郊区方言与你交谈时，你更愿意用什么话与他交谈：A. 普通话　B. 杭州话　C. 郊区话

第三部分：语言态度

1. 你希望新城区本地市民学习杭州话吗：

A. 非常希望　B. 希望　C. 无所谓　D. 不希望

2. 你认为郊区方言听起来亲切吗：

A. 感觉很亲切　B. 有一些亲切　C. 没多大感觉　D. 不亲切

3. 你认为学习郊区方言对你有用吗：

A. 很有用处　B. 有些用处　C. 用处不大　D. 没有用处

4. 你愿意学习郊区方言吗：

A. 很想学　B. 想尝试　C. 无所谓　D. 不愿意学

5. 你希望自己的孩子学习郊区方言吗：（此题由普通市民填写）

A. 很想让他学　B. 想让他尝试　C. 无所谓　D. 不希望

问卷 3：新城区本地市民普通话和方言认同调查表

第一部分：基本信息（本部分由普通市民填写）

1. 你的性别：A. 男　B. 女

2. 你的年龄：A. 20—40 岁　B. 40—60 岁　C. 60 岁以上

3. 你的文化程度：A. 初中及以下　B. 高中和大专　C. 本科及以上

4. 你的职业：A. 普通工人　B. 商业服务人员　C. 行政管理人员　D. 科研人员

第二部分：语言能力

1. 你小时候最先学会的是什么话：A. 方言　B. 普通话

C. 方言和普通话

2. 你说得最流利的是什么话：A. 方言　B. 普通话

C. 方言和普通话

3. 你的方言水平如何：A. 听和说都很好　B. 听得懂但说得不太好

C. 能听懂一些但不会说　D. 听不懂也不会说

4. 你普通话说的水平如何：A. 说得很流利不带方言口音

B. 还算流利带一定方言口音　C. 说得不太好带较重方言口音

D. 不会说

5. 你普通话听的能力如何：A. 完全能听懂　B. 大部分能听懂

C. 能听懂一些　D. 完全听不懂

第三部分：语言行为

1. 你在日常交谈中自认为说得最多的是什么话：A. 方言

B. 普通话　C. 方言和普通话

2. 你在家庭场合中的语言使用情况如何：A. 大部分使用方言

B. 基本使用方言　C. 大部分使用普通话　D. 基本使用普通话

3. 你在学校场合中的语言使用情况如何：（3—4 题由中学生填写）

A. 大部分使用方言　B. 基本使用方言　C. 大部分使用普通话

D. 基本使用普通话

4. 你在和朋友同学聚会时的语言使用情况如何：A. 大部分使用方言

B. 基本使用方言　C. 大部分使用普通话　D. 基本使用普通话

5. 你在工作场合的语言使用情况如何：（5—7 题由普通市民填写）

A. 大部分使用方言　B. 基本使用方言　C. 大部分使用普通话

D. 基本使用普通话

6. 你在大商场场合中的语言使用情况如何：

A. 大部分使用方言　B. 基本使用方言　C. 大部分使用普通话

D. 基本使用普通话

7. 你在菜市场合中的语言使用情况如何：

A. 大部分使用方言　B. 基本使用方言　C. 大部分使用普通话

D. 基本使用普通话

8. 你在家里和父母交谈时的语言使用情况如何：（8—10 题由普通市民填写）

A. 大部分使用方言　B. 基本使用方言　C. 大部分使用普通话

D. 基本使用普通话

9. 你在家里与配偶交谈时的语言使用情况如何：

A. 大部分使用方言　B. 基本使用方言　C. 大部分使用普通话

D. 基本使用普通话

10. 你在家里和子女交谈时的语言使用情况如何：

A. 大部分使用方言　B. 基本使用方言　C. 大部分使用普通话

D. 基本使用普通话

第四部分：语言态度

1. 你对普通话的感觉是：

A. 好听　B. 亲切　C. 有用　D. 有身份

2. 你对方言的感觉是：

A. 好听　B. 亲切　C. 有用　D. 有身份

3. 你认为普通话和方言哪个更好听：A. 普通话　B. 方言

C. 不同场合情况不同

4. 你认为普通话和方言哪个更亲切：A. 普通话　B. 方言

C. 不同场合情况不同

5. 你认为普通话和方言哪个更有用：A. 普通话　B. 方言

C. 不同场合情况不同

6. 你认为普通话和方言哪个更有身份：A. 普通话　B. 方言

C. 不同场合情况不同

问卷4：新城区本地市民对杭州话的语言认同调查

第一部分：语言心理定位

1. 对你来说，杭州话是一种什么话：A. 第一语言　B. 第二语言

C. 亲属语言　D. 外地语言

第二部分：语言能力

1. 你杭州话说的水平如何：A. 说得很流利　B. 大部分会说

C. 只能说一些　D. 不会说

2. 你杭州话听的能力如何：A. 完全听得懂　B. 大部分听得懂

C. 能听懂一些　D. 完全听不懂

第三部分：语言态度

1. 你认为杭州话听起来亲切吗：A. 感觉很亲切　B. 有一些亲切

C. 没多大感觉　D. 不亲切

2. 你认为杭州话对你有用吗：A. 很有用处　B. 有些用处

C. 用处不大　D. 没有用处

3. 当你在吴山广场附近遇到杭州本地市民用杭州话跟你交谈时，你的感受是什

么：A. 很亲切　B. 很好很自然　C. 不好听　D. 奇怪　E. 不舒服

4. 在上一题的前提下，你会用什么话与他交谈：A. 普通话

B. 普通话和方言　C. 方言　D. 杭州话

5. 你愿意学说杭州话吗：A. 很想学　B. 想尝试　C. 无所谓

D. 不愿意学

6. 你希望自己的孩子学说杭州话吗：A. 很想让他学

B. 想让他尝试　C. 无所谓　D. 不希望（此题由普通市民填写）

第四部分：杭州话方言节目认同

杭州话方言节目 A.《开心茶馆》　B.《我和你说》

C.《阿六头说新闻》　D.《本塘第一剧》　E.《绝对 OK》

1. 你知道以上杭州话方言节目吗，知道几个：A. 0 个　B. 1—2 个

C. 3—4 个　D. 5 个

2. 你看过以上杭州话方言节目中的几个：A. 0 个　B. 1—2 个

C. 3—4 个　D. 5 个

3. 你观看杭州话方言节目的频率如何：A. 每天都看　B. 经常看

C. 偶尔看　D. 很少看

4. 你喜欢看这些杭州话方言节目吗：A. 非常喜欢　B. 喜欢

C. 感觉一般　D. 不喜欢

5. 你愿意在学校学习杭州本地文化课程吗：A. 很想学　B. 想尝试

C. 无所谓　D. 不愿意学（此题由中学生填写）

6. 你愿意让自己的孩子在学校学习杭州本地文化课程吗：

A. 很想让他学　B. 想让他尝试　C. 无所谓　D. 不愿意

第七章

城镇双言双语生态现状考察

第一节　概述

随着新型城镇化的快速发展，双言双语正成为城市的普遍现象，准确认识把握处理这一现象，对构建城镇语言生态十分重要。

双语，作为一种既定存在的语言现象，出现的确切时间已经无从考证。一些学者认为双语现象古已有之，比方说我国一直流传的"越人歌"的佳话就是一个佐证，可以说，故事中那位懂楚语的越人就是早期"双语者"的代表。如今，国内外学者大多认为，步入现代社会，双语现象开始蓬勃发展起来。

双语，作为一个语言学术语，是相较于单语而言的。该术语较早见于语言学家舒哈特在 19 世纪后期的一篇名为《关于语言混合问题》的文章中，1925 年语言学家谢尔巴在《论语言混合概念》中使用了名词性的"双语"和形容词性的"双语的"等概念（张兴权，2012）。这样来看，"双语"一词作为学科术语，至少有一百多年的历史。

不过，虽然历史悠久，但其概念至今也未取得一致认识。根据定义描述，学者们大都从语言现象层面来认识它的，认为它是一种语言使用或应用现象，属社会语言学或应用语言学研究范畴，正如"双语"通常对应英语的"bilingualism"[①]，即"双语现象"。与此同时，学者们也大都认同双语是人们对两种语言的使用，这种现象是由社会发展、民族和语言接触等复杂因素引起的。

认识的分歧主要集中在：一是对使用这两种语言的主体范围的限定上，

[①]　也有一些地方翻译为"bilingual"，我们认为，比起指"双语现象"的"bilingualism"，"bilingual"更偏向于"双语者""双语的"。

是个人使用两种语言就可以称为"双语",还是使用主体必须达到一定的群体范围才能算,又或是两者都可以;二是对所使用的两种语言地位关系的认可上,两种语言是否需要得到政府的承认,获得法定地位才算"双语",还是只要事实存在就可以;三是对如何使用两种语言的问题上,是同时使用两种语言才可以称为"双语",还是交替使用就可以,是范围内的使用主体都会两种语言才能算"双语",还是在该区域内一部分人只要各会一种就算"双语";四是对两种语言使用能力的要求上,是需要两种语言的使用都达到一定的熟练程度才可以称为"双语",还是只要"会一些"就可以。

因此,"双语"有狭义和广义之分。

狭义的双语,有着眼于法律地位界定的,如陈原(2000):"有些国家由于民族的、社会的、历史的原因,使用两种或两种以上的公共语言(法定语言),这两种或多种公用语至少在理论上是完全平等的……这种语言现象称为双语现象或多语现象。"这里强调使用的这两种语言必须同时具有相应的国家法定地位。与之相对,认为同时使用两种或多种法定公共用语的国家或地区才能被称为双语区或多语区,典型的如比利时、加拿大、瑞士、新加坡、印度等。也有的从语言的使用能力上提出严格要求,认为同时掌握另一种语言同母语一样熟练才能被称为双语者,如麦凯、西格恩(1989):"一个人除了他的第一语言外,对另一种语言能达到同样熟练的程度,并能够在任何场合中同样有效地使用其中任何语言,这才能称他为操双语者。"这种狭义的双语后来也被人们称为"理想的双语"。还有的对语言使用的主体进行了限定,认为同时操两种或多种语言的使用主体如果是同一个民族或社团则不能被视为双语,如田惠刚(1994):"一个民族同时操两种或两种以上的语言不应视作双语—多语现象,因为使用这两种或多种共用语的民族(或群体)是同一载体而非两个(或两个以上)不同的载体。"菲律宾、卢森堡就属于这种情况。

广义的双语,凡是个人或群体使用了两种或多种语言的现象都属于双语。如黄长著(1991):"所谓'双语现象',系指一个国家或地区的居民使用两种语言的现象。"可见,广义的双语,将语言使用主体的范围扩大,个人掌握两种语言可以称为双语,群体也可以;要求也宽泛了许多,只要"使用"两种语言就可以,并没有规定一定要达到什么程度;另外,对两种语言的法律地位问题更是没有框定,显得较为宽松;且许多时候,广义上使用的"双语"概念包括"多语"。从广义来说,世界上许多地区都存在双语现象，许多人都是双语人，而且在一定历史时期内，随着时代和社会的发展，双语现象将越来越多。像我国就存在许多双语现象和双语者，尤其在一些经济发达、交通便利、教育开放的地区。随着普通话的推广和普及以及英语在我国中小学乃至大学等高等教育体系中的重视和学习，许多人都是集方言、普通话、英语于一身的双语（多语）者。

无论是狭义的双语，还是广义的双语，都是尝试从不同的角度和层面来探讨这个概念，但是往往过狭或过宽都会造成对"双语"理解的混乱。有学者批评狭义的双语，认为在语言学中过多地掺杂政治学、民族学的因素，"使得'双语'这个本来应该是很明确的科学概念，乱作一团"（瞿霭堂，2000），常造成与事实情况的脱节，限制双语研究的领域，降低了双语研究的价值。同样，广义的双语也遭到批评，一些学者认为广义的双语过于宽泛，以至于把一些实质上不属于双语范畴的语言使用现象当作双语来研究，降低了双语研究的科学性，也使其研究价值大打折扣。

结合前辈们的观点，我们将双语定义为：在一定的时空范围内，个人或集体或集体中的一部分人，能够使用两种语言实现沟通交流，这种现象就是双语，能够使用两种语言进行交流的人就是双语人。这个定义偏向于从广义上去认识双语，即只要一个行为主体使用了两种语言进行交流就可以看作双语现象，这个行为主体可以是个人，也可以是群体，还可以是群体中的一部分人；但另一层面上又认识到必须对两种语言的"使用"程度作个必要的界定，这里指出要能够"进行沟通交流"，即需要对两种语言具有一定的运用能力，这个"一定的"并不是要求很高，但必要的沟通水平要能够达到，如果一个只会说普通话的人只是背了若干个英语单词，根本无法用英语进行任何正常交流，那还不能说他是双语人。

因此，"双语"是一个较为开放，但也有实质要求的概念。为了弥补"开放"所带来的多种不同特点的双语现象的涌入，可以从不同角度给它分类。将双语分为"集体（社会）双语"和"个体（个人）双语"、"全面双语"和"非全面双语"、"单向双语"和"双向双语"、"同等双语"和"偏重双语"、"双重双语"和"双重半双语"、"早期双语"和"晚期双语"、"同时双语"和"后续双语"、"理解型双语"和"使用型双语"、"积极双语"和"消极双语"等（张兴权，2012），这些分类可以帮助我们更好地认识"双语"这个概念。此外，与"双语"相伴生的除了"双语现象""双语人"外，还有"双语区""双语社会""双语国家""双语教育""双语制①"，后面这些概念有的总是会与政治、国家规定联系在一起，需要具体对象具体分析。

双言（diglossia），也叫双方言，是一个与"双语"类似但不同的概念，两者的主要区别在于"语言"和"方言"的不同。李宇明（2010）曾就"母语"与"母言"作了区分，认为"母语"指向的是民族共同语，"母言"指向的是民族共同语的地方变体，"双言人是指起码能使用两种方言的人，双言人所使用的方言中，一般有一种是'母言'。双语人是指起码能够使用两种语言的人，双语人所使用的语言中，一般有一种是母语"。我国是一个多方言的国家，随着经济的发展，地区间的人口流动加快，一些原本住在自己方言区的人来到了另一个方言区工作学习或生活，出于方便交流考虑，他学会了普通话②，能用普通话与当地人交流，他就具备了"双言人"特征；或者虽然他未学习普通话，但融入当地语言环境的时间一长，渐渐地学会了当地的方言，那他同样也是"双言人"。

双言同双语一样，作为一种语言现象，在很久之前就出现了，但作为学科术语，则较早见于语言学家拉林在1928年所作的《论城市语言特点》，文章中使用了俄语的"双方言现象"和"多方言现象"。1959年弗格森在《双言》一文中明确提出了"双言"概念，阐述了采用这个术语的背景及其特点，指出瑞士德语、现代希腊语、阿拉伯语和海地克里奥尔语是双方言的典型例子（张兴权，2012）。

类比"双语"的概念，"双言"也有狭义和广义之分，这里我们将它定义为：在一定的时空范围内，个人或集体或集体中的一部分人，能够使用两种方言实现沟通交流，这种现象就是双言，能够使用两种方言进行交流的人就是双言人。由于"民族共同语"和"方言"的特殊关系，我们把能够使用民族共同语和该民族某地域方言的现象也称为双言，能够使用民族共同语和该民族某地域方言的人也是双言人。"双言"可以分为"方言"和"方言"、"方言"和"本地土话"、"方言"和"标准语"等类型（张兴权，2012）。

---

① 双语制，指双语制度，是经过国家规划并经由法律文件确定的一种语言制度。我国早期翻译"双语"时，常常会把"双语"翻译成"双语制"，已有学者指出不能将两者混淆。

② 普通话作为我国的国语，也是汉民族共同语，因为民族共同语本质上是在"基础方言"的基础上发展而来的，所以参考多数学者的习惯，我们将能够使用普通话和本地方言两种话进行交流的语言现象归为"双言"。

由此，本章所说的"双言双语"，是广义上的，指在一定的时空范围内，个人或集体或集体中的一部分人，能够使用两种方言或语言实现沟通交流，这种现象就是双言双语，能够使用两种方言或语言进行交流的人就是双言双语人。它是与行为主体只说一种方言或语言（"单言"或"单语"）相对的概念，只要这个行为主体——可以是个人，也可以是群体，还可以是群体中的某一部分人——能够使用两种方言或语言进行交流，就可以纳入双言双语，不考虑使用的这两种方言或语言的法定地位问题，也不对两种方言或语言的使用能力作过高要求。这样做，主要是希望能够对双言双语发展的过程及其特点有一个完整、层次清晰的认识。现实语言生活中的双言双语要远远复杂于所下的基本定义，多言多语现象更是烦琐，我们可以遵循由简到繁、由易到难的顺序，先将双言双语的经典类型考察清楚，再去分析复杂情况。

本章所探讨的对象不是国外某个国家或地区的双言双语，而是我国的双言双语；不是我国古代社会的双言双语，而是我国当前的双言双语。因此，文中对"双言双语"的考察主要针对目前国内范围，所收集的材料也大多是对近年来我国多地语言使用情况的调查。种类上，当前我国的双言双语有"普通话和现代汉语地域方言""普通话和少数民族语言""普通话和外语""地域方言和地域方言""地域方言和少数民族语言""少数民族语言和少数民族语言""普通话、少数民族语言和外语"等多种类型。由于普通话是国家的通用语，所以文章主要围绕普通话展开，就"普通话和现代汉语地域方言"（以下简称"普方"）、"普通话和少数民族语言"（以下简称"普民"）、"普通话和外语"（以下简称"普外"）三种[1]较突出的双言双语现象进行讨论。

关于双言双语[2]，重要的著作主要集中在国外，多是对双语和双语教育系统性的研究，国内则以译作、论文或会议论文集为主。依文献检索频度发现，我国的双言双语研究是在近二三十年逐步发展起来的，除了追随国际研究者的步伐，还表现在对少数民族双语教学的特别关注上，已有一些基于民族地区双语教育及其发展状况的研究成果。

无论国内或国外，对双言双语的研究大多集中在双语教育教学方面。

---

① "普方"和"普民"属于我国内部地域或民族间的语言关系，性质上相似，区别于"普外"。

② 单独直接研究"双言"的成果较少，许多关于"双言"的研究都随附在"双语"研究的后面。国内单独研究"双言"问题的以单篇论文居多，未见专书出版。

代表性的专书有英国语言教育学家科林·贝克（2008）的《双语与双语教育概论》，被视为"迄今为止双语教育界最全面、最权威的书之一"。全书从双语的个体和社会属性、双语教育原则和教学实践对双语及双语教育进行了系统论述，可以看出作者十分认可和赞同双语和双语教育，认为受到时代和社会发展的影响，双语"必将得到普及和发展"，并且认为"成为双语人或多语人会有明显的优势而少有劣势"。这也是投身双语及双语教育事业的学者的普遍看法。

从检索到的文献来看，国内外关于双言双语的理论探讨也多是针对语言习得领域的，研究双言双语者的语言学习和使用特点，关注双言双语人的语言选择、语码转换、语言与认知的关系等，这些主要是在认知科学的影响下进行的，同时借助了一定量的实验观察。这方面的成果集中发表在心理科学类的期刊，也有不少译本可以参考，如郑新夷（2012）编译的《双语研究：从理论到教育实践》，书中详细介绍了国外双语研究的历史进程和理论成果，便于我们了解国外双语研究的成果。

国内的双言双语研究，值得一提的是戴庆厦主编的《双语学研究》，该论文集内容丰富，涉及双言双语领域中的语言本体、语言对比、语言习得和双语教学等多个方面，集中代表了我国当前在双言双语研究方面的成果。载于国内各大期刊的关于双言双语研究的单篇论文，以民族语文研究者、国家语言规划学者为主力军，多是对发展双言双语的倡导或少数民族地区双语教育的探讨。

本章的研究也是对双言双语发展理论的一些思考，涉及双言双语的含义和性质、双言双语的产生和发展等基本问题，区分了自然状态下产生和发展的双言双语与人为因素刺激下产生和发展的双言双语在性质、目的、趋势上的不同。

在对双言双语发展的理想目标与现实矛盾的考察中，认为双言双语模式、双言双语发展有其现实性和必要性，但它的存在和维持有特殊的语言生态环境要求，如在两种语言或方言的强弱关系、双言双语人群语言意识的强弱、社团范围内双言双语人所占比例的大小、世界范围内尚存的分别操这两种语言或方言的单语人或单言人的数量等方面都有一定的要求，一旦条件失衡，双言双语则难以维持，极易造成萎缩，或走向单言单语，这是语言使用和发展的内在要求，难以因人的主观愿望而改变。

双言双语的发展和语言规划涉及整个国家或地区乃至人类语言问题的

宏观层面，这方面的语言调查属于大型活动；且其现象和发展状况往往需要在时间的推移过程中才能显现，需要有历时的长期的观察。受研究对象等主客观条件限制，本章主要采取文献综合法，即通过查找、收集已有的有关双言双语发展的文献资料，达到了解和掌握这方面情况的目的，在此基础上对这些材料进行鉴别和分析，梳理语言发展的脉络和特点，运用逻辑思辨对论题进行论证。

一个国家的语言发展和语言规划本就涉及方方面面，其中有经济发展的考量、政治治理的构想、社会文化的牵动，还有语言资源、民族发展、国力竞争等方面的考虑；双言双语及其发展，除了语言学外，更是涉及心理学、教育学、社会学、政治经济学等多学科领域。因此，研究语言规划中的双言双语发展问题，需要采用跨学科研究法，即从多角度多学科层面综合考察和探讨双言双语，这也是本次分析思考双言双语发展中为什么存在矛盾的重要途径和方法。

纵观当今世界，语言规划及双言双语发展并不单单是我国所面临的语言和国家社会问题，世界上许多国家尤其是发达国家对此都十分重视并有所行动。因此，本章还将使用比较法，将我国的双言双语同他国他地区的双语现象进行比较，将我国的语言发展战略和政策与国际上其他国家和地区的语言发展战略和政策作比较，通过这种对比分析找到联系和区别，并窥探个中利害关系，得以谨慎应对相关问题。

本章在考察我国双言双语发展的矛盾时，要对当前我国双言双语发展的实际情况进行数据采集和分析。这方面的数据除了来自一些学者们的田野或问卷调查外，我们还将自行设计问卷，进行有针对性的问卷调查。这里主要是考虑到现有语言使用情况的调查对象年龄往往偏大，在对我国未来语言使用情况的发展趋势的预测上，如果忽视新生代的语言使用情况，就容易出现偏差。

第二节　双言双语发展的理想目标

一　沟通语言交流，满足时代社会发展

1. 语言交际的需要

从双言双语现象的产生和发展来看，最原始、最自然的一种原因是有

两个或多个社团没有可以相互交流的统一语言的存在，于是双方或多方为了沟通，只能相互掌握对方的语言，以实现两者或多者之间的表情达意，此时的双言双语更多的是一种自发的行为。到后来，尤其是现代社会，它掺杂了许多人为规划的因素，这些因素涉及人类社会的方方面面，但可以发现语言交流的需要仍是双言双语存在和发展的一大主因，且这一原因所发挥的作用较之先前更为明显和强大。

人类经历了原始社会、奴隶社会、封建社会，已经步入了经济、政治、文化等高速发展的现代社会，现代化、工业化、城市化、全球化、信息化，以及后现代化、后工业化等相继出现，经济贸易、政治沟通、文化交流、社会接触等行为急剧增多和扩大，文化、信息、环保产业等也进一步发展，这些已成为当今社会的主要特征。要接触就需要沟通和交流，有效的沟通和交流就必然要借助人类最主要的交际工具——语言来完成。显然，过去单言单语的交际模式已难以适应现代化社会生活的要求，为了满足现代需要，就出现了许多使用两种或多种语言或方言的人。

人们的认识大致经历了由单民族对应单语言才能有利于沟通交流到多民族多语言也可以沟通交流的转变，促使发生这一转变的重要原因就是对双言双语优势的开发和利用。"自从思想家笛卡尔和莱布尼兹在 17 世纪鉴于人类社会交往日益频繁，有必要使用一种单一的语言，而提出国际语的理想"（陈原，2000）以来，到 20 世纪 60 年代，世界上仍有不少国家"认为语言规划的重点是解决多语问题"（陈章太，2015），人们把重心放在从多种语言中选取一种作为国家或地区通用语，解决多民族社团的交流问题。但随着社会的发展，这一观念慢慢改变，越来越多的人反对单一语言的交流沟通，甚至认为多元文化、多语主义反而更有利于人们的交流，更有利于人类的进步。

这种转变基于人们对语言交流认识的再思考。"语言是人类最重要的交际工具"，这是普通语言学领域公认的真理。然而，语言交流的背后往往是文化的交流，尤其是在不同语言社团之间，在人与人的交流过程中，文化的交流显得更为重要，这种交流甚至直接影响信息传达的准确性和有效性。而要准确理解一种语言背后的文化，又必须反过来借助对承载这种文化的语言的理解，这样一来，了解和学习对方的语言，用对方所熟悉的形式进行交流，便成为一种内在趋向。在 2001 年 4 月的中美南海撞机事件中，美国面对撞机责任和我国的指责，发表了一段"道歉"声明（佚名，2001），声明中使用"sorry"一词表示"歉意"，不了解或不学习英语的人不会意识到此处的真实用意，若仍直接跟随大众或平时的翻译把"sorry"直译为汉语中的"对不起"，也自然没有体会到美国的真实心理。其实，"sorry"在英语中是口语化非正式的道歉，表示真正的道歉应该用"apologize"或"apology"，可见此"对不起"非彼"对不起"，后续美总统和国务卿的重申也证实了这一差别。这是从一个反面案例来说明在沟通交流时学习和掌握他种语言的重要性。当然，生活中我们可以更多地从积极的方面去发挥这种双语或多语的优势，正如法国语言学家海然热（2015）所说，"要实现这一目标（打破文化距离，而不只是地理距离），需要让信息强权受到必要性原则的抵消，从而建立起真正的沟通"，这里所依赖的途径便是多样性语言的存在。此外，多样的语言交流可以带来多样的思维方式，避免思想的同质化，进而多样的思维方式可以推动人类创造力的提高，这是在语言交流方面双言双语所表现出来的比单纯地解决沟通障碍更高一级的优势体现，这也促使人们对多语言多方言的存在有了更多改观性的认识。

2. 我国学者对双言双语在消除沟通障碍方面的期待

（1）对内的沟通交流

世界上，由单一民族、单一地区、单一语言构成的国家很少，我国更是一个多民族、多地域、多语言、多方言的国家。多样化的民族、多态化的地域、多种类的语言或方言，必然给人们的沟通交流带来挑战。在考虑众多复杂的因素后，我国的语言规划有双向倾向，即试图在统一性和多样性这对矛盾中，找到一个平衡点，而一直存在并有一定优势的双言双语，就自然而然地映入了人们的眼帘。生活中存在这样的现象，那些同时掌握了"普通话和少数民族语言"或"普通话和地域方言"或"少数民族语言和地域方言"的人们，能够在一定时空范围内保有两种或多种语言或方言的同时，解决不同语言或方言社团间的沟通难题。许多学者便据此认为双言双语是多语言多方言之间解决沟通问题的一个很好的途径，主张一方面积极推广和普及普通话，另一方面鼓励各民族互相学习语言、各方言区人们在家庭交流等领域适当使用方言等。

李宇明（2010）在倡导努力培养双言双语人时说到，语言沟通是这个时代语言生活的两大课题之一，它牵涉到一个国家语言政策的制定，对拥有丰富语言和方言的我国来说需要将它与语言保护统筹起来考虑，不能只谈沟通而忽视保护，也不能只谈保护而放弃沟通，因此认为"造就大量的双言双语人"可以解决上述难题。可见，在语言沟通方面，我国学者对双言双语的发展有所期待，希望在处理我国不同民族、不同地域人与人的沟通交流上发挥双言双语的优势，鼓励人们掌握多种语言或方言，扫除语言或方言间的不通所带来的不便。

2010 年，在青海玉树地震的救援工作中，语言障碍问题凸显。据《中国语言生活状况报告（2011）》数据，"玉树居民中藏族占 94%，他们大多不懂汉语，特别是牧民说的藏语'带有特殊地方口音'"，居住在当地的包括汉族在内的其他民族的人，只有少数人略懂一些藏语，赶赴灾区参与救援的人员和受救援者之间普遍存在语言沟通障碍。在这种情况下，一支语言志愿队伍迅速集结，破解了沟通难题。这支队伍包括一些民族院校师生、当地民兵、藏族战士等，他们都是藏汉双语者，在救援中显示出了自己的语言优势。事后，在救灾工作的反思和总结中，学者们呼吁要"加强和推进双语人和双方言人的培养"，并呼吁从"大力推进民族地区基础教育阶段的双语双方言教育，在民族中小学大力推行双语教学""积极培养双语教师""增加专业救援队伍中的双语人"三个方面入手，培养双言双语人，解决类似事件发生时的语言沟通难题。

（2）对外的沟通交流

我国学者对双言双语在语言交际方面的期待还体现在对外层面，希望并鼓励民众同时掌握一门或多门外语，方便与外民族进行交流，顺应经济全球化和全球一体化的发展。

改革开放以来，走出国门的国人逐渐增多，他们外出求学、经商、旅游，甚至定居。据教育部统计，2015 年出国留学人数继续增长，已达 50 多万，我国已成为名副其实的世界第一留学生输出国（王佳宁，2016）。同时大批外国人也涌入中国，现实生活中，即使在二三类城市，看到外国人也不足为奇，更别说一类城市了。双语的交际功能越显突出和重要。

近年来，以我国为主场的国际外交活动频率增多，如 2008 年的北京奥运会、2010 年的上海世博会、2014 年的亚信峰会和亚太经合组织会议、2015 年的北京中拉论坛、博鳌亚洲论坛、第四次中国—中东国家领导人会晤、2016 年的世界互联网大会（乌镇峰会）、G20 杭州峰会等，这些国际性的活动每一次都会涉及多语言间的沟通与交流。例如 2008 年北京奥运会，作为全体国人的盛事以及当时"有史以来参赛国家和地区最多"

的一届奥运会，我国在语言培训和服务上做了大量工作，"到 2008 年初北京市共建立 701 个社区外语培训点"［《中国语言生活状况报告（2006）》（上编）］，针对志愿者和普通市民出版了《北京奥运会英语口语读本》，推动外语学习。

二　缓解语言矛盾，构建和谐语言生活

1. 语言权利的关注

语言权利，是指法律对言语主体所赋予的有关语言的学习、使用、创制、传播等方面的权力。语言矛盾问题集中地表现在对语言权利的把握上。肖建飞（2012）对语言权利的演变历程作了研究，指出："国际联盟时期，语言权利作为少数民族的一项权利被确立下来；二战后，个人的语言自由作为'平等与非歧视原则'的一部分被写入《联合国宪章》和《世界人权宣言》；上世纪 60 年代以来，语言权利的研究和保护实践被归于'少数人权利'问题之列。"由此可知，人类对语言权利的关注在一步步深化，并试图以法律的形式给予人们一定的约束，提醒民众尊重语言权利；从最初的"作为少数民族的一项权利"，到后来增加的"个人的语言自由"，语言权利的主体和适用范围逐渐扩大，基本上呈现出保护语言多样性的倾向。当然，语言权利的主体应该是所有使用语言的人，不管这种语言的使用主体是多数人还是少数人，其正当合法的语言权都应该受到尊重和保护。不过，具体到现实生活中，与多数人的语言权相比，少数人的语言权由于力量弱小，常常更需要强调权利的保护。

国际社会越来越重视语言人权、母语意识等。语言人权被视为一种基本的人权，母语权更是语言权利中的一项突出权利，这是对语言权利关注的重要体现。联合国教科文组织早在 20 世纪中叶就组织专家讨论了母语问题，强调母语对人类发展的重要性和个人的母语权利；1996 年"世界语言权利会议"发布《世界语言权利宣言》，强调人的母语权，指出：每个人或团体，无论处在何种国家和社会中，都有权利使用属于本民族的民族语言，无论谁都不应该剥夺人们的这种权利。21 世纪以来，母语问题更是成为学者们十分关心的话题。

语言权利、母语权常常与语言多样化、多语学习联系在一起。每年的 2 月 21 日为国际母语日，设立该纪念日的目的就是提醒全世界的人们要保护和尊重自己及他人的语言，自觉维护语言的多样化，使语言和文化得

以丰富发展。2017 年世界母语日的主题为"通过多语种教育走向可持续未来"（佚名，2017），在纪念日致辞中，联合国教科文组织重申了对母语教育和使用多种语言的支持。

澳大利亚政府在 20 世纪初到 70 年代，对当地土著居民进行了语言同化，"全澳大利亚有 10 万名土著儿童，被政府从家人身边强行带走，接受白人教育，从而使这些'被偷走的一代'失去了本族的语言与文化"（李宇明，2008），这是一个典型的侵犯语言权利的事件。这一做法使得澳大利亚土著语言快速消亡，还使土著居民对澳大利亚政府乃至澳大利亚白人产生了深深的愤慨和不满。20 世纪苏联的语言政策也在一定程度上体现了忽视语言权利所引起的语言矛盾，乃至危及国家安全。戴曼纯（2015）认为"苏联语言政策具有本土化和俄罗斯化两大特点……尤其是强制推行的语言俄罗斯化，虽然产生了积极作用（如民族整合），但也带来了负面影响，滋生了不利于团结的民族主义思想"，这也是一个未能妥善处理语言矛盾，加速社会不和谐的案例。目前来看，相较于澳大利亚和苏联，欧盟的语言政策在语言权利保护上较为稳妥，推崇多样语言和多元文化，实行语言平等政策，受到普遍好评。

2. 我国学者对双言双语在缓解语言矛盾方面的期待

（1）维护各民族各地区语言平等

解决语言矛盾、维护语言权利就要处理好各语言各方言之间的关系，具体到我国，主要是指处理好国家通用语和少数民族语言、民族共同语和方言的关系。其中，又以对前者的关注最多。在众多处理方法和途径中，被较多提及的就是发展双言双语。如戴庆厦（2011）指出："'两全其美'是解决少数民族双语问题的最佳模式。"他强调在处理普通话和我国少数民族地区语言的关系时，既要尊重少数族群的人们使用当地语言的权利，同时又要鼓励和帮助他们学习普通话，促使他们成为双语人。

坚持语言平等，尊重各民族语言权利，是新中国成立以来就一直坚持贯彻的方针政策。我国有关语言文字使用的法律法规明确规定：坚持民族平等和语言平等原则，尊重少数民族语言文字，保护和发展少数民族的传统文化，鼓励各民族相互学习语言，形成和谐的民族关系和语言关系。"根据这些规定，中国共产党全国代表大会、全国人民代表大会、中国人民政治协商会议召开的重要会议，都提供蒙古、藏、维吾尔、哈萨克、朝鲜、彝、壮等民族语言文字的文件或语言翻译"（佚名，2015）。这里的

"蒙、藏、维、哈、朝、彝、壮语"已作为我国在重大会议上与汉语同时使用的工作语言，这些都是践行语言平等、维护语言权利的直接体现。很明显，在处理国家通用语和少数民族语言的关系时，我国十分重视双语多语的使用，希望能发挥其作用。

在这一观念和政策的支持下，我国有了汉语和少数民族语言并用的双语①教学，特别是20世纪80年代少数民族地区教育改革后，越来越多的学者开始自觉关注民族双语教学。民族双语教育，让母语和汉语并行，目的在于帮助人们通过学习和使用普通话快速了解外界、接受先进教育的同时，维护少数民族地区人们的母语权利，保护和发展少数民族语言。新时期，国家民委作出"稳步推进'双语'教学工作""坚持鼓励各民族互相学习语言文字"的指示，少数民族地区各地方政府的《教育规划纲要》规定："要大力推进'双语'教学改革和发展……支持民族地区学前'双语'幼儿园建设"（青海）、"到2015年，民族地区幼儿园、中小学全部实现双语教学"（甘肃）、"在中小学普及双语教育……积极支持少数民族聚居地区办好学前双语幼儿园或学前班"（新疆）等②。这样一来，不仅从法律政策上，更从实际行动上给予了双言双语在维护各民族各地区语言平等方面的支持。

（2）构建和谐语言生活

现在，我国正在大力提倡构建和谐社会。据政府文件，党的十六届四中全会就针对21世纪新的历史阶段我国所面临的前所未有的发展机遇和严峻挑战，明确提出了构建社会主义和谐社会的重大战略任务，将构建和谐社会主义国家提上议程。随后，召开多次会议，对构建和谐社会进行专题研讨，商议对策。十六届六中全会又正式发布了《关于构建社会主义和谐社会若干重大问题的决定》，指出：要坚持以人为本、科学发展、改革开放、民主法治、正确处理改革发展稳定的关系和党的领导下全社会共同建设等原则，把我国建设成为一个民主法治、公平正义、诚信友善、充满活力、安定有序、人与自然和谐相处的社会。时至今日，"和谐"仍然经常被提起，已经成为我国各项建设事业的关键词，构建社会主义和谐社会依然是国家和社会发展的一项重大任务。

---

①　我国的民族双语教学，主要指在教学中使用本民族语言和普通话。随着改革开放和少数民族地区经济文化的发展，一些民族学校也有本民族语、普通话和外语的多语教学。

②　此处的条文规定均来自各自对应的《教育规划纲要》文件原本，不再一一列出文件名。

　　语言是一种特殊的社会现象，语言生活是社会生活的重要组成部分，和谐的语言生活之于和谐社会的重要性不言而喻。构建和谐社会，自然需要和谐的语言生活与之相配，正如李宇明所说："语言生活的质量，影响甚至决定着个人的生活质量；语言生活的和谐，关乎社会的和谐，甚至关乎国家的稳定与发展。"[《中国语言生活状况报告（2005）》（上编）]；国家语委将"构建和谐的语言生活"作为新时期语言文字工作的新目标，并在全国语言文字标准化工作会议（2008）上再次重申该目标；教育部和国家语委《国家语言文字事业"十三五"发展规划》，继续强调要"构建和谐健康的语言生活"，成为近年来我国政府和国家语言文字工作者共同支持的理念。

　　语言生活中，"普通话和方言的关系""各民族语言之间的关系""母语教育和外语学习的关系"等问题的处理将直接影响和谐语言生活的构建。在思考这些问题时，学者们认为双言双语的大力推进和发展有助于建设和谐的语言生活。如《中国语言生活状况报告（2008）》指出："随着双语人的增多，民族间的沟通更为方便和快捷，彼此间的疑虑和误会逐渐减少。民族团结的良好局面，保证了社会的稳定与和谐……"国家民委也在21世纪初提出了在少数民族地区建设"'双语'环境示范区"的构想，指出总体目标是"构建和谐的双语环境，维护社会的安定团结"[《中国语言生活状况报告（2006）》（上编）]。可见，其思路就在于通过发展双语来促进少数民族语言文字和国家通用语言文字和谐相处，从而带动民族团结，维护社会稳定。周庆生（2005）认为"语言和谐追求的是多语言多方言的共存和共荣。各种语言或方言不论大小都能拥有各自的生存发展空间，各就各位，各司其职，共同演奏中华语言使用的交响曲"。戴庆厦（2007）也认为"双语和谐有助于社会和谐、民族团结"。以上观点代表了我国学者支持和鼓励发展双言双语以构建和谐语言生活的愿望。

三　保护语言资源，维护多元生态平衡

1. 语言保护的呼吁

　　时代和社会进步的同时，人类语言的发展相继出现了一些问题，其中较为凸显的是语言种类和数量的变化。一般认为，世界上大约有六七千种语言，但近年来许多语言在极速衰退和消亡。语言学家认为造成这一现象

的原因，除去语言的自然消亡，更多的是人类对语言生态环境的破坏、对语种的漠视和不珍惜。国际上有专家警告，"如果人类再不对环境加以保护，到 21 世纪末，世界上 50% 到 90% 的语言将消失"（唐华，2012）。这个预测或许不一定准确，但世界上很多语言或方言已经处于危机中是一个不争的事实。

现实情况的变化，促使人们的观念发生转变。在过去很长一段时期内，人们将多语言多方言看成"问题"，认为繁杂而不同的语言会带来困扰和矛盾，它不仅影响人与人之间的沟通，往往还标示了各自不同的身份，仿佛无时无刻不在提醒人们"他与我不同"，从而在内心深处区别对待，在物质匮乏或特定的历史年代，这样极易引起排斥甚至敌对情绪，一有不满或利益冲突就会促发争斗，导致战争。但是，随着社会的进步、和平时代的到来、人们受教育程度的提高，人类对自身定位乃至语言价值的认识不再局限于过去单纯的"同与不同"，而是越来越倾向于多元和包容，这个时代的人们甚至可以跨越地域、种族来互相理解对方。于是，多语言多方言不再那么容易引起担忧和焦虑，慢慢在意识里接受了这种差异性的存在，更乐于生活在丰富多彩的语言世界里。

人们对语言及其作用的思考也越来越深入，认为语言除了是符号和工具外，还是文化、资源，甚至是教育、经济、政治、科技和生产力。"一种语言的消亡将导致它所附着的文化一并失落，而文化是一个国家的软实力，文化多样性是一个国家繁荣壮大的不竭动力，语言多样化正是文化多样性的基础，保护语言的重要性不言而喻。"（朱鹏英，2011）这样一来，语言保护的内涵更加丰富，语言保护的意义也更加重要了。一旦把语言当作资源，自然而然会引起人们想要去保护和开发利用它的动力；并且说到资源，人们在心理上一般都会倾向于多多益善，会希望它能"取之不尽，用之不竭"，这样的心理反映到语言上，就会自然促使人们尽力去维护其数量及多样性。当前，人们相信语言的多样性可以有助于保护语言（方言），多元的文化也需要有多样的语言（方言）与之相适应，语言资源观念已经深入人心。

2. 我国学者对双言双语在保护语言资源方面的期待

资源和环境问题成为当今世界的一大热点话题，语言资源的保护、开发和利用，以及语言生态都备受关注。在世界大趋势的影响下，我国对于语言保护和多样化的认识也在不断加深。国内语言学界从 20 世纪八九十年代开始关注语言保护问题，这被认为是我国语言资源思想的萌芽期。进入 21 世纪，我国正式成立了"国家语言资源监测与研究中心"，并先后启动"中国语言资源有声数据库""中国语言资源保护工程"。其间，我国学者多次发出倡议："保护文化多样性，开发民族语言资源""应该从语言资源的角度来看待我国的语言、方言、外语。"（王世凯，2014）这说明我国从学者到国家，都已经接受和认可了语言资源概念。

语言不再只是交际工具，它有经济、文化、学术等多种价值。既然语言内涵如此丰富，那么对于有着几千年历史的文明古国来说，汉语就更不只是一个简单的工具。语言的背后是深厚的文化，是民族的徽记，里面饱含着民族的灵魂和情感，许多风俗、文化都要靠各种语言艺术形式来延续。然而随着世界大趋势以及我国各民族各地区的融合统一，我国的语言和方言的数量、种类也在逐渐减少，这引起了语言学界和国家层面的关注。《中国语言生活状况报告（2005）》（上编）指出："当前普遍发生的语言衰退乃至濒危的现象在我国也同样存在，一些语言和方言正在我们的身边悄然衰退。"多语言多方言被当作"资源""财富"之后，我国也越来越重视濒危语言保护、方言遗产抢救。

维持语言多样性是保护语言资源的重要方面，而语言多样性就是要保持不同类型的语言共存。在我国，保护语言资源的多样性，包括同时保护和发展汉语及其方言，以及少数民族语言。每年，我国都会从多个方面着手，完成各项语言文字工作，主要有国家通用语言文字工作和少数民族语言文字工作两个大方向。前者，重在大力推广和促进规范使用国家通用语言文字，让人们学习和使用规范的普通话和现代汉字，使国家通用语保持纯净，拥有良好的生命力，可持续发展；与此同时，积极发挥方言的补充作用，使普通话和方言根据不同的使用环境发挥各自不同的社会功用。后者，重在采取科学措施保护少数民族语言，尤其是濒危的少数民族语言，有立法保障、双语教学、语言培训、少数民族语文网站建设等，以使我国的民族语言文字资源也能朝多样化方向发展。总之，学者们希望通过同时保护和发展普通话、方言、少数民族语言的多语言多方言模式，来维护语言的多样性、保护语言资源，进而达到多元生态平衡的目标。

四　提高语言能力，增强国家竞争实力

1. 语言能力的重视

现今世界是一个多元竞争的时代，许多国家在追求经济发展的同时，

都十分重视软实力的建设。软实力主要着眼的是一些非物化的要素，如社会制度、价值观念、文化发展等是综合国力比拼中的重要一环。由于语言在人类社会中扮演着重要而特殊的角色，所以许多国家把提升软实力的目光转向了语言。人们认为国家所掌握的语种数量和语种质量，所拥有的语言人才，都是国家实力的重要组成部分，是实力大小的重要体现。"语言能力是掌握语言的能力，是正确表达自己、理解别人的能力，是听说读写译等语言技能的综合运用能力"《中国语言生活状况报告（2015）》，它的内涵十分丰富，几乎囊括了人们有关语言学习和使用的方方面面，不仅包括母语能力还包括第二语言能力，不仅包括传统语言能力还包括现代语言信息技术等新的能力。

"语言能力"这一概念虽然提出较晚，但当下的火热程度绝不亚于社会语言学领域的其他术语。人们认为它在加快经济建设、激发文化活力、促进认知成长、推动社会进步、提高个人素质等方面都有重要意义，往往具有基础性和不可替代性的作用，这是基于对语言功能再认识的深化。2014年世界语言大会就以"语言能力与人类文明和社会进步"为主题，着重强调了语言及语言能力的重要性，会上达成了共识："语言能力是激发文化活力，促进认知发展，推动社会进步和经济繁荣的根本因素。"（《中国语言生活状况报告（2015）》）

既然语言能力如此重要，那么如何提升语言能力就成为摆在人们面前的重要命题。一般认为影响语言能力大小的因素有：所掌握语言的规范度和熟练度、所掌握语言数量的多少、所掌握语言类型的丰富程度等。所以，着眼于这些因素，多语教育成为提升语言能力的诸多措施中常被提及的一个。

世界各国为了提升自身的语言能力，正在积极开展复合型语言人才培养储备。复合型语言人才的一大特点就是拥有非单一的多种语言能力，他们是多言多语者的代表。如英国文化协会2013年发布《面向未来的语言》报告，指出英国的国家外语能力亟待提高，协会评选出除本土的英语以外的十种关键语言——西班牙语、阿拉伯语、法语、汉语、德语、葡萄牙语、意大利语、俄语、土耳其语、日语——以供英国人民学习，并建议："给予外语与传统主干课程（科学、技术、工程和数学）同等重视""鼓励无法运用这十种关键语言的英国成人至少学习其中一种语言的基础知识"（《中国语言生活状况报告（2015）》）。美国的国家安全语言行动计划，针对性地选取阿拉伯语、普什图语、朝鲜语、波斯语、斯瓦希里语、印地语、乌尔都语、土耳其语、日语等进行资助（《中国语言生活状况报告（2011）》），鼓励美国学生学习这些语言以储备人才。

2. 我国学者对双言双语在提高语言能力方面的期待

我国也已看到了这一新的历史机遇，逐渐认识到加强公民语言能力建设的重要性，提倡国民和国家语言能力建设成为当前我国语言生活领域的热门话题。我国学者对语言能力的看重，已由"'软实力'进入到'硬实力'的范畴"[《中国语言生活状况报告（2008）》（上编）]。顺应时代要求，《国家中长期语言文字事业改革和发展规划纲要（2012—2020年）》已明确提出要增强我国的国家语言实力，《国家语言文字事业"十三五"发展规划》指出新时期语言文字的发展目标："到2020年，在全国范围内基本普及国家通用语言文字，全面提升语言文字信息化水平，全面提升语言文字事业服务国家需求的能力，实现国家语言能力与综合国力相适应。"语言能力建设已经被提升到国家战略高度。

近年来，我国也有许多学者立足于国家语言能力建设层面，大力倡导增强国民语言能力，储备语言资源和语言人才以应对竞争和挑战，这一做法得到越来越多人的响应和支持。我们看到，经济、政治、文化交流，以及各国军事国防现代化、国家人才储备战略、国民语言能力建设、个人学习规划等方面的需求，促使双言双语现象及双言双语人在短期内激增。反过来，学者们相信，发展双言双语可以促使人们掌握更多的语言或方言，认为这是提升国家语言能力的有效途径。于是，对内，一方面我们主要从国家通用语言文字的规范化、推广和普及着手，希望国内民众能掌握汉语、提高汉语的听说读写能力，另一方面希望少数民族地区人们能掌握他们的民族语言、各地区方言也能保持活力；对外，积极提倡和鼓励人们学习外语，掌握多种语言，成为多语种人才。同时掌握"母语""母言"，以及尽量多地掌握"外语"，成为学者们对于提高国民和国家语言能力的期盼。

1978年以来，我国不断扩大对外发展，2001年又加入了世界贸易组织，加快了现代化建设，对外经济贸易交流大踏步前进。2011年国务院发布《中国的对外贸易》政府白皮书指出，我国已经"成为世界货物贸易第一出口大国和第二进口大国"（中华人民共和国国务院新闻办公室，2011）。近年来，我国的对外贸易总体持续平稳走高，国际贸易大国地位继续巩固。张卫国、孙涛（2016）研究表明，"国民英语能力与我国对外服务贸易流量呈显著正相关"，即认为国民良好的英语使用能力能够促进我国对外服务贸易的发展，因此建议改善和提高国民的英语能力以便在对外沟通和服务方面占有优势。这个具体案例，反映了国家发展对增加多语言学习以提升国民语言能力的迫切要求。

第三节　当前我国双言双语生态的现实状况

一　普通话和地域方言

从1956年推普工作开始至今，经过数十年的努力，已经取得了明显成效。虽然还存在着地区间发展不平衡的现象，但整体上掌握普通话的人口基数在持续增长。据教育部、国家语委2016年发布的《国家语言文字事业"十三五"发展规划》统计："十二五期间，特别是党的十八大以来，国家通用语言文字普及程度进一步提高，普通话普及率达到70%以上。""十三五"规划指出，将继续推广和普及普通话。在推广普通话的过程中，造就一大批拥有普通话和地域方言使用能力的双言人。

在"普方"双言中，我国一直强调"推广普通话为的是克服不同方言地区之间的交际障碍，方便沟通和交流，而不是歧视、禁止使用方言"（《中国语言生活状况报告（2011）》），可事实上，这种"普方"双言状态并没有按照理想状态发展，尤其在弱势方言区。从20世纪80年代开始，诸多问题就凸显了出来，例如方言特色因子的削弱、若干方言的流失、一些地区对普及普通话的"惧怕"情绪、地域语言矛盾偶有激化等。

1. "普方"共用，但矛盾依然存在

（1）普通话牵制地域方言

普通话是"以北京语音为标准音，以北方话为基础方言，以典范的现代白话文著作作为语法规范"的，它是汉语经过一代代漫长的历史演变，在无数次考验和历练中积淀成长，最终脱颖而出，被我国人民选择，并经由一系列规范化流程而确立下来的语言，是我国规范化的中华民族的共同语。

规范化的民族共同语是民族语言的高级形式，在诸多的民族语言中更具有影响力和表现力。因为其力量强大，因此会对方言产生影响，视具体情况而不同，有时影响方言的语音，有时牵涉方言的词汇，甚至语法结构的演变。当然，方言也会影响共同语，比如普通话会吸收方言中的词语，像"名堂、把戏、瘪三、忽悠"都来自方言（黄伯荣、廖序东，2007），但是总体上普通话对方言的影响表现出来的是一种难以跳脱的牵制力，而方言对普通话则没有这种影响力。

我们说普通话牵制方言，并不是要否定"推广普通话主观上不是要消灭方言"的认识，只是从客观事实上承认这种情况的存在。主观上没有谁牵制谁的意图，但并不代表客观现实世界里不会发生。普通话牵制地域方言，这是我们不能逃避和否认的。现实生活中，两者在实际地位上有本质差别，学校教的、书本上学的、公共和重要场合用的都是普通话，直到今天如果留意我们仍可以在一些老教学楼的墙壁上看到提醒人们"请说普通话"的标牌、各科老师的普通话应该达到几级水平且教学语言要使用普通话、公众电视媒体新闻报道要使用标准普通话等，这些都是对普通话绝对地位的强调，实际地位上的差异是普通话能够牵制方言的主要原因。

普通话对方言的牵制适用于我国所有的现代汉语方言，在普通话强地域方言弱的"普方"双言组合（我们可以称之为"强普弱方"）中，表现得尤为突出。兰玉英（2014）对四川客家人的语言使用情况进行了调查，"四川各地的客家人不只使用客家方言，还使用当地的官话，使用双方言进行交际是四川客家人比较普遍的语言生活方式"，可见这里的研究对象已属于事实上的广义双言人，但随后发现："四川客家的双言现象有发生转用四川官话的趋势。"这就是一个在双言环境中，弱势者往往受强势者牵制的案例。说到底，这样的双言并不能真正缓解语言矛盾、保护语言资源，我们容易被暂时的"和平相处""同时使用"蒙蔽。很明显，在这个过程中"普方"双言只是沦为了一个发展阶段，而不是永久状态。

2017年，我们对郑州市、杭州市青少年儿童的语言使用情况作了抽样问卷调查，数据显示，两个地区能用普通话进行交谈的比例均在95%以上。驻马店城郊小学生能用普通话进行交谈的比例为87.5%，用方言进行交谈的比例为95%，能同时使用普通话和方言进行交谈的达82.5%，且这个数据是在身边家人大多单一使用方言的比例高达85%的情况下实现的，足见普通话在这些地区仍具有极强的发展态势。与之形成鲜明对比的是，这些地区青少年儿童的方言水平均有不同程度的退化，在郑州市有超过半数的小学生认为自己已不能流利使用方言，杭州市更是超过了70%，认为自己能流利使用方言的比例仅占 29.27%①。虽然驻马店小学生的调查数据显示其方言水平较高，但是在如此强势的方言区仍有 20%的小学生认为自己的方言水平"一般，基本够用"。这些数据及其对比显示，在我国不同地区，普通话与方言的共存并用现象并不稳定，呈现出普通话对方言有强势的牵制作用。

（2）强势方言反抗普通话

此种情况通常发生在普通话强地域方言也强的"普方"双言（我们称为"强普强方"）中。强势方言反抗普通话，实质上也是一种语言矛盾的体现。上海话、广州话等强势方言与普通话的关系就是这一情况的代表。

据《中国语言生活状况报告（2011）》记录，仅 2010 年我国就先后发生了两起较大范围的关于使用普通话和方言的争论。2 月，《新民晚报》刊登了一篇"说上海话是没有文化的表现"的文章，立刻在网上引起了上海人的不满和批评，次日报社编辑发文道歉，澄清始末，事件算是暂时平歇。无独有偶，广州亚运会期间发生了"撑粤语"事件。起因是由于广州市政协在网上发布了一份《广州电视台播音情况调查问卷》，被误读为"广州市政协想将广州电视台全部转成普通话""广州电视台要取消粤语"，顿时引起社会热议。后来事件升级，有政协委员发微博称"母语危矣"，继而"推普废粤""粤语危亡"论调四起，引发了一系列"捍卫粤语"的活动。直到广州市政府召开新闻发布会和专家座谈会，讲明情况，作出承诺，"撑粤语"事件才得以平息。

相信，这些事件的主人公大多是兼会普通话和上海话或广州话的双言人，可在整个事件过程中，他们所表现出来的强烈反应和激烈情绪还是没能掩饰住内心对于保护和使用当地方言的渴望以及对于普通话在当地扩大势力范围、压缩了方言使用空间的焦躁，这些都是该种双言区相当一部分民众的真实想法，他们对于自己所掌握的两种语言（方言）有明显不同的心理。

其实，无论是上海话还是广州话，都是强势方言的代表。强势方言所

---

① 在杭州高中生的调查中，这个比例比本市小学生略高，认为自己能流利使用方言的为42.59%，但仍有过半的高中生的方言出现了退化。

在的地区多为经济发达、交流频繁、人口密集的大城市，人们常以能讲一口流利标准的当地方言为荣，以此来彰显他们的身份地位。因此，任何可能威胁到其方言生存空间的行为都将被严厉批评，这种矛盾不会因掌握了多少种语言或方言而减缓或消失。

此时，一旦普通话和方言发生冲突，就会表现为强势方言对普通话的反抗，这种反抗在"强普强方"双言中一直存在，只是有时表现得激烈，有时表现得隐秘罢了。这是"普方"双言无法规避的语言矛盾。

2. 方言尚存，但难掩流失倾向

表面看，现阶段我国的"普方"双言基本上处在比较稳定的状态。不少学者在文章中描述了自己所观察或调查到的"普方"双言情况，指出我国现在有许多"普方"双言人，他们一方面掌握了普通话，另一方面也会说家乡话，在公众场合一般用普通话，在家庭聚会、朋友聊天等场合使用方言，方言和普通话在不同的领域发挥着各自的作用。

可事实上，"普方"双言处在不断变化中，主要表现为语言转用或语言混合。曹志耘（2001）研究濒危汉语方言的类型时指出："弱势方言的使用者成为弱势方言和强势方言双语使用者，其中在有些情况下会逐渐向强势方言单语使用者转变"，如"原吴语北部与官话交界的地带，现在有些（如南京一带）已经转变为江淮官话了。"一些语言田野调查也显示，双言现象中发生语言转用的情况并非个例。常月华（2007）对河南省多所大学的学生做了先后三次共达两千多份的问卷调查，研究大学生"普方"双言的使用情况，指出："一些学生口中方言正在向普通话靠拢，不会说方言的比例也在增加。"这是当前我国大部分"普方"双言地区的共性情况，尤其是年轻一代，虽然与家中老一辈人交流时还会讲一些方言，但实则已感到较为吃力，讲出来的方言也不是那么地道了。

"普方"双言中一旦发生语言转用或语言混合，流失的一般就是方言，尤其是弱势方言。《重庆日报》发文指出："'抢救方言'非危言耸听，重庆方言部分语音和词汇已发生变化""一些如舌根鼻音'［ŋ］'这样的普通话没有而重庆方言有的声母逐渐消失，有的字的韵母则受普通话影响发生改变，还有一些词汇或是消亡，或被替代""语音和词汇是方言最重要的组成部分，它们发生变化，也从另一个侧面说明重庆方言正在受到消磨"（邵希炜，2013）。从方言使用程度来说，重庆方言算是较为强势的方言，但是也已经在"普方"双言的环境中逐渐丧失了一些方言特色。长期来看，"普方"双言环境中这种趋势还将持续扩大。

二　普通话和少数民族语言

我国地域辽阔、人口众多，56 个民族使用着 100 多种语言，有些语言还有复杂的方言、次方言。普通话作为国家通用语，汉族人民要学习和使用，少数民族人民也需要学习和掌握。少数民族语言文字工作历来是我国语言文字工作的重要领域。

民族地区的双语教育，经过多年努力，取得了一定成效。但在"普民"双语的发展中仍存在不少问题，如"普民"双语中普通话和少数民族语言的现实关系，如何才能真正减缓濒危少数民族语言的衰弱和消亡，切实有效地保护濒危少数民族语言等。

1. "普民"法律权益平等，但现实关系仍有敏感地带

自新中国成立以来，国家就一直尊重各民族的语言权利，尤其是各少数民族地区人们使用民族语言的权利。我国《宪法》《少数民族区域自治法》《国家通用语言文字法》等，从法律上对民族语言的使用作出了规定，明确保障少数民族使用和发展本民族语言文字的自由。实际行动上，我国也积极践行法律规定，尊重和保护少数民族语言的使用。

普通话是我们国家的通用语，是唯一的官方语言，是汉民族和兄弟民族、中国人和外国人之间用来交际的主要语言，具有不容挑衅的权威地位，"在中国，任何个人和组织都不能以保护和发展本民族语言文字为借口，抵触或反对推广、学习和使用国家通用语言文字"（《中国语言生活状况报告（2014）》）。从实际功用来看，它有比少数民族语言更宽广的沟通交流能力、文化信息承载量，因此在力量差距的对比下，"普民"双语有时也会呈现出类似"普方"双言那样的牵制和反抗现象。当然，和谐发展是我国普通话和少数民族语言关系的主流。

在民族地区推行民族双语教学，也曾引起过一些讨论，有些人误以为民汉双语教学的目的是在民族学校推广普通话，表示了担忧。国家及语言规划学者就此重申，"并不能说民汉双语教学的目的，就是在民族学校推广国家通用语言"（李宇明，2010），指出民汉双语教学的目标是使人们同时掌握少数民族语言和普通话，使两者在日常生活中各司其职，共同发展。然而，语言规划学者的重申并不能完全打消人们的担心，我们不应该简单地回避这个问题，而是应该思考为什么"普民"双语的发展会引起

人们这样的反应。

其实，就像推广普通话和保护方言的问题一样，客观发展与主观愿望未能达到统一，因为即使一定时期内同处"普民"双语中，普通话和少数民族语言之间也同样存在竞争关系，这种竞争在"普民"双语状态下并不能得到真正的或是长久的消解。与"普方"双言不同的是，"普民"双语的这种语言矛盾更为敏感，因为它牵涉到民族相处、国家团结问题。在 2017 年全国两会上，习近平总书记在谈及新疆工作的重要地位时用了"两个特殊"，其中一个就是"面临的问题特殊"。对民族语言文字工作者来说，少数民族地区的语言问题不仅特殊而且敏感，这里的语言矛盾已不单单是语言问题，一旦处理不当就有被放大的危险。

2. 虽有保护，但部分少数民族语言仍避免不了衰弱

据中国社会科学院民族研究所（2000）调查：居住在中国的乌孜别克族、赫哲族、说西部裕固语的裕固族、侗族、布依族、锡伯族、土族等，已经几乎没有单说母语的单语人，他们大多都是双语人或多语人。周庆生（2000）调查研究了我国境内各民族的双语问题，记录了许多民族的双语人口比例：其中大约有 29 个民族的双语人占到了民族人口的15%—50%，有 14 个民族的双语人占到了该民族人口的 50% 以上，还有一些民族也都存在有不少双语人。

同方言流失类似，我国少数民族语言也出现了不同程度的衰弱和消亡。例如满语，它原本是满族的民族语，但如今满语已经基本消失，据统计会说满语的人只占该民族人口的 0.01%。近年来兴起的满语培训班，也只能是在有限人数、有限范围内发挥学习满语的作用，如针对满族所留下的满语文献的学术研究等，若想使满语重获生命、发展"满汉"双语并用并不乐观。《中国语言生活状况报告（2016）》记录："像赫哲语、满语、苏龙语、仙岛语、标普语等少数民族语言，使用人口已不足百人，处于濒危状态。"这些濒危的少数民族语言中有相当一部分曾经或正与处在"普民"双语中的少数民族语言重合，"普民"双语关系和保护少数民族语言并非易事，可以说任重而道远。

近年，国家民委在民族语文工作中多次强调指出："坚持鼓励各民族互相学习语言文字。"如果各民族互相学习语言就会造就一批双语人，这个工作方针的直接目的是保护濒危的少数民族语言，它的出发点和愿望是好的。但从民众学习和使用语言的现状来看，"各民族互相学习语言文

字"并未真正落实。我们看到，一般都是少数民族地区单向进行"普民"双语学习，汉族地区——除去高校师生出于教学或学术研究目的的"普民"双语学习情况几乎不存在。这样的语言学习和使用实际的语言保护途径，在现实中很难真正实施。

三　普通话和外语

为了方便整个中华民族的沟通，我们努力推广普通话；为了与世界更好地沟通交流，我们倡导外语学习。无论对社会还是个体来说，掌握普通话的同时再掌握一门或几门外语，的确是一件好事。我国的外语教育很早就开始了，与过去相比，目前无论是规模、语种，还是教学方法等方面都有了较大改善，且越来越受到重视。

如何处理好外语教育与母语学习的关系，是"普外"双语成败的关键。陆俭明（2015）指出："目前在世界范围内都普遍存在两种现象：第一种现象，整体的母语语文素养与水平滑坡，而外语也没怎么学好，水平普遍不高……第二种现象，高校外语学院或外语专科学校普遍存在不重视母语水平提高的问题，以为学好外语就行了。""普外"双语中的语言学习易失衡、"普外"双语中大众外语学习收效较差、"普外"双语组合类型仍较少，这些都是面临的问题。

1. "普外"天平倾斜现象明显，易盲目崇外

21世纪伊始，我国开放政策初见成效，外来文化大量涌入，这也包括他国语言的输入，国内许多地方开始大力提倡双语教学。时至今日，各地林立着的"双语幼儿园""双语小学""双语国际学校""外国语中学"都是这个时代崇尚外语学习的体现。有学者指出国内的一些现象"在海外一些国家和地区'双语教学'的影响下，有人提出在我们的学校进行'汉外'双语教学；有些学者在讨论地方语言规划时，提出过实行双语制、普及英语教育的主张，还有学者认为普及英语教育应以早期教育为重点，应该从小学甚至幼儿园开始加大英语教学量，完善教学体系"（李宇明，2004）。

在全民重视外语学习与教育的背景下，出现了不少本末倒置的情况：有的高校自主招生取消语文考试（《中国语言生活状况报告（2011）》），一些幼儿园的小孩子放学之后不是比谁多学了汉字或汉语拼音，而是纯粹攀比谁记的英语单词多；在学校和社会，外语学习好的人

往往充满了明显的优越感；家长大多希望孩子能尽早地接触外语学习，对汉语母语的学习反倒没有那么上心；有的教育机构为提高孩子英语水平使用沉浸式教学法时用英语来教语文，原本应有的语文教育让位于外语，变成了追求新潮和所谓"好未来"的牺牲品。这些不当的做法，虽不是"普外"双语本身的错，但却是在发展"普外"双语过程中存在的问题，需要正视。

当前，在国人心目中，"普外"双语实质上更像是纯粹的外语学习，天平倾斜较严重，这就难免会引发语言矛盾。一些针对学生汉语能力的测试发现，学生的汉语能力在下降，有网络发起民意调查显示，"认为造成汉语应用能力危机的原因在于'很多人重视外语学习，轻视汉语学习'"的占比最大（《中国语言生活状况报告（2011）》），是否应该"保卫汉语"的争论也时有发生。欣慰的是，近年来，随着我国经济的发展、人们民族文化自信心的提高，对外语盲目崇拜而忽视汉语学习的现象已经开始慢慢改善，"汉字听写大会""中国成语大会""中国诗词大会"等极具传统语言文化特色的活动受到大众追捧。不过，在平衡"普外"双语学习的问题上，绝不是几档媒体节目就可以解决的，我们仍有很长的路要走。

2. 外语学习投入和产出难成正比，实用价值多缩水

在现代社会，人与人、地区与地区、国家与国家的边界逐渐开放，一个与我国语言生活相伴生的问题就是外语学习，它被认为是我们打开外面世界、增长知识、汲取营养的重要途径。外语的重要性是不言而喻的，但投入和产出不相称的现象也是客观存在的。

时间方面，当前我国义务教育阶段从小学三年级开始进行英语教育，家庭的英语教育则更早，有的甚至从胎教就开始。进入初中，学校的英语课程已经增加到与语文同等的课时量，有的学校一星期上六节甚至六节以上，也就是说至少要保证平均每天有一节英语课。花费在英语作业上的时间和精力更是远远超过对语文的投入，对大多数学生来说，中学的早读课，背诵最多、花工夫最大的无疑就是英语。大学的情况也如此，学生花大量的时间学习英语，应付四、六级证书，较之普通话等级证书更受欢迎。

经费方面，我国在外语学习上投入了大量的资金。据北京外国语大学中国外语教育研究中心统计，"中国家长每年的少儿英语培训投入高达

140 亿元"（佚名，2014）。外语学习有其特殊性，对语言环境和学习条件有较高要求，参加外语活动、校外英语辅导班、邀请外教上课甚至出国学习外语的事情都不在少数，这些都要花费大量的金钱，为了得到更好的外语教育，家长在这方面几乎是不计成本的。

然而外语学习往往投入大，收益小，我国的英语学习常常被嘲笑为"哑巴英语"。英语的学习，大多时候沦为通过考试、考取证书的敲门砖，而不是真正掌握一门可以用于沟通交流的语言；有的即使掌握了一定的英语知识，离开考试、考证，发现自己在生活中基本用不到；一些与英语挂钩的考试，如之前的非外语类人才的职称评定考试也硬性要求英语达到一定水平。这些都是投入和产出不成正比的现象，已成为社会问题，需要加以解决。

3. 英语一家独大，其他语种小打小闹

就全国而言，虽然外语热一直不减，但热在英语一家，"普外"双语几近等同于"普英"双语。"据有关资料，我国的教育系统里，各级各类学校的学生加上社会成员，约 3.5 亿人在学习英语，这个数字几乎是美国、英国和加拿大人口的总和。"［《中国语言生活状况报告（2005）》（上编）］语言学家戴维·格拉多尔说："一种语言，把它当做第二语言来讲的人多过作为第一语言的人，这在以前从未有过。"（张忠霞，2005）英语的强势，有时被形象地称作"英语入侵"。

相较于英语热，其他语种的学习规模则相对来说小了很多。据《中国语言生活状况报告》（2007）记载，由于进入 21 世纪我国与世界联系日益紧密，加之北京奥运会日益临近、上海世博会申办成功，2007 年国内曾出现过一股"小语种热"，不少高校小语种的报考人数都较之前猛增，但是从目前情况来看这种"小语种热"仍未能改变我国外语语种短缺的状态。有不少学者都将我国的外语教育与美国的作比较，指出美国能开设近两百种外语课程，而我国大致只有几十种[①]。

在国内，较常见的外语除了英语，也就俄语、日语、法语、德语等少数几种，学生在校的外语学习可选择性小，外语教育语种较贫乏，这也是我国"普外"双语长期以来被人们诟病的地方。束定芳（2013）指出："我国的外语教育从总体上看，缺乏战略层面的整体思考和规划，外语语

---

① 梁中贤（2007）统计的为 40 余种，李宇明（2010）统计的为五六十种。

种、教育层次、区域分布、外语人才数量等方面存在着不适应国家发展需求、不符合国家未来发展战略的情况。""一带一路"建设沿线有 60 多个国家，涵盖了 50 多种国家通用语，我们发现我国的外语语种和人才储备至今仍无法满足建设的需要，反映了外语教育的短板，这些都是我国"普外"双语发展过程中存在的非生态问题。

第四节　理想目标与现实情况之间的矛盾成因

一　交际的经济省力原则

1. 语言使用的实质是经济省力

在普通语言学理论中，有一个概念叫"语言的经济原则"，我们也称之为"语言的经济机制"。这一术语最早由语言学家马丁内提出，"经济"一词取"经济便利""省力"之义。在此之前，语言学家就是用"省力原则"解释语音同化、词尾的浊音轻化、词尾的脱落等现象的。后来，在构词、句法、修辞等方面中我们也都可以观察到经济机制的作用，如缩略词、句子成分的省略、修辞中借代手法的运用等（伍铁平，2006）。

"经济原则"不只体现在语言内部层面，同样也体现在语言外部功用的层面。比如你掌握了一种语言，而它也能够满足你日常交际的需要，那么在没有对人生有额外追求的情况下，一般就不会再去学习另外的语言，不用非要让自己掌握两种或多种语言。很少有人在不需要的情况下还自愿花费时间和精力去学习另一种语言，额外的语言学习大多是被动的，这也是语言的经济原则。

对郑州市小学生的问卷调查显示，在其大部分方言水平出现不同层次衰弱的情况下，仅有 38.46% 的人选择"愿意"学习和使用方言，剩下61.53% 的人都选择了"不愿意"和"无所谓"。这个比例在杭州市小学生①、驻马店小学生的调查中稍有改善，但仍各自有超过 30% 的人选择"无所谓"的态度。这样的结果需要引起我们的深思，它在一定程度上反映了人们对于语言习得和使用的一种倾向。

---

① 虽然杭州市高中生的方言学习态度表现为一种积极进取的心态，这或许出自一个临近成年人的责任意识，但是就像我们每一个已无法流利使用方言甚至几乎不会说方言的人一样，在语言客观发展趋势的影响下，大多沦为一种心愿（或情怀）而难以实现。

　　语言的这种经济性特点，是由语言自身的性质决定的，不会因人的主观意志而轻易改变。语言有多种功用，但说到底它的本质是交际，至于"文化载体""情感赋予"等，与"交际工具"比起来都不是最重要的，"交际"对于语言来说永远是第一位的，这是语言之所以为"语言"的根本。

　　2. 经济省力原则对双言双语发展过程的影响

　　语言的经济省力原则决定了人类语言在发展过程中始终追求简化趋势，这种"简化"，在外在层面，通常表现为语种的整合和减少。简化程度和进程如何，要视具体环境和对象而定。简化的底线是不能影响交际，不能影响信息的有效传递。这种交际的经济省力，一方面回应了语言在沟通交流方面最天然最本质的追求，另一方面解释了为什么双言双语无法长期或是真正有效地保护濒危语言的原因。

　　在语言世界，因为交际追求经济省力，因此一定地域或社团范围内的语言的要求就是"单一制"①，世界上许多消亡了的语言都重复验证着这一规律。即使在多言多语并存的环境中，语言的经济省力原则也一直发挥着作用。因此，双言双语现象的自然产生主要来源于对沟通交流的需要，如果有一天它发生转化或走向消亡，也必然是受沟通交流需要的影响。

　　如果掌握一种语言或方言已经够用，那么人们是不会再主动去掌握另一种语言的。自然，这个结论需要在理论层面上先假设有那么一个前提——"掌握一种语言或方言已经够用"。鉴于这个"前提"在一些具体的历史时期或是地域范围内尚不存在，但同时又为了满足眼前一定程度的沟通交流的需要，于是出现了双言双语。但是语言的经济省力原则决定了其对"单一化"的追求，一旦条件合适——两个社团中使用这两种语言或方言的人达到了一定的量②——双言双语将走向单言或单语。无论这个单言单语是之前双言双语中的某一种语言或方言，还是演变成了另一种新的混合语言，都无法改变这种趋势。

---

　　① 文中的"单一""单一化""单一制"，大多时候指的是一种由复杂到简单的趋势，不一定就是指"一种"。

　　② 此时，同时使用两种语言或方言来沟通交流已经没有必要，即另一种语言的存在是"多余"的。至于情感寄托问题，我们很难一概而论双言双语发展后期得以保留下来的哪一种语言或方言是否就一定没有被淘汰的那个更适合寄托情感。"物竞天择，适者生存"，相信在语言发展演变过程中能生存下来的那一种语言或方言就算不是最好的也一定是最适合的。

这里，"条件"的积累是需要一些时间的，有时这一进程演变得很慢，有时则很快。但是无论速度快慢，语言的经济省力原则都不会失灵或消失，有些时候它只是转换到了如何起作用和这个作用需要多久才发挥效果的问题上。因此，对于人类语言的发展，想要依靠同时多说一种或几种语言的方式来挽救濒危语言是不现实的。

当然，这里不排除人类通过人为手段进行强制干预。比方说"普英"双语教育如火如荼开展后的某一时期，我国有多半人——且从目前来看这一群体极有可能属于社会中的强势人群都掌握了英语，能使用英语交流，那么社会中就可能会出现干脆废汉语改用英语或其他汉英混合语的呼声，这个时候或许有一批人出于民族语言、民族情感、文化传承的考虑，告诫人们不要这样做，想让人们继续肩负起同时操两种语言的责任。我们无法知道这样做是否有用，能支撑多久，也不确定这样做是否在违背语言生老病死的规律，有多大意义。可是一旦汉语消失，想起来总是让人难以接受的。以上假设和预测出现的可能性或许很小，但是把它放到当下地域方言区或少数民族语言地区（尤其是濒危方言或濒危少数民族语言）的双言双语中来看，如果处理不当，是极有可能发生的事情。

二 语言接触与语言演变

1. 双言双语加大语言接触

双言双语是原本使用不同语言或方言的主体在族际接触和交往过程中逐渐形成的一种语言兼用现象。人们交往带来语言接触，语言接触促发双言双语。理论上，语言接触需要发生在两类不同的语言客体之间，因此单言单语中不存在或少有语言接触。在当前的世界里，"老死不相往来"式的纯粹单言单语环境难以寻觅，人们大多生活在多样化的非单言单语环境中，只是语言接触的程度不同罢了。

双言双语不仅产生在语言接触的环境中，而且自产生之后还能在后续的发展中把这种接触加以深化。因为，相较于单言单语，双言双语能把原本相对距离较远或本没有同时处于一个语言使用主体中的多种语言或方言聚在一起，从语言（方言）与语言（方言）的接触来看，这种接触变得更频繁了。也就是说，语言接触可以带来双言双语现象，而双言双语又使这种接触在程度上更加深入，两者相互影响，互为促进。

比方说"普英"双语的产生和发展。起初，人类社会不存在普通话和英语的接触，也不存在同时操普通话和英语的双语人，但随着时代和社会的发展，两种语言社团开始接触，慢慢地便产生了"普英"双语人。随着两个社团接触的增多，"普英"双语现象也在扩大，就在这种"普英"双语范围扩大的同时，普通话和英语这两种语言的接触也在悄然生长，两种语言的关系变得越来越紧密。

2. 语言接触必然产生竞争

语言接触必然产生语言竞争，这也是处于双言双语中的两种语言或方言之间仍存在矛盾的原因。语言接触产生双言双语，双言双语又加大语言接触，同样，双言双语又会促使语言竞争，语言竞争大多是以语言矛盾、语言冲突的形式反映出来的。

无论是普通话和地域方言的接触，还是普通话和少数民族语言的接触，又或是普通话和外语的接触，都会产生语言竞争。这种竞争有时是隐性的有时是显性的，有时是缓慢的有时又是激烈的。双言双语是把这种语言间的接触具体到一个语言使用主体内部，看似平等、同时使用，实则内部存在着无法消弭的竞争。不同语言之间的竞争是必然的，是不以人的主观愿望为转移的，并不是想长期"和平"使用两种语言就可以使它们"相安无事"。

戴庆厦（2007）认为双语具有竞争，这种竞争具有必然性，但同时也认为双语互补具有可能性，可以借助一些语言规划手段实现双语互补，指出："在已实现民族平等的国家或时代里，语言竞争一般是非对抗性的，可以调和的，因而弱势语言在与强势语言的竞争中可以通过互补而继续生存、发展。"我们认为，竞争确实可以分为对抗性的和非对抗性的，但互补只能是相对的、暂时的，在双言双语环境中，如果双言双语的范围不断扩大，双语竞争最终必然会发挥效应。

就像普通话和地域方言，当今社会普遍存在既能讲普通话又能讲方言的双言人，从语言使用情况看，基本上可以做到在学校、公众正式场合使用普通话，在家里、朋友面前讲方言，看起来两种语言（方言）分配合理，各得其所，和谐并存。但这只是表面现象，其本质仍存在竞争，因为两种语言（方言）使用频率不可能均衡，随着普通话使用频率提高，方言使用空间的被压缩，方言特色的同化，方言因子的持续减少，青少年母言母语能力不同程度的下降等，必然出现强势的普通话会越来越强，弱势的方言会越来越弱的局面。

3. 语言接触必然带来影响

语言与语言之间的接触，特别是长时间的接触，必然对双言双语带来影响。从范围和程度上看，有对个体语言的影响和对群体语言的影响；从形式上看，有语言借用、语言融合、语言同化或语言转用。如现代汉语词语中大量借词（"巧克力""呼啦圈""啤酒""马力"等）的出现，就属于多言多语接触影响下的语言借用。再如，汉语曾在历史上与多个民族的语言发生过接触，结果有的少数民族语言，如鲜卑语、满语等，被汉语同化了；反之，对于鲜卑族和满族来说属于语言转用，即他们放弃了原来的语言而采用了汉语。从人类历史中出现过的语言接触现象来看，发生了语言转用的民族很难再恢复其民族语，这也是语言消亡的一种。

这些例子，一部分可以算得上是良性影响，但语言接触过程中也存在恶性影响。如在语言接触带来的双言双语的影响下，方言特色的同化，方言因子的持续减少，青少年母言母语能力不同程度的下降。再如，民众对简单的英语或其他外语个别单词的熟识，带来像"饭已 OK 啦，下来米西吧"这样的句子，是否可以被规范的现代汉语接受，今后这类现象的出现和增多，必然会引起社会范围内对汉语使用问题的争论，也将涉及语言认同、语言生态等问题。

语言接触和竞争是语言发展过程中的重要特征，单言单语中语言与语言之间的界限清晰，关系一目了然，几乎不存在语言间的竞争，也不存在语言转用或语言混合，处在稳定性很高的状态。人们原本想借由双言双语达到某种状态下所表现出来的平衡、和谐，可从接触影响和发展趋势来看，双言双语大多是语言同化的先导或过渡，是暂时状态，较难长久，这就是"普方""普民""普外"双言双语中仍存在那么多矛盾、弱势一方仍会持续面临竞争压力走向衰弱的原因。

三　人类的思维认知发展

1. 学话能力的存在及个体间的差异

学话是人类独有、别的动物都不具备的一种能力，这种能力是人类进化的结果，它通过遗传潜存于新生儿大脑中，在学习某种语言的过程中得以实现。而人类语言的学习和发展是有规律的。认知语言学家指出，语言学习有一个"关键期"，通常在一岁半到五岁之间，这个年龄段语言潜能最容易被激发，意味着此时儿童习得语言的速度最快、效果最佳。五到十岁是全面掌握母语的时期，过了十二岁再去学习语言就比较困难。于是，世界上的教育大多按"学前是口语发展最快的时期，小学和初中是书面语发展的重要时期，高中和大学是学习科技教育、大众传媒、行政司法等领域语言运用的重要时期"（李宇明，2004）的特征进行安排。

既然学习语言有年龄的差别，那么想要掌握多门语言，要么先学会一门再学另一门，要么同时进行。可无论是哪种方式，必然需要占去学习者学习和使用一种语言的时间和精力，增加人力、财力、物力等资源。

人类的语言能力存在个体的差异性，会出现一些语言能力超凡的人，他们学习语言速度很快，轻松容易，效果很好，但这样的人毕竟是少数。我们看到语言学习的效果如何，常常因环境、因人而异。从这个方面来看，对于语言习得能力要求较高的多言多语的学习，并不是谁都适合的。学话能力及个体间差异性的存在，是多语言学习中投入和产出难成正比的一个重要因素。

2. 优势语言和母语思维

有研究表明，掌握多种语言的人一般都有一种是优势语言，这种优势语言是双言双语人最常用、最熟悉的思维工具，一般是母语或第一语言。认知科学发现，人的最高思维水平，一般来说要用母语思维才能达到，即人可以用不熟悉的语言进行交际，但是很难用不熟悉的语言进行思维。所以，第一语言常被称为"人们思维和交际的自然工具"或"自我表达的天然手段"（李宇明，2010），相较于第二、第三语言在人类思维发展和情感表达等领域有相对的优势。

思维认知的这一特点，将影响一个人的深度思考和表达能力，那些在语言能力成长阶段未能形成强势母语的人在深度思考和表达上可能会有一定的缺陷。如2016年，网络上曾有一篇转发量很大的文章——杨婕《不恰当的双语启蒙，可能毁掉孩子一生的思维和表达》，作者在文章中举了一个"男孩凯的故事"①：

> 凯（化名）的父亲和母亲都来自农村，不同的是父亲是个理科高才生，母亲却没多少文化。在凯两岁左右的语言敏感期，一家人随

---

① 文章中交代，凯是一位曾在洪堡大学读博士、教授中文的教授的学生，这是该教授亲自带过的一个学生，凯的故事来自该教授的亲口讲述。

父亲到日本，于是凯被送进了日本幼儿园，在家里虽然父母也会和他说中文，但由于母亲的不善言辞、父亲在家的时间又非常少，所以很快凯就说非常流利的日语，中文则完全达不到日文的水平。

三年后，父亲到美国读博士，凯进入了美国的幼儿园，没有了日语环境，妈妈又不会日文，中文表达跟不上，凯开始沉默了。又是三年过去了，凯的英文水平跟不上同龄的孩子。可就在这时，他父亲的博士读完，又转至德国读博士后。

我的这位教授朋友见到凯时，他已经十岁了，可是越来越不会说话了。当她问他问题时，看得出他很想表达，可是非常痛苦、汗流浃背，他在自己母语区的支离破碎的语言系统中无论如何也整理不出完整的思路，表达不清他想表达的意思。

这个例子虽有些极端，但它从一定程度上反映了语言能力与人的思维能力的密切关系，也强调了拥有一个良好的优势语言和母语思维的重要性。这也说明学习多语种的语言同提高语言能力之间不是一个简单的对等关系。

3. 双言双语优劣势的不确定性

认知语言学兴起较晚，加之双言双语习得影响因素具有多重性，因此当前针对双言双语在认知方面的研究大都还处于初步探索阶段，许多关键问题还未能找到答案，语言学家之间、社会大众之间常有争论。查看一些与语言相关的测试，我们常会发现，习得双言双语对人类思维认知的发展是好是坏，在不同的学者作出的测试中往往给出相反的答案。其实，这也正体现了双言双语问题的复杂性和不确定性，提醒人们需要谨慎、理性地去对待。

一些测试发现，"双语儿童与使用单一语言的同伴相比，第二语言的发展存在一定的滞后和差距"；大量词汇发展的研究也发现，"双语儿童无论是母语还是第二语言词汇量都明显小于母语儿童，且这一差距从学前时期即开始显著加大，在幼儿园进入小学时，这一差距已非常明显"，这种差距从童年早期到童年后期一直存在；通过测试，还发现"双语人群的第二语言词义理解、词汇广度等能力明显劣于母语人群"（陈思、周兢，2014）。当然，也有人认为，多种语言的学习有助于锻炼大脑，发展智力，"与单语者相比，双语者在涉及语言的任务中处于劣势，在非语言的任务中处于优势"（孙洁菡、姚岚，2014）。

可是，究竟是因为智力聪明带来了多语学习，还是因为多语学习提高了智力，这并不是一个容易回答的问题。至少从语言能力这一方面来看，上述测试或调查已经说明，一个人掌握了多种语言并不能简单地认为其语言能力素质高。所以，想要就此提高国民语言能力的事实证据不充分，我们还是应该先从基础的、基本的语言能力培养抓起。

四　语言现象的非单纯化

1. 语言教育具有社会文化意图

语言教育具有社会文化意图，存在于所有种类的语言教育中。如我国民族地区的双语教育，也是在培养少数民族对中华民族大家庭文化的了解和认可。在全球化进程中，各国为了既能扩大自己的影响力，又能将自己的民族特色保护好，以达到国家利益、民族利益最大化，都不约而同地将目光投向了本国母语的教育和推广。

一个国家的语言教育是国家语言规划和语言政策的重要部分。语言教育，并不单是语言本身的教学问题，更为本质的是文化特质、思维模式乃至民族认同的教育。语言教学活动，本质上是一种文化手段、一种文化过程，教育者通过这一过程使受教育者达到某种思想与文化的认同。因此，语言教育的社会文化意图在双言双语的发展问题上是一把双刃剑。

李宇明（2004）指出："美国联邦政府教育部中虽然有双语教育司，但是他们的双语教育主要是以使用单语（也就是英语）为最终目标的一种教育方式，是一种暂时的过渡性的双语教育。美国认为它主要是一个使用英语的国家，只想把从世界各地来的移民都同化成英语使用者。"有报道称，美国教育规定只有英语等相关课程达到一定水平之后，才能修汉语等其他语言课程。同美国类似，世界上很多国家都从战略的高度重视本国语言的对外推广与传播，无论是英国、西班牙、法国、德国，还是俄罗斯、日本、韩国，他们都在竭尽全力扩大自己国家语言的世界影响力，以使本国处于全球化进程中的优势地位。

我国之前双言双语的发展出现了定位不够准确、规划不够科学、方向性不够强等生态问题，如"普外"双语发展的不平衡问题，其实质就存在对语言学习和教育具有社会文化意图的认识不够深刻，对母语学习与外语学习的关系没有很好把握等问题。

2. 语言矛盾背后影响因素复杂

许多语言问题，表面看是说一种语言或方言，还是说多种语言或方言所造成的，但本质是伴随着复杂的社会经济、民族、阶级等多方面因素。因为语言与人们生活的方方面面密切相关，特别容易受到时代和社会发展的影响，是人们生活的反射镜。一些经济社会问题、民族阶级问题有时表现得比较隐秘，处理起来也显得任务艰巨、困难重重，于是语言这种外显特征明显、具体可感的事物便首当其冲，人们往往借由语言权利来付诸诉求。比如加拿大，主要有两种语言——英语和法语。早前，英语在政府、军队和商业活动中占统治地位，但加拿大从事农业活动的地方多为法语区，后来双方起了争执，矛盾一步步扩大，法语区多次要求从加拿大分离出去。这件事表面上看是英语同法语的矛盾，即语言矛盾造成的，可实际上农业与工商业的经济利益冲突才是根源，即使两个区都统一使用英语，但只要农业区与工商业区有利益分配不均等现象的存在，这种分裂、不团结的矛盾还是会发生的。再如比利时多年以来一直未解决好的语言冲突问题，也都不是一个实行双言双语政策就可以消除的。

语言的发展与社会生活密切相关。我国尚处于社会主义初级阶段，如果缺乏一定的社会基础和条件，语言生活就无法向前发展，如果语言生活混乱，我国的社会主义建设也会受到影响。因此，从语言发展背后复杂的影响因素来看，无论是发展单言单语，还是发展双言双语，这一进程都必须与我国的阶段特征相适应。不注意具体方言地区、方言点的实际情况就一味硬性要求提高普通话水平或大力推进"普方"双言，不深入了解具体少数民族地区的语言使用和发展情况就贸然单方面推行普通话或全面推进"普民"双语，未做好母语培养的本职工作就倡导加大外语教育的多语学习，或在"普外"双语问题上走向惧怕、抵制外语学习的极端，都是不可取的。由于语言矛盾的复杂性，双言双语的发展问题必须考虑到我国民族、社会、文化、所处阶段的具体特征和要求。

第五节　构建双言双语生态的对策

语言的复杂多变、牵涉面很广，在发展中，任何一个条件的改变都有可能把它引向另一条轨道。在多因素的混合下，语言规划的确有些处境尴尬。完全统一不行，任意多样也不行，找到一个既统一又多样的兼顾政策并非易事。至少现在，这个政策还没有出现在我们的视野中，"双言双语"也不例外。当然，更多时候，这种尴尬的处境不是语言自身带来的，而是由人类的追求、时代和社会的局限性造成的。鉴于上述论证和思考，我们认为要构建双言双语生态至少应做到以下几点：

一　理清逻辑，增强自身综合实力

1. 加强物质文明建设

理清逻辑思路，就是要做好因果分析，切忌因果倒置。比如普通话，为何以北方方言为基础，是因为它处于优势地位，是由几千年来的经济、政治、文化和人口的发展决定的。可见并非是先语言强才地方强，而是地方强带动语言强。再如粤方言的强势发展也说明这一点，粤方言的强势，很大的原因是进入现代社会，广州、香港的经济高速发展，城市地位提高，进而当地语言的话语权增强，并不是因为粤语如何优等而导致的其经济比别的方言区发展得好。俗话说"腰板硬了，说话也硬气了"，就是这个道理。其实，观察世界范围内的强势语言，无论是先前的西班牙语、法语，还是后来的英语，都明显地存在这种因果关系。

说到底，许多问题是社会问题带来的，经济基础决定上层建筑，要想保护语言资源，就离不开物质文明建设。就在多语言多方言环境中保护语言资源的角度来说，更要加强弱势一方的物质文明建设。比如在处理"普外"关系中，要想彻底改变人们盲目崇外、不重视母语的问题，就要加强物质文明建设，增强国力，增加文化自信，提高汉语的话语权。只有这样，才能改变目前的状况。

2. 加强精神文明建设

综合实力包括物质文明和精神文明，物质是基础，但精神层面往往有强大的反作用。纵观人类语言发展策略的制定或变化，无不是由认知、观念来支配的，一定的语言政策对应着一定的语言观。人们由过去的"追求统一单一的语言"到现在"倡导多元多样的语言"的变化，就是一个很好的例证。

强调精神文明建设，主要是针对人们的语言观念、包容意识而言的。对于语言学者，作为专门领域的人才——应该具备一定的独立判断能力，能够根据社会发展的实际需要、语言生活的具体情况来对语言的发展进行合理的判断，不唯语言数量的多少或增减而论，不被一时的语言生活表象所困，坚持从实际、长远状况考虑，以这样的语言观念来审视双言双语，提出科学合理的语言规划。对于普通民众，作为一种语言或方言的使用者——应该有一定责任意识，不受制于世俗偏见。强势语言社团的人不要看不起并打压弱势语言或方言，要有包容开放的心态；弱势语言社团的人也不要轻易妄自菲薄、放弃"母语"或"母言"，有能力者就依自身情况主动多掌握几门语言或方言。

此外，培养人们热爱自己的母语尤为重要。一定程度上，这是保证双言双语能够持久的重要因素。比如"普方"双言中，如果双言者对自己所操的母语没有感情，或出于社会生活的被动放弃，或出于主动想要赶快摆脱该方言口音，都会导致其双言走向单言。这样的情况一旦增多，该种弱势方言就会沦为牺牲品，"普方"双言也将成为暂时的过渡状态。对殖民压迫时的语言同化政策的反抗、希伯来语的死而复生都彰显了精神的力量，对某一语言的热爱是维护该语言生态的最强保护伞。

二　适度适速，遵循规律切勿冒进

1. 尊重客观发展规律

双言双语既然有优势，就应当好好利用它。

首先，应该尊重双言双语产生的自然机理，在不清楚走向、尚无法保证其按理想的发展时，不去人为盲目地扩大和普及。我们发现，在自然状态下发展出来的双言双语有其客观条件和需要，它往往是在一定范围内、一定量内进行着，依当事主体所需而产生和发展。但从当前学者们的倡导来看，是希望通过人为的力量来扩大和普及这种双言双语规模，达到短时间内培养大量双言双语人的效果，照前文论述，这种做法是有待商榷的。总之，我们应该理性对待双言双语所呈现出来的优劣势，在尚不清楚复杂的影响因素可能导致的结果前，还是要以尊重客观发展为优先选择，要适度适速，不能主观拔高。

其次，这里的尊重客观规律还体现在对发展双言双语所寄予的各项期待的再审视上。如保护多元文化，语言是文化的重要载体，但我们应该认识到并非"过去的""传承下来的"才叫文化，文化本身也应该是一个发展着的动态过程，因此从某种意义上来说，它也应该允许某种文化随着该语言载体的转移而转移、衰亡而衰亡，因为从根源上说这一过程本身就是一种人类文化发展变化的体现。就像我国的戏曲，那些地方唱词的衰退和消失本就体现了时代和文化的选择、变迁，我们惋惜其衰弱，也尊重和敬佩继续坚持传承的人，但我们无法逆势而为，它的出路在于"自救"和变革。许多事物的发展都会经历一个萌芽、初期、发展、兴盛、衰退、消亡的抛物线，或是再重生的螺旋式上升的过程，我们应尊重这种变化。另外，双言双语状态下所承载的文化是否就是多元的文化也不能一概而论。再如，保护语言资源，我们应认识到并非"所有的"都是资源，并非所有的资源都是"越多越好"。语言的多少决定因素是社会，应该说能与社会需求相适应的就是好的、生态的，正常的生老病死本身就是语言生态的一种再平衡。我们只有尊重了客观规律才有可能找到合适的语言发展模式。

2. 合理使用语言规划

对于双言双语的发展，在尊重客观规律的前提下，国家应当发挥主观能动性，当前应该做到适当规划，着力监测。

发挥国家的主导作用。如鉴于双言双语有优势，因此在语言规划中可以适当地鼓励和引导其发展。发展何种具体模式的双言双语、在哪个地方哪个领域开展、如何开展，这一系列的问题国家都应作出回答。但在行使国家权力的同时，必须要做到科学规范，不盲目不盲从。

"追踪监测"应该是当前比之"大力发展"更为科学的做法。具体地，就是要增强对双言双语发展趋势的监测，做好考察调研工作。如对目前已在开展的干部职工学习少数民族语言的成效展开跟踪调查，为后续语言教育或研究工作积累经验。建立专门针对双言双语发展研究的数据库，比方可以监测蒙汉兼通的大学生毕业后的语言走向，将结果收录到数据库中，为今后的语言研究和规划提供依据。

三　区别对待，发挥过渡地带作用

1. 具体问题具体分析

该不该发展双言双语，应依据该种语言、该地情况、该处人民的需要进行，不要总希望一切都统一划步。历史上，就语言如何发展的问题，人们的认识是不同的，曾认为，世界语言的大趋势是追求"统一"，单语才是有利于人类交流、社会进步的发展模式，后来发现此路不通，又提出发展多语，认为多语才是正途。然而，到底是单言单语好还是多言多语好，尤其是具体到个体，无法一概而论，我们应该做的就是尊重人们的选择，坚持具体问题具体分析的原则，忌矫枉过正。

对于不同环境或状态下的语言应采取不同的发展策略，并不是所有的语言都适合纳入"双言双语"的发展模式。每一种具体的语言或方言都有它存活的生态环境，有的濒危语言或方言对环境因子要求极高，如果贸然将其与另一强势语言或方言搭配组合，环境失衡，此时的双言双语对它来说就是一种破坏，会加速其消亡；对怀有极强抵触情绪的群体而言，断然让他们使用双言双语易引发语言矛盾、社会冲突。因此要区别对待，具体语言具体分析。

对于不同语言能力、不同状态条件下的普通大众不作统一要求，也就是说，如果着眼于沟通交流的话，并不一定非要把大多数或所有人都变成双言双语人。不同的人扮演好各自的角色，对于适合学习和掌握多种语言或方言的人，可以发挥好他们的纽带作用，不适合多语言或方言学习的人则着力提高自身语言水平，这样既能在一定程度上消除沟通障碍，又能较好地保护语言资源，尽可能减少语言矛盾，减缓由此而造成的语言同化和流失。当然，这些都要建立在社会需要和社会导向的前提下。

2. 培养不同类型的语言人才

在双言双语发展的问题上，应重"质"而非重"量"、重"实用"而非重"摆设"。

一是要重视培养多语种人才。不强求多语种人才全覆盖，而是要根据国家、社会、行业的需要，对多语种人才分层分类培养，以适应社会发展的需求。

二是不支持劳民伤财式的双言双语培养，主张"物尽其用，人尽其才"。主要就个人层面而言，将人生追求与量力而为相结合，是否成为双言双语人、成为哪种双言双语人将交由个人依生存环境和生活需要而定。中共中央、国务院在深化职称制度改革时指出，"对职称外语……不作统一要求""确实需要评价外语……水平的，由用人单位或评审机构自主确定评审条件"（雷丽娜，2017），这一改革和该文对双言双语发展的观念是一致的。

三是在多语言并存环境中，更加注重"母语""母言"的培养，强母语或强方言人也是国家语言战略所需要的人才。不应盲目崇外，针对我国的情况，应该认识到作为一个中国人，拥有良好的汉语能力是语言学习的首要任务。能把汉语学好，传承中华文化，同样可以成为国家建设的有用人才。

四　人文关怀，尊重主体选择权利

1. 适当的人文关怀

要避免一切围绕着经济转或一切围绕着"政治"转的倾向。需要思考怎样的语言发展模式才是真正的对自己好、对国家好、对人民好、对人类好，我们应该带有一份人文关怀。

由于历史原因和社会发展，相较于强势语言或方言，弱势语言或方言一般都是经济价值不高的语种。但这并不意味着我们就要直接放弃它，因为经济价值不代表文化价值，也替代不了民族情感。不唯经济是从，给予适当的人文关怀。

针对有弱势一方存在的双言双语，国家要有一定的帮扶政策，提供资金保障，政策方面可以适度倾斜。如对于一些偏远乡镇或少数民族地区的语言或方言的保护和教育应该本着人道主义关怀，给予适当的经济补贴、人文关注。因为一旦陷入贫困又无人帮助的境地，这些地区的年轻一代极易离乡背井，放弃原本的语言或方言，随着老一辈的离世，该地区的语言或方言将陷入危机，失去了使用的语境，持续的双言双语将成为一纸空谈。

语言学习上，不应一味追随强势语言或方言而忽视甚至轻易放弃弱势一方，我们应该对自己有较高的要求，尽量平衡两者的关系。虽然有时这样做有些困难，但从减缓语言的衰亡速度，给方言或少数民族语言研究者以更多时间，给共同语更多时间和空间吸收营养的贡献来看，是值得的。

2. 服务大局与尊重个人

在语言发展问题上，我们需要处理好服务大局与尊重个人的关系。

受传统儒家思想及中华文化内核的影响，我们做许多事情都离不开"家国观念"，在我们的价值观中，集体利益高于个人利益，语言规划要服务于国家发展，但这并不意味着我们要以牺牲个人利益为代价来发展双言双语。处理好服务大局与尊重个人的关系，是思考如何发展双言双语问题时的一个重要方面。

要尊重语言使用者的选择，切忌强制。近年，伴随语言保护、双语多语教育，一些地方兴起了少数民族语言培训班，如满语、畲语学习班。这些语言培训班里，有的学员是自愿加入的，有的则是迫于工作单位要求不得不加入。在学者们对这些语言学习班的观察中，发现从减缓语言消亡、提升语言发展层面来看收效不大，我们要避免流于形式。

五　紧跟时代，借助必要科技手段

1. 翻译技术

倡导发展双言双语、培养双言双语人的一个重要原因是为了沟通交际，互相了解彼此想要传达的思想。信息技术的发展，方便了现代人的生活，在处理母语和外语关系，乃至民族共同语和地域方言、少数民族语言关系方面提供了一些帮助，其中之一要归功于机器翻译的诞生和应用。

机器翻译自20世纪40年代问世至今，历经70多年的发展，已经较为成熟。RNN、NMT、GNMT（丁广胜，2016），科学家们一步步克服翻译难题，升级技术，日臻完善神经网络翻译的精准度。虽然机器不可能完全取代人工，但今天的机器智能翻译已经可以基本满足人们日常生活的交流需要。

拿"普外"双语来说，日常实际生活中，除去学习和工作领域有特殊要求的人之外，真正需要用"外语"进行交流的人并不多。如果只是针对偶尔的外文查阅、日常的中外对话、出国旅游，都可以通过现代翻译技术来解决，且操作人性化，十分方便。王健（2016）以自己亲身经历说明："比如前段时间我去葡萄牙出差，我一句葡萄牙语也不会，但是通过手机上的百度翻译，旅途中基本没有遇到过语言障碍。"

可见，如果我们只是想单纯地通过外语去沟通交流、理解对方，智能翻译已经可以帮助我们实现，具体到普通民众个人身上就不必花费过多的时间和精力，这也是资源的一种优化整合，不失为双言双语模式的一个补充。

2. 音视频技术

现代语言技术日益发展，电报、传真、电话、录音、网络、通信卫星等使语言的传播和储存技术发生了革命性的变化。如果是针对语言资源的保护、濒危语言的挽救任务，完全可以发挥现代音视频技术的优势，分担一下人们在保护语言时的重担或力不从心，把人们从一些不必要的"双言双语"中解放出来。

这里主要是针对那些已经濒临消亡的语言或方言来说的。对于处于濒危边缘的、复活困难的、再持续下去意义不大的语言或方言，与其强制保留，寻找新的人群模仿学习，不如尽快开展调查和记录，使用现代科学技术手段把它储存下来。我国正在进行的"中国语言资源有声数据库""中国方言文化典藏"等项目就是很好的例证，值得支持和鼓励。

我们相信，技术的应用绝不会止步于此，只要科技还在进步，语言教育和学习、研究和保护就会有进化的空间。技术的应用不能代替人自身的语言学习，但是可以成为人类语言学习和发展过程中的有力帮手，必要时刻、必要领域应该果断借助。

第六节　结语

我们看到，双言双语现象在我国的存在和发展，有外在认知和压力的使然，也有内在认知和需求的驱动，它的存在具有现实性和必要性。从学者们的相关论述来看，它有着巨大的吸引力，其发展可以给语言、社会、国家带来好处。经济全球化和世界一体化对语言发展提出了更高的要求，学者们希望在处理多语言环境中不同语言社团间成员的沟通时，借双言双语的发展来克服方言或民族语言分歧造成的隔阂，扩大对内和对外交流，满足时代和社会发展的需要；在处理普通话和地域方言以及普通话和少数民族语言的关系时，提出构建双言双语和谐社会，希望借双语教育缓解语言、地区、民族、社会等矛盾，促进民族团结和国家统一；面对濒危语言或方言时，希望借双言双语的力量来减缓语言消亡，保护语言资源，维护语言的多样性和多元生态平衡；在构建国民语言能力时，提出努力培养双语多语人，希望民众尽量掌握多种语言以提高语言沟通、语言服务等能力，并以此加强文化教育、提高国民素质、增强综合国力。值得注意的是，这些方面并不是孤立的，而是相互联系、互有交叉的。

以上这些观念或主张有其现实价值和时代意义，但也应该关注到实际生活中双言双语的发展状况及其未来可能的走向，这是无法回避的现实问题，是理想与实际的距离差。在"普方"双言中，方言特色因子在逐渐削弱，若干方言或快或慢地流失，一些地区对普及普通话存有"惧怕"情绪，地域语言矛盾偶有激化；"普民"双语的发展中，普通话和少数民族语言的现实关系问题，如何才能真正减缓濒危少数民族语言的衰弱和消亡，切实有效地保护濒危少数民族语言，这些都需要我们认真思考和对待；"普外"双语中语言学习的失衡现象，大众外语学习投入与产出不相适应，"普外"双语组合类型贫乏，这些也都是面临的现实生态问题。

从功能层面考虑，交际的经济省力原则揭示了人类语言沟通的特点，决定了人类语言在发展过程中始终追求简化，它对双言双语的发展有很大影响，这意味着双言双语也无法避免"单一化"的趋向，是双言双语无法长期或真正有效地保护语言资源的主要原因；从影响层面考虑，双言双语进一步拉近了语言与语言之间的距离，加大了语言接触，语言接触带来语言竞争，双言双语无法规避这种竞争以及造成的影响，也无法阻止有可能带来的语言变化；从习得层面考虑，学话能力和个体间差异性的存在说明不是谁都适合多言多语的学习，我们需要尊重人类的语言学习和思维发展规律，双言双语习得优劣势的不确定性也使得双言双语的学习并不一定就能提高语言能力；从语言现象考虑，语言问题的非单纯化提醒我们语言矛盾具有复杂性特征，不能简单地构想语言的发展模式，双言双语的发展也要考虑我国的民族特点和社会的阶段性特征。

鉴于此，我们主张在应对"双言双语"发展的问题时，首先，应该从因果逻辑上理清思路，就语言与社会的关系，社会对语言的作用，要重视社会的发展这个重要的因素，以国家社会强带动语言强，以语言强反向刺激国家社会的进步。其次，就"双言双语"某些方面的优势来说，发展时也应该坚持适度适速的原则，尊重事物的自然机理，在未厘清头绪、不清楚未来具体走向、无法保证照着理想的目标发展时，不去人为盲目扩大，而是合理使用语言规划手段。最后，应该做到区别对待和人文关怀，发挥好"双言双语"过渡地带的作用，不是一味追求统一而伤害人们的语言权利和自由。充分利用现代科学技术，无论是智能翻译还是音视频技术，只要对语言发展或语言生活有帮助，就可以拿来为人们服务，在应用过程中促进语言与科技的深度互联互助。只有如此，才能构建双言双语的生态，进而实现理想目标，推进社会的生态文明建设。

参考文献

曹志耘：《关于濒危汉语方言问题》，《语言教学与研究》2001 年第 1 期。

陈思、周兢：《双语：儿童发展机遇与挑战的再解读》，《全球教育展望》2014 年第 5 期。

陈原：《社会语言学》，商务印书馆 2000 年版。

陈章太主编：《语言规划概论》，商务印书馆 2015 年版。

常月华：《大学生普通话——方言双言使用现状的分析与思考》，《海南师范大学学报》（社会科学版）2007 年第 3 期。

常月华：《普通话——河南话双言现象的调查分析（之一）》，《郑州大学学报》（哲学社会科学版）1995 年第 4 期。

戴曼纯：《语言与国家安全：以苏联语言政策为例》，《语言政策与规划研究》2015 年第 1 期。

戴庆厦：《构建双语和谐的多语社会》，《民族教育研究》2007 年第 2 期。

戴庆厦：《两全其美，和谐发展——解决少数民族双语问题的最佳模式》，《中央民族大学学报》（哲学社会科学版）2011 年第 5 期。

丁广胜：《谷歌翻译整合神经网络：机器翻译实现颠覆性突破》，网易，2016 年 9 月 28 日，http://tech.163.com/16/0928/13/C228USK900097U80.html。

［法］海然热：《反对单一语言：语言和文化多样性》，陈杰译，商务印书馆 2015 年版。

黄伯荣、廖序东：《现代汉语》（增订四版上册），高等教育出版社 2007 年版。

黄长著：《世界语言纵横谈》，人民邮电出版社 1991 年版。

教育部、国家语委：《教育部　国家语委关于印发〈国家语言文字事业"十三五"发展规划〉的通知》，中国语言文字网，2016 年 9 月 19 日，http://www.china-language.gov.cn/14/2016_9_19/1_14_6466_0_1474250878797.html。

教育部语言文字信息管理司组编：《中国语言生活状况报告（2011）》，商务印书馆 2011 年版。

教育部语言文字信息管理司组编：《中国语言生活状况报告（2014）》，商务印书馆 2014 年版。

教育部语言文字信息管理司组编：《中国语言生活状况报告（2015）》，商务印书馆 2015 年版。

教育部语言文字信息管理司组编：《中国语言生活状况报告（2016）》，商务印书馆 2016 年版。

［英］科林·贝克：《双语与双语教育概论》，翁燕珩译，商务印书馆 2008 年版。

兰玉英：《四川客家的双言现象》，《西昌学院学报》（社会科学版）2014 年第 4 期。

雷丽娜：《中办国办〈关于深化职称制度改革的意见〉》，中国政府网，2017 年 1 月 8 日，http://www.gov.cn/xinwen/2017-01/08/content_5157911.htm#1。

李宇明：《关于中小学"双语教学"的思考》，《语言文字应用研究论文集（Ⅱ）》，语文出版社 2004 年版。

李宇明：《当今人类三大语言话题》，《云南师范大学学报》（哲学社会科学版）2008 年第 4 期。

李宇明：《中国语言规划论》，商务印书馆 2010 年版。

李宇明：《中国外语规划的若干思考》，《外国语》2010 年第 1 期。

李宇明：《了解世界怎样做语言规划——序〈语言规划经典译丛〉》，商务印书馆 2011 年版。

李宁明：《双言双语生活与双言双语政策》，《语言政策与规划研究》2014 年第 1 期。

梁中贤：《中美外语教育比较》，《黑龙江高教研究》2007 年第 1 期。

陆俭明：《两全其美：双语教学的理想目标》，《黔南民族师范学院学报》2015 年第 3 期。

[加] 麦凯、[西] 西格恩：《双语教育概论》，严正、柳秀峰译，光明日报出版社 1989 年版。

瞿霭堂：《双语和双语研究》，《民族语文》2000 年第 3 期。

邵敬敏：《现代汉语通论》（第二版），上海教育出版社 2007 年版。

邵希炜：《说方言，还是普通话?》，人民网，2013 年 4 月 16 日，http：// culture. people. com. cn/n/2013/0416/c172318-21150771. html。

束定芳：《关于我国外语教育规划与布局的思考》，《外语教学与研究》2013 年第 3 期。

苏剑：《双语现象下的语言规划与繁简之争——对〈中国通用语言文字法〉的经济学解释》，《2010 年度（第八届）中国法经济学论坛论文集（下册）》，中国知网，wap. cnki. net，huiyi-SDDJ201011002。

孙洁菡、姚岚：《系统考察双语者的劣势》，《西安外国语大学学报》2014 年第 1 期。

田惠刚：《谈双语—多语现象》，《语言教学与研究》1994 年第 1 期。

唐华：《学者预测到 21 世纪末世界 90% 语言将消失 被通用语取代》，国际在线，2012 年 5 月 8 日，http：//gb. cri. cn/27824/2012/05/08/2805s3673927. htm。

王辉：《语言规划研究 50 年》，《北华大学学报》（社会科学版）2013 年第 6 期。

王辉、周玉忠主编：《语言规划与语言政策》，中国社会科学出版社 2015 年版。

王会银、翁燕珩、阿依：《双语化——民族语言发展的总趋势》，《中央民族大学学报》（社会科学版）1998 年第 3 期。

王佳宁：《教育部：2015 年度我国出国留学人员总数达 52. 37 万人》，新华网，2016 年 3 月 17 日，http：//education. news. cn/2016-03/17/c_ 1118361861. htm。

王健：《对话百度王海峰：机器能翻译，还需要学外语吗?》，新华网，2016 年 1 月 16 日，http：//news. xinhuanet. com/politics/2016-01/16/c_ 128634682. htm。

王世凯：《汉语资源及其管理与开发》，中国社会科学出版社 2014 年版。

吴坚：《全球化下国家语言推广战略：政策、模式与中国的借鉴》，科学出版社 2013 年版。

伍铁平主编:《普通语言学概要》(第二版),高等教育出版社2006年版。

肖建飞:《国际法中的语言权利及其演变》,《世界民族》2012年第5期。

姚亚平:《中国语言规划研究》,商务印书馆2006年版。

佚名:《2017年国际母语日》,联合国教科文组织,2017年2月21日,http://zh. unesco. org/events/2017nian-guo-ji-mu-yu-ri。

佚名:《美方首次表示"对不起"但仍拒绝道歉》,中国新闻网,2001年4月9日,http://www. chinanews. com/2001-04-09/26/84192. html。

佚名:《中国家长每年为孩子学英语投入高达140亿》,新浪网,2014年3月5日,http://edu. sina. com. cn/kids/2014-03-05/112179332. shtml。

佚名:《尊重和保障少数民族使用和发展本民族语言文字的权利》,《贵州民族报》(数字报)2015年6月30日,http://dzb. gzmzb. com/P/Item/18299。

俞玮奇:《上海城区公共领域语言生活状况调查——兼与长三角地区其他城市比较》,《语言文字应用》2014年第4期。

语言学名词审定委员会:《语言学名词》,商务印书馆2011年版。

张卫国、孙涛:《语言的经济力量:国民英语能力对中国对外服务贸易的影响》,《国际贸易问题》2016年第8期。

张西平、柳若梅编:《世界主要国家语言推广政策概览》,外语教学与研究出版社2008年版。

张兴权:《接触语言学》,商务印书馆2012年版。

张忠霞:《学英语:被全球"重塑"的全球化产业》,新华网,2005年3月19日,http://news. xinhuanet. com/mrdx/2005-03/19/content_ 2725052. htm。

郑新夷编译:《双语研究:从理论到教育实践》,厦门大学出版社2012年版。

"中国语言生活状况报告"课题组编:《中国语言生活状况报告(2005)》(上编),商务印书馆2006年版。

"中国语言生活状况报告"课题组编:《中国语言生活状况报告(2006)》(上编),商务印书馆2007年版。

"中国语言生活状况报告"课题组编:《中国语言生活状况报告(2008)》(上编),商务印书馆2009年版。

中华人民共和国国务院新闻办公室:《中国的对外贸易》,中华人民共和国中央人民政府门户网,2011年12月7日,http://www. gov. cn/zwgk/2011 - 12/07/content_ 2013475. htm。

周庆生:《语言与人类　中华民族社会语言透视》,中央民族大学出版社2000年版。

周庆生:《语言和谐思想刍议》,《语言文字应用》2005年第3期。

周有光:《中国语文的时代演进》,人民文学出版社2009年版。

周有光：《中国语文纵横谈》，人民教育出版社 1992 年版。

朱鹏英：《联合国国际母语日研讨会昆明开幕》，中国新闻网，2011 年 5 月 14 日，http：//www.chinanews.com/gn/2011/05-14/3040365.shtml。

附录　调查问卷样表、数据统计及说明

（一）调查问卷样表

青少年语言使用情况调查问卷

您好！下面是一份关于语言使用情况的调查问卷，目的是考察和了解当前我国青少年一代语言使用的基本情况，希望您能根据实际诚实回答，您提供的信息将会非常有用，在此表示衷心感谢！该问卷除了为本次调查提供数据材料外，不会用于其他目的。回答时，如不理解题目意思可以询问调查员。回答后，可领取小礼品一份。

一、基本信息

1. 您的性别　（　）

A. 男　B. 女

2. 您的年龄：

＿＿＿＿＿＿周岁

3. 您的民族　（　）

A. 汉族　B. 少数民族

4. 您的出生地：

＿＿＿＿＿＿省（自治区/直辖市）＿＿＿＿＿＿市（县/旗）＿＿＿＿＿＿区（乡/镇）

5. 您的主要居住地：

＿＿＿＿＿＿省（自治区/直辖市）＿＿＿＿＿＿市（县/旗）＿＿＿＿＿＿区（乡/镇）

6. 您是否有长期（一年以上）在本地（指目前所在地）以外生活过　（　）

A. 是　B. 否

二、语言使用情况

7. 您能用以下哪种语言与人交谈　（　）（可以多选）

A. 普通话　B. 方言　C. 少数民族语言　D. 其他＿＿＿

8. 您最先学会说的是哪种语言　（　）（必要时，可以多选）

A. 普通话　B. 方言　C. 少数民族语言　D. 其他＿＿＿　E. 不知道

9. 您最常使用哪种语言　（　）（必要时，可以多选）

A. 普通话　B. 方言　C. 少数民族语言　D. 其他＿＿＿

10. 您为什么最常使用该语言　（　）（可以多选）

A. 身边大多数人都使用这种语言，所以我也最常用这种语言

B. 自己喜欢　C. 外界强迫（如：父母希望自己说这种语言）

D. 其他原因＿＿＿＿＿＿＿＿

11. 您身边的家人平时最常使用哪种语言（　　）（必要时，可以多选）

A. 普通话　B. 方言　C. 少数民族语言　D. 其他＿＿＿

12. 您的方言水平如何（　　）

A. 很好，能流利使用　B. 一般，基本够用

C. 较差，不会说多少　D. 完全不会

13. 您是否愿意学习并使用方言（　　）

A. 愿意　B. 不愿意　C. 无所谓

14. 您的少数民族语言水平如何（　　）

A. 很好，能流利使用　B. 一般，基本够用

C. 较差，不会说多少　D. 完全不会

15. 您是否愿意学习并使用少数民族语言（　　）

A. 愿意　B. 不愿意　C. 无所谓

问 卷 调 查 到 此 结 束，谢 谢 配 合！

（二）调查问卷数据统计

本次问卷主要采取随机抽样法，共计发放约 200 份调查问卷，成功收回 180 份，其中有效问卷为 174 份。现按照问卷地区、年龄段的不同将此次收集到的数据统计如下：

（三）调查问卷说明

1. 调查对象、调查员和调查时间

本次问卷调查的对象按照不同地区、不同年龄阶段来划分，共有四组，分别为：

（1）郑州市中原区育才小学三年级学生

（2）驻马店市驿城区刘阁周楼小学二、三年级学生

（3）杭州市胜蓝实验小学二年级学生

（4）杭州市非凡教育高中三年级学生

其中，（1）（2）（3）以小学低年级学生为主，年龄在 7—12 周岁；（4）是高三阶段学生，年龄为 17 或 18 周岁，个别 20 周岁。以上被调查者基本为 2000 年左右出生人群。

前三组的调查员均为所对应学校的教师，第四组为本论文作者自己，文化水平在本科及以上，本科（或硕士）阶段所读专业为汉语言文学（或中国语言文学），一方面对语言学知识有一定的了解，另一方面也对被调查者的情况有一定的了解。

此次调查开展的正式时间为 2017 年 5 月上中旬。

2. 调查目的和内容

如问卷上所说"目的是考察和了解当前我国青少年一代语言使用的基本情况"，针对该论文的论题，我们主要关注这些被调查者多种语言或方言的使用状态、掌握的语言或方言的能力水平、对所接触语言或方言的情感态度等，为探讨我国的"双言双语"发展趋向问题提供数据支持。

问卷结构以及卷面问题参考国家语委（2006）《中国语言文字使用调查资料》① 进行设计。内容上主要分为两大部分：一为"基本情况"的了解，涉及性别、年龄、民族、出生地、常住地以及是否有长期在外地居住的经历等，主要是控制一些可变量，为后续分析数据提供一个必要的背景；二为本问卷主体部分——"语言使用情况"，主要涉及普通话、方言、少数民族语言的掌握和使用，例如问及"能使用哪种语言与人交谈（可以多选）""最常使用哪种语言（必要时，可以多选）""方言水平如何"，此外还有一些语言情感态度方面的问题。具体内容可以参见《调查问卷样表》。

3. 调查方法和过程

本次问卷采取的是随机抽样法，但是在选择地区和调查对象的年龄段时有所取舍。地区上基本原则是"发达地区"（偏重于城市）、"欠发达地区"（偏重于城郊或乡村）都要调查到，以青少年为主。在这样大的基本范围的控制下采用随机抽样法进行问卷调查。

正式开展调查之初，先由制表人向调查员出示调查问卷样表，询问从调查员角度（对自己学生有比较清楚的了解）来看，问卷上的所有题目是否合理，预测被调查者理解起来是否会存在疑问，具体来说哪个年级的学生适合并可以做这份问卷。制表人与调查员沟通，推断问卷的可行性后，确定发放问卷。发放问卷时，调查员会向问卷作答者简单介绍问卷内容以及其中涉及的重要概念，并说明问卷目的，强调诚实作答。作答过程中，被调查者如有问题，调查员也会负责解释。最后，按照自愿原则回收问卷，发放礼品。

4. 调查结果和误差

调查结果以逐项统计的方式做记录，并对一些项目作出运算统计，所有数据已列于论文附录部分，具体见附录"（二）调查问卷数据统计"。

这里需要对调查结果的误差问题作必要说明。首先，无论何种何人所做的问卷调查一般都会存在一个结果误差，当然成功的问卷应将误差控制在尽量小、可以被接受的范围内。其次，针对本次问卷调查，客观上由于目前我国尚未有针对"方言"或"少数民族语言"水平能力的等级测试，但该问卷又不可能回避"方言水平""少数民族语言水平"这些重要问题，因此在"方言水平""少数民族语言水平"的判断上

---

① 中国语言文字使用情况调查领导小组办公室编：《中国语言文字使用情况调查资料》，语文出版社 2006 年版，第 195—296 页。

不可避免地会存在主观判断的误差（有时，甚至是错误）；主观上，因为为了更多地观察少年一代的语言情况，推测我国语言的未来趋势，所以调查对象多为低年级小学生，虽然调查员对问卷所涉及的术语概念等问题向被调查者作出了一定的解释，但是由于理解能力的限制，在一些题目的作答上仍存在疏误；由于调查对象均为学生，尤其是小学生这类人群，他们大多具有"青春""懵懂""积极向上"（甚至有时是"盲目乐观"）的特点①，因此在回答一些问题时存在情感上的偏倚，从"少数民族语言水平如何"这一项来看尤为突出。

此外，对于调查结果可能并确实存在的误差进行反思时，也有笔者自身的问题，问卷题目的设计和语言表述、问卷的调查方法方面都有一定的缺陷，有改进的空间。如第7题，为避免可能存在的理解歧义，可以将题目进一步调整，改为"您能够使用以下哪种或哪些语言与不同的人进行交谈（可以多选）"；又如该问卷如果在父母或其他主要监护人的陪同下进行，或许效果会更好一些，预测可以缩小一些误差。另，如果调查改为在监护人陪同下进行，那么笔者欲将该问卷的调查对象年龄再向下覆盖一些，下放到幼儿园阶段②。此外，如果主客观条件允许，我们应将调查范围再扩大一些，使覆盖面尽量多元化，这样会有更强的代表性和可对比性。这些都是该问卷需要反思和改进的地方。

---

① 如问卷数据回收后进行统计时，就疑问项再次向调查员进行沟通和确认，调查员也会笑着"无奈"地说"哈哈，我们班学生的自我感觉一般都很良好！"这里，并不是要否定或指责学生的这种特点，但是就此类问卷调查来说这种特点的存在确实是导致结果会出现误差的一个重要原因。

② 当然，这里会存在一个语言习得的发展过程问题。毕竟少年儿童的语言还处于一个相对来说较为活跃的学习、发展、变化的阶段，理想中，如果力求准确，我们希望能够隔年份跟踪调查。

后 记

新型城镇化是一项重大的国家战略，也是社会发展的必然。我国目前正处于城镇化快速的发展阶段，城镇化的推进带来了诸多城市生态问题，语言生态方面也面临着"语言污染、语言暴力、规范失当、消极负面化、语言冲突"等诸多问题。新型城镇化发展对语言生态文明建设提出了迫切的要求，也提供了研究的契机和动力。

有鉴于此，我们于2013年申报了浙江省高校重大招标课题"新型城镇化进程中语言生态建设"（2013GH016）。随后我们从不同角度对各类城镇的语言生态现状作了调查、分析研究，并取得了较好成绩，分别在《中国社会科学》《语言文字应用》《浙江社会科学》等杂志上发表了十余篇有关论文。

本书就是该课题的最终研究成果，主要以语言生态理论为依据，采用定性和定量相结合的方法，运用文献综述、理论推导、语料统计、问卷调查、访谈、测试等手段，对新型城镇化进程中各类城镇语言生态现状作了较为全面的考察。包括对城镇外观语言生态现状、城镇居民语言生态现状、城镇外来人员语言生态现状、城镇二代移民语言生态状况、城镇市民语言认同生态现状、城镇双言双语生态的现状等内容进行了细致描写，分析了造成语言非生态的原因，并提出相应的对策。

这是一个集体的项目，参加本书写作的是学科教师和研究生，书稿完成后由我统稿，需要说明的是虽然在统稿时对有的文章作了较大修改，尽量做到体例统一，但仍存在有不够一致的地方，书中缺点甚至错误在所难免，敬请专家学者批评指正。

感谢省教育厅和省重点学科——浙江师范大学汉语言文字学学科给予的资助，感谢出版社尤其是责任编辑任明主任所付出的辛勤劳动。

新型城镇化与语言生态是一个全新的课题，本课题重点对语言生态现

状作考察，很多理论问题有待进一步深入研究，好在去年我们申请到国家
社科基金重点项目，有了更多的时间和精力去思考探索。我们也期待有更
多的学者进行这方面的研究，共同为构建"语言生态"，乃至"生态文
明"作出贡献。

张先亮

2017 年 12 月